京都三山石仏・石碑事典

綱本逸雄【著】

勉誠出版

はじめに

山城国の山越えの歴史古道、脇街道、巡礼道には多くの石仏や石碑・道標が存在するが、長い年月の間風雨にさらされ、苔むして知られることなく埋もれたままだ。野仏のなかには文字が彫られたものが多くあり、発願者が何のために作ったのかを刻んでいる。村境や峠、山径の辻に立つ石仏などは、道中安全や、村内に疫病や不幸が舞いこまないように厄除けを祈念し、また、亡くなった両親の菩提を弔い、合せて自分自身の極楽往生の願いを刻んでいる。そして法界《ほっかい》平等を念じている。法界は全世界をいい、法界平等とは、一切万物は本来無差別平等であること、一切の衆生《しゅじょう》は差別なく仏の慈悲の功徳を与えられることをいう。風化がすすんでいるが、土地の人たちによって受け継がれてきた貴重な歴史遺産である。また、古刹・古社には美術的価値の高い石仏が数多くある。

中近世の歴史古道は「京の七口」から、丹波・若狭・近江・大和・攝津・河内・伊賀へ通じる街道をへて隣国へ向った。七という数は口が七つだったという意味ではない。五畿七道の七道の口、つまり全国各地への京都の出入り口のことであった。

〝七口〟から隣国への通路は、この時代には四十路余を数えた。江戸時代の地誌『山城名跡巡行志』（一七五四）の「隣国通路」によると、京都三山の歴史古道は「東国路《あづまじ》、大和路、滑石《すべりいし》越、汁谷《しるたに》越（又澁谷に作る。亦苦《く》集滅《じゅめち》道越と云ふ）、西国路、久我畦畷《こがなはて》路、鳥羽路、丹波路（旧名大枝越）、長塚越（一名山国越）、若狭路（久多越と日ふ、又小川越と云ふ）、龍華越（旧名大原路、又椽生越と云ふ）巳上京都七口路也。嵯峨路、保津越（又水尾越と云ふ）、

愛宕越、高雄越、雲畑越（又岩屋越云ふ）、芹生越、山中越、白鳥越、如意越、小関越、…巳上隣国通路。粟生路、愛宕路（略）」とある。

さらにこれらの歴史街道に加えて脇街道や巡礼道が加わる。例えば、東山の雲母越などはここに記されていない。これらの山越えの峠・谷道にある多くの石仏は、地蔵石仏より阿弥陀如来石仏が多い。阿弥陀仏信仰は、念仏を唱えるだけで極楽浄土に往生でき、地蔵菩薩は衆生を救済しあらゆる願いをかなえてくれる仏である。生死は民間信仰のなかでも最大の課題だが、平安期に極楽浄土の信仰が盛んになるにともない、地蔵と阿弥陀に頼ってきた。子供の死は地蔵、大人の死は阿弥陀にという傾向がある。

昨今、国産材が外材におされて林業の危機が世上で話題になり、京都の山林でも間伐材が放置されて荒廃し、それとともに土地の人が守り伝えてきた山中を通る歴史古道の石造遺品も忘れられてきている。二十数年にわたって収集した石仏・石碑を記録しておきたいという思いがある。ただ、歴史古道の石仏等を悉皆調査したわけでないので忸怩たる思いだが、未発見の石造物については、今後の調査・ご教示に俟ちたい。なお、石仏の紀年銘・形態鑑定などの解説は、知己であった石仏研究家・佐野精一氏の著作『京の石仏』や「峠の石仏」（「京都民報」連載一九八一・五～一九八二・六）などを参考にした。

本書では、京都三山の主な歴史古道の山越え路・峠・山麓周辺の石仏・碑を取り上げ、市街地の石造遺品は扱っていない（地図には本文で紹介していない石仏・石碑も掲載）。参考文献は逐一詳細を表示しなかったが巻末にまとめて載せた。

4、若狭街道（大原西部）

II 東山 123

5、東海道（三条通）

4、西国街道……337

京都三山石仏・石碑事典

京都三山とは

いうまでもなく北山・東山・西山をいう。三山が文献に登場するのは当然ながら平安造都以後であり、それらの山域は当時から変遷があり拡大されてきた。しかし、歴史古道の石造遺品を訪ねる際、三山の由来について歴史経過と異なる俗説がまかり通っているのでみておきたい。

「北山」の地名は、『類聚国史』天長五年（八二八）八月二十四日条に、同月十八日天地災変があったので「北山神を祷《いの》る」が文献に載る早い例だろう。淳和天皇が除災のため勅使を派遣している。北山神というのは敷地神社（北区衣笠）で、俗称「わら天神」。もとは金閣寺の北にあったという。衣笠山の山麓には、室町幕府の三代将軍・足利義満が北山殿（のち金閣寺）を造り北山文化を築いた。

近世では『山城名勝志』は「北山　今大北山小北山二村平野社北ニ有リ、鹿苑寺（金閣寺）ノ辺スヘテ北山ト云」と記し、『山州名跡志』は、この周辺を「洛陽の戌亥《いぬい》（西北）の方なりといえども古より北山と称す」といっている。すなわち、古代から近世までは北山といえば衣笠から船岡山周辺の洛外の北西域をさした。

明治期でも、吉田東伍『大日本地名辞書』（一九〇〇～〇七）が、「北山　衣笠村大字北山は南北に別れ、北を大北山と為す。凡北に愛宕郡岩倉村大宮村鷹峯村にも北山の名あれどその顕著なるはここなり。金閣在るを以て殊に世に聞ゆ」としている。

北山が丹波山地一帯を指すようになるのはそれ以降で、今西錦司氏らによる近代登山の普及に起因している。『近畿の山と谷』（住友山岳会、一九三二）に「京都の人達が普通北山と称するのは、市に近い北部の山々、たとへば大原、鞍馬、貴船、高雄あたりを意味してゐるようであるが、三高、京大派の山岳人では、その範囲が著しく拡大されて、近江、丹波から若狭境にまで及んでゐる。むしろ丹波高原と題したほうが適切」と述べている。

東山は今日、京都市の鴨川以東の比叡山から稲荷山までの山地の総称とする。古くは山麓の鴨東地域もそう呼ばれた。文献では、東山は勅撰漢詩集『文華秀麗集』（八一八）に、僧の厳しい山林修行を描写した嵯峨天皇の漢詩「光法師の『東山に遊ぶ』の作に和す」が早い例だろう。室町中期、八代将軍足利義政が東山の山荘（銀閣寺）に移り、能、茶、花、連歌などの芸術が開花し東山時代といわれた。

「東山三十六峰」の登場は江戸後期である。儒学者・頼山陽は雅号を東山三十六峰外史と名乗り、東山や鴨川を漢詩にした。ただ、三十六峰の峰々は諸説あり定説はない。昨今では、1比叡山2御生山3赤山4修学院山5葉山6一乗寺山7茶山8瓜生山9北白川山10月待山11如意ケ岳12吉田山13紫雲山14善気山15椿ケ峰16若王子山17南禅寺山18大日山19神明山20粟田山21華頂山22円山23長楽寺山24双林寺山25東大谷山26高台寺山27霊鷲山28鳥辺山29清水山30清閑寺山31阿弥陀ケ峰32今熊野山33泉山34恵日山35光明峰36稲荷山をいう。中国河南省の都、洛陽の東にある嵩山《すうざん》の三十六峰に擬したといわれる。

西山は京都盆地の西に連なる山の総称。現在は高雄山、愛宕山、嵐山を北端とし、乙訓郡大山崎町の天王山に終わる山々をいう。古くは御室付近の山も西山と呼んだ。「西山なる御寺造りはてうつろはせ給はん程の御いそぎを」（『源氏物語』若菜）は、一条兼良の注釈書『花鳥余情』で「西山ナル御寺トハ仁和寺ヲイフ也」とある。『日本紀略』仁和四年（八八八）八月二十一日条に、「新造西山御願寺（仁和寺）」と載る。

また、西方浄土の信仰から都の西方の山は浄土の世界としてみられ、『続日本後紀』承和七年（八四〇）五月十三日条に淳和天皇の「御骨砕粉、大原野西山嶺上（小塩山）に散し奉る」とか、鎌倉初期の史論書『愚管抄』（五）に「西山吉峰の往生院」とある。近世以降は参詣客で賑わった。世に西山廻りというのは、乙訓郡の名所旧蹟を訪ねることで、大原野神社、花の寺（勝持寺）、善峰寺、三鈷寺、長岡天満宮、光明寺、柳谷観音、宝積寺などをいう。

I

北山

1、長坂越

京から若狭へ出る道のひとつが北区鷹峯の長坂越である。小浜から京都へ海産物を運んだルートを、板屋一助著『稚狭考』（一七六七）は「五の道」をあげているが、「丹波八原通（南丹市美山町知見）に周山をへて鷹峯に出《いず》る道あり。其次八原へ出すして渋谷（染ヶ谷）より弓削・山国に出て行道あり。又遠敷より根来・久田（久多）・鞍馬へ出るもあり。此三路の中にも色々とわかるゝ道あり。朽木道、湖畔の道、すべて五つの道あり」と記す。

丹波八原通・周山（旧丹波国北桑田郡）から鷹峯へは山越えの道だった。明治三十五年（一九〇二）、梅ヶ畑・中川・小野経由の周山街道新道（現国道一六二号線）が開通するまで、清滝川は切り立った崖が多く川筋には路をつけることが出来なかった。

長坂越の出発点である鷹峯には、光悦寺はじめ名刹が立ち並ぶ。元和元年（一六一五）大坂夏ノ陣の直後、芸術家の本阿弥光悦（一五五八〜一六三七）が、徳川家康から直々この地を拝領して庵を結んだのが後の光悦寺である。

『本阿弥行状記』によれば、家康が「近江丹波などより京都に入る道には、用心あしく、辻斬り・追剥などの出る所もあるであろう。さようのところをひろびろと取らせよ」と上意「東西二百間余り、南北七町の原を、光悦が住居と定む」とある。本阿弥光悦に八万四千坪余の屋敷地

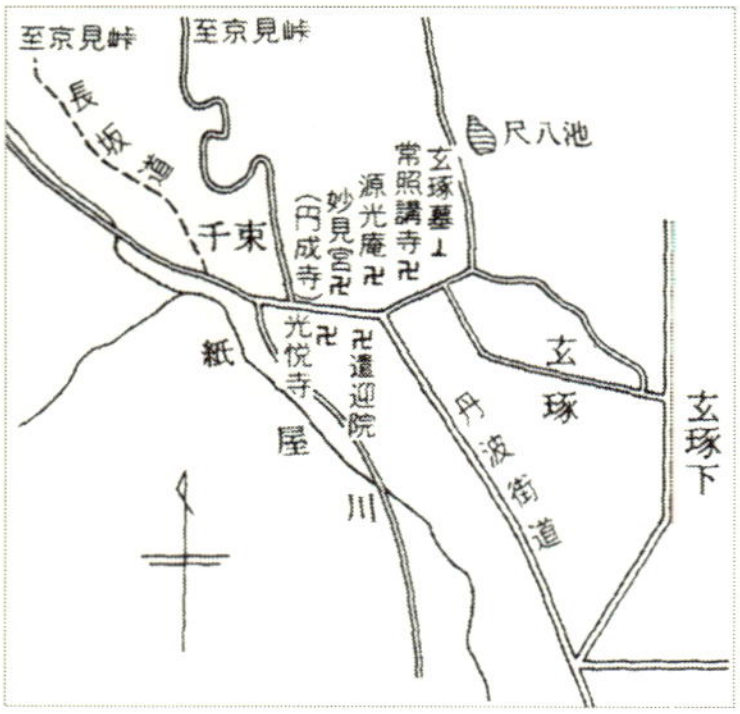

鷹峯

を与えたのは、「用心あしき（悪しき）」長坂口の治安維持のためだったからという（現鷹峯光悦町は約二万坪）。拝領地には、本阿弥一族、貿易商・茶屋四郎次郎、尾形光琳の祖父・呉服商雁金屋宗柏、蒔絵師・土田宗沢など工芸家や豪商が居を構え芸術村として発展した。彼等はすべて日蓮宗信者でその信仰を紐帯とした。

玄琢《げんたく》の墓（北区大宮玄琢北東町）

鷹峯東一帯の地名を玄琢（北区大宮玄琢北東町・大宮玄琢北町・大宮玄琢南町）という。江戸前期の名医野間玄琢（一五九〇～一六四五）の居住地だったからで、墓地がある。

玄琢は名は成岑、号は白雲老人。戦国時代の名医曲直瀬道三《まなせどうさん》の養子玄朔《げんさく》に師事。儒医学を修め、二十五歳で朝廷の禁裏医となり、この地を拝領して薬草園を造りその一隅に居した。寛永三年（一六二六）から十年間、二代将軍秀忠、三代家光の侍医として江戸城勤めをした。その後、後水尾天皇中宮・東福門院（父は秀忠）の治病のため京へ帰り以後中宮に出仕、正保二年（一六四五）五十五歳で逝去。以後野間家は代々幕府医官としての家系を保った。岡本玄《げん》冶《や》・山脇玄心・井上玄徹とともに曲直瀬玄朔の四天王と称された。玄琢は生前、本阿弥光悦とも交遊、この景勝地を〝白雲渓〟と呼び自慢していたという。

市バス「釈迦谷口」の北へ上がった所に野間一族の墓地がある。入口に「野間玄琢廟所」顕彰碑（高一三一チセン）が建つ。野間玄琢の功績を顕彰するため、昭和三十二年（一九五七）玄琢町有志が建てた。北側には玄琢とその一族十四名の墓地がある。

墓地中央の玄琢の箱型墓は、左側の「夫人神崎氏貞粛孺人（奥方）之墓／寛文五

玄琢の墓

年（一六六五）乙巳十月二十一日」と並び、「寿昌院野玉岑先生之墓／正保二年（一六四五）乙酉十一月十四日」と刻む（いずれも高七八㌢）。周りには父「宗印」、祖父「宗安」、曽祖父「宗善」の墓と曲直瀬道三・玄朔父子墓もある（寺田貞次『京都名家墳墓録』）。

常照寺の吉野太夫《たゆう》供養塔（北区鷹峯北鷹峯町）

野間墓地の西隣に日蓮宗常照寺がある。本阿弥光悦が寄進した土地に、寛永四年（一六二七）その子光瑳の発願により日蓮宗総本山身延山久遠寺第二十一世貫主日乾《にちけん》上人（一五六〇～一六三五）を招じて開創、江戸時代に日蓮宗における学問所である檀林が置かれて山城六檀林の一「鷹峯檀林」（学寮）と称された。檀林は明治に廃止された。

日乾上人に帰依した吉野太夫（一六〇六～一六四三）ゆかりの寺として知られ、太夫の墓がある。高さ一〇九㌢の日蓮宗独特の題目塔。四面に「南無妙法蓮華経」を刻み、正面にはその下部に「唱玄院妙達日性」、裏面に「妙達寛永八年辛未年八月二十五日」と刻む。ただし、寛永八年（一六三一）は二十五歳で灰屋紹益と結婚した年である。もと寺内墓域の別の所にあったのを大正六年（一九一七）現在地に改葬した。発掘の際白骨の入った赤色素焼小壺が発見されたという（寺田貞次『京都名家墳墓録』）。

境内には、太夫が寄進した「吉野の赤門」と呼ばれる山門、吉野窓（茶室）を設えた茶席遺芳庵などがある。

吉野太夫は、都の六条三筋町（後の島原）にあった廓の名妓で、太夫

吉野太夫供養塔

というのは官許の遊女のうち最上位をいう。美しいばかりでなく教養が高く、和歌・書・茶道・音曲など諸芸に優れていた。京の豪商で文化人でもあった灰屋（佐野）紹益に見初められた。二人のロマンスは、西鶴『好色一代男』にも登場し、歌舞伎「桜時雨」（明治三十八年）でも演じられた。境内の桜は、吉野にちなんで植えた吉野桜である。

墓は夫の菩提寺である立本寺《りゅうほんじ》（上京区一番町）にもある。『京都坊目誌』（一九一五）は、宝永五年（一七〇八）の大火で立本寺が寺町今出川から現在地に移転した際、墓も常照寺から立本寺へ改葬されたものか、あるいは後世の供養墓かともいう。なお、常照寺では、毎年四月第三日曜日は吉野忌が行われ、太夫道中など花供養が行われる。

常照寺の帯塚（北区鷹峯北鷹峯町）

万葉の昔から今日まで帯は時代によってその様式意匠に幾多の変遷を重ねてきた。わが国の工芸人達は帯に魂を込め祈りを捧げ、又愛好者もその魂の移り香を懐かしんだ。このように帯は常に日本女性のいのちを表現してきた。

この日本伝統の美風を永く存続し、染織文化に携わる人はもちろん、全国きもの愛好家の美と文化への感謝の象徴として、京洛各界名士の発起により昭和四十四年（一九六九）五月全国初の帯塚が建立された。珍しい帯状をなした四国吉野川産の塚石は重さ六トンあり、苔をもって鷹峯三山を表現した庭園は中根近作氏の設計監理によるものである（帯塚由緒解説板）。

常照寺の帯塚

光悦板碑型墓（北区鷹峯光悦町）

市バス源光庵前バス停を降りると光悦寺。寺ははじめ本阿弥光悦の屋敷内にあった先祖供養の位牌堂を、のちに寺に改めたもので、太虚庵と号し、光悦一族の菩提寺である。

本阿弥家は室町時代以来、代々刀剣の鑑定や研《と》ぎ・拭《ぬぐ》い（光沢磨き）を業とし、足利・織田・豊臣・徳川家に仕えた。光悦は蒔絵・陶芸に独創的な才能を発揮し、書道においては松花堂昭乗・近衛三藐院信尹《さんみゃくいんのぶただ》とともに寛永の三筆と讃えられた。

光悦の板碑型墓は境内の東南隅にある。高さ一四二センチ、花崗岩製。風化しているが正面に「南無妙法蓮華経、鷹峯山《ようようほうさん》大虚庵、了寂院光悦日豫居士」と没年月日「寛永十四年（一六三七）二月三日」を刻む（寺田貞次『京都名家墳墓録』）。板碑は頭部を三角形に作り、その下に二条の切り込みがあるのが普通だが、これにはない。同墓地内には光悦の子光嵯と孫光甫ほか一族の板碑型墓、京都所司代を二代務めた板倉勝重・重宗親子の題目笠塔婆型墓がある。境内には茶室大虚庵、本阿弥庵などが立ち並ぶ。光悦垣こと臥牛垣が有名。

光悦板碑型墓

光悦寺茶席手水鉢（北区鷹峯光悦町）

本阿弥庵、三巴《さんば》亭などの内露地（茶庭）には手水鉢がある。手水鉢が庭園に取り入れられたのは、茶道がきっかけである。茶室に入る前に置かれた。千利休が最初だといわれる。石灯籠などの塔身を乗せるため穴をあけた基礎（見立物）を用いている。茶の湯では、茶室に入る前に手を清めるために露地に置かれる「蹲踞《つくばい》手水鉢」で、「つくばい」は、身をかがめて（つくばって）手水で手を洗うとき、背の低い手水鉢が用いられる。周りには、役石（石灯籠）をおいて趣が加えられる。石灯籠が、庭園に置かれるようになったのは桃山時代で、この頃に始まった茶庭の照明として、やはり、千利休が古い灯籠を利用したのが始まりという。当寺の石灯籠は宝珠や笠の形から南北朝頃といわれる。なお、蹲踞は、手水鉢と役石などをふくめた意匠の総称で、本阿弥光悦遺愛という。写真は本阿弥亭の蹲踞（高一一×幅五〇×奥行五〇㌢）と石灯籠（高一一一㌢）。

光悦寺茶席手水鉢

石造岩戸妙見大菩薩（北区鷹峯北鷹峯町）

岩戸妙見は、正式には日蓮宗清雲山円成寺《えんじょうじ》と称する。寛永七（一六三〇）日蓮宗の本山・本満寺二十一世円成院日任《にっとう》上人が、平安時代より妙見菩薩を祀っていた霊巌寺《れいがんじ》（廃寺）を当地に再建。菩薩を岩戸の奥に祀ったことから「岩戸妙見」と称したという。

霊巌寺は北区の船山付近にあった寺で、「北区西賀茂妙見堂」という地名が遺存する。承和年間（八三四～八四八）、僧・円行《えんぎょう》（七九九～八五二）の建立になる。円行は空海に師事し、承和五年（八三八）円仁らと唐に渡り密教を伝えた入唐八家のひとり。

平安時代、平安京の四方に王城鎮護のために妙見菩薩が祀られていた。鎌倉末期の有職故実事典『拾芥抄』に「妙見寺、王城の四方に在り、又霊巌寺と号す歟」をある。妙見菩薩は、玄武神・鎮宅霊符神とも称され、北極星を神格化したもので、鎮護国家・災厄を除き眼病平癒の菩薩とされる。その総鎮守社が乾（北西）に建てられた霊巌寺だったが、中世には廃れている。

円成寺本堂背後の妙見堂は石室の中にある。石造岩戸妙見菩薩は、亀の背に足を踏まえ、右手に破邪の剣を左手に蛇を握り頭上に北斗七星を戴いた約二㍍の像が鎮座する。昭和十八年（一九四三）まで寺は岩戸妙見堂が主殿だったという。岩戸妙見宮の左奥には「巖門《いわと》の滝」とよばれる修行場がある。荒廃していたが昭和五十七年（一九八二）に修復された。

円成寺は、明治初期の神仏分離令後の廃仏毀釈により荒廃したが、明治二十一年（一八八八）に地元有志と信徒により、第十六世進明院日解上人の代に再興された。毎月一日と十五日にご開扉祈祷が行われる。

「洛陽十二支妙見巡り」の一つ。御所の紫宸殿を中心に十二支の方角に祀られている霊験あらたかな妙見宮をめぐり、開運・厄除を祈願するというもの。江戸初期に能勢妙見（大阪府）の妙見詣が庶民に広まったが、江戸時代中期には、京都でも文政年間（一八一八〜一八二九）に「洛陽二十八宿妙見」ができた。明治の廃物棄釈によって衰退したが、昭和六十一年（一九八六）、妙見菩薩を祀る日蓮宗寺院などによって新たに、次の「洛陽十二支妙見巡り」が復興した。

子・善行院（西陣の妙見宮）、丑・本満寺（出町の妙見宮）、寅・道入寺（修学院の妙見さん）、卯・霊鑑寺（鹿ケ谷の妙見さん）、辰・満願寺（岡崎の妙見さん）、巳・日體寺（清水の鎮宅妙見宮）、午・本教寺（伏見大手筋の妙見さん）、未・法華寺（未の方の妙見さん）、申・慈雲寺（島原の妙見さん）、酉・常寂光

石造岩戸妙見大菩薩

寺（小倉山の妙見宮）、戌・三宝寺（鳴滝の妙見宮）、亥・円成寺（鷹峯の岩戸妙見宮）

秋山《しゅうざん》自雲《じうん》霊神墓（北区鷹峯北鷹峯町）

岩戸妙見境内に、痔の神様・秋山自雲の笠付型墓（高一〇一センチ）がある。秋山自雲（一七〇〇〜一七四四）は、岡田孫右衛門の法名である。摂津国の出身。姓は狭間、通称は善兵衛といった。江戸酒問屋岡田孫左衛門へ奉公に出、見込まれて岡田家を継ぎ、岡田孫右衛門と改めた。三十七歳の時、悪質な痔疾に罹り、治療をしたが全治せず、ついに浅草山谷の本性寺題目堂に参籠し、法華経を唱え病気祈願に努めたが、その甲斐なく七年間苦しんで延享元年（一七四四）、「願わくば後生痔疾痛苦の者来たって題目を信仰せば、われこれを救護し利益を垂れん」との誓願を残し瞑目した。享年四十四歳（奥沢康正『京の民間医療信仰』）。

秋山自雲霊神墓

死後、秋山自雲霊神とよばれ、本性寺の境内神で、痔の病に霊験ありとして広く喧伝された。この後、自雲霊神は東京、小田原、京都、大阪、兵庫、岡山など各地の日蓮宗寺院に祀られ、痔の神として日本で最も多くの信仰を集めた。

三宅亡羊《ぼうよう》墓（北区鷹峯北鷹峯町）

岩戸妙見の後ろの山に三宅一族の墓地がある。三宅亡羊（一五八〇〜一六四九）は江戸前期の儒者・茶人。千利休の孫・千宗旦の弟子で四天王の一人。慶長年間（一五九六〜一六一四）に後陽成天皇より鷹峯の地を与えられて住んだ。亡羊の墓は円塚の前に碑（高一二一×幅三六×奥行二三㌢）を建て、「虚士亡羊子之墓」と刻む。子は敬称。

亡羊は泉州堺の出身。十九歳の時京都に出、儒学者・藤原惺窩《せいか》と交流して勉学に努めた。時には多くの門人に講義した。後陽成・後水尾天皇の侍講を勤め、近衛信尋らの公家、藤堂高虎・黒田長政等の大名の厚遇を受けた。三宅亡羊は三十三歳の慶長十八年（一六一三）に古活字版の『徒然草』を刊行した。

まず当時の知識人の『徒然草』についての関心だが、亡羊の師・藤原惺窩《せいか》は国文学にくわしく『徒然草』の様々な問題について歌人・俳人松永貞徳と議論している。惺窩の周辺にいた松永貞徳や儒学者林羅山たちは、慶長八・九年頃から『徒然草』の公開講義をおこなうなど互いに理解を深め、後に松永貞徳は『慰草』（慶安五年刊）、林羅山は『野槌』（元和七年刊）という『徒然草』の注釈書を印刷刊行している。

また三宅亡羊の知り合いでは、亡羊から香炉の茶の湯の伝授を受けた細川幽齋が『徒然草』を一子幸隆に写させて「老の友」とした写本があり、亡羊と最も親しかった。亡羊の茶友小堀遠州にも、遠州書き入れ本の『徒然草』が遺されている。

三宅亡羊墓

長坂口の三体仏（北区鷹峯千束町）

鷹峯のホテル然林房の東角から北へは新道（明治二十三年開通）が延びる。西北へ真っ直ぐ急坂を下りると千

東。北側の崖地に石室があり、中に右から聖観音菩薩・地蔵菩薩・不動明王の小さな三体仏（いずれも六五センチ）がある。小さな説明板には聖観音を大日如来とあるが像形が異なる。古い台石に「寛政十年（一七九八）」の銘がある。台石には「奉納供養　大乗経典　般若心経　日本回国　神社仏閣　願主□（以下□は文字不詳）」とあるので、廻国供養塔だろう。六十六部行者と呼ばれる、諸国を遍歴する行者に結縁して建立された供養塔のことをいう。あるいは、諸国霊場詣（札所巡り・廻国納経）の巡礼中に、病などで不帰の人となった行者を供養するために建てられたものをいう。実際は六十六ヶ国を廻るというよりも、西国巡礼や地蔵めぐり、国分寺などをまわったようである。塔型も一定でない。なお、石室の右には文化九年（一八一二）銘の愛宕灯籠（高一六六センチ）が立つ。

長坂口の三体仏

ところで、すぐ北は大徳寺派玉林院の末寺・鶏足山讃州禅寺蔵珠院である。蔵珠院本堂には中央に地蔵菩薩、右に不動明王、左には聖観音菩薩が安置されている。三体仏と同じである。

『京町鑑』（一七六二）は「讃州寺町　此町にいにしへ讃州寺ありし也、後鷹峯千束普明庵へうつす」とあり、もとは上京区にあった。蔵珠院本堂の軒下に縁起を記した扁額がかかる。それによると、室町初期に管領細川頼春《よりはる》（或は子頼之）が造立、細川一族が地蔵信仰した氏寺である。その後、讃州寺は京の六地蔵の一つとなる。『親長卿記』に「文明七（一四七三）年六月二十四日誓願寺并讃州陣の地蔵蔵珠院等参詣す」、『宣胤卿記』に「文明十三（一四七九）年七月七月三日蔵珠院に詣る」「永正十八（一五二一）年三月二十九日六箇所の地蔵に参詣。壬生、西院、蔵珠院、矢田、星光寺、清和院」とみえる。

江戸初期、霊験あらたかな地蔵を町中に安置するのは畏れ多いとして、慶安五年（一六五二）第二代京都所司代板倉重宗（一五八六―一六五六）の命により、大徳寺玉林院第二世祥岳禅師が千束に移した。近世は尼寺であったため、路傍に六地蔵信仰の三体仏を祀ったのは、京～若狭を往来する巡礼や旅人の便宜を図ったのだろうか。讃州寺は現在無住。本堂脇の杉の巨木（樹高四〇㍍、幹周り六㍍）は圧巻で、樹齢四百年はくだらない。

＊

長坂口から長坂越の旧道をたどる。『山城名跡巡行志』に「長塚（坂）越　一名山国越　長坂口（曰く蓮台寺口）杉坂に至る二里十三町（鷹峯千束一之坂石拾《いしすて》堂庭前坂を歴る）」とある（注：二里十三町＝九・三㌔）。やがて新道へ出て行けば、京見峠（別称長坂峠）に至る。手前に江戸時代創業という京見峠茶店があり土日祝日営業している。この峠は、『太平記』巻十七（山門牒南都に送る事）に延元元年（一三三六）六月日、官軍（後醍醐天皇方の兵）が室町幕府を開いた足利尊氏らとの洛中合戦にあたり、京都への北の要所として京見峠に陣を張ったが、「京中ヲ足下に見下シテ」とあるように、京都市中が一望できることが由来。十数年前まで峠の茶店からも一望できた。

茶店の前から長坂越より古いとされる歴史古道が残っており、尺八池へ出る。長坂越は、幕末伊能忠敬も全国測量の途中通った。

長坂～笠峠越

前坂の京向地蔵（北区西賀茂西氷室町）

長坂越から杉阪（旧杉坂）へ。杉阪へ下ると前坂峠、京見前坂ともいう。左手の巨岩の上に「京向地蔵」（座高八五センチ）が安置されている。端麗なお顔で、京へ向いているのでこの名がある。佐野精一によると、右手に錫杖（消失）、左手に宝珠をもち、右足を組み、左足を踏み下ろす半跏趺座《はんかふざ》像。ふつう弥勒菩薩や如意輪観音にみられる。この場合裳懸座《もかけざ》の変型、榻座《とうざ》に座るので、巨岩がそれに見立てられている。榻座では、坐像の裳裾が丸椅子のようなかたちの台座に垂れ下がっている。

半跏趺座の地蔵は延命地蔵のことである。地蔵の住む佉羅陀山《からださん》から末世の大衆を救おうとして、まさに動き出そうという造形表現である。左肩に結んだ袈裟の環部の繊細さ、流麗な衣文の表現は見事。単弁の蓮座は高さ二三センチ、直径六〇センチの大型のもので、仕上げも優秀である。

蓮座の下の台石に複数の名前。「帰西、栄林、栄西、栄信、栄覚、栄正、栄願」「通口妙恵法尼、但自心能信士」を連記。石工銘があり「石工京荒神口今津屋平兵衛」。近江今津の出身。製作年代は台座正面に刻まれた梵字の書式から判断。地蔵は「カ」がふつうだが、ここでは諸仏に通じる「ア」である。これを通梵字という。この書体の酷似したものは後宇多陵（右京区長刀坂）の大五輪塔（天明七年、大覚寺門跡の墓塔）。以上から、江戸後期の天明から寛政年間と推定される（「峠の石仏⑧」京都民報連載一九八一・八・三〇）。

前坂の京向地蔵

杉阪の船水《ふなみず》（北区西賀茂西氷室町）

前坂から杉阪へ向かう。しばらくして府道沿い西側に名水「杉阪の船水」（通称「京見峠の水」）。〝杉阪〟と冠称されるが府道西側の山域が字鷹峯船水である。石積みの放水口から清泉が湧出し道行く人へ提供した。フナ（船）はウネ（畝、尾根）の転訛で、山の尾根から湧出する水をいうか。

傍らに大日如来石仏（高四五センチ）が祀られる。大日如来は他の如来と違って宝冠を戴き、天衣、装身具をつけた菩薩である。頭形は螺髪、その中央が盛り上がった肉髪、眉は百毫（白い毛）である。一切の徳の総摂《そうせつ》（統治）するとされる仏。万物の慈母とされる。

右側に正一位荒木大神他二大神の銘が彫られた自然石型碑（一三四センチ）がある。大正五年建立。荒木神は荒き神すなわち荒神《こうじん》だろう。一般に竈神とされるが、柳田国男『地名の研究』（一九三六）は「山野の神」ともいう。霊験あらたかで、牛馬の守護神であろうか（『神道史大辞典』）。

なお、杉阪の地名由来だが、杉にちなむものでないことは、相国寺の禅僧、彦龍周興《げんりゅうしゅうこう》（一四五八～一四九一）の詩文集『半陶文集』中の紀行文「西遊藁《さいゆうこう》」に「洛里を去るばかりに一山村有り。雑花路を夾《はさ》む。其名を問うと、則ち曰く杉坂なり。余笑云、杉一株も無くて花此如し」とある。『山州名跡志』（一七一二）も「此所古杉アリケルニヤ、今ハ稀也」という。杉はスグ（直）の転訛で、江戸期の道標に「すぐ〇〇」とよくみるが、間近いというのでなく、真直ぐ行くという意味で、杉阪も鷹峯から丹波へ真直ぐ行く最短の坂の意である。杉阪一帯に北山杉が植林されるのはずっと後である（綱本逸雄「『北山杉』という言葉」

杉坂の船水

—『地名探究』第三号、京都地名研究会、二〇〇五）。

道風《とうふう》神社境内の名水・和香水碑（北区杉阪南谷）

杉阪の手前、氷室町から流れる卯ノ谷川が杉坂川と合流するところに道風神社がある。平安期の名書家小野道風を祀る。境内に道風にちなむ「和香水」碑（高一五七センチ）が明王堂の傍に立つ。神社の創祀は延喜二十年（九二〇）と伝える。『都名所図会』にも「小野道風の社　杉坂といふ所にあり。この所の氏神なり」とあり、『拾遺都名所図会』には境内の挿画が載る。

小野道風（八九四〜九六六）は、平安中期の書家。それまでの中国的な書風から脱皮して和様書道の基礎を築いた人物と評される。藤原佐理《すけまさ》と藤原行成《ゆきなり》とともに「三蹟（三筆）」のひとり。文人小野篁《たかむら》の孫。当社が置かれた杉阪の地は、かつて山城国愛宕郡小野郷内。古代では近江国滋賀郡小野村（現大津市小野）とともに、豪族小野氏の勢力範囲だった。道風は杉阪の名水「和香水」を所望して宮僧の宿舎だった明王寺で業を修めたことにより、道風社氏神として祀られたとされる。遺品には唐鏡・硯・唐筆・硯屛・卦算等があり社宝とされている（『道風神社由緒略記』）。境内の明王堂は、『明王寺記録』によれば社地はもともと下方にあった明王寺で、境内に遷された。

杉坂村は禁裏御料であったため、「和香水」は禁裏御修法《みしほう》の時もちいられたが、明王寺が管理していた（『京都府史蹟勝地調査会報告』一「小野道風社」項、一九一九年京都府刊）。

名水・和香水碑

のちに、人々は道風の筆法にならってこの水で研滴し、この名水をたたえる和香水碑を建てた。銘文は「杉坂の峰より霊泉が湧き出した。これこそ、神がここに臨まれてその高い徳をほどこされたのである。これによって、ひでりをおさえ、そこで泉のうねりをうねうねと、いつまでもうねらせて千年の後にまで及んでもその恩沢はながながとつづいている。諸侯がこの水をくんで、うやうやしく、又ほしいままにしているかいくらくんでもつきることがなく、万億年さらにその十倍の年までもつきることがないだろう／明和七年（一七七〇）」（解説文）とある。碑は『拾遺都名所図会』の境内図にも描かれている。

また、境内にある積翠池《しゃくすいいけ》の水を汲んで硯の水に用いると書道が上達するといわれる。

地蔵院の山頭火碑（北区杉阪道風町）

杉阪口の手前八百㍍に地蔵院があり、杉坂川縁に、「桃源山」山号を刻んだ巨大な石碑（高二二四㌢）が立つ。昭和五十二年（一九七七）建立の寺標。寺は浄土宗西山禅林寺派、永観堂の末寺。創建不詳。

境内には種田山頭火の句碑がある。「音はしくれか」と刻む。山頭火（一八八二～一九四〇）は、出家して西日本を中心に行乞《ぎょうこつ》放浪の旅をして生命を自然にゆだねる独特の自由律俳句を作った俳人。この短律句は、山頭火が昭和七年十月に山口県小郡の其中庵で詠んだ句で、草の根をしたたるしぐれの音から表現したという。山頭火が詠んだ句では一番短い句で、わずか七音。建立者は久保田利政、山頭火本人ではない。この同じ句碑は全国に五基あるといわれているが、同じ筆跡である。

山頭火歌

久保田利政が建立した山頭火句碑は、東山区・即成寺（「分け入っても分け入っても青い山」）や、対鳳庵前（宇治市）・皆演寺《みなえん》（宇治市槙島）にもある。

供御飯《くぐい》峠の地蔵（北区小野岩戸）

杉阪口の新しい橋の下に廃橋があり、旧道から大谷を経て供御飯峠へ向かう。峠には地蔵堂がある。地蔵は高さ八七センチ、像高五六センチ、光背の形から室町期の作。

峠を越えると旧小野郷。かつては供御飯峠を下り小野中・笠峠を越えて周山へ向かうか、小野中の分岐点から大森を経て茶呑峠を越え山国から小浜に向かった。

小野郷とは、近世の北山十ヶ村の総称である。東河内（大森東町）・中河内（大森中町）・西河内（大森西町）・上（小野上ノ町）・下（小野下ノ町）と真弓・杉坂の二村、雲ヶ畑の出谷・中畑・中津川の三村を含む計十ヶ村である。しかし古代・中世には、大原・八瀬辺りも小野郷といい、それと区別するため小野山の名で呼ぶことが多かった。

小野山は、古代・中世を通じて朝廷の宮内省主殿寮《とのもりよう》領だった。主殿寮は宮中の清掃・灯燭・薪炭や調度品・乗物などを司った役所。小野山の住人は小野山供御人《くごにん》として朝廷へ木材・薪・炭・松明などを貢進した外に、朝廷の毎日の朝役、五月四日の菖蒲役、陣中掃除役、禁裏警固役なども奉仕した。宮内庁書陵部編『壬生家文書』永正六年（一五〇九）八月十三日条に「主殿寮領小野山供御人が禁裏に恒例・臨時の松明を備進

供御飯峠の地蔵

する」とある。

禁裏の『年中行事抄』（五月）に「四日、主殿寮、内裏殿舎・回廊・諸門に菖蒲《さうぶ》を葺く事。小野山供御人参入して之を葺く」とある。毎年五月端午の節句には、小野山供御人が菖蒲役を務めた。菖蒲は邪気を払い疫病を除くといわれ、この日は葉を軒に挿したり、風呂に入れる宮中の年中行事だった。

道風神社所蔵の『歳中神事式』文化十一年（一八一四）正月二十日条に、供御飯峠が登場する。それによると、毎年正月二十日、その年の菖蒲役を勤める小野上・下両村の供御人が、供御飯峠で祓の神事を厳修する。つまり、五月四日の菖蒲役が無事勤まるよう、あらかじめ、正月二十日のよき日、御所の方を向いて、おごそかに祓いの神事を執り行ったということである。供御人や旅人ら衆生のあらゆる現世の願いをかなえてくれる祈願対象として地蔵が祀られたのだろう。供御飯峠はクゴイ峠とも称する。供御のため祈る場所なので、供御為という意だろう。あるいは、クゴはクボ（窪）に同じ、イは「小高い土地」なので（谷川健一編『民俗地名語彙辞典』）、峠の意もある。

笠峠の地蔵（北区小野笠谷）

上ノ町の周山街道（国道一六二号）の笠トンネル手前左側に旧道があり、ヘヤピンカーブを描く。『山城名跡巡行志』に「長塚（坂）越〈一名山国越〉杉坂より小野ノ上村ニ至ル（下村ヲ歴ル）。上村自《よ》リ峠ニ至ル。之ヲ細河路《ほそこち》（現右京区京北細野町）ト謂フ」と笠峠を記す。峠には地蔵二体があり、右は首無地蔵。現在、周囲はフェンスが張られ近づけない。

笠トンネルは昭和四十八年（一九七三）に竣工した全長一・二キロのトンネル。トンネルが開通するまでは旧道の笠峠をバスが運行した。旧峠は人馬はかろうじて越えたが、牛車は越えられなく、明治に改修工事が始まり同三十三年（一九〇〇）に開通した。

ＪＲバス「滝の町」バス停に笠峠改修記念碑（高二五四チセン）が立つ。かつては峠にあった。碑文には「明治の大御代となりて、古の郡主要な林産物の需要日に月に加はり、之を運搬せんに便利悪しければ、細野村柴田新次郎、隣郷葛野郡（小野郷）日下部廣造の二氏改修の工起されたる…周山村の羽田喜兵衛に謀り、三度の崩壊の災いに遭ひ、茲に沿道の貨物は車上満載して容易に搬出せらるべくなり、本郡の富伐に加はりぬ　明治四十四年の冬　猪熊夏樹之を撰ぶ」（『京北町誌』京北町編・刊、一九七五）とある。峠の地蔵はこの往来の難工事を見つめてきた。

笠峠改修記念碑

笠峠の石仏

小栗尾《おぐりお》峠の袍服《ほうぶく》地蔵（右京区京北周山町隠谷）

笠トンネルを過ぎ、栗尾バイパスの長い京北トンネルを抜ける。旧道はバイパスの西側の右京区京北細野町の栗尾峠を越え周山町隠谷の栗尾谷で京北トンネルと合流する。さらに栗尾トンネルを抜けＪＲバス停「栗尾町」の少し手前、東側の脇道に入る。湧水がチロチロと流れる傍らに、小さな地蔵（座高三八チセン）が宝珠を抱いて坐っている。文政九年（一八二六）の銘がある。

暗い杉並木が切れると栗尾トンネルの真上。眼下に国道をみおろし、左手に桂川の水面が光る。さらに廻りこむように登ると小栗尾峠（旧栗尾峠）の頂上である。峠には地蔵が北向に立っている。軟砂岩丸彫りの立像で身高一メートル、蓮台以下八五センチを測る。錫杖と宝珠をもつ地蔵。だが、地蔵の背面は衣の後襟が三角状に立上がって後頭部を包む、いわゆる袍服を着た珍しい地蔵である。

袍服は袍裳《ほうも》ともいい、天台宗か真言宗の阿闍梨、導師級の法衣である。三角襟は袋になっていて、スルメ板を芯に入れて立てる。基礎石に、「享保五（一七二〇）庚子歳造立光明真言一百万遍供養仏七月初七日、施主　法印光亮　妙念信女」と刻む。服装や「光明真言百万遍」、「法印光亮」などから密教臭の強い地蔵と考えられる。京北町には、天台宗一、真言宗六の七寺院があり特定はできない。

昭和四十一年、栗尾トンネルが開通するまで、この峠は京街道の本通りで、小栗尾峠に地蔵のほか経塚があり、江戸時代の人の往来の多さを物語る。

承安四年（一一七四）源平争乱の平安末期の頃の「丹波国吉富庄絵図」（真継梶之助所蔵）によると、「久利尾堂下」の文字と図絵が、小栗尾峠辺りのところに記されている。古くから開かれた峠である。

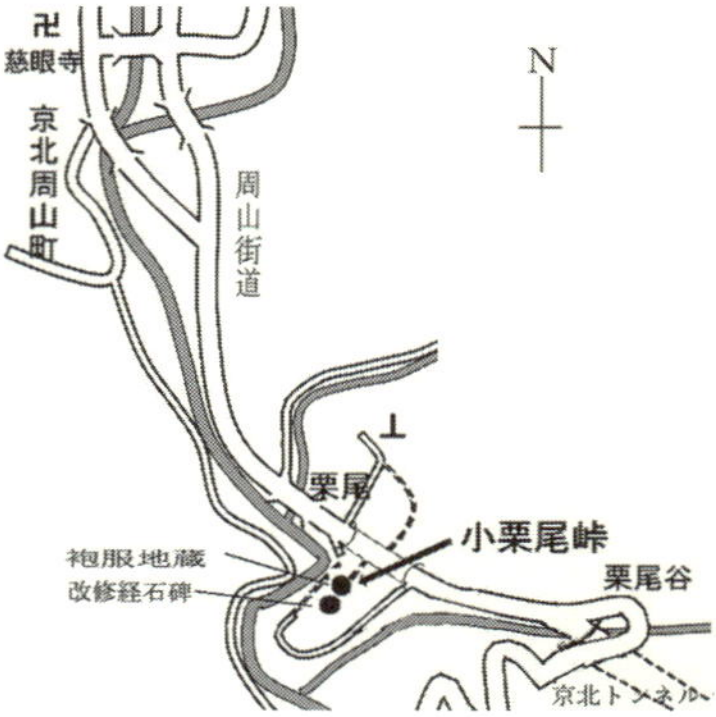

小栗尾峠地図

小栗尾峠の袍地蔵

牛車は越えられない急坂だったので何度も改修されたらしい。その苦心を語る「大般若経理趣分」と刻んだ改修経石碑（高一四七×幅三九×奥行三九㌢）が峠に残っている。大般若経六百巻中の巻第五百七十八を「大般若理趣分」と称し、苦しみを除くのに大きな功徳があるとして仏家では古来非常に珍重している。

銘文によると、「文化十三年（一八一六）に一丈五尺（四・五㍍）を削って牛馬の労を助けた」とある。願主は、京北周山町の曹洞宗・慈眼寺六世の大年和尚。慈眼寺は室町時代から安土・桃山時代の武将・明智光秀ゆかりの寺として知られている。和尚は、小栗尾峠の石碑以外にも京北交番裏の観音橋右岸脇にある石碑・五本松の高浜街道の石碑・観音橋の石碑を建てた。峠の改修をはじめ、桂川の防水工事に努め、石橋を架け、辻々に道標を立てるなど、社会土木事業に情熱を傾けた勧進僧である。峠を越えれば慈眼寺がある京北周山町の中心地である（佐野精一「小栗尾峠の袍服地蔵」―京都民報連載「峠の石仏・十八」一九八二・一・二四）。

小栗尾峠の袍地蔵

2、鞍馬街道

京の七口の一つ「鞍馬口」（北区鞍馬口町）から出発し、出雲路橋から鴨川を渡り、下鴨中通を北上。深泥池の西から岩倉盆地の幡枝を抜け、鞍馬川の谷をさかのぼって鞍馬寺の門前に至る古道。ただし、「鞍馬街道」は近年の呼称で、古くは「鞍馬道」「鞍馬通」（『平家物語』、『太平記』）など呼ばれた。

鞍馬口すなわち出雲路橋を基点として北上する鞍馬街道は、寺町今出川の大原口—賀茂川沿い—上賀茂神社—原峠—二軒茶屋—市原—鞍馬のルートもあった。さらに進むと花脊・大布施・久多〜小浜に至る。

また、鞍馬寺に至る少し手前で、貴船神社に向かう古道がある。両社寺への参詣道として平安期より知られた。『平家物語』灌頂の巻「小原御幸」で、後白河法皇がこの「鞍馬通」を経て建礼門院の閑居寂光院を訪ねた話は有名。同法皇編集の平安末期の歌謡集『梁塵秘抄』巻第二に「いづれか貴船へ参る道、賀茂川箕里深菩薩《みどろ》池《いけ》、御菩薩坂、畑井田《はたゐだ》（幡枝）篠坂（静市市原野）や一二の橋、山川さらさら岩枕」と鞍馬通と貴船神社参詣の巡路を記している。

なお、若狭・丹波への道は「鞍馬より大見に至る。大見より久多に至る、山路嶮峭。久多より峠に至る、江州高島郡界、一里（四キロ）」（『山城名跡巡行志』）もあった。

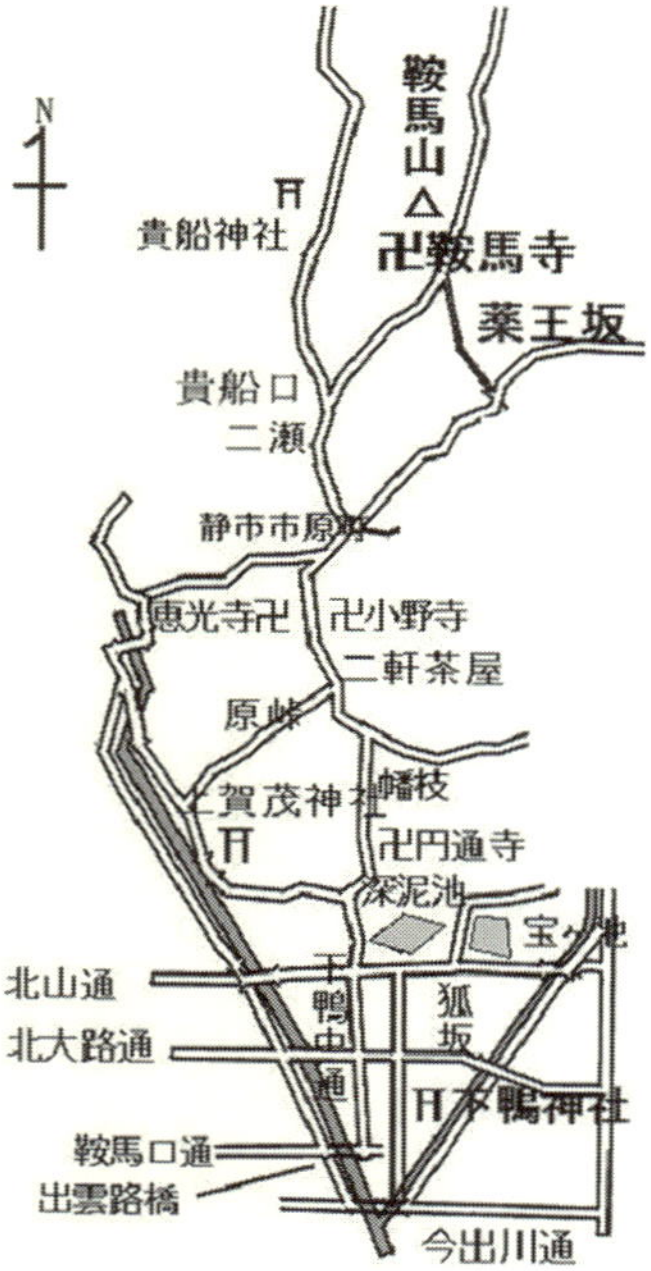

鞍馬街道地図

鞍馬口～深泥池路

鞍馬口道標（北区出雲路立テ本町）

「出雲路鞍馬口」道標は出雲路橋西詰北側に立つ。高一〇七×幅一八×奥行一八チセン、昭和四十五年（一九七〇）京都市が建立した新しい碑である。鞍馬口は京の七口の一つで、東鞍馬口通から下鴨中通・幡枝・市原・二瀬を通って鞍馬に至る鞍馬街道の起点にあたる。出雲路は『和名抄』愛宕郡出雲郷にちなむ。

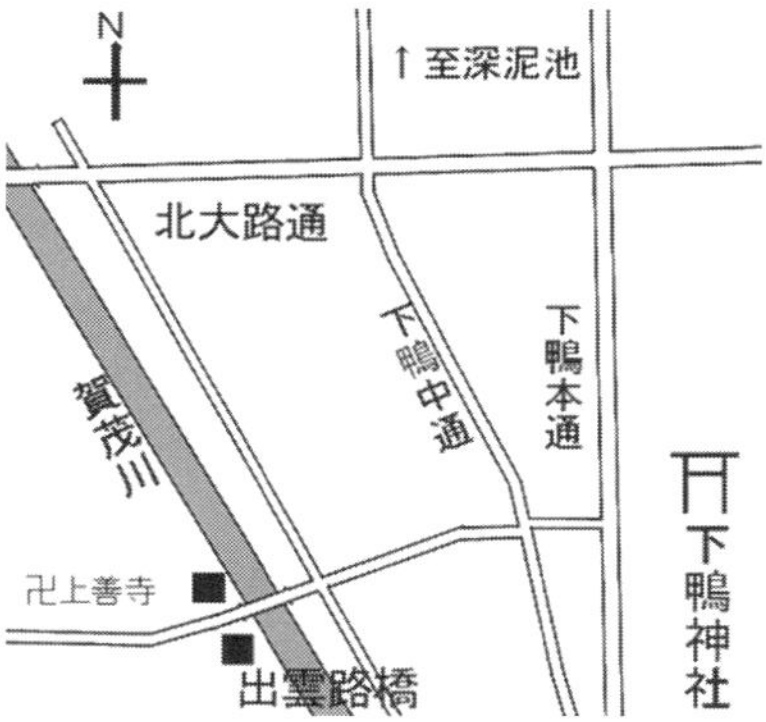

「下賀茂社へ五町」道標（北区出雲路立テ本町）

出雲路橋西詰の南側に立つ。大正四年（一九一五）十一月建立、高二〇一×幅四二×奥行四一チセン。西面「官幣賀茂御祖神社大社」、北面「下賀茂社へ五町」と刻む。

なお、賀茂川を越え東鞍馬口通の東端が下鴨神社に突き当たる下鴨松ノ木町の町角に、かつて寛政九年銘の道標（高六〇チセン）があった。東面

鞍馬口道標

下鴨神社道標

に「左　まつがさき　いわくら　せき山（赤山）道」、南面に「みぞろ池　上かも　くらま道」、北面に「施主当町清左衛門」と刻む。鞍馬・岩倉への旧道があり、神社へ脇から入る道だった（出雲路敬直『京のしるべ石』）。

「深泥池水生植物群落」碑（北区上賀茂狭間町）

下鴨中通を北上すると深泥池の五差路に突き当たる。左の路をとると鞍馬神社方面へ向かう府道四〇号線。右へ行くと天然記念物として名高い「深泥池」西岸を岩倉へ通じる道。池畔に「深泥池水生植物群落」の記念碑（高二一八㌢）。

深泥池の形成は過去約十万年前にさかのぼり、池の中にはハリミズゴケやオオミズゴケで構成される浮島がある。この池には北方系のホロムイソウやアカヤバネゴケ、ミズグモなどウルム氷期からの生き残りの種など、非常に貴重な動植物が見られる。このため昭和二年（一九二七）に「深泥池植物群落」として、国の天然記念物に指定された。

「深泥池水生植物群落」碑

深泥池地蔵堂の石仏（北区上賀茂深泥ケ池町）

深泥ヶ池バス停から幡枝円通寺に到る旧道（府道四〇号線）を辿ると、貴船末社・深泥池貴船神社の手前に深泥池地蔵堂がある。門前に二基の「地蔵尊岩倉道」・「地蔵尊京道」道標が立つ。

室町時代後期の上杉本『洛中洛外図屏風』には「みそろいけ」の西側湖畔に「美曽呂関所」と、その横に「ぢさうたう」（地蔵堂）が描かれている。深泥池地蔵堂の本尊は保元二年（一一五七）に京の六地蔵の第一番として有名であったが、明治の排仏思想により寺町鞍馬口の上善寺に転出した。現在の本尊・地蔵はその後補である。

本堂の前にかなり風化した石仏が一体ある。高一〇〇㌢×幅七〇㌢×奥行三〇㌢、花崗岩製、鎌倉時代の写実的な形態把握にはおよばず鎌倉末期から南北朝頃の造立と推定する。首の下で二つに折損したらしく、修理した形跡がうかがえる（佐野精一『京の石仏』）。

かつては地蔵堂の前に全部で七体の石仏（薬師如来、弥勒菩薩、釈迦如来、文殊菩薩、金剛界大日如来、延命地蔵菩薩、勢至菩薩）が祀られていた。敗色濃い昭和十九年（一九四四）頃、一部の町内役員が防空壕の設置を理由として六体の石仏を移動させた。現在残る一体は、蓮華座を設けて結跏趺座する像高七二㌢の如来座像を厚肉彫りしたものである。手印は、右手を胸前にあげ、指をのばして施無畏印、左手は、膝上、腹前に置いて、掌を上にしている。掌のうちには壺らしきものはなく、薬指などをまげているところから、薬師如来とみられる。残る六体は佐野精一氏によって判明したが、もとの場所に返してほしいものである。

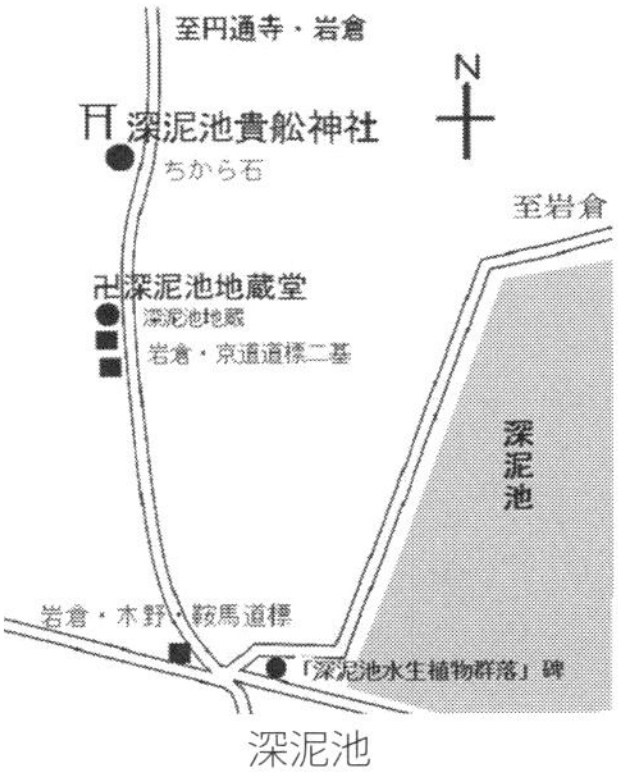

深泥池

地蔵堂薬師如来

深泥池貴船神社の「ちから石」・石灯籠・すぐき発祥碑（北区上賀茂深泥ケ池町）

深泥池地蔵堂を少し北へ行った旧鞍馬街道沿いに貴船神社が鎮座する。鳥居の傍に、神社の縁起を記した石碑がある。鞍馬の貴船神社が洛中からは遠かったので、寛文年間（一六六一〜一六七三）、貴船の神を分祀し、京の人々が参詣できるようにしたと記す。本社は貴「船」神社だが、ここの分社は貴「舩」神社と表記されている。

①神石「ちから石」

鳥居の近くには、「ちから石」という直径三十センチほどの卵形の自然石が置かれている。右側の石柱（高八七センチ）には「文政八年（一八二五）四月」の銘がある。「ちから石」は、力試しに抱えあげる大石。全国各地の神社の境内などにある。力石の起源は中世までさかのぼり、本来は神意を伺うためのもの。病人が出た時など、石を持ち上げれば快癒の見込みがあるという石占に使われた。『日葡辞書』（一六〇三）に「チカライシ（力石）力試しをする石」とあり、江戸時代に入ると、腕力を必要とする職業の人たちの間で、力比べとして盛んになった。

②金毘羅石灯籠

また、入り口すぐ右に大きな石灯籠（高二八二センチ）が一基。竿には「文政八年（一八二五）乙酉四月」、「金毘羅大権現」とあり、礎石には「当村講中」。この「金毘羅」は、大原の金毘羅山という。静市を経て参る金毘羅詣でを物語る。「当村」とは、山城国愛宕郡深泥池村のこと。こ

貴舩神社ちから石

金毘羅・石灯籠

の灯籠は、かつて村に入る入り口（現・下鴨中通と府道一〇三号が分かれる辺り）にあったが、道路拡幅のためここに移されたという。

③「すぐきの神」碑

　境内には「すぐきの神」を祀る秋葉神社がある。京都三大漬物のひとつ上賀茂「すぐき」の歴史は桃山時代に遡る。かぶの一種で、漬物となったとき特有の風味のある酸味（乳酸発酵）がある。上賀茂神社の社家が賀茂の河原で見つけたカブに似た珍しい植物を持ち帰って植えたのが始まりだという説や、御所から賜った植物を植えたのが始まりだという説など諸説あるが、いずれにしても上賀茂神社の社家の間で栽培が始まったとされ、江戸時代末期頃からは上賀茂地域の農家でも作られるようになった。

　秋葉神社には、これらの説と異なる「すぐき」発祥の石碑（高五九×幅九一×奥行一一㌢）が社前に立つ。それによると、火伏の神の秋葉神社が千二百年前から祭られていた。ところが、明治初年の廃仏棄釈令により、神社が神仏混交であるとして、賀茂社の社家が社を打ち壊した。翌年春、修復を怠った村に大火が発生した。村人達が焼跡を整理していると、どの家の跡にも漬け物桶だけが焼けながら中身が焼け残っていた。村の長が漬物の茎を一本試食した所「酸い茎や」と言った。火の神である秋葉神社の神が私共に罰を与えると共に反省を求め、生命の根源である酵素の漬物を恵み賜ったとある。

すぐき発祥の碑

幡枝〜静市市原路

深泥池西畔から、鞍馬街道（府道四〇号線）の切通しを経て円通寺を過ぎ、静市市原町の頼光橋から鞍馬へ向かう。貞享二年（一六八五）に切通しの開削工事が完成したからだが、それまでは、深泥池北畔のケシ山東側の檜峠を越えて遠回りし、木野から鞍馬へ向かった。

幡枝切通碑（左京区岩倉幡枝町・円通寺前）

深泥池から鞍馬への近道は幡枝切通しと呼ばれたが、急坂のこの道は石が突き出て、水が湧き出し冬は凍結、人馬が滑って転倒するなどの難路だった。

貞享二年（一六八五）、深泥池村の炭売り吉三郎らが改修した。同年十二月円通寺の僧性通がこれを讃えて建立したのが幡枝切通碑（高一四八×幅七七×奥行二一チセン）である。

碑文には、険路だった状況と、吉三郎が同村の次郎右衛門・勘三郎と改修工事を発起したことを記し、「難しい工事を一介の庶民が成し遂げたことは偉大なことである。感嘆のあまりその顛末を石碑に刻むものである」とある（詳細は京都歴史資料館「京都のいしぶみデータベース」）。笠付型石碑の上部には、つるはしを持った地蔵が浮き彫りにされている。

＊

静市市原は南に細長い出口を持つ、漏斗のような形状をした小盆地である。大昔は櫟原とも一原とも書き、寂しい原野であった。往年は夕暮れに追いはぎのでるさびしい街道が山間の原野を渡っているだけであっ

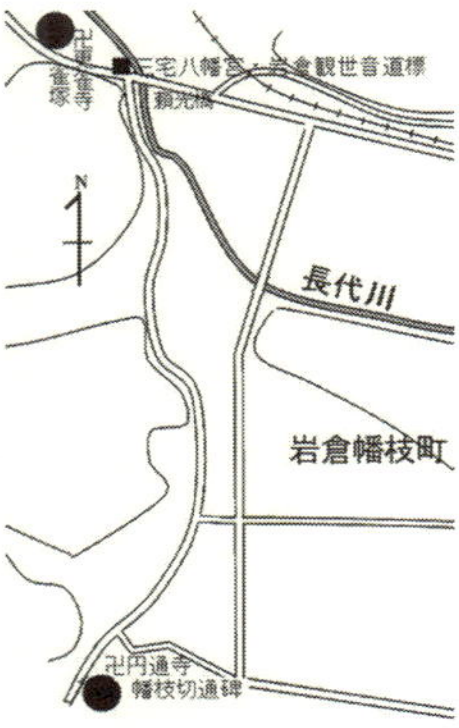

岩倉幡枝地図

た。長代川にかかる頼光橋は、頼光の名を留めている。

『古今著聞集』巻九には、鬼同丸（鬼童丸）が、いわれあって、「市原野で放し飼いの一頭の牛を殺して体内に隠れ、頼光を待ち受けていた。しかし頼光はこれを見抜き、頼光の命を受けた渡辺綱が弓矢で牛を射抜いた。牛の中から鬼同丸が現れて頼光に斬りかかってきたが、頼光が一刀のもとに鬼同丸を斬り捨てた」という話が載っている。江戸時代これをテーマにした歌舞伎「市原野」がある。

幡枝切通碑

雀塚（左京区静市市原町・更雀寺《きょうしゃくじ》内）

京福鞍馬線京都精華大駅近く、頼光橋を過ぎた鞍馬街道沿いに更雀寺（俗称・雀寺）がある。境内には、「雀塚」（高四九センチ）と藤原実方《さねかた》の五輪供養塔（高約一〇〇センチ）が立つ。花崗岩製。基礎の地輪は宝篋印塔を利用、空輪・風輪・火輪・水輪・地輪各部は寄せ集めで、江戸時代ごろの作とみられている。

実方は、小一条左大臣藤原師尹《もろただ》の孫、侍従定時の子。父が早世したため伯父の小一条大将済時《なりとき》の養子となった。平安中期の中古三十六歌仙の一人、「かくとだにえやはいぶき（伊吹）のさしも草さしも知らじな燃ゆる思ひを」と百人一首に激しい恋の歌を残している。円融・花山両天皇の寵を受け、御前に侍して折々の歌を詠進するなど、その将来性は有望視された。ただ矯慢で直情径行的なところがあったとみえ、あるとき歌について藤原行成と殿上で口論し、カッとなって行成の冠を笏で打ち落とした。恋人の清少納言との三角関係でもめたともいわれる。運悪くこれを一条天皇がみて、行成が蔵人頭に補せられたのに、実方は「歌枕を見て参れ」と陸奥守に任ぜられた。

長徳四年（九九八）十二月、任国で実方が馬に乗り笠島道祖神前を通った時、乗っていた馬が突然倒れ、下敷きになって没した（宮城県名取市笠島に墓がある）。

実方の死去が京都へ伝わったとき、清涼殿に一羽の雀が舞い降りて膳の飯を啄ばむと、さらに実方が和歌を教えた藤原氏の私学校・勧学院へ舞い降りてそのまま息絶えてしまった。それを聞いた人は〝京都へ帰りたかった実方の一念が雀となって戻ってきたのであろう〟と噂しあったという。そして勧学院に「雀塚」を建てて、実方の霊を慰めたという。松尾芭蕉は陸奥の国で実方の墓を探したようだ。『奥の細道』笠島の一節に、「身つかれ侍れば、よそながら眺めやりて過るに…笠島はいづこ五月のぬかり道」と一句詠んでいる。

後に雀塚は勧学院跡（中京区錦大宮町）にできた更雀寺に祀られていた。しかし、昭和五十二年（一九七七）四条大宮のターミナル化に伴い、現在地に寺は雀塚とともに移転した。

雀塚

二軒茶屋の石灯籠（北区上賀茂二軒家町）

二軒茶屋は北区上賀茂二軒家町にかつてあった茶店。岩倉川の支流長代川上流の谷間で、鞍馬街道が通る。鞍馬などへ行く参詣人のための茶店が二軒あったことが由来だが現存しない。鞍馬の初寅の日には賑わい夜通し店を開いていた。現在、叡山電鉄鞍馬線二軒茶屋駅の駅名として

二軒茶屋石灯籠

残る。

旧茶店の鞍馬街道を挟んだ向かい側に一基の石灯籠（高二〇七㌢）。各面に「金毘羅大権現」「講中往来安全」「千廣講」「文政乙卯（二年、一八一九）仲秋吉辰」と刻む。仲秋吉辰は、仲秋のよい日という意。この街道は深泥池貴船神社境内にも、「金毘羅大権現」石灯籠があることから、鞍馬寺参りだけでなく静市市原を経て江文峠の金毘羅山参りのルートでもあることを物語る。

鞍馬電気鉄道株式会社が昭和二年（一九二七）に創設され、山端を起点に岩倉から二軒茶屋を経て鞍馬に達する軌道の建設が開始された。同四年十二月市原・鞍馬間の三・五㌔が単線で開通した。開通すると客足が途絶えて寂れた。一軒の茶店跡には、子孫・能勢裕氏の最新住宅が建つ。平成四年（一九九二）能勢家の旧茶店は嵯峨鳥居本の老舗平野屋が引き取り移築保存された。

小町寺の石仏（左京区静市市原町）

長代川沿いに二軒茶屋跡を過ぎると、鞍馬街道は左右に迫る山あいの篠坂《しのさか》を越える。左右に小町寺と恵光寺がある。小町寺は、正しくは如意山補陀落《ふだらく》寺と称し、天台宗延暦寺派の尼寺で、平安後期の清原深養父《ふかやぶ》が山荘を寺とし、天徳三年（九五九）に、深養父が招請した天台座主延昌を開山として創建、補陀落寺と称した。寺は中世に廃絶し、現在の寺は、その名称をついだものである。本堂に本尊阿弥陀像と小野小町老衰像（奪衣婆《だつえば》）を安置し、境内に小町寺五重層塔、小町井戸などがある。

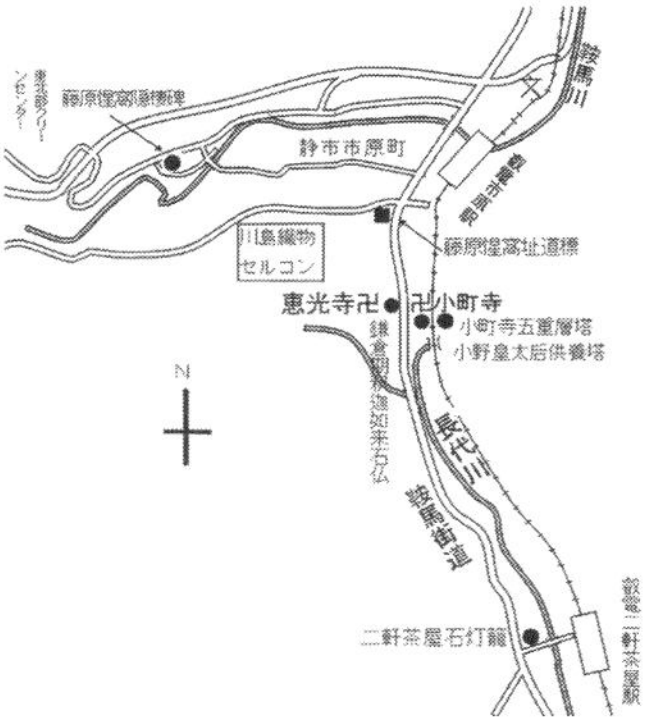

市原

①小町寺五重層塔

謡曲「通《かよい》小町」により、ここが小野小町の隠棲地だといわれ、寺は小町寺とも呼ばれた。それによると、八瀬の山里に一夏《いちげ》（夏安居《げあんご》の修行）を送る僧のもとに毎日爪木《つまぎ》（薪）をとどける女性がおり、名をたずねると「己《おの》（小野）とはいわじ、すすき生ひたる市原野辺にすむ姥《んば》ぞ、跡とひ給へ御僧」と、小野小町の化身であることをほのめかし、姿を消した。僧は小野小町が「秋風の吹くにつけてもあなめあなめ（あな目痛し）小野とは言はじ薄生《すすき》ひけり」とうたった歌を思いだし、市原野にたずね行き、座具《ざぐ》を敷き、香を焚き、念仏を唱えていると、小町と深草少将の亡霊があらわれ、僧は百夜《ももよ》通の様子を語るよう促した。少将は百夜通いの様子を再現して見せ、やがて二人とも一念の悟りによって共に成仏するというあらすじである。

小野小町供養塔は境内北部の墓地内にある。高三八八㌢、花崗岩製の五重層塔で、相輪は後補だが、五重の屋根はその上の層の軸部とともに別石でつくり、軒反りも厚い。また軸部には見事な四方仏（薬師・釈迦・弥陀・弥勒）を浮き彫りし、基礎の側面三方には、格狭間のなかに開蓮弁文様を刻む。鎌倉時代後期の様式を示す（竹村俊則ほか『京の石造美術めぐり』）。小野小町の「姿見の井」との伝承がある空井戸がある。各所にあるが、これも名水として知られていたという。

また、小町塔の手前に「深草少将通魂霊墓」の小さな石造宝篋印塔（江戸期作）がある。小町の伝説に付会して造られたのであろう。

そのほかにも、境内墓地には約三百体の墓石や供養塔が立ち並び、室町・江戸期のものが多いが、鎌倉後期とみられる石仏もある。小町寺の

小野寺五重層塔

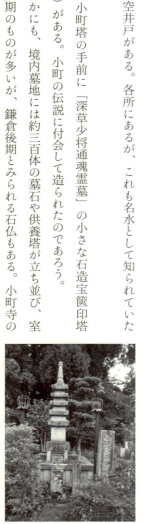

墓地は静市市原町周辺の旧村の惣墓だった。旧来、賀茂川が皇居御用水として使用されたため、上流の鞍馬川は、『愛宕郡村志（静市野村）』に「流域に死屍を埋葬せさる例なり。故に鞍馬貴船二ノ瀬静原野中市原は必ず此地（補陀落寺）に葬る慣例なり」とある。東の鳥辺山、西のあだし野、蓮台野の船岡山、そして洛北市原の里も無常所の一つであった。

このため、篠坂は「死の坂」という説もある。しかし、『京師巡覧集』（一六七九）に「一原　この在所のささの葉は洛中にひさぎ、粽に之を用ゐる」とあり、一帯は特産の篠が群生していたことに由来する。篠は稈が細くて小さい竹をいう。

②小町寺宝篋印塔

小町寺には小町塔のほかにもう一つみるべき石塔がある。境内の西南隅に「小野皇太后供養塔」と呼ばれる堂々たる大宝篋印塔がある。総高二四〇センチ、花崗岩製、相輪は後補だが、笠石の隅飾突起は反りがなく三弧で輪郭を巻く別石式とし、塔身（大日如来）には金剛界四仏の梵字を刻む。密教で、大日如来の四方に位置する仏で東方の阿閦《あしゅく》、南方の宝生、西方の阿弥陀、北方の不空成就。基礎は無地の切石の上に単弁反花座《かえりばなざ》を別石で置き、その下に基壇を設けている。鎌倉時代後期の建立。

寺伝では後冷泉天皇々后小野皇太后の供養塔といわれる。付近に小野皇太后の山荘があったという。小野皇太后は関白藤原教通《のりみち》の三女、名は歓子《かんし》といい、治暦四年（一〇六八）天皇崩御後は仏道に精進し、承暦元年（一〇七七）出家し、小野山荘を改

小野皇太后供養塔

めて常寿院（天台宗）と号した。

『今鏡』（小野の御幸《ごこう》）に、白河院が雪見のために御幸したのは、この常寿院のことである。「雪見に来た方が屋内にお入りになることはありますまい」と皇太后は、召し使う女房の少ないのを恥とし、とっさに打出の衣十組をたち切って袖二十とし、これを簾の下からさし出し、大勢の女房がいるようにしつらえた。雪の降り積む庭に向けて美しく席をしつらえたので、院もその風流心に感動したという。

この話は「小野御幸」「雪見御幸」として語り草となり、『古今著聞集』『十訓抄』に見える。康和四年（一一〇二）皇太后の没後、常寿院は次第に衰微し、南北朝以降は史上にその名を失った。

恵光寺の石仏（左京区静市市原町）

小町寺の向かい、鞍馬街道をへだてて、浄土宗恵光寺がたっている。宝暦二年（一七五二）の創建と伝えるのみで、寺の由緒は不詳である。小町寺の墓地とともに静市市原町周辺の旧村の墓寺だった。

参道をのぼった右手丘上に三体の大きな石仏を中心に石仏が並んでいる。中央の最も大きな石仏はすぐれた作風を示す。総高一五二センチ×幅九五センチ×奥行五〇センチの花崗岩を使い、舟形光背に像高一二〇センチの如来座像を厚肉彫りしたもの。右手を胸近くにあげて施無畏印、左手は膝上に与願印を結ぶから釈迦如来である。胸張り豊かで古仏の風格が感じられ鎌倉中期の造立だろう。

これを中心に左右に居並ぶ石仏は、いずれも定印の弥陀で鎌倉後期以降に造られ

恵光寺の石仏

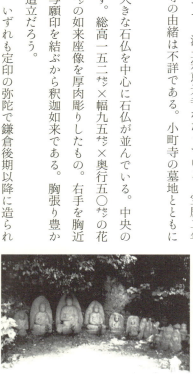

たもの。しかも、作風年代がそれぞれ異なるから、とても一具のものとはいえず、散在していたのを後世一ヶ所に集めたものであろう（佐野精一『京の石仏』）。

「惺窩《せいか》先生幽栖址」道標（左京区静市市原町）

小町寺から街道を北へ二百五十メートル行くと、辻の西側に藤原惺窩幽栖址の道標がある。高さ七八×幅三一×奥行一五センチ。「惺窩先生幽栖址 従是西二丁（二二〇メートル）」とある。京学派の祖、近世儒学の創始者といわれる藤原惺窩（一五六一～一六一九）が晩年元和元年（一六一五）に市原野の市原山荘に隠棲した。

惺窩は織豊～江戸時代前期の儒者。播磨国の生まれ、冷泉為純の子。はじめ京都相国寺の僧。儒学に傾斜し、慶長の役で捕虜となった姜沆《きょうこう》に朱子学をまなぶ。のち還俗。近世儒学の祖とされ、門人に林羅山らがいる。著作に『寸鉄録』などがある。

藤原惺窩《せいか》の市原山荘碑（左京区静市市原町）

静市市原町の北市原第二児童公園内に「此付近藤原惺窩市原山荘跡」と刻んだ石碑（高一〇六×幅一九×奥行一九センチ）があり、京都市が昭和四十五年（一九七〇）三月に建立した。ただし、最初の建立地は現在地より

「惺窩先生幽栖址」道標

惺窩市原山荘碑

一〇〇㍍程東だった（京都市歴史資料館「京都のいしぶみデータベース」より）。惺窩は付近の風景を市原の八景と称して楽しんだ。

徳川家康に招かれて江戸城中で進講、徳川二六〇年の学問の基礎を築いたことから、近世儒学の祖とされる。市原山荘では林羅山をはじめ、石川丈山、角倉了以等五〇〇〇余の門人を育てた。元和五年に五十九歳で世を去ったが、墓は相国寺林光院にある。市原山荘はもとは相国寺領で、老齢者や病弱者の保養所であったという。

静市市原路～貴船・鞍馬

奉先堂跡石碑（左京区鞍馬二ノ瀬町）

鞍馬街道の道筋に当たる二ノ瀬は江戸初期に儒学者林家・林羅山（一五八三～一六五七）が支配し、代々の林家が領地とした。林羅山は二十三歳の若さで徳川家康のブレーンとなり、家康・秀忠・家光・家綱の将軍四代の侍講を務めた。

鞍馬川西岸にある奉先堂は、叡電線路を越えた大日大聖不動尊参詣道入口に立つ。延宝二年（一六七四）林羅山の子孫の鳳岡（一六四四～一七三二）が庄屋今江八兵衛清長に命じて堂を建て、羅山の遺品や遺像を納める堂を

鞍馬街道

奉先堂と名付けた。明治維新以後は荒廃し、林信吉が宝暦八年（一七五八）に建てた「奉先堂碑」（高一四五×幅一〇四×奥行二五チセン）が現在残る。
碑文は、羅山の業績などを記す。この碑は奉先堂の跡を示すものである。なお、今江家には林家代々の画像や奉先堂関係の文書が残る。

鬼一法眼古跡（左京区鞍馬本町、鞍馬小学校横）

『義経記』巻第二（鬼一法眼の事）によると、一条堀川に住んだ陰陽師とされる鬼一法眼は、源義経（一一五九〜八九）に兵法を教えたという。法眼は平家の目を避けてこの地へ来て兵法を教えたといい、またその山荘がこの東方の山腹にあり、鞍馬寺山門内には鬼一法眼を祀る小祠（仁王門右手に鬼一法眼社）がある。

鞍馬小学校南隣の石寄大明神の境内に、鬼一法眼古跡碑が立つ。この石碑（高一三五×幅八八×奥行四四チセン）は鬼一法眼の墓所伝承地を示す。碑文の東面「大正四年（一九一五）十一月十日 鞍馬校職員生徒一同建立」、西面に「鬼一法眼之古跡」とある。

奉先堂址碑

鬼一法眼古跡

貴船神社奥の院の船形石（左京区鞍馬貴船町）

昔、玉依姫（神武天皇の母）が「黄船」（「木船」）に乗り浪速から淀川、鴨川を遡り、貴船川と鞍馬川の合流点

で川瀬が浅くなったところで、梶を取り外し（梶取社の由来）、貴船川を遡っていまの貴船神社の地に上陸。玉依姫が乗ってきた黄船を地下に納めたと伝える跡に、石を積んで船の形にしたという「船形石」（高さ約二㍍×長さ約一〇㍍×横幅約四㍍）があり、航海の安全に霊験あらたかという。貴船の由来でもあるという。

だが、『式内社調査報告』第一巻によると「黄船」は、宝暦以降（一七五一〜）成立の『黄船社秘書』、「木船」は戦国期の吉田兼右撰『二十二社註式』や、『山州名跡志』など中世末期以降の著書に登場する社名なので、これらの表記に基づく由来説は後世の仮託である。下坂守も「黄船説は当社が賀茂別雷社（上賀茂社）の摂社となってのちの付会」（「貴船神社」―『日本の神々』五・所収）と指摘する。また気生根（木生嶺）の神だったので、樹木の生い茂る山の神だったという説がある。

　貴船神社は古来、山谷の雨水を司る水神として崇敬された。本社の祭神は高龗神《たかおかみのかみ》（山上の竜神）である。『諸社根元記』、『二十二社註式』などでは罔象女神《みつはのめ》（水の神）、闇龗神《くらおかみ》（谷に住む竜神）とするが、いずれも水を司る神である。

　本社の北に奥宮（古代の本社）と貴船山山中に雨乞の滝（龍王瀧）がある。近世の『山州名跡志』に「龍王瀧　木舟神は雨を乞うに其の験《しるし》あり。其の時この滝に来て祈ること旧例なり」とある。『新古今集』に「社司ども貴布禰に参りて雨乞し侍りける序《ついで》によめる、大み田のうるほふはかりせきかけて、井関に落とせ川上の神」（賀茂幸平《よしひら》）と詠まれ、雨乞い神事で唱える神歌だった。現在も毎年三月九日に雨乞祭がおこなわれている。「貴船」の史料上の初見は『日本紀略』の弘仁九（八一八）年五月八日条に「山城国愛宕郡貴布禰神大社と為す」

舟形石・貴船

とみえる。

平安時代、雨乞いの神として公的な祈雨・止雨儀礼の中心として、貴布禰社は丹生川上社（奈良県）とともに「丹貴《にき》二社」（『続《しょく》日本後紀』承和六年〈八三九〉六月朔《ついたち》条など）と称された。農耕を中心とする日本では雨乞いは古代から重要な儀礼のひとつであり、『延喜式』巻三臨時祭に載る「祈雨神《あまこひのかみ》祭八十五座」のうちの一社である。丹生川上社の「丹生」はニフともいうが、「丹生・壬生（ニフ・ミブ）」は、ミとニが音通（五十音図の同行または同段の音の転換）であり、「水生《みふ》」の転訛・改字という（池田末則『地名伝承学論補訂』）。ここから、「貴布禰」は「水生峰（ミブネ）」の子音交替と考えられる。つまり、水分《みくまり》の神である（綱本逸雄「丹生・壬生と水源関連地名」―『京都の地名検証3』勉誠出版、二〇一〇）。

鞍馬寺石造遺品（左京区鞍馬本町）

鞍馬山（五六九メートル）は、古生層といわれる堆積岩からなる。王朝時代から春は雲珠桜、秋は紅葉によく、歌枕として和歌も多い。山中には、牛若丸ゆかりの僧正ヶ谷、魔王尊を祀る奥の院魔王堂等がある。鞍馬寺は、寺伝によれば、唐招提寺の開祖鑑真の高弟・鑑禎上人が宝亀元年（七七〇）一月四日の初寅の夜、山城国の北方に霊山のあることを夢に見、夢さめて後、鞍を置いた白馬のいる鞍馬山中に毘沙門天像を得て、そこに一宇の草堂を建てて安置したのにはじまるという。その後、藤原伊勢人《いせんど》によって伽藍が造営されたのは延暦十五年（七九六）で、北方の王城鎮護の道場となった。以来、朝野の崇敬が深く隆盛を

鞍馬寺

極めたが、大治元年（一一二六）をはじめとする再度の火災で荒廃した。明治から大正にかけて復興されたが、また本殿等を焼失した。

①由岐《ゆき》神社石灯籠

由岐神社は、鞍馬寺境内の参道脇の崖地に建てられている。靫神社、靫明神ともいう。「ゆき（由岐）」の語源は、矢を納める武具の靫（ゆき・ゆぎ）にある。靫《うつぼ》、空穂《うつぼ》とも記される。矢を入れ、腰に下げ持ち歩く筒形の容器をいう。

創建は古く、朱雀天皇の天慶三年（九四〇）の勧請とつたえる。天皇の悩みや世上が騒がしきときには、靫を社前にかかげ、平穏を祈ったと伝える。もとは産土神であり、また、神仏習合期の鞍馬寺の鎮守社となっていた。交通安全、縁結び、子授け、安産、火難除けの信仰を集める。現在の拝殿（重文）は、慶長十五年（一六一〇）秀頼の再建。珍しい割り拝殿、山腹の地形を巧みに利用した舞台造りだ。

拝殿後ろに慶長二十年（一六一五）銘の四角型石灯籠（高二一二センチ、花崗岩製）がある。四角型石灯籠は宝珠に変形が見られる。特殊な長い形となり、四方に紐状の刻みだしがある。他の部分は別に珍しくない。中台側面には菱文を二つ並べる。

由岐神社石灯籠

*

境内の石造狛犬（重文）は鎌倉時代の作という。狛犬は遠く中国の漢代以来の帝陵前に置いた石獅子に系統を引く。守護的な意味を持つことは仏教の仁王像と同じである。わが国に狛犬が出現したのは平安時代からである。遺品については寺院に置かれたのはまれで、大概は神社関係である。由岐神社の狛犬は、宋より輸入の獅子を宗像明神の狛犬とした宗像大社のものと同系統で、宋風狛犬である（庚申懇話会編『日本石仏事典』）。

②義経公供養塔

由岐神社横の山道に祀られる川上地蔵堂向いに、義経公供養塔（高二九六センチ）がある。牛若丸が七歳から約十年間住んだ東光坊跡に、昭和十五年（一九四〇）に鞍馬山教団大阪信徒連合会有志者によって建立された。

川上地蔵堂は牛若丸（源義経公）の守り本尊である地蔵尊が祀られている。牛若丸はこの地蔵堂に参拝してから修行に出かけたといわれている。

義経供養塔

③鞍馬寺宝物殿宝塔

館内に平安後期作の宝塔（国宝）が保存されている。高一〇八センチ。昭和六年（一九三一）の春、本堂の拡張工事の際、本堂背後の高所で発見された経塚の上に立っていた塔である。基礎は花崗岩製で後補。塔身はやや壺型で、首部高く先のほうで少し細くしてある。笠の勾配は緩く、軒裏も反らしてある。相輪は上半を失い下方をわずかに残すのみ、風化もあるがみるからに平安後期を思わせる塔である。

経塚というのは弥勒出世の時にそなえて、経典を埋蔵して塚にしたもの。平安中期以来盛行した。塚の上にしるしの石塔を安置する場合もある。鞍馬寺は北方の弥勒浄土の一つとされたため、鞍馬山南東斜面に弥勒信仰の多くの経塚が作られた。

鞍馬経塚から出土した銅製の宝塔をはじめ多くの遺物の中に、保安元年（一一二〇）の銘を持つ経筒があった。宝塔の様式と対照しておなじ時の製作と考えられ、現存最古の石造宝塔遺品である（川勝政太郎『日本石造美術辞典』）。なお、「宝塔」写真は鞍馬寺保存のネガの掲載許可を頂いた。

鞍馬寺宝塔

*

〈鞍馬寺経塚の歴史〉（以下、詳細は「石造美術にみる鞍馬山経塚群」―難波田徹『中世考古美術と社会』思文閣所収を参照）。

保安元年（一一二〇）、清原重怡《じゅうい》は、鞍馬山での十日間の写経を行い、如法写経会の始まりになる。

重怡は平安時代末期の僧（生没年不詳）。比叡山に登り、顕教、密教を修めた。鞍馬寺に移った。

大治元年（一一二六）鞍馬寺焼失、大治二年（一一二七）、寺再建される。吉祥天像、兜跋毘沙門天立像が造立。この頃、経塚が造られる。重怡は転法輪堂の阿弥陀如来坐像の前で、以来十三年にわたり念仏十二万遍を唱え、「鞍馬寺の大徳」といわれた。

享保元年（一七一六）、鞍馬寺融通念仏会、如法写経会を再興する。

明治十一年（一八七八）、経塚遺物が発掘される。

大正十二年（一九二三）、経塚遺物が発掘される。

〈経塚の分布〉

鞍馬山経塚群標識年代表

1、本堂下経塚　平安時代後期　石造宝塔
2、空也平経塚　鎌倉時代　石造五輪塔
3、竹原森経塚　室町時代　石造宝塔、石仏、町石
4、畚おろし経塚　室町時代　町石
5、本堂裏経塚　鎌倉時代　石造四方仏　昭十五、四十九年の石造宝塔あり施主信楽真純、香仁の名あり
6、下山内経塚　貞享元年（一六八四）四月五日
7、上山内経塚　同二年（一一八五）七月二十八日　大蔵院雄珍（元禄八・三・十八没）起立とあり
8、平迫峯経塚　同三年（一六八六）閏三月十八日　施主斉講中の名あり
9、竜王嶽経塚　同四年（一六八七）三月十八日　施主として松本氏の名あり
10、稲荷森経塚　元禄元年（一六八八）十月十一日　妙典千部読誦の供養碑
11、由岐森経塚　同二年（一六八九）三月十四日　施主として松本小左衛門の名あり
12、岩上森経塚　同三年（一六九〇）三月吉日
13、白土峯経塚　同四年（一六九一）三月十八日
14、御向山経塚　同一四年（一七〇一）三月十八日
15、紅葉森経榛　文化八年（一八一一）八月吉日　施主湯口平内の名あり一字一石経経塚
16、大杉経塚　昭和十七年（一九四二）二月十一日　上原シホ（願主）
　　昭和二十八年（一九五三）十一月　柿本修成（施主）

17、僧正ヶ谷経塚　江戸時代「如」陰刻の断片標識あり

④翔雲台の経塚蓋石

翔雲台は本殿金堂の前、広場の南端にある。ここは平安京の擁護授福のため本尊が降臨した場所とされている。中央にある板石は本殿金堂の後方より出土した経塚の蓋石（縦一七〇×横一七〇センチ）である。

⑤石造転法輪

しばらくして転法輪堂。一階は茶店先心堂で、入口に石造転法輪がある。高さ一七八×幅三一×奥行三〇センチ。明治九年（一八七六）大阪在住の西崎作次郎建立とある。転法輪堂は、一丈六尺（四・八メートル）の阿弥陀仏が安置されている。また、「一転の南無阿弥陀仏、その功徳六万遍の称名に等し」が、この転法輪堂の名の由来である。南無阿弥陀仏と唱え、一回転させれば、念仏六万遍の功徳があるという。

平安時代末期の僧・重怡《じゅうい》（生没年不詳）は、比叡山で、顕教、密教を修め、鞍馬寺に移り、転法輪堂の阿弥陀如来坐像の前で、日夜十二万遍、十三年にわたり念仏を唱え続け、「鞍馬寺の大徳」といわれた。

翔雲台

転法輪石

⑥牛若背比べ石

本殿からつづら折れの山道（参道）を歩いて約十分、背比べ石は山道の頂上にある。奥州へ下る牛若丸が、鞍馬山と名残りを惜しんで、この自然石と背比べをしたといわれている。石の高さは約一・二㍍で小さい。左手に明治三十三年（一九〇〇）四月に建てられた「源義経公背比石」碑（高一二二㌢）が立つ。『山城名跡巡行志』は「背競石《せくらべいし》」と記す。背比べ石の左は木の根道・大杉権現社。

現在の僧正ヶ谷には義経堂、義経息つぎ水、牛若丸背比べ石、兵法石、奥の院の硯石など、義経関係の史跡がいくつも残されているが、これらは義経伝説の流布にともなって後世に造作されたものである。

⑦薬王坂《やこうざか》の二仏板碑（左京区鞍馬本町）

叡電鞍馬駅から花脊別所に向かい、五十㍍ほど行くと右手に細い下り道がある。鞍馬川の橋を渡り薬王坂へ向かう。この坂はかつては奴坂とも書かれた。『拾遺都名所図会』は「土人やつこ坂、あるひはやこう坂と云」とある。

峠を下りると、赤松の老樹の根に巻き込まれた形で一基の板碑が立っている。佐野精一によると、高一二五㌢×幅三七㌢、花崗岩製。頭部を

義経背比べ石

薬王坂の二仏板碑

山形に造り、二条線の切り込み、額部とつづく。このように加工したものを板碑といい、供養塔婆の目的で造られる。碑身上方に輪郭を取り、二体の如来坐像を刻む。かなり風化しているが、手の配置から阿弥陀如来である。

その下に銘文らしきものがあり、三行にわたり「為弘阿弥聖霊、願主　尼蓮性、貞治三年（一三六四）八月三日」。時宗は帰依者に「阿弥」号を授けるから、「弘阿弥」もその一人だろう。その妻の蓮性が亡き夫の菩提を弔い、合わせて自分の後生も願って建立したと考えられる。二体の阿弥陀は、そのまま弘阿弥夫妻の極楽往生の願望を秘めて、仲良く肩を寄せ合っている（京都民報連載「峠の石仏二」一九八一・五・三一付）。

若狭路

百井峠の石仏①（左京区大原百井町）

鞍馬寺から北上し花脊峠へ向かう。峠の手前に百井へ抜ける分岐「旧百井分れ」の旧道がある。この道は左京区内の大原百井町から鞍馬本町に通じ、古くから洛北の街道筋でも難所としてその名を知られた。しばらく行くと地蔵堂があ

花脊以北

百井峠の地蔵(1)

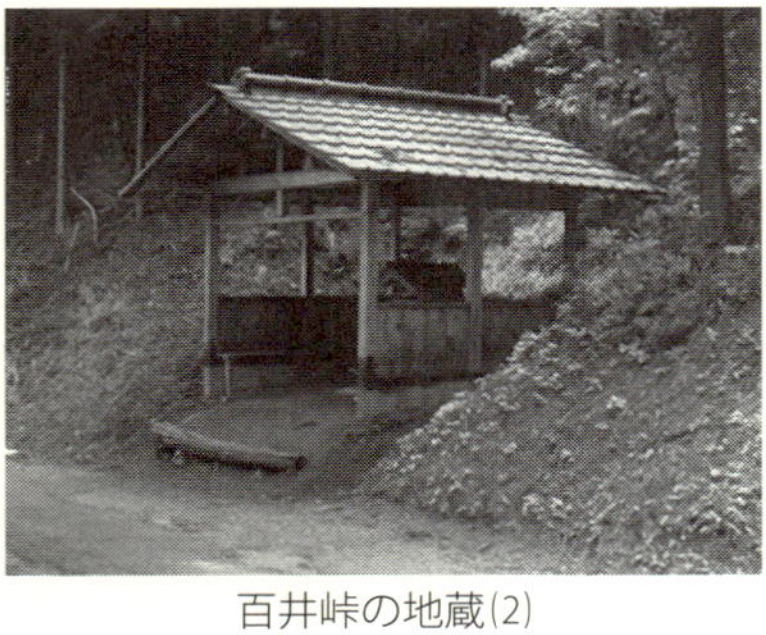
百井峠の地蔵(2)

る。堂中の地蔵立像は高さ五一センチ。像の顔は風化して判然とせず、作りも稚拙で江戸期以降のものだろう。ここから二〇〇メートル先の「ショウズ地蔵」までは、鬱蒼とした峠道で、妖怪変化に出会うという噂があった（金久昌業『北山の峠・上』）。

百井峠の石仏②（左京区大原百井町）

地蔵堂から百井谷の分岐点を経て二百メートル東に行ったところが百井峠。峠の杉の巨木の根元に、「ショウズの地蔵」といわれてきた石仏二体が安置されている。しかし、摩滅しているが左は膝上に弥陀定印を結ぶ首無の阿弥陀如来座像（高三二センチ）、右も弥陀定印を結ぶ阿弥陀如来座像（高二五センチ）である。

初め百井谷の途中の湧水地にあったのを昭和二十年代に峠へ移した。ショウズ（生水）とは、水の湧き出る所の意味。「地蔵」があったもとの場所には清水が湧き出ており、鞍馬へ往来する人々の喉を潤した。

百井峠の地蔵二基

ショウズの地蔵

旧花脊峠の石仏（左京区花脊別所）

鞍馬寺から鞍馬街道はやがて旧花脊峠に至る。峠には旅の安全を祈って覆屋の祠に石仏が祀られている。従来、『北山の峠』などの北山の紹介本は、地蔵といってきたが、厚肉彫りの弥陀定印を結ぶ阿弥陀如来座像（高四三㌢）である。また、峠には地蔵堂付近に経塚があったが、戦前に花脊別所の福田寺へ移された。

『拾遺都名所図会』は「花瀬峠　鞍馬の北にあり。此間に唐櫃岩といふ大巌あり。高さ廿五丈余、又摺鉢石といふあり、大さ八尺ばかり、摺鉢の形に似たり。…此所山水の景色美にして千巌秀を競ひ萬壑（ばんがく、すべての谷間）流れを争ふの名勝なり」と記す。『都名所図会』にも「花瀬峠」とある。花脊や百井の住人は、山間地で生産された炭を背に乗せて峠道を越え、鞍馬へ「鞍馬炭」として売り込み、そこで都からの日用品を買って帰った。

旧花脊峠はまた大布施、久多を経て若狭への街道でもあった。花脊新峠が開かれたのは明治十年（一八七七）頃で、トラックが通る自動車道路になったのは昭和十年（一九三五）頃であるが、それまではこの旧花脊峠が長い世代にわたって京都と花脊、さらには近江若狭への若狭街道としての役割を果たしてきた（金久昌業『北山の峠・上』）。

旧花脊峠の石仏(1)

旧花脊峠の石仏(2)

廃寺福田寺の石塔（左京区花脊別所町）

花脊峠を越えた花脊別所は古くは天台宗の念仏別所があった。別所とは別院のことで、比叡山延暦寺周辺に結ばれた草庵の集落化したもの。道端の福田寺は、創建不明。かつて叡山三千坊のひとつといわれ、平安時代には北方弥勒浄土の地にある寺として信仰を集め、付近に花脊経塚が営まれたという歴史を伝える。江戸時代曹洞宗に改宗されたが、現在廃寺。福田寺本堂裏には、歴代住職の墓とともに古い自然石板碑、宝塔二基、宝篋印塔二基がある。

①花脊経塚碑

門前に旧花脊峠にあった経塚碑（高一六四チセン）が立つ。正面に「経塚／出現毘沙門天王」、背面に「昭和十三年（一九三八）五月二十日　当二十世代建之」と刻む。旧花脊峠付近に経塚があり、昭和時代の初め頃、そこから出土した「花脊経塚群」遺物は大部分が重要文化財に指定され、京都国立博物館に保存されている。現在、そこは植林されたためほとんどその痕跡を残していない。その時に建てられた経塚碑が福田寺に移された。

福田寺自然石塔婆

福田寺石造物

②自然石板碑

平安末期作の古い水成岩の自然石板碑は、高さ五四×幅二〇×奥行二〇チセン。川勝政太郎によると、大日三尊卒塔婆で、正面上方に大きく金剛界大日の「バン」、下右と左に小さく不動明王の「カーン」、多聞天の「バイ」の梵字（種子）を刻む。その梵字の字体は古風である。不動と多聞天を両脇侍とすることは天台系の形式として注目される。三梵字の下方に二行にして、「仁平元年（一一五一）八月日／那知山住僧永鑒」と刻む。寺から西方の別所の山間で、昭和二年（一九二七）に発見された経塚附近で見出されたものである。鞍馬から花背にかけて多くの経塚が発見されたが、紀伊那智山も経塚遺跡の多いことで知られる。当時調査した学者たちは、紀年銘に通常みられる干支がないことから真偽の判断をためらって残った珍重な板碑である（川勝政太郎『京都の石造美術』）。

自然石板碑

③宝塔二基

向かって左端の相輪の折れた宝塔（高一二三センチ）は花崗山製。右の宝塔（高一四五センチ）も同様で、二つとも塔身正面に扉型はなく、月輪《がちりん》（石面に刻された円）の中の梵字アクを一字彫っただけである。川勝政太郎によると、この梵字は釈迦如来だろう。それならば宝塔と関係が深いからである。なお、基礎の正面格狭間の中は近江式の蓮華文様が刻み出されている。

左の塔身両脇に「下道行末 藤井景重 沙弥妙真」「藤井末成 物部久国・物部元行 康永三年（一三四四）甲申六月日」と銘があり南北朝初期の作

福田寺宝塔二基

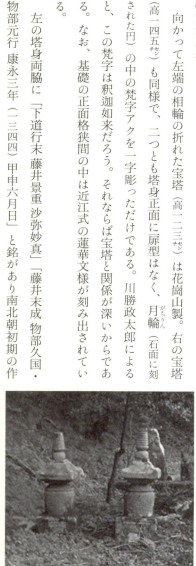

である。花背別所に今でも藤井姓、物部姓が多く、先祖の墓だろう。南北朝時代の立派な宝塔を建てられるのは武士階級であろう。古くは軍事や警察を担当した氏族がいたが、その流れを汲む姓名とされる。福田寺南に創建不詳の三輪神社があり、大物主神を祭る。物部氏の祖は饒速日命《にぎはやひのみこと》だが、別名を「大物主命」ともいう。これは「大いなる物部の主」という意味があるそうだ。右の宝塔は無銘だが、やはり、左と同様南北朝初期のものだろう。

もっとも、宝塔と宝篋印塔の配置は、昭和二十三年（一九四八）ごろ川勝政太郎が調査したころは、左端の宝塔は右端の宝篋印塔の左側にあった。つまり、宝篋印塔・宝塔の順に安置されていた（川勝政太郎『京都の石造美術』、川勝政太郎『京都石造美術の研究』）。

福田寺石塔
（川勝政太郎『京都の石造美術』より）

④宝篋印塔二基

川勝政太郎によると、右側は基礎の格狭間も拙く、反花もしゃくれているのや、塔身の金剛界四仏梵字も弱く、笠の隅飾がよほど外開きになっていて室町時代に近い。二基とも塔身に月輪の中の梵字アクを一字彫っている。右側の一基（高一六三センチ）は、もとは相輪が無く宝珠を乗せただけ、左の一基（高一五八センチ）も相輪の上部が欠けていた。現在の宝珠・相輪は近年の寄せ集めである。笠や塔身の作りは、宝塔と同時期の南北朝時代のもの

福田寺宝篋印塔

だろう（川勝政太郎『京都石造美術の研究』）。

大悲山峰定寺俊寛供養塔（左京区花背原地町）

本山修験宗・大悲山峰定寺は、平安末期の久寿元年（一一五四）観空西念上人が創建した修験道の行場である。崖に張り出した本堂（重文）は、わが国最古の舞台造り建築、修験道場で奈良の大峰山に対し北大峰と呼ばれる。平治元年（一一五九）藤原通憲が造営奉行となり仁王門など堂塔を造り、平清盛が仏舎利や唐羅漢図十六幅を寄進した。中世に山門寺門の僧徒が峰定寺の支配をめぐって争い衰退した。現在の仁王門や本堂は鎌倉末期に修理再建したものである。

参道の中ほど左手にある宝篋印塔は、『拾遺都名所図会』に「俊寛僧都の石塔婆あり」と伝える。鹿ヶ谷の変（一一七七）で鬼界ヶ島に流された俊寛僧都の妻子が、この地に隠棲して造った供養塔と伝えるが伝説に過ぎない。隅飾りの様式などから見て室町時代の作。花崗岩製、高一三五センチ、基礎に永享六年（一四三四）の銘がある。室町時代でも初期の遺品であるから形はすっきりしている。格狭間、蓮弁、梵字などが鎌倉の雄健さと比べて、全然力が無くなっている。笠の隅飾りがよほど外へ傾斜していることに注意したい（川勝政太郎『新版石造美術』）。宝篋

大悲山峯定寺

大悲山俊寛供養塔

印塔の背後に妻子が隠れたという獅子岩がある。

左右の四基の五輪塔は、造立年代がバラバラである。右端は一石五輪塔で室町末期から出現する石塔。左端から二番目が最も古そうだが、火輪の軒反り具合が南北朝時代の様式とみられる。左端も同年代とみられるが火輪がない。いずれも後世の供養塔だろう。境内は撮影禁止だが、許可を頂いた。

3、若狭街道（大原路）

若狭街道（敦賀街道）は京都の北部山間を経て若狭に行く道。今出川寺町通付近にあった大原口を出て出町柳から高野川左岸を北へ八瀬・大原・途中越・花折峠を経て朽木・保坂から若狭小浜（福井県小浜市）へ至る。平安京以来の古道で、昔から魚街道として知られ往来も多かった。若狭湾で取れた鯖に塩をまぶして夜通し京都に運んだ道であったことから、「鯖街道」とも呼ばれるようになったという。しかし、「鯖街道」は数十年前からの新しい呼称である（「鯖街道」―『京都の地名検証』勉誠出版、二〇〇五）。

この歴史街道について、江戸期の地誌『山城名跡巡行志』は、「龍華越　旧名は大原路、又椽生（途中）越と云ふ。大原口より八瀬に至る。（田中）新田山端高野を歴て、八瀬より小出石峠に至る。江州志賀郡界。戸寺・大長瀬・来迎寺・勝林院を歴る。龍華椽生倶《ともに》江州」と記す。

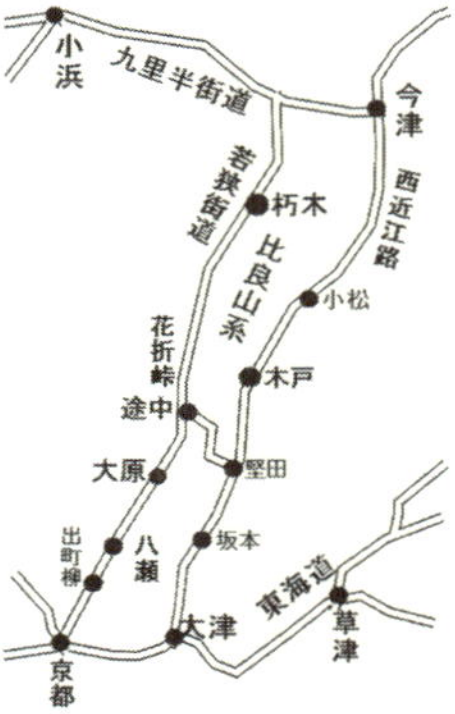

若狭街道地図

大原口道標（上京区今出川寺町）

江戸時代の今出川寺町通付近は、京の七口の一つ、大原口といわれた辻である。中世には大原辻ともいった。洛中から比叡山や近江国・若狭国へ通じる起点。天正十九年（一五九一）に豊臣秀吉が完成させた御土居（土塁）の大原口が設けられていた場所で、若狭街道の出入口にあたり交通の要所だった。

今出川寺町通東北角の大原口道標（高一六八×幅四一×奥行四〇㌢）は、慶応四年（一八六八）四月に地元の十九

名によって建てられたと銘記されている。洛中の東西南北の各地名・距離の下に、須磨屋伊兵衛ほか十八名の名前が連名で刻まれている。

碑文は、東面「東　下かも五丁　比ゑい山三り／吉田十二丁　黒谷十五丁／真如堂十四丁　坂本越三り」

南面「南　かう堂九丁　六角堂十九丁／六条卅五丁　祇園廿二丁／清水廿九丁　三条大橋十七丁」

西面「西　内裏三丁　北野廿五丁／金閣寺三十丁　御室一り十丁／あたご三り」

北面「北　上御霊七丁　上加茂三十丁／くらま二り半　大徳寺廿三丁／今宮廿六丁　慶応四辰年四月」とある（出雲路敬直監修『京都の道標』）。

大原口道標

大正期以前、河原町通が延長工事されるまでは、今出川寺町通の大原口付近のことを出町といった。出町とは「京の町を出る街道の出入り口」だから「出入町」と呼ばれ、いつしか「出町」に変わったという。

大原口はまた、今出川口、出町口とも呼ばれた。現在も今出川通寺町一帯は大原口町、南隣りに大原口突抜町の地名が残っている。突抜とは、近世、洛中の道路の一種で大路や小路の間に新しく通した南北の道路をいう。

江戸時代、承応三年（一六五四）の『新版平安城東西南北町并洛外之図』には、立本寺前町にあった立本寺（後、大火で現在の一番町に移転）東側に「おほはらくち」

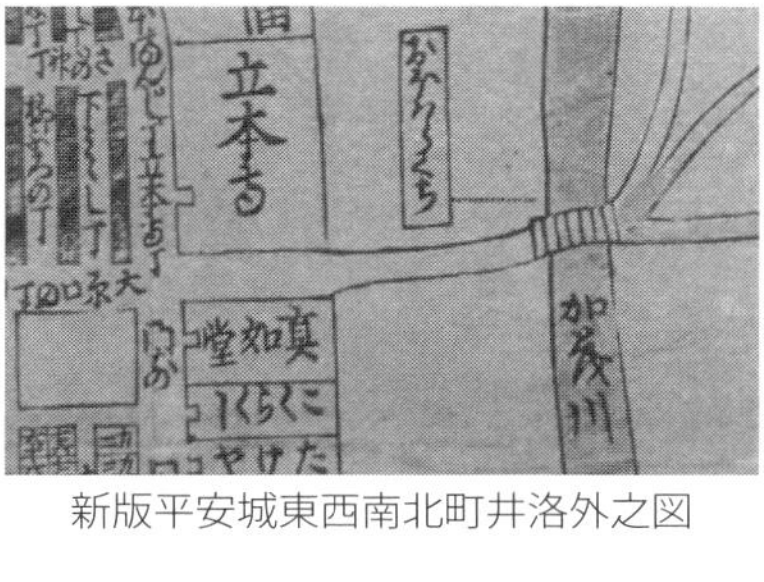

新版平安城東西南北町井洛外之図

の記載がある。賀茂川に木橋が架かり、「出町橋」、「今出川橋」とも呼ばれていたという。ちなみに、現在の賀茂大橋が今出川通東詰に架橋されたのは昭和六年（一九三一）である。

大正十三年（一九二四）に寺町通の東に河原町通が拡張されたので、現在は今出川寺町でなく今出川河原町付近を、大原口と呼んでいる。だが、江戸時代には、今出川寺町（旧出町）の東は行き止まりで、道はいったん寺町通を北へ立本寺前町まで上がり右折、現在の「桝形商店街」のある桝形通を東に向かって出町橋を渡り鴨川に出て、川東の田中へ渡る道筋となっていた。明治二十三年（一八九〇）京都府が買い上げるまでは、河合橋〜出町橋は、個人所有の一本の橋で、通行料を取っていたという。要するに高野川沿いに田中―高野―修学院か、あるいは旧出町から葵橋、下鴨から御蔭橋を渡り同様八瀬へ出た。

桝形通は今出川通河原町の一筋北の東西通りで、これは秀吉が築いた御土居が寺町通の東側を通っていて出入り口の構造が桝形になっていたことに因むといわれる（水本邦彦『京都と京街道』吉川弘文館）。

しかし、御土居の桝形虎口とは関係ないと、中村武夫は『御土居堀ものがたり』（京都新聞出版センター）で指摘している。それによると、最古の実測図「京都図屏風」（元和・寛永頃）を見てみると、全ての御土居堀の虎口は、桝形どころか何の工夫もない平虎口として描かれている。つぎに古い「寛永十四（一六

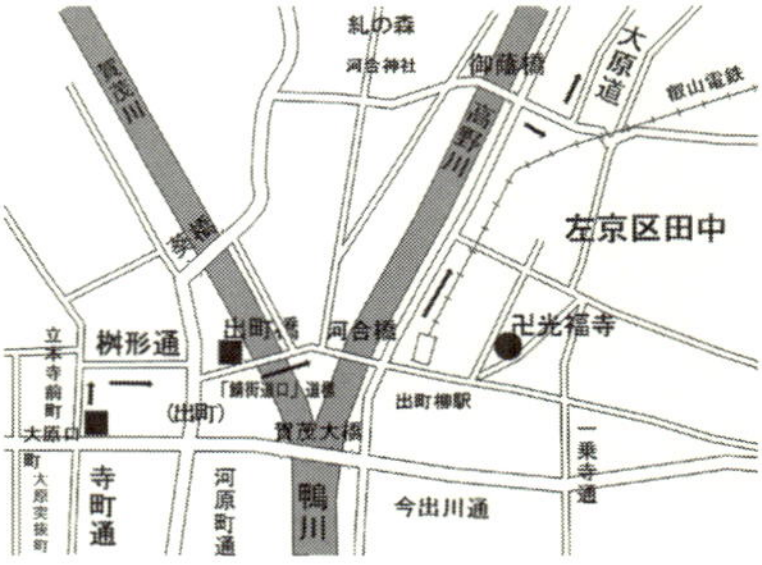

桝形通

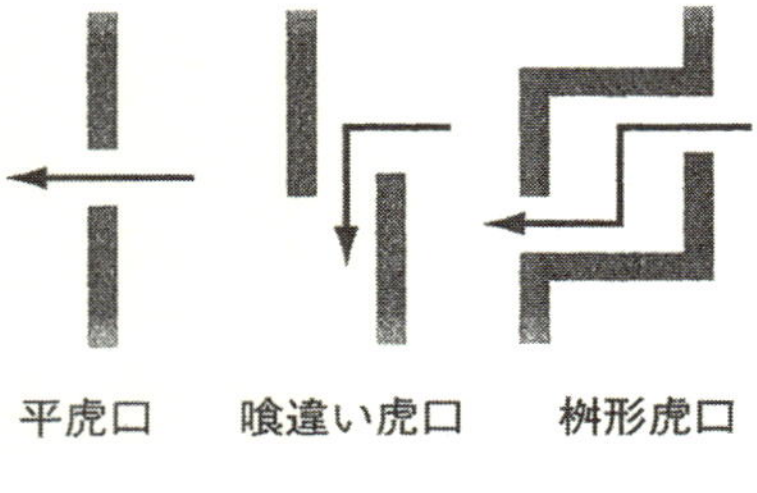

虎口

三七）年洛中絵図」をみても同じである。下って元禄期の絵図になると四条口や寺之内口などで喰違い虎口が描かれ出す（「京都惣曲輪御土居絵図」）。つまり、当初の御土居の虎口は未発達で、江戸中期になって少し発達するらしい。御土居は軍事目的を主とした構築物とはいいにくいという。

江戸時代の寛文年間（一六六一〜七三）になって鴨川には石垣で固めた堤防がつくられる（寛文新堤）。以後の絵図をみると、この近くの寛文新堤の出入り口が枡形なのである。枡形通ができたころ、付近の土塁（御土居）はすでに消失していた。枡形通は御土居ではなく、寛文新堤の遺称の可能性が高いという。明治二十二年（一八八九）測量の「仮製二万分之一図（京都）」にもこの枡形が残っていた。

なお、出町橋西詰に新しい平成十三年（二〇〇一）銘の「鯖街道口」碑（上京区河原町通今出川上ル東入）がある。高一七五×幅三六×奥行三六チセン。碑文は、西面に「鯖街道口／従是洛中」、東面に「相国大龍書之」、南面に「小浜からの、いくつもの峠越えの道のうち若狭街道がいつしか『鯖街道口』と呼ばれるようになりました。若狭湾でとれた鯖に塩をふり、担ぎ手によって険しい山越えをして、京の出町に至るこの食材の道は、今に息づく長き交流の歴史を語り続けます」、北面に「于時平成十三年九月吉辰建之出町商店街振興組合」と刻む。この石碑は枡形通をへて出町橋を渡る起点を示すものであることに違いないが、前述したように「鯖街道」という名称は古代〜近代には存在しない。鯖が若狭湾で豊漁になるのは江戸時代末期である（『稚狭考』）。

なお、大原口を出て賀茂川・高野川を渡ると出町柳。叡山電鉄「出町

鯖街道口

柳」駅（田中上柳町）の駅名は、高野川左岸（東側）の当駅周辺の地名としても定着しているが、元は出町と柳（旧柳辻《やなぎのつじ》）の二つの旧地名を合わせた駅名である。ちなみに柳は、「木偏＋旁《つくり》・卯（リュウ）」で、卯は留の原字。すべるものを一時とめておく意である。つまり、高野川の度々の洪水よる水漬地（内水災害常習地）をいう。

大正末期まで、いまの出町柳駅前に大きな柳の木が立っており、寺町今出川の「大原の辻」に対して、出町橋東詰の街道分岐点は「柳辻」と呼ばれていた。その昔、現在の駅の場所には「柳茶屋」という茶店もあったという。駅前から北東に延びる道があり、旧田中村へ行く古道である。

「開墾来歴」碑（左京区高野上竹屋町）

大原道は高野川を離れた東寄りに田中を通る。現在の高野川沿いの川端通ができたのはずっと後の平成二年（一九九〇）である。白川通・東大路通は江戸時代には存在しない。街道は高野に入ると、右手に式内社赤の宮神社（賀茂波爾《かものはに》神社、左京区高野上竹屋町）。

賀茂波爾神社は下鴨神社の境外摂社で通称赤宮神社、明治以前は波爾社といった。東隣は一乗寺赤ノ宮町（旧高野河原村）。波爾は、埴《はに》すなわち焼き物の材料となる粘土（赤土）をいう。神社は土器製作に従事する「西埿部氏《にしはにべうじ》」の氏神とする説がある。近くを流れる高野川がかつて埴川と称したことに因むともいう。上流に小野瓦窯跡（おかいらの森、上高野小野町）がある。

赤の宮神社

赤の宮神社の前に明治三十二年（一八九九）建立の「高野河原開墾来歴碑」（高一九五×幅一一八セン）が立つ。当地は江戸時代には愛宕郡高野河原村といい、高野川の河原を開墾してできた村である。

石碑の前の解説板によると、高野川東岸の地は、度重なる洪水で荒れた河原が広がり、水かさが増えると人馬は渡ることができなかった。そのため、後水尾上皇が修学院離宮へ行幸するための道を、大坂の商人豊後屋又兵衛の子又四郎らが高野川沿いに築造し、寛文十一年（一六七一）に竣工した。その功績により行幸道沿いの荒れ地の開発を許可され、人々を入植させて河原を開墾し高野河原村ができた。碑は、明治三十二年（一八九九）五月高野河原村人が記念して建てた。

行幸道完成の前年、寛文十年（一六七〇）には寛文新堤が上賀茂―五条間に築造された。しかし、賀茂川左岸や高野川両岸に堤防は無く、竹林が合流点や高野川沿いにみられるだけである。両河川に挟まれた下鴨三角地帯は水害防備林のみで、市街が集中する洛中の東岸をまもるため遊水池として犠牲にされた（植村善博『京都の治水と昭和大水害』文理閣）。

高野は高野川左岸と東大路通の間の氾濫原の地名である。高野川は「平時は砂磧《すなかわら》にして水乏しく大雨には暴漲の憂いあり」（『愛宕郡村志』）とある。「元禄十四年実測大絵図」（一七〇一）に、水害防備林の竹林に

赤の宮開墾来歴碑

「開墾来歴」碑

囲まれた「(田中) 新田村」が登場する。しかし高野川の水害でしばしば田地が荒廃した。
高野はタギ(滾)・ノ(野)の転訛で、水が激しく流れる野(氾濫原)の意だろう。昭和十年京都大水害では、高野一帯は〇・三〜〇・九㍍の浸水被害が出ている。

理即院址碑（左京区山端川端町）

理即院は大原道に沿った西側にあった寺。『拾遺都名所図会』巻二に「理即院同所(山端)西側にあり。本尊地蔵尊、恵心僧都の作、坐像四尺許。一説に曰、初《はじめ》雲母坂地蔵堂に安置する所なりとぞ」とある。また、同書挿画に寺が記されている。

地蔵尊は山端地蔵と呼ばれていた。『源平盛衰記』第六巻に、むかし、西光法師が京の七道の辻に安置したうちの一つとあり、はじめ雲母坂の登り口に祀られていたと伝える。ある年の音羽川の氾濫によって流出し、理即院に奉安された(『山州名跡志』)。七道とは、四宮河原、木幡の里、

理即院址碑覆堂

理即院址碑

『拾遺都名所図会』巻二

造道、西七条、蓮台野、みぞろ池、西坂本（雲母坂）をいう。

だが、理即院は明治維新頃に廃寺となったらしい。地蔵は大正の初め頃、同寺北東の白川通に面した帰命《きみょう》院《いん》（浄土宗西山禅林寺派、山端森本町）に移された（竹村俊則『昭和京都名所圖會洛北』）。

北山通から大原道を三六〇㍍ほど下がった西側に小さな覆屋があり、石碑「理即院址」（高四八×幅一八×奥行一八㌢）と石仏・石塔が数個残されている。

上高野十三仏（左京区上高野川原町）

叡山電鉄三宅八幡駅から高野川を渡り約三百㍍東に進むと、その道すじの井口酒店の横に十三仏石が置かれている。道幅拡張工事のおり土中より掘り出された。高さ一・〇三㍍、幅四九㌢の花崗岩を板碑形に作り、上部山形、その下に額面を設けて、その下面を枠取りし、十三仏諸尊を浮彫りして、最下部に蓮華座をつくっている。十三諸尊は蓮華座に座す像高一〇㌢ほどの小像で、いずれも膝上に両手を置いた定印の如来像。

通常、十三仏は、死者の年忌を司る十三の仏菩薩が選ばれる。不動明王（初七日）、釈迦如来（二十七日）、文殊菩薩（三十七日）、善賢菩薩（四十七日）、地蔵菩薩（五十七日）、弥勒菩薩（六十七日）、薬師如来（七十七日）、観音菩薩（百ヶ日）、勢至菩薩（一周忌）、阿弥陀如来（三周忌）、阿閦如来（七周忌）、大

十三仏

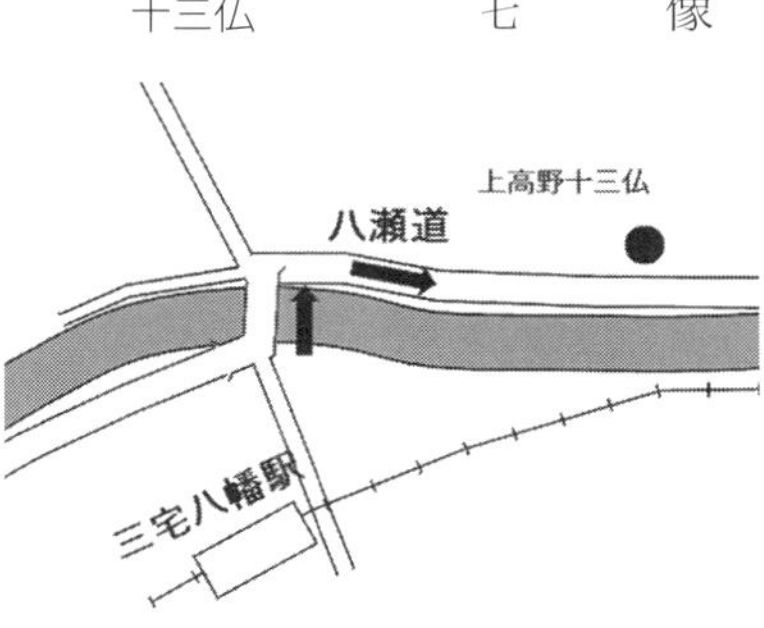

日如来（十三周忌）、虚空蔵菩薩（三十三周忌）とするのが通常である。

しかし、ここのは珍しい十三仏である。手の印相の細部は判然としないが、すべて阿弥陀如来を表したものと思われる。十三仏信仰の本願は、もちろん、阿弥陀の極楽浄土への往生を願うものであり、その意味では阿弥陀仏を十三体ならべて供養するのもおかしくはない。しかし、この十三仏の場合は、とくに阿弥陀信仰を主流として造立した特殊な十三仏と考えてよい。京都市中の上善寺十三仏の諸尊配列にも特殊な像が混入されていて、京都における十三仏信仰は、特殊な形式で造立されたようで、その作例もごく数少ないところから、十三仏信仰は京都ではあまり発展しなかったと思われる（清水俊明『京都の石仏』）。

蓮華寺六角石灯籠（左京区上高野八幡町）

蓮華寺は上高野より八瀬にいたる大原街道上に面する天台宗延暦寺派の末寺。もとは時宗で東塩小路付近にあった。応仁の乱（一四六七）で荒廃。江戸時代、寛文二年（一六六二）加賀藩家老の今枝近義が父の今枝重直の菩提を弔うため、この地に再興したという。

造営にあたって、詩人・書家で詩仙堂を造営した石川丈山、朱子学者の木下順庵、狩野派画家の狩野探幽、黄檗宗の開祖である隠元らが協力した（黒川道祐「東北歴覧之記」—『近畿歴覧記』所収）。『拾遺都名所図会』には境内図が描かれている。

本堂前に六角形急勾配の笠をつけた蓮華寺型石灯籠が左右一対で建ってい

蓮華寺石灯籠

る。高さ約二㍍。六角型。宝珠は後補であるが、笠の形が急勾配となっているので、普通一般の石灯籠とはだいぶ変っている。降り棟の先に蓮華紋を刻み、そのあいだを九段の屋根葺としている。下端は磨滅してよくわからないが、地垂木を略式に表すなど、細かく細工がほどこされている。当寺再興のときに作られたものと思われ、灯籠としては斬新に富み、江戸時代の茶人のあいだに大いにもてはやされ、これを模造して愛玩するものが多かった（竹村俊則ほか『京の石造美術めぐり』京都新聞社）。

境内の池は近世初期に造営された池泉廻遊式によって知られ、石川丈山作と伝える。寺は「池の寺」とも呼ばれた。蓮華寺の池や流れは、江戸前期の京都代官・五味藤九郎によって作られた高野川から分岐した用水路の水を今に至るまで使っている。庭園の背後には今枝重直（宗二居士）の功績を刻んだ石碑がある。

山門を入ってすぐ、左手には約三百体といわれる石仏群が居並んでいる。これらは京都市電河原町線の敷設工事に際して発掘されたもの。河原町周辺はかつて鴨川の河原で、戦災や天災による死者や刑死者の屍が棄てられた場所だった。石仏群はそうした死者を供養したものである。

崇道神社の石碑・墓碑（左京区上高野西明寺山）

社伝によれば、延暦四年（七八五）九月、長岡京造宮使であった藤原種継が暗殺された事件に連座したとされる早良親王（崇道天皇）の霊を慰めるため貞観年間（八五九～八七七）に創建されたという。大正四年（一九一五）に、近隣にあった式内社とされる伊多太《いただ》神社・小野神社・出雲高野神社の三社が合祀された。

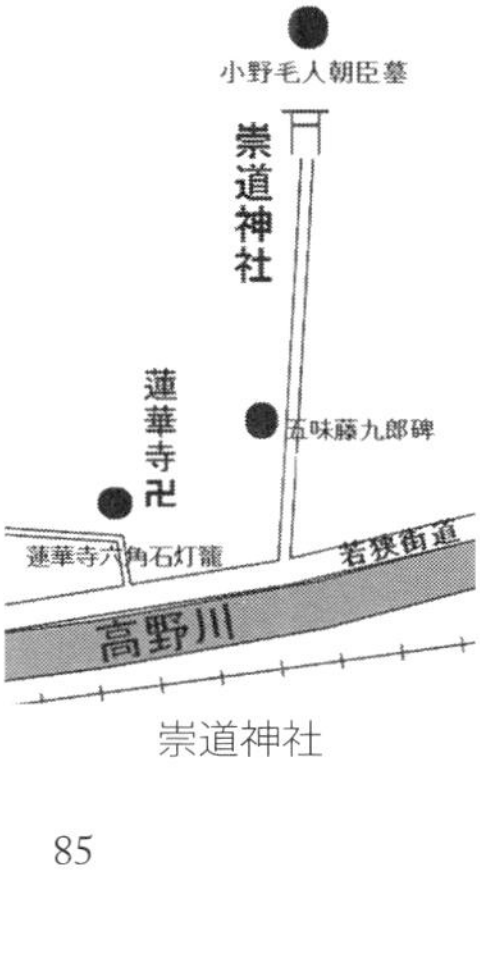

崇道神社

鳥居前の左手に伊多太神社碑（高一三八㌢）が立つ。伊多太神社跡は西明寺山の西麓、上高野大明神町にある。上高野最古の神社であるといわれる。伊多太は「湯立て」を意味し、出雲系の農耕守護神とされる。上高野大明神町には旧跡が保存されている。小野神社（祭神・小野妹子、小野毛人）は、小野一族を祀る。境内の山中に小野毛人の墓がある。

①五味藤九郎碑

崇道神社参道に、延宝五年（一六七七）李《すもも》ヶ《が》井堰《いぜき》と用水路を開いた京都代官・五味藤九郎（?〜一六八〇）の顕彰碑がある。下部の「禁裏御料」云々と細字で刻んだ三角形の自然石が本来の碑（原碑）で、現在はその上に「五味藤九郎之碑」と刻んだ碑（副碑）が乗せられている。李ヶ井堰は叡電八瀬比叡山口駅の高野川対岸に池がありその南にある。現在はコンクリート製である。昭和十年（一九三五）の改修工事によるものであろう。

原碑は高八三×幅五〇㌢、副碑は高一二〇×幅九五㌢。原碑東面に「禁裏御料　山城国愛宕郡高野村用／水洫《すいきょく》（用水路）五味藤九郎御代官／之時洞中三十間切通／延宝五丁巳《ひのとみ》春二月」と刻む。五味は江戸中期の禁裏御料地支配頭でもあった。水利開発のため、李ヶ井堰〜御蔭神

五味藤九郎墓

李ヶ井堰

社間五五㍍のトンネルを掘り用水路を引いた。三三〇年経った現在も利用されており、現役の水利トンネルとしては日本の水利史上極めて貴重な存在。

また、用水路の自然石改修工事碑（高一〇一×幅四六×一〇㌢）が昭和十年（一九三五）に建てられた。当初、高折病院（上高野東山）横に建てられたが、近年、崇道神社の神輿庫・里堂《さとんどう》境内（上高野植ノ町）に移設された。碑文は「当暗渠改修工事昭和九年救農土木工事ニヨリ九月起工、昭和十年三月竣工。工費参千六百円、李ヶ井堰水利組合」とある。

李ヶ井堰改修工事碑

②小野毛人《おののえみし》墓碑

崇道神社入口に、「太政官兼刑部大卿／小野毛人朝臣之塋（墓）」碑（高一三八㌢）が立つ。慶長十八年（一六一三）、神社裏山から石棺ならびに短冊形の金銅製墓誌が発見された。その銘文から、遣隋使として有名な小野妹子（生没年未詳）の子小野毛人朝臣（?～六七七）の墓と判明した。墓誌は元の墓穴に戻されたが、大正三年（一九一四）、国宝に指定された。墓誌は現在京都国立博物館に寄託。

裏山の墳上に、大正四年（一九一五）上高野村民が建立した小野毛人墓碑（高一七七×幅七八×奥行一七㌢）が立つ。碑文は東洋史学者・内藤湖南が撰した。

小野毛人墓

碑文（原文・漢文）は「小野毛人朝臣の墓は山城愛宕郡高野村崇導神社の後ろの山林中にあり。墓穴の中に古びた金銅の墓志一枚があり、飛鳥浄御原宮治天下（あすかのきよみはらのみやにあめのしたしろしろしめす）天皇御朝（すめらみことのみかどに）任太政官兼刑部大卿位大錦上（だいじょうかん、ぎょうぶたいけい、くらいはだいぎんじょうににんぜらるる）／小野毛人朝臣之墓　営造歳次丁丑年十二月上旬（さいじていちゅうのとし十二月上旬に営造し）即葬。慶長間始めて出土、既に旧処にまたおさむ。村民は遺跡の湮滅を恐れ、石碑を墓の上に立てその目印にした。大正四年三月に竣工した」と記す（寺田貞次『京都名家墳墓録』）。

ただし、墓を造った丁丑年は天武五年（六七七）にあたるが、臣《おみ》が朝臣に改姓されたのは天武十二年（六八四）である。次に、「大錦上」という官位も、死亡時のものではない。『続日本紀』には、毛人の子である毛野《けの》が亡くなったときの記事に、「小錦中毛人の子なり」と記されている。したがって、大錦上という位は、持統朝（六八七～六九七）以後に、毛野の功績に報いるために、その父に追贈されたものと考えられている。こうしたことから、六九〇年代の回忌供養のとき、墓誌は追納されたと推定されている（奈良国立文化財研究所飛鳥資料館『日本古代の墓誌』一九七九、同朋出版）。

碊《かけ》観音石仏（左京区八瀬野瀬町）

叡山電鉄八瀬比叡山口駅から北へ約四百㍍、若狭街道に面した「千束の碊」と呼ぶ崖の上に、真言宗泉涌寺派碊観音寺がある。本尊の観音像は平治の乱（一一五九）で敗れた源義朝一族が源氏再興を願って崖に彫ったものという。線刻で高七三㌢。ただし、『山州名跡志』には「観音石《くわんおんいは》　自然石の面に仏像を彫る。土人観音石と称す。然れども阿弥陀仏の像なり」とある。現在は、触れると岩盤が砕け落ちるため立ち入り禁止。『史跡

探訪　京の北山』（京都新聞社、一九八二）に載る「磋観音像」（写真）は、線刻の阿弥陀である。

　案内板によると、千束の磋は、かつては馬一頭がやっと通れるほどの難所だった。同寺の前、高野川に架かる「駒飛橋」下には「義朝駒飛岩」といわれる幅十㍍、高さ五㍍の巨岩がある。義朝の馬が足を滑らせて崖下へ落ちたとき、この岩に前足がかかり命を取り留めたという。そこから崖を登った義朝が観音の霊力に感謝をして、崖に矢じりで観音を彫って源氏の再興を願ったとされる。

『平治物語』によると、東国へ落ちのびようとする義朝一行三十余人が、この地で比叡山西塔の法師たちに襲われた。家臣の斎藤別当実盛が鎧や甲を川へ放りなげ、法師たちが、それを奪い合っている間に一行は駈け抜けたとある。その地は駒飛橋下の義朝駒飛岩の上流あたりで甲ヶ淵という。

　なお、八瀬の地名の由来は、壬申の乱

磋観音像

磋観音・駒飛橋

義朝駒飛岩

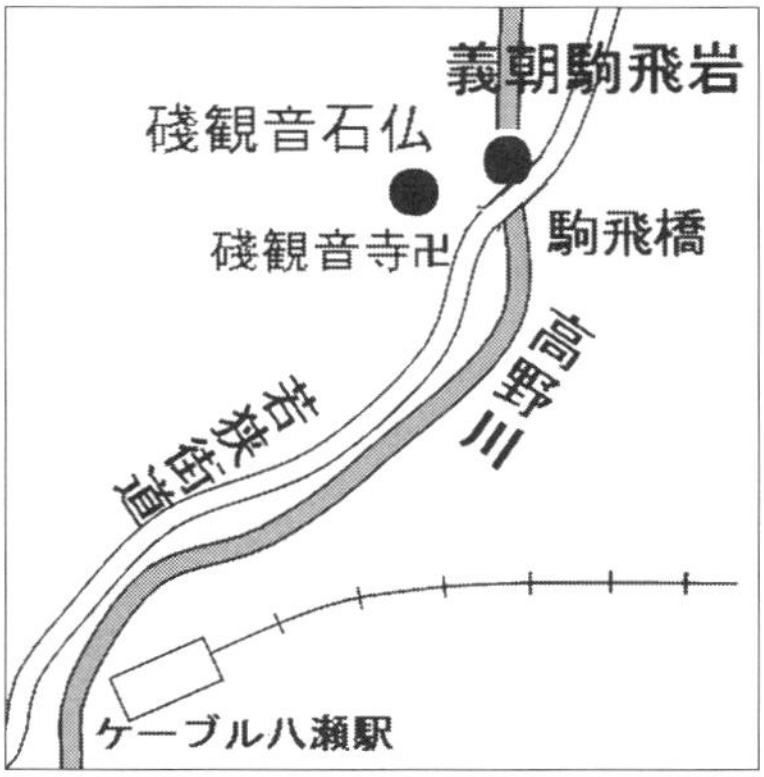

により背中に矢を受けた大海人皇子がこの地に釜風呂を作り癒したことから「矢背」または「癒背」から転じたといわれている。だが、高野川流域の瀬が多くある地形に由来するという説が有力である。『愛宕郡村志』（八瀬村）に「村内に八ヶ所の瀬ありて名づけしか、又は八は国語のいやの義にて数の多きを称する所より起りしものなるべし」とある。

八瀬八幡宮の石仏・石碑（左京区八瀬秋元町）

七瀬橋を渡り旧道を行くと、猫の額ほどの平地は、「八瀬のかま風呂」と呼ばれて有名だった。

天武天皇が壬申の乱で負傷したとき、八瀬の里人が「かま風呂」でその傷を癒したのが起りと伝える。薬風呂として利用され、文禄四年（一五九五）四月六日には山科言継も養生のため、八瀬の「かま風呂」を訪ねた旨を『言継卿記』に記している。

旧道を辿り新八瀬橋で若狭街道と出会う手前に八瀬天満宮がある。御所谷山麓、八瀬坂の登り口にある。

境内には、「八瀬矢負坂地蔵」、「復祖紀恩碑」・「弁慶背比石」・「菅公腰掛石」などの史蹟がある。

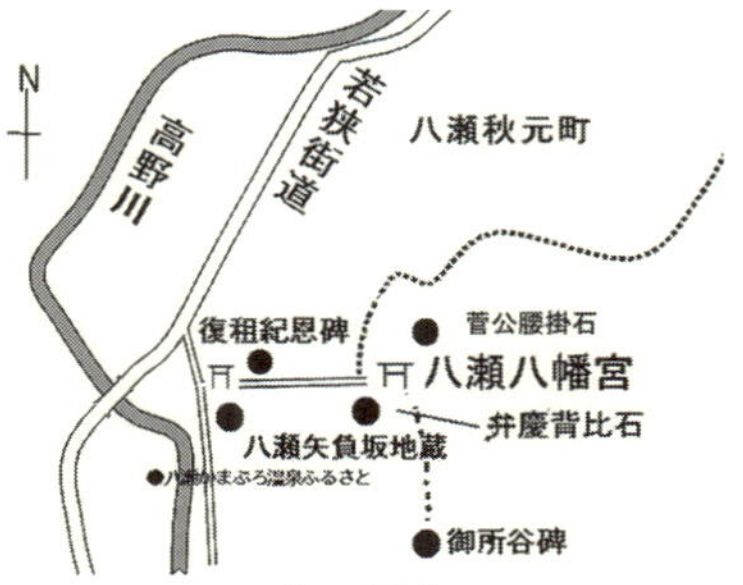

八瀬八幡宮

①八瀬矢負坂地蔵

参道入口にたつ鳥居の南側に、地蔵堂があり、源義朝の伝説にちなんだ「矢負坂地蔵尊」石仏が祀られている。平安時代後期の源平合戦（治承の内乱、一一八〇～八五）犠牲者を弔うためのものといわれる。矢負坂というのは、この石鳥居の前の坂道をいう。

地蔵は、右手に錫杖を持ち、左手胸前にあげて宝珠を持つ通常の浅肉彫り地蔵像。高一四六センチ、上幅八三センチ、下幅一〇〇センチあまりの長方形の花崗岩を使用し、その表面に高一一二センチの二重円光背を浅く彫りくぼめ、下に蓮華座を線彫りして、その上に立つ像高は九八センチ。六等身で整った美しい像容、格調の高い面貌がよく、写実的で鎌倉時代の作。また、蓮華座のつくりは、反りの強い蓮弁を四重にも重ねて葺いた豪華なもので、他の石仏に見られぬ様式である。像の右側に供養像を線彫りしていて、これも珍しい。

また、矢負坂地蔵のまわりには、室町・鎌倉時代の小石仏や板碑が百基以上も集められていて、豊富な石造遺品である。（清水俊明『京都の石仏』）。

八瀬天満宮は菅原道真を祭神とする八瀬の産土神で、延暦寺法性房の阿闍梨尊意が勧請した天満宮と伝わる。有名な赦免地踊の秋元神社は、天満宮本殿の南側に祀られており、秋元但馬守喬知《たかとも》を祀る。元禄十二年

八瀬矢負坂地蔵(1)

八瀬矢負坂地蔵(2)

（一六九九）老中となった。老中在職中の宝永年間（一七〇四〜一一）、比叡山と八瀬村の結界（境界）争いが起こる。後醍醐天皇以来、地租免除の恩典に浴する八瀬村民は、生業を奪われて困窮し江戸幕府へ訴え出たが、幕府は容易にこれを採りあげず、最後に喬知に愁訴したところ、彼は巡見し、八瀬村民の理のあるところを認め、土地争いに決着をつけ、旧例通り一切の年貢を免除したという。神社は、村民がこの報恩のためにその霊を祀ったものである。赦免地踊は、「灯篭踊」ともいい、秋元喬知の遺徳をしのんで、毎年十月十一日に行われる秋元神社の奉納芸能である。

②復祖紀恩碑

八瀬八幡宮鳥居前に、八瀬村民が明治四十年（一九〇七）に建てた租税免除の記念碑（高一九六×幅九三×奥行三三チセン）。「復租」の「復」は免除するという意。

延元元（一三三六）年正月、後醍醐天皇が足利尊氏の軍勢を避け、天満宮経由で比叡山に登った（『園太暦』、『愛宕郡村志』）。その時、八瀬の村民が天皇を守護したとして租税が免除された。碑文は、明治以降、通常の租税が八瀬にも課せられることになったが、岩倉具視などの奔走で、実質的に租税免除が保持された経緯を記す（京都市歴史資料館「京都のいしぶみデータベース」より）。

復租紀恩碑

③弁慶背比《せくらべ》石

「弁慶背比石」は、八瀬八幡宮鳥居から五十㍍ほど入った所にある。『山州名跡志』巻五に、「天神宮鳥居傍に在り。伝え云ふに弁慶戯に叡山より提来《ひっさげ》ると」とか、あるいは下山の都度、この石と背競べをしたと伝える。この自然石の高さは、現在約一五〇㌢ほどだが、もとは原寸六尺三寸二分（約一九二㌢）あったとされる。当初は八瀬道に面した一の鳥居傍にあった。『拾遺都名所図会』挿画に、「矢背八幡宮」の鳥居前に「弁慶石」が描かれている。

④菅公腰掛石

道真が延暦寺法性房の阿闍梨尊意を訪ねて八瀬坂から比叡山に登るたびに休憩したと伝える。場所は天満宮より向かって左三社の左側の上にある。

弁慶の背比べ石

菅公腰掛け石

御所谷碑（左京区八瀬秋元町・八瀬天満宮裏）

天満宮の裏手、約二百㍍登った所に、御所谷と呼ばれる場所があり、「御所谷碑」が建てられている。もともと、ここには天満宮の摂社の山王社（山王権現社）が祀られていた。明治二十六年（一八九三）八瀬の村民が建立したこの石碑は、村民が天皇を守護した経緯を記す記念碑である。高一四〇×幅六二×奥行三二㌢。

碑文には「後醍醐天皇延元元年（一三三六）正月、足利尊氏の入犯を避け叡山に行幸の時、この社に暫く駐めた。村人は駕を護り、延暦寺に達した。後にその地を御所谷と称す。村民旧址の湮滅を恐れて碑を立つ。明治二十六年八月」と記す（『愛宕郡村志』）。この功績により、八瀬の村民（八瀬童子）は天皇から年貢免除の特権を与えられ、歴代天皇行幸の時、駕籠丁《かよちょう》を担う由来でもある。

御所谷碑(1)

御所谷碑(2)

大原戸寺町弥陀石仏（左京区大原戸寺町）

バス停「花尻橋」を北に渡ると、すぐ右手に江文神社御旅所がある。鳥居の左横の小堂に秀れた石仏がある。花崗岩製、高一〇五センチ×幅五七センチ×厚さ四〇センチで、座高六九センチを測る。

佐野精一『京の石仏』によると、単弁の蓮華座に、定印を結ぶ阿弥陀如来を厚肉彫り、光背は二重輪光式で欠損もなく、一石彫成で

江文神社御旅所

大原戸寺町弥陀石仏

丸彫りに近い。長年、堂宇に守られてきたので風化は殆んどなく、鎌倉中期の造仏当初の面影を今に伝える美しい石仏である。

面相から衲衣のひだに至るまでクッキリと遺り、眉間の白毫を示す小さな穴には、もともと水晶などの玉がはめられていたと思われる。石質の花崗岩は、白川石とはやや異なり、石面に無数の気泡孔を有し灰黄色を帯びる軟質石材で、俗に太閤石と呼ばれている。大文字山から東山々系に多く、とくに挑山時代、太閤秀吉の命によって大量に切り出されたのでその名がある。彫刻し易いので石工に重宝がられ、織部灯籠や道標などに加工された。

大原東部

花尻は「波那志里」とも記す。境内の森は、薮椿の大木が群生する花尻の森である。『拾遺都名所図会』に「波那志里杜《はなしりのもり》大原の里南の端、路傍の右にあり。源太夫《げんだゆう》社、杜の中にあり。江文の末社なり」とあり、江文神社の境外末社である源太夫社があった。源太夫社の創祀は不明。由来には二説ある。源頼朝が松田源太夫という御家人を遣わせ、寂光院に隠棲していた建礼門院の動静を監視させたという屋敷跡という説。大原川の女郎ヶ淵に身を投げた「おつう」という女性が蛇身となって川を下り、若狭の領主の行列を待ち伏せして妨害したので、松田源太夫という侍が退治したという説がある。その蛇の尾を埋めた所といい、頭の方は寂光院の近く草生町の「乙が森」、胴は大原井手町の西之村霊神之碑に埋めたといわれる。その後、大原の里にかかる朝もや（小野がすみ）は大蛇の姿にたなびくといわれている。
江文神社はここより西に二キロほどの山中にあり、その江文神社背後の金毘羅山（五七三メートル）山腹には、平安末期の創立といわれる江文寺跡があり、叡山の僧侶の参禅所であったという。江文神社御旅所に伝わる弥陀石仏も、この江文寺の遺物であろうという。

＊

「寂光院十八町」道標を左に見て、若狭街道の戸寺町の集落を過ぎてしばらくすると、上野町集落への上り坂との分岐点である。三差路角に「惟喬親王御墓参道」道標。上野町集落への坂道を二〇〇メートルほど行った所が三差路。眼下に大原の里を一望に収め、周りに棚田が広がる。路傍に「惟喬親王御墓参道」道標。

三差路に惟喬親王ゆかりの浄楽堂がある。昔はこの近くに惟喬親王関係の寺が三十六あったが火災で焼け、残った十一面観音（京都市指定文化財）、地蔵菩薩、阿弥陀如来をこのお堂に祀ったと伝わる。文徳天皇の第一皇子であった惟喬親王が貞観十四年（八七二）に出家し、小野の里（大原）に隠棲したことから、小野宮とも呼ばれた。成人の日には修正会《しゅしょうえ》のなごりとされる「大原上野町おこない・お弓」（京都市登録無形民俗文化財）が行われる。

浄楽堂の向かいの上野公民館脇に「上野の一本杉」という大杉が立っている。『山城名跡巡行志』に「今宮同所（惟喬親王墓）の傍に在り。杉の古木有り、惟喬親王の霊を祭る」とある。また、同書は、惟喬親王の山荘

大原上野の棚田

一本杉

があると記す。今宮というのは墓の傍にある小野御霊神社を指す。神沢貞幹の随筆『翁草』巻五（一七七二）に、この杉について「東北の山際に大なる杉あり。土人一本杉と云。此の所に古き塔あり、是則惟喬親王の御墓なり」と記す。

惟喬親王墓塔（大原上野町）

上野町の「惟喬親王御墓参道」道標を右に二百メートルほど行くと、惟喬親王（八四四〜八九七）の霊を祀る小野御霊神社。左の石段をのぼると、宮内庁管轄の「惟喬親王御墓」とされる高一・五メートルの五輪塔がある。火輪の軒口が垂直で、軒反りが緩やか、宝珠ふくめ鎌倉様式とみられる。『都名所図会』に「惟喬親王遺跡は上野村にあり。（これ御墓にして五輪塔あり。閑居の地は御所田といふ。今田の字となれり）」と記す。だが、平安前期の皇子なので、鎌倉期以降に出現する五輪塔は、墓でなく後の供養塔だろう。

惟喬親王御墓五輪塔

惟喬親王御墓

親王は文徳天皇の第一皇子。母が藤原の出でなかったため、異母弟の惟仁親王（清和天皇）が皇太子となった。親王は貞観十四年（八七四）秋、出家してこの地に隠棲した。当地付近の小字は「御所田」といわれた。『古今集』巻十八に「忘れては夢かとぞ思ふ思ひきや、雪ふみわけて君を見むとは」と、在原業平《ありわらのなりひら》がある正月、雪深い日に親王を訪ねて詠んでいる。また、惟喬親王の歌は『古今集』に二首、『新古今集』『続後拾遺集』『新千載集』に各一首収められている。

大長瀬町宝篋印塔二基（大原大長瀬町）

浄楽堂から北へ右折・左折して旧道をたどる。街道より少し入った大長瀬町公民館の東側に二基の宝篋印塔が立っている。向って右の塔は、基礎側面の三方に、輪郭を作らず格狭間だけを彫りこんでいるのは珍しい。鎌倉後期、高一五七センチ、花崗岩。塔身は正面のみに、蓮座上の月輪《がちりん》内に弥陀の種子「キリーク」だけをあらわす（ふつうは弥陀三尊）。基礎の上、笠の下ともに二段、笠上は六段、隅飾は二弧輪郭つきで、三方だけに種子「バ」（水天＝水を司る龍神）を入れる。相輪は後補。基礎正面に三行にわたり、「元亨元年（一三二一）辛酉三月十五日、一結衆等敬白」とあり、弥陀の信仰に結ばれた村の人々によって造立されたのである。

一結衆とは阿弥陀仏の極楽浄土の往生を説く浄土教の信者が現世、来世の二世に至るまでの信仰を誓い合う集団。中世になると、造寺・造塔・造仏などの仏事が、勧進によって広く行われるようになり、結縁した人たちを「一結衆」と呼んだ。

左の一基は南北朝時代前期ごろの造立で、江戸時代に基礎石を再興し

大長瀬町宝篋印塔二基

大長瀬町地蔵菩薩

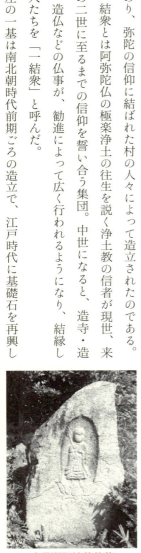

たことを追刻している。基礎背面には「享保十五（一七三〇）／初冬勧化／本邑男女／再興両部／宝塔荘厳／覚地者也／幻住無光／雷峯叟記」の八行の刻銘があり、享保十五年、無光という住職が村人に寄付を勧めて両塔を再興した趣旨の後刻である。ここにはもともと無住の旧堂があり、『拾遺都名所図会』・『山州名跡志』に載る真光寺跡ではないかという（川勝政太郎『日本石造美術辞典』）。

宝篋印塔の向かって右側に地蔵菩薩石仏。平たい自然石（高一〇〇㌢）を舟型にくぼめた中に、線刻の蓮華座に立つ薄肉彫り地蔵菩薩立像を刻む。風化しているが室町時代ともいう。だが、蓮弁は扁平で、両足を大きく開き、全体の像の作りが緻密でないので、江戸時代の作だろう。

「第二十一番札所勝林院」道標（左京区大原大長瀬町）

旧道三差路に立つ勝林院への道標（高一五八×幅四〇×奥行二五㌢）。

碑文東面に「第二十壱番札所　勝林院」、南面「右　證拠阿弥陀如来／円光大師二十五霊場」、西面「左　古知谷／わかさ　道　大坂巡拝講建之」、北面「明和五（一七六九）戊子年九月　講元　浄正／道為」と記す。

「第二十一番札所勝林院」道標

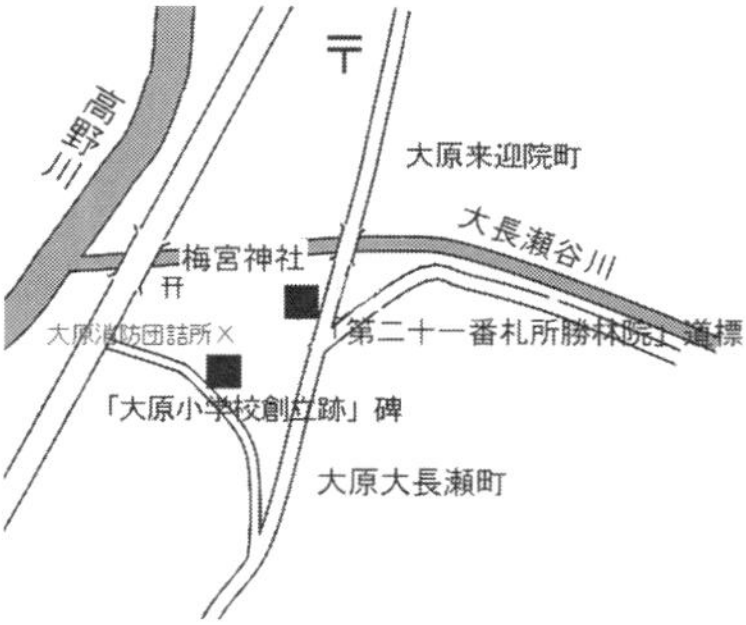

大長瀬町道標

大原念仏寺五輪塔（大原来迎院町）

三差路を右にとり進むと、来迎院町集会所南の駐車場片隅に五輪塔（鎌倉中期、高一四七センチ、花崗岩）がある。地輪は少しコンクリートに埋められたので、それを見込んでも割合背が低く、水輪の球形は内から押し出すような重量感があり、火輪の軒厚く、その反りはゆるやかである。風・空輪には種字がなく、後補のもの。

菩提門の種字（五輪塔西方の五種字）ケン（空輪）・カン（風輪）・ラン（火輪）・バン（水輪）・アン（地輪）のうち、ラン、バン、アンが刻まれ、その書体も古風である。

地輪の左側面に九行にわたって刻銘があるが、「弘安九年（一二八六）丙戌六月廿七日…同村合力…乃至法界衆生平等利益、造立畢…塔婆等」しか読めない。鎌倉中期在銘の五輪塔の貴重な一例である（川勝政太郎『日本石造美術辞典』、『京都古銘聚記』）。

五輪塔は、五大にかたどった五種の部分からなる塔をいう。五大とは、物質の構成要素である地、水、火、風、空のことであり、輪とはすべての徳を具備するという意味をもつ。人は亡くなると、大宇宙の天地

大原念仏寺五輪塔

三千院付一帯

に帰り仏と一体化するという意味でもある。五輪塔は、下から地輪、水輪、火輪、風輪、空輪を表す。それぞれ、方、円、三角、半月、宝珠形につくられ、密教の真言（密教的な呪文のようなもの）でもある種子を刻む。日本では死者への供養塔あるいは墓標として用いられた。

五輪塔の四面は発心門、修行門、菩提門、涅槃門の四つをいう。四門とは、故人の霊魂が仏心を起こして極楽往生をし解脱を得る導きとなる過程を示す。菩提門は、悟りのこと。菩提に至り煩悩を離れた時に涅槃の境地に到達するといわれている。人間は迷いと罪障を重ねているので成仏、解脱の妨げとなり、苦しみの種となる。それで修行を積みながら昇華して行き、菩提の境地を目指すのである。五輪塔は霊魂が成仏して解脱する為の要素を含み、供養の中心となるものとされる。

瀬和井《せがい》の清水（左京区大原来迎院町）

三千院の南角に「三千院門跡」と記した大きな石柱があり、その傍らにある四方六十センチぐらいの泉をいう。昔は六帖敷ぐらいの大きさがあり、こんこんと清水が湧いていたというが、今は僅かにそれらしき旧跡をとどめているに過ぎない。案内表示もないが、かなり風化した小さな石仏（高四二センチ）が安置されており、少しは清水も湧いているようだ。もとは不滅不増の清水で、産婦が乳の出のわるいとき、祈願をしてこの水を拝服すると乳が多量にでるようになるという信仰があった。『都名所図会』は「世和井水」という。歌枕の名所として数多くの和歌が詠まれた。『京羽二重』や『名所都鳥』ではこの泉を「瀬井」と表している。

瀬和井の清水

わらべ地蔵（左京区大原来迎院町・三千院）

三千院境内の往生極楽院南端の苔むした庭園に鎮座している小さなお地蔵さん。合掌しているもの、腹這いしているもの、首をかしげているもの二体、仲好く寄り添うもの二体、合わせて六体のお地蔵さんが参拝者を温かく見つめている。その姿や形が無垢な子どもを連想させることから、わらべ地蔵という。

三千院は、天台宗の寺院。三千院門跡とも称する。山号は魚山、本尊は薬師如来、開基は最澄である。かつては貴人や仏教修行者の隠棲の地として知られた大原の里にある。青蓮院、妙法院とともに、天台宗の三門跡寺院の一つに数えられている。

わらべ地蔵

大原弥陀石仏（大原来迎院町・三千院）

律川のほとりのあじさい苑内にある吹きさらしの覆屋の中に、俗に「大原の石仏」といわれる見上げるばかりの大きい石仏がある。花崗岩で高さ二・二五㍍、幅一・八㍍の無地の二重光背を作り、高さ三〇㌢の蓮華座に結跏趺坐《けっかふざ》する像高一・七㍍の厚肉彫りした定印阿弥陀像。結跏趺坐とは、両足共、足の甲を腿にのせてあぐらをかいて座ること。京都市内最大の石仏。鎌倉中期の作。一石石仏の優美さでは、その極限を示した優品。叡山系石仏の伝統を示す。天台系の浄土信仰に基づき造立されたものといわれる。

像容は体躯のバランスが良く、ことに首から両肩、肘にかけての曲線、衣文の流れるような波状の凹凸は木彫風で花崗岩製の石仏としては極めて秀逸な表現である。また、螺髪を一つ一つ彫り出している点も手が込んでいる。面相は眉目秀麗。やや面長気味の丸顔で、お顔の中心より目鼻がやや下側にあり、やさしげな厚めのまぶた、涼しげな切れ長の大きい半眼から受けるお顔全体の印象は女性的でもある。白毫の突起も表現され、両頬からあごの先端にかけての凹凸も的確。鼻梁は高く、唇は少し厚ぼったい。光線の加減でよく見えない場合もあるが、花崗岩の石仏としては出色の面相表現である。あえて難をいうならば、体躯に比べて定印を結んだ手先が小さ過ぎ、指先の表現に少し硬い感じがある（川勝政太郎『京都の石造美術』）。

別名、翁地蔵とも呼ばれている。そのいわれは、昔、三千院のそばの小野山の麓に一人の炭焼きの翁が住んでおり、その翁の焼く炭は天下一品で、都にもその名が及んでいたという。やがて翁が亡くなると、その技量を惜しんだ里人が窯の跡に地蔵像を造立して翁を偲んだという。このお地蔵さんに水を供えれば、子どもの夜尿症が治るという。

大原弥陀石仏

熊谷直実腰掛石・鉈捨藪（左京区大原勝林院町）

朱明橋南詰に「熊谷腰掛石／鉈捨藪」碑がある。高さ五三×幅一五×奥行一三㌢。熊谷直実（一一四一～一二〇八）は、武蔵国熊谷郷（現埼玉県熊谷市）出身の武士。平家に仕えていたが、のち源頼朝に臣従し御家人となる。その後出家して法然上人の門徒となり蓮生《れんしょう》と号した。

文治二年（一一八六）大原の勝林院での天台僧顕真と法然上人の「大原問答」の折に、弟子の熊谷直実（蓮生坊）は、「師の法然上人がもし敗れたならば法敵を討たん。」と袖に鉈を隠し持っていたが、法然に諭されて鉈を藪に投げ捨てたと伝えられる。
ただし、熊谷直実が法然の門を叩いたのは、建久四年（一一九三）であるから、六年前の大原問答の時、直実が法然上人のお供をしたというのは、史実とは異なる。直実の武勇や激しい気性と結びつけられて生まれた伝説である。

衣掛け石（左京区大原勝林院町・宝泉院）

勝林院の西隣の細い坂道を降りたところに宝泉院があり、境内に衣掛け石がある。名の由来は、『山州名跡志』に「大原村の北若狭路傍に在り。伝へ云ふ。皇慶法師大原山に居住の時、常随の護法童子、師の袈裟の穢れしを刹那の頃に天竺無熱池に行きて洗帰り、この石にかけ乾也。又云ふ。この袈裟空に絞るにその水落る所に忽ち清泉涌出す。叡山西谷の井房と云ふはこの所となり」とある。無熱地＝ヒマラヤ山地の北にあり、瞻部州に注いで潤すと考えられている池。マササロクル湖ともいわれる。また『都名所図会』にも「勝林院村の西にあり。皇慶法師大原に住みたまひしとき、天童降《くだ》りて、袈裟の穢れしを天竺の無熱池に飛び行きて濯《すす》ぎかへり、この石にかけしとなり」とある。もと若狭街道の路傍にあったものだが、近年移したものであろう。

熊谷直実腰掛石

衣掛け石

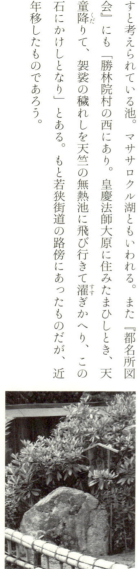

法然腰掛石（大原勝林院町）

三千院の門前の道を北に進むと勝林院の門前の左手にある。「法然上人腰掛石」と記した石柱（高六六㌢）があり、丸みを帯びた人抱えの石がある。『山州名跡志』に「来迎院の西にあり。伝に云ふ。上人、勝林院本尊に参詣のときは、かならずこの石上にやすらひたまふとなん」とあるし、『拾遺都名所図会』にも「羅漢橋の西に在り。伝へ云ふ。上人勝林院の本尊に参詣のとき休息の所なりと」とある。

来迎橋（大原勝林院町）

勝林院門前に架かる石橋をいう。『山州名跡志』に「来迎橋《らいこうのはし》は切石の橋也。欄干銅の擬宝珠。萱穂の北二十間許り有り。この橋、郷中に新死の者有れば葬送の時先つこの橋上に棺を舁来《かき》て。堂の如来前に灯明を照して、本尊の御手糸《みてのいと》と紼《ぜんのつな》を結合《むすびあわ》せて修願回向《しゅがんえこう》するなり」とある。『拾遺都名所図会』にも同様に記述する。

勝林院宝篋印塔（大原勝林院町）

勝林院の境内へ入り、右手の本堂の右手に古い宝篋印塔がある。

宝篋院塔は花崗岩製、高さ二四六㌢、鎌倉後期在銘の代表作で重要文化財。基礎の一面に「正和五秊（一三一

法然腰掛石

来迎橋

六）辰丙五月日造立之、金剛仏子仙承」と刻む。秊は年の異体字。浄土往生を欣求する念仏行者によって建立された供養塔であろう。

基礎側面は無地で、別石の複弁反花座をその上に置き、塔身は月輪《がちりん》内に胎蔵界四仏の種子を薬研彫《やけんぼり》する。相輪も完備。笠下端二段、上端六段の通有形式である。隅飾は三弧輪郭つきで大きく、やや外へ傾斜している。隅飾り三弧のものは鎌倉後期から南北朝にかけてのものに多い。中期塔の素朴感から進んだ華やかさがある。隅飾が別石で作られ、笠も上半と下半を別石にしているのは、大型であるために石材の制約を受けたのである。塔身の胎蔵界四仏は、東方・宝幢如来「ア」は北面、南方・開敷華王如来「アー」が東面、西方・無量寿如来「アン」は南面、北方・天鼓雷音如来「アク」が西面にあり、本来の方角からは九〇度ずれている。

勝林院は魚山と号する天台宗の寺院である。円仁（慈覚大師）が唐から持ち帰り、比叡山に伝承した法儀声《しょう》明《みょう》の手練道場として、弟子の寂源が長和二年（一〇一三）に創建し、後に天台声明（お経を節を付けて唱う）の根本道場となった。文治二年（一一八六）、法然上人が並み居る諸宗の学僧を論破したとされる「大原問答」の舞台としても著名である（川勝政太郎『京都の石造美術』）。

なお、隣接する小さい観音堂の石積壇の西側左右一番上にある四角い石材は、よくみると種字が刻んであり、中型の五輪塔の地輪を転用している。

勝林院の山号は魚山。天台声明の一流である大原魚山流の根本道場として名高い「声明」の発祥の地。声明は寺院で行われる法要儀式の中

勝林院宝篋印塔

で、仏教の経典などに節をつけて仏教音楽である。寺伝によると、慈覚大師円仁が入唐した際に、中国仏教の古典儀式音楽である声明音律業を日本に請来した。その「声明」を比叡山で伝承していたところ、長和二年（一〇一三）に円仁九代目の弟子である寂源上人（一条左大臣雅信の息・俗名時寂大原上人）が、その道場を大原の地に移し、勝林院と号したとのこと。魚山の号は、中国声明の聖地である魚山にならったものである。勝林院は、以後来迎院と共に大原声明二流を担っており、声明梵唄修行の僧らが多く集まる寺院だった。

呂川・律川は声明音階の呂律《りょりつ》から付けられた。蛇足だが、酔って「ろれつが回らない」という、ろれつは呂律の転訛である。

大原北墓地宝篋印塔（大原勝林院町）

勝林院の北方にある村の共同墓地の入口に立つ。この共同墓地は、大原にある墓地の中でもいちばん古いだろう。入口には多数の一石五輪塔や小形の石仏が集積されている。その一画に、古色蒼然とした宝篋印塔が立っている。

高さ一六六センチ、花崗岩製。基礎側面は輪郭を巻き、格狭間を作り、上端は二段。塔身は蓮座上の月輪内に胎蔵界四仏の種子を刻む。笠下端は二段、上は六段、隅飾は二弧輪郭つき。相輪は一部が一時不明だったが、見つかり直されている。

鎌倉後期の作である。基礎正面の輪郭内両脇と格狭間の中にかけて、「念仏諸衆、為往生極楽、正和二年（一三一三）十一月日」と刻銘がある

大原北墓地宝篋印塔

というが肉眼ではほとんど判読できない。同地の勝林院宝篋印塔より三年前の造立で見劣りするが、村の念仏信者達の念仏講などの結衆の合力、つまり共同出資により造立されたことが知られる。惣供養塔として古い墓地の成立と同じ頃に造られたのだろう（川勝政太郎『京都の石造美術』、『日本石造美術辞典』）。

大原北墓地石鳥居（大原勝林院町）

大原の古い共同墓地入口から西北に当たって小さい石鳥居が立っている。室町中期、高一〇六センチ、花崗岩。大きい石に左右の柱をかませて固定する。柱は太く、転びをつけて柱の裾はやや開いている。貫と額とを一石で彫成し、貫は柱の外に出さない。笠木・島木はゆるい反りを見せ、両端は垂直に切る。額には蓮座上に「如法経」、その両端の貫の面に「奉造立石鳥居、寛正二年（一四六一）巳辛十一月ロロ」と刻む。小型ながら時代の風をよく示す佳作である。おそらく如法経を埋納した場所の門として建立したものであろう（川勝政太郎『日本石造美術辞典』）。

大原北墓地石鳥居

獅子飛石（大原来迎院町）

来迎院は三千院より呂川にそって東へ行くこと約三百メートルにある天台宗延暦寺派の別院である。融通念仏宗の開祖である聖応大師良忍上人（一〇七二〜一一三二）は、慈覚大師円仁が伝えた天台声明を中興大成した人物。この良忍上人が止住した来迎院は、三千院の南を流れる呂川と呼ばれる谷川筋を東に遡った場所に位置する。

三千院を挟んで北西にある勝林院等とともに魚山大原寺の中枢として天台声明の根本道場であった。境内には「獅子飛石」と記した標石がある。良忍上人が文殊の法を行ったら、庭の大石が獅子となって駆け吼《ほ》えたと伝わる。苔むした小振りの岩で、一見獅子に見えないこともない。来迎院の略縁起では「獅子が良忍上人の唱える声明の調べに陶酔し、堂内をかけめぐり岩になって残った」とある。『拾遺都名所図会』にも「獅子石は融通寺堂前の右にあり。良忍上人ここにて文殊の秘法を修せらるとき、この石、獅子と化して踊りめぐり、声を発せしとなり。元亨釈書に出づ」とある。

来迎院三重塔（大原来迎院町）

三重塔は来迎院本堂背後の律川をわたった対岸の開山聖応大師良忍の廟所内に立っている。花崗岩製、高さ二八二センチ、鎌倉時代中期の層塔（重文）。石の柵をめぐらす。

低い基礎の上に三層の屋根を積み重ね、各層の軸部は別石でつくっている。屋根の軒反りは比較的おだやかである。三重であるため第二・第三重とも軸部の背を高くして均衡を保っている。相輪が五輪で、頂上の宝珠が頭だけを出している式は金輪寺塔（京都府）・宝積寺塔にも見る。

獅子飛石

来迎院三重塔

宝積寺塔などと共通する鎌倉中期初めの手法が見られる。また普通は初重軸部に四方仏のすがたを彫り、基礎の四方には種字で胎蔵界や金剛界四仏をあらわしているが、これにはない。このような古い石塔が残ったのは、良忍上人の墓という言い伝えによるものであろう（川勝政太郎『京都の石造美術』、竹村俊則ら『京の石造美術めぐり』）。

来迎院五輪塔（大原来迎院町）

来迎院には他に本堂の東側、一段高い場所に鎮守社の小祠がある。その南に隣接して自然石を組んだ二・八㍍四方、高〇・五㍍ほどの方形の壇があり、中央に立派な五輪塔がある。弘安九年（一二八六）、鎌倉時代、高さ一七二㌢、花崗岩製。表面には種字や刻銘は認められない。風化の少なさや地輪や火輪の背の高が少し気になるが、火輪の薄い真反りに近い軒反、空風輪の形状は鎌倉中期でも前期に近い時期、十三世紀前半代にもっていけるかもしれない（川勝政太郎『京都の石造美術』、竹村俊則ら『京の石造美術めぐり』）。

来迎院五輪塔

4、若狭街道（大原西部）

西之村霊神碑（左京区大原井手町）

花尻橋を渡った西側、江文神社御旅所の道路をへだてた向かいに「寂光院十八町」道標が立つ。碑から寂光院へ向かう旧道が高野川左岸をほぼ北へ延びる。旧道をたどると高野川・旧高野川を渡り宮川橋に至る。橋の南詰めに二基の「寂光院道」・「寂光院・鞍馬道」道標が立つ。

宮川橋から川沿いに西へ向かい、再度宮川を渡ると「西之村霊神碑」と刻んだ自然石（高一五九センチ）がある。

「京都大原里づくり協会」の解説板によると、大原の里には「おつう」の悲しい伝説がある。蛇身となったおつうが退治された後、里人が頭を「乙ヶ森（おつうの森）」に、尾を「花尻の森」に、そして胴をこの地に埋めて霊を鎮めたという。今でも、江文祭（五月四日）と八朔祭（九月一日）の日には、地元の僧侶が手厚く供養を続けている、と記す（参照・「おつうの森の碑」）。

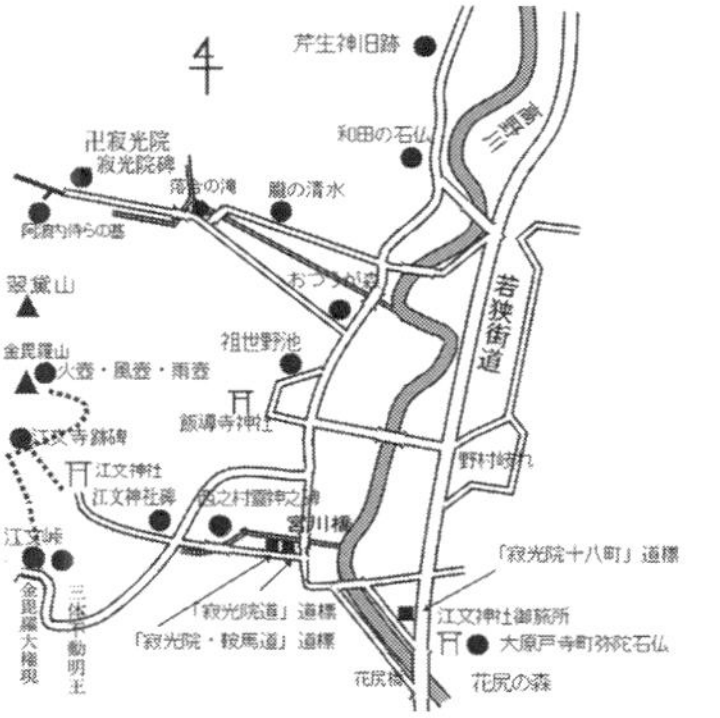

大原西部

西之村霊神碑

祖世野池《そよのいけ》・真守鉄盤石《さねもりかなとこいし》（左京区大原野村町）

宮川橋に戻り寂光院へ向かう。府道一〇八号線西側の集落の道を大原野村町から草生町に出る道の路傍左手に祖世野池がある。自然石で周囲をたたんだ小さな湧水井があって、そばには刀を鍛えたという平らな鉄盤石も残されている。

『京都民俗志』は「（三条小鍛冶）宗近が刀を鍛えた水であるといい、村では正月には傍の木に注連縄をかける。水際には平清盛鉄盤石というのがある。大原の安達氏は宗近の子孫と伝え、明治以前は若狭の大名が通行する時、同家の前だけは下馬したと伝えられている。

『山州名跡志』巻五に「草生村の東、野村の内北の山下にあり。伝え云ふ。此所、鍛冶真守が宅地也。よって大原真守と号す」とある。ただし、竹村俊則『昭和京都名所図会』は、真守とは伯耆国大原在住の刀工で、代々大原真守を号した。初代は平家重代の名刀「抜丸《ぬけまる》」（国宝）の作者と伝えられる平安後期の刀工であるが、大原に在住したという文献的資料はない。たまたま大原の地名と同じくすることから、かかる伝説を生むにいたった、とする。また、一説に三条小鍛冶宗近が用いたものといい、井水を「小鍛冶の水」、石を「平清盛鉄盤石」とよぶというが、信じられぬ、という。

祖世野池

お通の森の碑（左京区大原草生町）

「おつうが森（乙ヶ森）」は、府道一〇八号線を左折して寂光院へ向かう角にある小さな森をいう。「お通の森」ともいう。境内に「龍王大明神」と刻んだ自然石碑（高一〇八×五九×上二二〜下二六㌢）が立っている。

伝説では、若狭の大名に見初められた「おつう（於通）」という美しい村娘が、厭われて、里へ返される。おつうは身を投げ、蛇身となって村を通りがかった殿の行列に近づき、家来（松田源太夫）によって三つに斬られたという。

その日から雷雨と悲鳴がやまらなくなり、恐れた里人は、大蛇の頭をおつうが森に、胴は西之村霊神之碑のところに、尻尾を花尻の森に埋めたという。これが大原の蛇祭りの始まりで、毎年三月十日に行なわれる。藁で作られた蛇の頭がおつうが森に祀られている。お通の森は大原川にそそぐ草生川に近く、水害をもたらす水神をなだめるために祀ったものとされる。因みに「おつう」を二つに斬った怨念が、今も霞となって浮遊するといわれ、これを「小野霞」という。吉川英治『宮本武蔵』のヒロイン「お通」は、著者がこの伝説から採ったもので架空の女性である。

龍王大明神

おつうが森

「朧の清水」碑（左京区大原草生町）

乙ヶ森から草生川を渡り川に沿った道を遡ると、大原の名水・朧の清水がある。この地に隠棲した安徳天皇の母・建礼門院平徳子（一一五五〜一二一三）が、春の朧月夜の時、道すがら池の水面に映るやつれた姿を見て、身の上を嘆いたという伝承に因む。『平家物語』「大原御幸」に「おぼろの清水月ならで御影や今に残るらん」と出ている。

傍に石碑（高七八×幅四七×奥行二六㌢）があり、碑文西面に「おぼろの志水」、北面「円観宗清」と刻む。宗清は平家の残党で後に石工となり、兵庫へ転居したという説がある。奥の岩屋の泉は今も湧水している。

古来歌枕の一として知られる名泉である。『都名所図会』は「寂光院のほとりにあり。むかしより名高きしみづにして、和歌に詠ずること数多し。つねに湛々として、月の影は清水にやどりて澄み、しみづはまた月の皎《あきらか》なるをうつして清く、良暹《りょうぜん》法師（平安中期の歌僧）もこの池に幽棲して月も浮かまん大原やと吟じ、寂然《じゃくねん》法師（平安末期の歌僧）は月をぞやどす大原の里とながめしむかしも、今さらに水の面《おも》にうかみ出づるやうになん侍りける」と紹介する。大原の名所として『雍州府志』（山川門）、『山城名勝志』、『山州名跡志』などにも載る。

「水草《みくさ》ゐし朧の清水底すみて心に月の影は浮ふや」（素意法師『後拾遺集』第十七・雑三）

返し「程へてや月もうかばん大原やおぼろの清水すむなばかりに」（良暹法師『後拾遺集』同）。

大原の寂然と高野山にいる西行とは、歌の贈答を通して密接な関係があった。修行中の奥山住まいの孤独をそれぞれ十首ずつ贈答したなかに、

「ひとりすむおぼろの清水友とては月をぞすます大原の里」（寂然法師『山家集』羇旅歌）がある。また、西行自

「朧の清水」碑

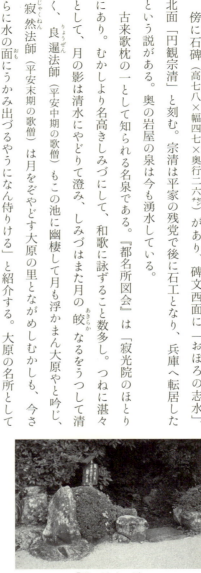

身も別途、朧の清水を詠んだ歌があり

「すみなれしおぼろの清水せく塵をかきながすにぞすゑはひきける」（西行法師『聞書集』）

それ以外にも、

「入る月の朧の清水いかにしてつひに澄むべき影をとむらん」（順徳院『続古今集』巻十六・哀傷歌）

「大原やいづれ朧の清水とも知られず秋はすめる月かな」（『兼好自撰家集』）

「春雨の中におぼろの清水哉《かな》（天明三）」（『蕪村句集』巻之上・春之部）などが詠まれている。

『袋草紙』巻三によれば、源俊頼は友人数名と連れたって大原へ来遊したとき、にわかに下馬して歩き出したので、人々が驚いて問うたところ「知らないのか、ここは良暹法師の住んでいた旧房だぞ」といったので、人々は感嘆して下馬したという。また、当時の住房の障子には、「山里の甲斐もあるかな郭公今年も待たで初音きつる」と良暹が書きつけた歌が、未だ消えずに残っていたという。源俊頼は平安後期の歌人。家集『散木奇歌集』、歌論書に『俊頼髄脳』がある。

＊

草生町の寂光院への道の途中、焼杉谷川と西田谷川が合流する地点に小さな「落合の滝」（大原草生町）がある。建礼門院が「ころころと小石流るる谷川のかじかなくなる落合の滝」と詠んでいる。

落合の滝

寂光院の石碑（左京区大原草生町）

寂光院は翠黛山（小塩山とも）東麓の草生川べりに位置する。天台宗尼寺で、寺伝によれば聖徳太子の創建という。本尊木造地蔵菩薩立像も太子の作と伝えた。平安時代には俗にいう「叡山三千坊」の一つであったといわれ、来迎院・勝林院などと同様、俗人入道たる沙弥・聖の住する念仏別所と推定される。

平清盛の娘・建礼門院（平徳子、一一五五～一二一三）が、文治元年（一一八五）この寂光院の傍らに庵をむすび、壇之浦で滅亡した平家一門とわが子安徳天皇の菩提を弔いつつ過ごした。その後寺は荒廃したが、慶長八年（一六〇三）に至り、「寂光院御再興、黄門秀頼卿御母儀、浅井備前守息女為二世安楽也」（本堂額銘）と再興した。黄門秀頼卿御母は豊臣秀頼の母淀君、二世安楽は「現世と来世」をいう。

平成十二年（二〇〇〇）五月九日の放火で焼失し、現在の本堂は平成十七年（二〇〇五）六月再建。本尊や建礼門院と阿波内侍の像が新しく作られ安置されている。今日、建礼門院の庵室跡や汀《みぎわ》の池・汀の桜・翠黛山など、『平家物語』にちなむ種々の遺跡・植物・山がある。

①姫小松碑

本堂前西側の庭園は『平家物語』当時のままで、汀の池、千年の姫小松、苔むした石、汀の桜などがある。姫小松は、『平家物語』灌頂巻の大原御幸に「池のうきくさ浪にただよい錦をさらすかとあやまたる中嶋の松にかかれる藤なみのうら紫にさける色」の松として伝わる。文治二年（一一八六）春、翠黛

寂光院

千年のひめ小松

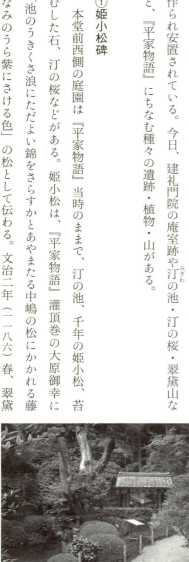

山（本堂正面の山）から花を摘み帰った建礼門院が、後白河法皇と対面する場面に登場する。樹齢千年のこの名木も平成十二年の火災で枯死した（寂光院パンフレット）。枯れた姫小松の前の記念碑には「ひめ小松、一千年の御姿、歴史の重さ、今に残さん。寂光院三十二世智明、平成十七年二月二十五日建立」とある。

②「阿波内侍《あわのないし》等供養塔」道標

姫小松手前に、建礼門院につかえた女官の供養塔への道標がある。女官たちは、阿波内侍、治部卿局・大納言佐局《すけのぼね》・右京大夫・小侍従局である。供養塔はここから西へ一〇〇㍍のところに安置されている（後述）。碑文は正面に「阿波内侍、右京太夫局／大納言佐局　治部卿局」、左面に「在寺南翠黛山／距廿三丁□」、右面に「文化五年（一八〇八）戊辰三月執南　（以下北条護らの名前）」。高さ六八×幅一五×奥行一四㌢。

「阿波内侍等供養塔」道標

③建礼門院庵室跡碑

寿永四年（一一八五）、平家滅亡後、生きのびた建礼門院平徳子が出家し、余生を送った庵跡に遺蹟碑（高二〇四㌢）が立つ。正面に「御庵室遺蹟」、背面に「大正十五年十一月　有志建之」と刻む。

建礼門院は夫であった高倉天皇、幼少で壇ノ浦に沈んだ安徳天皇や平家一門の菩提をこの庵で弔った。『平家物語』灌頂巻で、後白河法皇の大原御幸に出

建礼門院庵室址

てくる庵がこの場所である。この庵室で息を引き取る時に、「西（極楽浄土）に紫雲たなびき、異香室に満ちて、音楽空に聞ゆ」（同書）と記す。建保元年（一二一三）、五十八歳で逝去。宮内庁管理の建礼門院大原西陵は寂光院の東側にある。なお、崩御場所は一般に寂光院となっているが、一説には東山鷲尾ともいわれ定かでない。

④建礼門院使用井戸跡碑

建礼門院御庵室跡の隣に「御使用清水」碑（高九八㌢）が立つ。井戸遺構には清水が今も湧き出ている。

建礼門院の井戸

阿波内侍《あわのないじ》等の供養塔（左京区大原草生町）

寂光院の西、草生川を挟んだ翠黛山麓の森に、高さ三〇㌢余りの五輪塔四基と宝篋印塔一基が並んで立っている。五輪塔は鎌倉時代のものらしい。建礼門院に仕えた女官たちの供養塔である。傍にあった石碑には、前列四基が阿波内侍、大納言佐局、治部卿局、右京大夫（中央の五輪塔）、後列左端の一基が小侍従局の墓とある。ただし、後世のこの碑文は妥当かどうか疑問視する向きもある。ちなみに、宝篋印塔は我が国では鎌倉中期からあらわれ、鎌倉初期からの五輪塔と時代が合わない。この宝篋印塔は隅飾が外に少し反り、細身の塔身は南北朝〜室町時代以降で、相輪は後補だろう。鎌倉初期の女官の供養塔としては時代が一致していない。

阿波内侍は平安末期〜鎌倉時代初期（生没年不詳）の人物だが、実在も含め詳細不詳。公卿、政治家で出家した信西（藤原通憲）と紀二位朝子の娘とも、信西の子・藤原貞憲の娘、信西の孫・真阿弥陀仏ともいう。文治元年（一一八五）寂光院に隠棲した建礼門院に従い、大納言佐局と共に尼となる。女院に仕え、最期を看取った。建礼門院や女官たちは、大原で慎ましい暮らしを送ったという。また、阿波内侍は里人のために柴売りを発案し、大原女の出立ちのモデルともいわれている。

和田の地蔵（大原勝林院町）

高野川に架かる和田橋の北約百メートルの旧若狭街道西側の石屋内に、和田のお地蔵さんと呼ばれている薄肉彫の阿弥陀如来座像（高九〇センチ、像高五五センチ）が安置されている。もともとは、三千院の翁地蔵の傍に鎮座していたが、あるとき翁地蔵と大喧嘩し、翁地蔵の耳を食い千切って、現在地に遷座したという。表面はかなり摩滅しているが、古色を帯びたなかなか温和な如来石仏である。

芹生《せりょう》神旧跡碑（左京区大原勝林院町）

芹生神は大原唯一の道祖神《さいのかみ》である。「芹生神旧跡」と刻む石碑は、昭和三十年（一九五五）頃、後藤菊次郎が建立した。高六九×幅四七×奥行二六センチ。

和田の地蔵

阿波内侍等の供養塔

芹生とは、もともと大原草生の南、野村・井出に至る間にあった村落で、大原川を隔てて小野山と相対する景勝の地であった。平安時代の歌僧良暹《りょうぜん》も在住し、歌枕の一つとして知られていたが、江戸初期に村人は勝林院村に移住した。

もとの芹生の里は、翠黛山・金毘羅山の山麓と高野川右岸の狭長な低湿地である。セリョウ（芹生）はセリ・フの転。セリはセ（瀬、狭）・リ（接尾語）か、または、動詞セル（迫）の連用形で、山が迫った所。フ（生）は「～になった所」をいう。

『都名所図会』に、「芹生の里大原郷にあり。むかしより和歌に多く詠ず」とある。『夫木和歌抄』巻三十一に「大原や芹生の里の月はみついつか我身もすむべかるなん」（大納言・藤原実家）。西行法師も「大原はせれうを雪の道にあけて四方には人も通はざりけり」（『山家集』冬歌）。大原は、あたり一面深い雪の中だが、芹生の里に行く道だけは降り積もった雪が分けられていて、人々が往来できると詠んでいる。『小倉百人一首』に選ばれている良暹法師の「淋しさに宿を立出でながむればいづくも同じ秋の夕暮れ」は良暹が、この閑静な芹生に閑居していた時の歌と伝える。

芹生神旧跡

「古知谷阿弥陀寺本堂六町」道標（左京区大原古知平町）

古知谷阿弥陀寺の参道入口に立つ道標（高八一×幅一五×奥行一四センチ）。碑文南東面に「本堂六丁　六百五十メートル」、南西面に「寄付者　洛北高野／□商　佐竹岩次郎」と刻む。

阿弥陀寺は、三千院より北へ約二キロ。若狭街道の旧道から六百メートル余り登った山腹に有る。古知谷光明山と号する浄土宗知恩院派の寺で、慶長十四年（一六〇九）木喰僧弾誓上人が創建。上人は尾張国海辺村の生まれ、九歳で出家して諸国を回遊。京都に来たとき五条橋上より北方に紫雲がたなびき、光明がさしているので、当地に来て一宇を建立した。上人は慶長十八年（一六一三）五月、六十二歳で示寂した。木食上人弾誓は石龕に生きながら入り「ミイラ仏」になった。その「ミイラ仏」を現在は石棺に納めこの岩窟に祀られている。

本堂（開山堂）には世に「植髪の像」と称し、弾誓上人の髪を植えた自作の像を安置し、右脇壇には阿弥陀如来坐像（重文・鎌倉）を安置する。宝物殿にはまた上人常用の法衣や仏具等が展示されている。

御杖水が、書院の背後の谷間にある。弾誓上人が鉄杖で掘ったところ、清水が涌き出たといわれ、これを服するものは病苦を免れると伝える。

禅公窟は、書院の背後三〇〇メートル余りの山上にある。享保年間弾誓上人の行跡を慕って来山した澄弾上人が参禅した石窟とつたえる。因みに当寺には古来安産守護の信仰があり、毎年五月二十三日の開山忌には産前産後の婦女子の参詣でにぎわう。また山間渓谷にのぞむ境内は、清涼な水が滝となってほとばしり、夏の納涼によく、秋は満山の楓樹が紅葉してひとしお美しいところである。

古知谷阿弥陀寺

II

東山

1、雲母坂《きららざか》

京都市左京区修学院地区から比叡山・延暦寺東塔への登路にあたる坂。林丘寺の東から音羽川の谷に沿い、四明岳を経て延暦寺に至る。険しい山路だが、比叡山への最短路として盛んに利用された。坂名の由来は、当地の土砂に雲母を含有するからとの説がある一方、『山州名跡志』に「雲母坂　鷺杜ノ北ニ在リ。此坂王城ニ向フ、諸山ノ中第一ノ高山ニテ旦夕雲覆ヘリ。京師ヨリ是レヲ見レバ、此坂雲ヲ生ズルニ似タリ。仍テ雲母坂云フ也」とある。順路は鷺森神社から林丘寺を経て行ったようだ。また、勅使坂・不動坂ともいう。勅使坂の名は、延暦寺が鎮護国家の道場とされたので、勅使参向に用いられたことに由来し、不動坂は坂の途中にあった雲母《うんも》寺《じ》（廃寺）が平安時代の最澄作という本尊・不動尊（二・四メートル）を祀っていたからという。

延暦寺東塔へは、近江国坂本からが本参道であるに対して、雲母坂は西坂本から登る道なので「西坂」とも呼ばれた。洛北、修学院・一乗寺の地域は雲母寺をはじめ、延暦寺

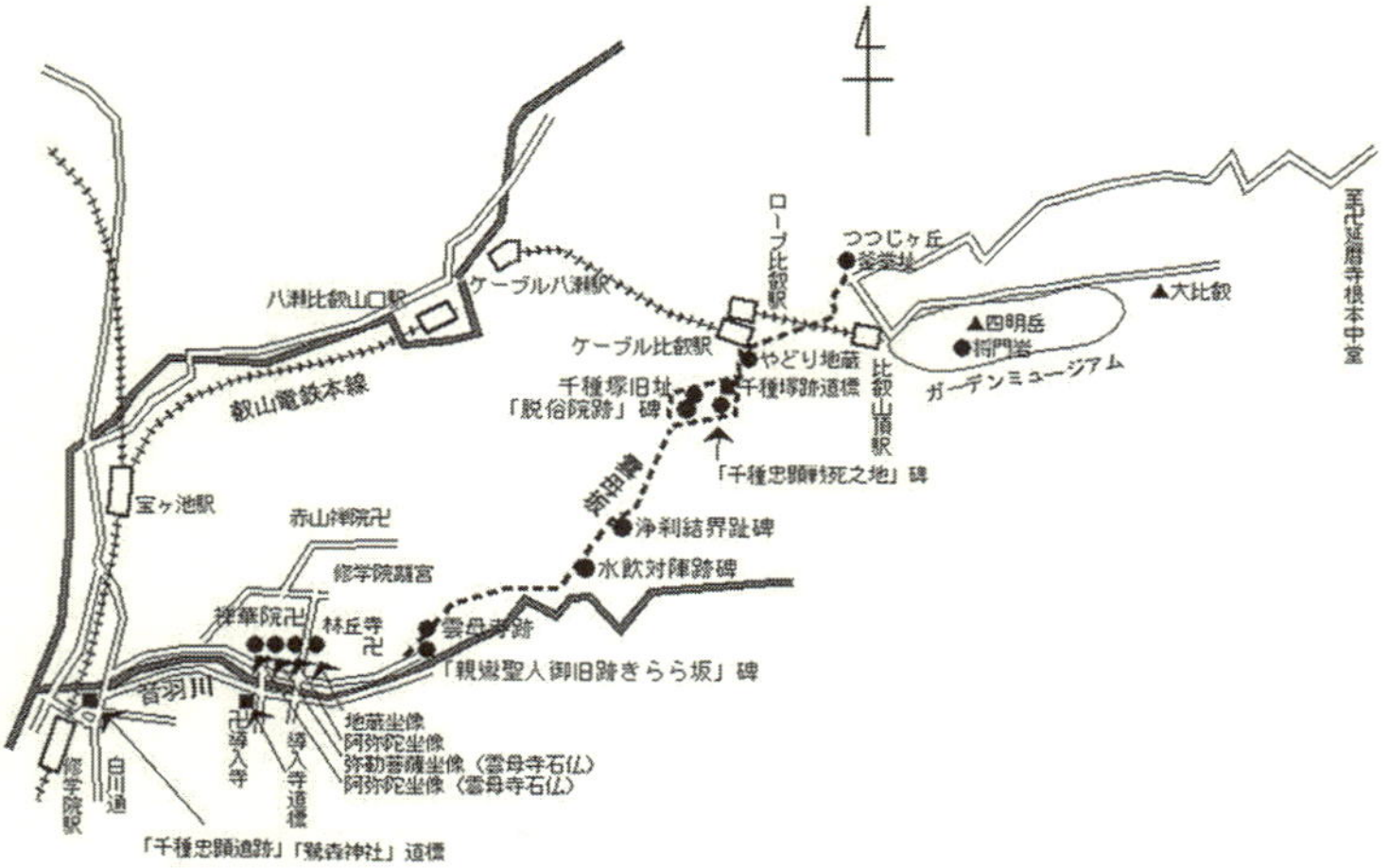

雲母坂地図

派の天台寺院が多くあり、昔は叡山の里坊だった東の坂本（現大津市坂本町）に対して西坂本といわれた。また叡山の僧兵が神輿をかついで朝廷への強訴の際にも雲母坂を下ったという。

導入寺題目塔（左京区修学院茶屋ノ前町）

叡山電鉄修学院駅から白川通と音羽川の合流点まで行き、音羽川右岸の道を雲母坂に向かう。烏丸橋南詰に導入寺があり、門前に江戸中期の題目塔が立つ。高さ九三×幅二七×二〇センチ。碑文は正面「南無妙法蓮華経」、右面「導入寺入口」、左面「延宝五年（一六七七）五月吉日」とある。左側にも明治時代に建立された題目塔がある。

導入寺は、法華山道入寺と号し日長上人が苦行し止住した地に、日長上人を開山として正保三年（一六四六）創立された。日長は修学院村人による雨乞いの祈願を受けて降雨させたという。

同寺は通称「修学院の妙見さん」といい、洛陽十二支妙見霊場の一つ。妙見宮は本堂東の小祠に安置されていて、僧形で珍しいという。京都の日蓮宗の寺院を中心に妙見を祀る十二の寺で「洛陽十二支妙見めぐり」がある。京都御所の紫宸殿から見て十二の干支の方角にあるからである。（洛陽十二支妙見は、「長坂越―岩戸妙見宮」参照）

導入寺入口道標

禅華院石仏群（左京区修学院烏丸町）

烏丸橋から音羽川の上流に行くと後安堂橋で、すぐ北側に風雅な鐘楼門が立つ禅華院がある。禅華院は江戸初期の寛永年間（一六二四～四四）、大徳寺清巌和尚が創建した臨済宗大徳寺派の寺院で、本尊は釈迦如来。山号を解脱山と称する。門を入った右手に大きな二石仏。もと修学院離宮の田の中にあったものを昭和初期にここに移したという。

右の地蔵坐像は総高一六五×幅一〇四×厚さ四八センチの花崗岩で、像高一二六センチを測る。右手に錫杖、左手に宝珠を捧げる普通形。左に並ぶ阿弥陀坐像は総高一七六センチ×幅一三〇センチ×厚さ七〇センチ、花崗岩製で像高一四六センチを測り、地蔵よりやや大きい。上品上生《じょうぼんじょうしょう》、即ち弥陀の定印を結ぶ。二仏とも厚肉彫り、光背は二重円光で、同じ石工の作。鎌倉末期の作。

また、左端に二石仏がある。右側は高さ八一センチ、丸みのある舟形光背に、右手を胸前に深く寄せて施無畏印、左手は膝

禅華院山門

禅華院石仏

雲母坂石仏

前におろして触地印と思われ、厚肉彫りした弥勒菩薩坐像（座高六六センチ）。背面に「大治元年（一一二六）五月八日」の銘がある。京都石仏の最古銘は、今宮四面石仏（京都博物館蔵）の天治二年（一一二五）なので、それに次ぐ古銘である。二仏とも風化が激しいが、背面の紀年銘がはっきり読めるのは今後の研究課題だと佐野精一はいう。左側は、高さ六五センチ、二重輪光背を負う定印の弥陀座像（座高五三センチ）。この二仏は、もと比叡山へ登る雲母坂にあったが、昭和五十二年（一九七七）当寺に移したという。

その他にも阿弥陀立像、弥勒座像、釈迦立像など鎌倉後期から室町時代の石仏がある。浄土教の盛んな中世の比叡山三千坊といわれた修学院・一乗寺地域を物語る石仏群である（佐野精一『京の石仏』）。

「親鸞聖人御旧跡きらら坂」碑（左京区修学院音羽谷）

音羽川谷口の砂防ダム公園に至る。右岸に新しい親鸞の碑（高一三四×幅二七×奥行一八センチ）が立つ。碑文の西面に「親鸞聖人御旧跡きらら坂」、東面に「昭和三十三年七月建之　石川県金沢市一味同行」とある。この碑は、鎌倉時代の浄土真宗の開祖親鸞が無動寺大乗院（修行の地）から毎夜、坂を往復し六角堂に参籠したことを示す。

雲母坂は、鷺森神社の北から、比叡山の四明ヶ岳、東塔までの約五・七キロの道のりで、急峻だが比叡山と京都を結ぶ最短の道であり、古くより高僧たちが往来してきた信仰の道でもあった。

親鸞（一一七三〜一二六二）は、比叡山で修業した後、建仁元年（一二〇一）二十九歳の時、毎夜、比叡山から六角堂に通い、夜明け前には比叡

親鸞上人きらら坂碑

山に戻るという百日参籠を行った。六角堂に通い続けること九十五日目、親鸞は、六角堂の本尊より、「法然の許に行け」というお告げを授けられた。吉水（東山・知恩院の東）の法然上人の許へと通い、ここで浄土教の教えを受け浄土真宗を開いたという。

雲《うん》母《も》寺《じ》跡石碑（左京区修学院音羽谷）

砂防ダム公園を左に行くと音羽橋を渡る。ここが雲母坂の入口である。雲母坂登り口に雲母寺跡碑が立つ。雲母寺は、『拾芥抄』に元慶年間（八七七～八八五）相応が開創という天台宗寺院。険しい雲母坂の登り口に建立された。門・堂は南面し、二千六百坪の境内を有したという。

碑は、高さ四五×幅一九×奥行一三センチ。碑文は、南面に「雲母寺跡」、北面に「一九六四年秋刻、瀬尾謙一、広江美之助、田辺正直、保勝会協賛」と刻む。

『山城名跡巡行志』に「雲母寺　雲母坂音羽河端ニ在リ。門南向　堂同　本尊不動　伝教作　額　石川丈山筆」とある。

江戸時代初期の文人・石川丈山（一五八三～一六七二）筆による「雲母寺」の扁額が掲げられていたという。明治十八年（一八八五）に延暦寺直轄となる。その後廃寺になった。本堂（雲母不動堂）と本尊・不動明王は赤山禅院に遷された。境内にあった阿

雲母寺跡碑

雲母寺跡碑

弥陀如来と弥勒菩薩の二石仏は昭和五十二年（一九七七）禅華院に、地蔵菩薩は帰命院へ移された。この石碑はその跡を示すものであるが、当初は山中に建てられており、平成五年（一九九三）に現在地に移設された。

水飲対陣跡碑（左京区修学院音羽谷）

雲母坂入り口から登り始めは急坂である。長い年月経て道はすり鉢状で一人歩くのがやっとである。室町中期の『康富記』嘉吉三（一四四三）五月二十八日条にも「雲母坂の麓に到着。不動堂（雲母寺）前に於いて、四方輿之棟柱等撤《す》て、手輿として登山さる」と記す。四方輿とは、手輿の一種。台の四隅に柱を立て屋根をつけ四方に簾をかけたもの。屋根を取り除いて板輿（手輿）にする。遠出に用い、前後各々三人ずつで担う。四方輿を担いで登れないほどの険しい坂だった。

登り口から四十分ほどで水飲対陣跡碑に着く。そこは北白川方面、修学院音羽川方面、赤山禅院方面（梅谷）の道標のある分岐となっている。

大正十年建立の碑は高さ一四七×幅五三×奥行三七センチ。碑文は、正面「水飲対陣之跡　延元元年ノ乱中将忠顕卿官軍ノ将トシテ四明嶽ヲ防キ給フ賊西坂ノ三方ヨリ攻寄セタリ官軍水飲ノ地ニ攻下シ対陣ス翌賊大軍後方ヨリ襲フ衆寡敵セズ卿水飲ノ地ニ戦死シ給フヨシ太平記ニ見ユ　大正十年夏日　掃雲千種顕男誌《しるす》」とある（京都市歴史資料館「京都のいしぶみデータベース」より）。

千種顕男（掃雲）は明治～昭和時代前期の日本画家で忠顕の子孫。延

水飲対陣跡碑

元元年（一三三六）、足利尊氏の攻撃から比叡山へ逃れた後醍醐天皇を擁護するために、千種忠顕が足利勢を迎え陣を張った所。南北朝時代は、天皇家が南朝と北朝に分かれて対立した。北朝には、足利尊氏がつき、後醍醐天皇の南朝には、楠木正成、北畠親房、名和長年や千種忠顕が従った。後醍醐天皇が隠岐に流されると、千種忠顕も隠岐に随行。隠岐から後醍醐天皇が帰洛すると、千種忠顕は天皇を擁護して、雲母坂水飲で足利直義（尊氏の弟）の軍勢と戦ったがこの地で戦死した（『太平記』巻第十七・山攻事付日吉神託事）。

水飲の名称は、『山城名跡巡行志』に、「水飲峠　同坂路（雲母坂）に在り。傍の岩間に清水有るに因む名」とある。しかし、今は枯渇して清水は見当たらない。坂の下は音羽川源流で、瀬音が聞こえこの清水を呑んだとも伝わる。

この地は、比叡山の西側の境の地であり、天禄元年（九七〇）の天台座主良源（九一二〜八五）は「二十六ヶ条起請」を定めて山内の僧団規律とした。これによると籠山結界として、東は悲田、南は般若寺、西は水飲、北は楞厳院が指定されており、ここから外に出ることが禁止されていた（「廬山寺文書」〈平安遺文三〇三〉）。

浄刹《じょうせつ》結界趾碑（左京区修学院杉谷）

水飲から比叡山方面へ十分ほど登ると浄刹結界の石碑のある平坦地に出る。堂跡らしく礎石が並んでいる。浄刹とは清浄なる領域、寺院の境内をいう。この浄刹結界は、比叡山の境界線で、かつてはここから先には女人禁制だった。碑は大正十年（一九二一）三月に建てられたもので、高さ一一八×幅一七×一四チセンで、「浄刹結界趾」と刻まれている。

浄刹結界趾碑

「千種忠顕戦死之地」碑（左京区修学院丸子青良ヶ谷）

水飲対陣跡碑から四百㍍ほど登ると「千種忠顕戦死之地」碑に至る。『太平記』巻第十七（山攻事付日吉神託事）によると、延元元年（一三三六）六月、足利尊氏の攻撃を防ぐため京を捨てて比叡山に立て籠もる。比叡山を西坂（雲母坂）より攻め上った尊氏軍は、官軍と対峙、六日早朝に尊氏軍は三石岳・松尾坂・水飲より三手に分れて攻撃を開始、千種忠顕・坊門正忠が三百余騎にて防戦したが、松尾坂より攻撃してきた尊氏軍に背後を突かれたため、一人も残さず戦死、全滅した。

「千種忠顕戦死之地」碑は千種家の子孫によって大正十年（一九二一）に建立されたもので、高さ四・五㍍（基礎含む）。

「千種塚旧址」碑（左京区修学院丸子青良ヶ谷）

北側の道を登ると、その分岐点に碑（高五三㌢）があり、「千種塚跡　是ヨリ一丁半」とある。

分岐点北の路をそのまま下ると、一五〇㍍ほどで道の南側に「千種塚旧址」碑（高一三五×四三×二七㌢）がある。背面に「千種忠顕卿殉難ノ地、湮没セル久焉。偶《たまたま》表彰会ヲ起スニ当ツテ、蕉者（樵夫）ノ口碑（云い伝え）ニ由リ、此地ナル事ヲ知ル。鐫《ほり》シテ後ニ伝フ、云爾　大正十

「千種忠顕戦死之地」碑

「千種塚跡」碑

年五月　千種顕男識《しるす》」と刻む。水飲対陣跡碑と同じ子孫の建立である（云爾《うんじ》は文を結ぶ言葉）。

「脱俗院跡」碑　（左京区修学院丸子青良ヶ谷）

「千種塚旧址」碑のすぐ手前には「脱俗院跡」の小さな碑（高一九×一五×一二センチ）がある。背面に「一九六一年冬刻／理学博士広江美之助」とある。広江美之助（一九一四～二〇〇〇）は京都大学植物学者。

弘仁九年（八一八）七月二十七日、最澄は十六院構想を定めているが、その一つに脱俗院がある。またの名を法華清浄脱俗院といい、別当として薬芬（生没年不明）、知院事として行宗（生没年不明）を任じている（『九院仏閣抄』、「弘仁九年比叡山寺僧院等之記」―『日本国大徳僧院記』所収）。この脱俗院は、本尊が地蔵菩薩であり、別名を水飲堂といった（『叡岳要記』巻上、十六院）。『三宝住持集』当山十六院事（『伝教大師全集』所収）によると、西坂（雲母坂）を麓より登山する人が、垢衣を脱俗院で脱ぐから、脱俗院の名があるとする。

「千種塚旧址」碑

「脱俗院跡」碑

やどり地蔵　（左京区修学院丸子青良ヶ谷）

京福電鉄ケーブル比叡駅に到着。駅南側に雲母坂への旧道・新道を示す東山トレイル道標が立つ。新道を入ったすぐに「やどり地蔵」を安置した岩屋がある。傍の地蔵堂（社団法人七町会）の解説板によると、「鎌倉時代に作られた。やどり地蔵の由来は、願を掛けると子供が宿るということから、宿る地蔵（やどる地蔵）がやどり地蔵となったといい伝えられている」とある。

七町会（左京区修学院仏者町）代表の音川次清氏によれば、鉄格子があるのは、以前、盗難にあったからという。しかし、頭髪は巻毛の螺髪《らほつ》で、印相は右手が天を指す施無畏印、左手が地を指す与願印で、釈迦如来である。鎌倉時代から当地にあったのであれば、古くは雲母坂から西塔釈迦堂への道案内だったことも考えられる。

斧堂跡（左京区修学院尸羅ヶ谷四明ヶ嶽）

京福電鉄ケーブル比叡駅から比叡山人工スキー場跡（蛇ヶ池跡）を経てつつじヶ丘へ向かう。斧堂跡がある。聖徳太子が比叡入山のときに持参した斧をここに納めたとか。真四角の碑（高三八×幅三八×一八チセン）の正面右に「釜堂跡」、左に「八礎石」、裏面に「一九六四年□／理学博士／広江美之助」と刻む。斧堂はかつて和労堂と称され、文字通りの休憩の場だった。雲母坂にはかつて二ヶ所和労堂があったが、現在は残っておらず、ただ跡地のみが一ヶ所あるのみ。八礎石は、周辺の堂礎石の数をいうのか不詳。つつじヶ丘には道筋に石

やどり地蔵

斧堂跡

塔・石仏群が並ぶ。

斧堂跡より七〇〇㍍ほどで比叡山延暦寺境内（大津市坂本本町）の山王院に到着した。ここは東塔と西塔へ向かう分岐点でもある。

*

比叡山延暦寺境内の石碑（道標・記念碑など）は枚挙にいとまがない。根本中堂はじめ東塔、西塔、横川《よかわ》の三塔各寺院への道しるべや、近江側の大津・坂本・唐崎、京都側の側の大原・八瀬・雲母坂などへの道標が三塔の境内にある。開山伝教大師廟、浄土念仏の法然上人、親鸞聖人、良忍上人、一遍上人、真盛上人、臨済宗の栄西禅師、曹洞宗の道元禅師、法華経信仰の日蓮聖人などの旧跡碑が三塔にあり、裳立山には紀貫之墓がある（詳細は、大津市環境部環境政策課ウエブサイト「大津のかんきょう宝箱」参照）。ただし、境内に古い石仏は意外と少ない。

西塔・香炉ヶ岡の釈迦石仏（大津市坂本本町、比叡山西塔香炉ケ岡）

西塔・釈迦堂の裏山、香炉ヶ岡に大石仏が存在する。釈迦堂は元亀二年（一五七一）織田信長の叡山焼き打ちにより、焼失したが、文禄四年（一五九五）秀吉が園城寺弥勒堂（南北朝時代の建築）を移して再建した叡山最古の建築として重文指定されている。

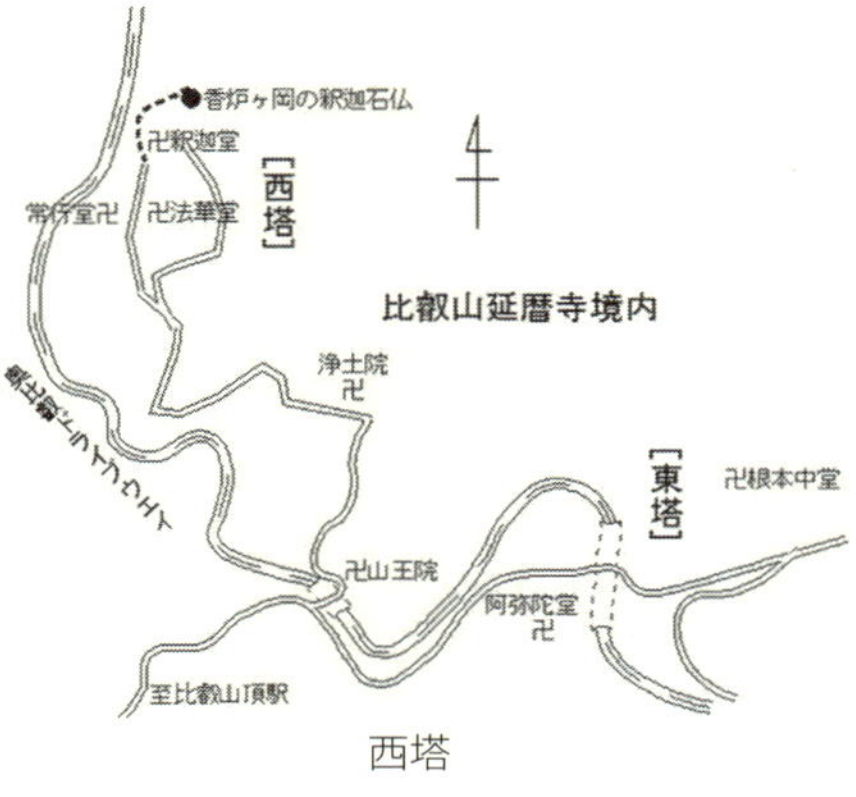

西塔

佐野精一の調査によると、香炉ケ岡の石仏は、像は花こう岩製、総高二㍍の坐像。像身、台座、二重円光背などすべて巨大な一石から彫り出し、力量感に満ちたもの。台座下の反花座《かえりばな》だけが別石である。反花座とは、下向きの蓮弁を反花といい、反花を上端に刻出した台座をいう。その上に本体の石仏を安置する。

像高一三六チセンの如来坐座像は円満相を示し、体躯ゆたかに流麗な衲衣をまとう。光背は向って右側を大きく欠損するが、十一個の梵字（種子）を陽刻する。十一個の梵字は、胎蔵界曼荼羅中台八葉院の諸尊を表す。背面上部には三つの月輪《がちりん》内に梵字を陽刻して、その下方に納経用の角穴を設けている。梵字は「バク」（釈迦）、向かって左が「マン」（文殊）右が「ウーン」（普賢）という釈迦三尊を表す。正面像が釈迦如来であることを強調している。

昭和三十四年（一九五九）愛好家によって発見され、石造美術家の川勝政太郎博士や景山春樹博士らが詞査、弥勒如来坐像と判定し、大津市文化財に指定された（川勝政太郎著『京都の石造美術』）。

しかし、佐野精一の鑑定によると、石仏の手の印相は、右手を伏せて膝前に垂らし（触地印）、左手を上向きに膝上におく（与願印）から、釈迦の降魔成道像。弥勒の降魔相なら、右手は胸前にあげ（施無畏印）、左手は伏せ膝前に垂らす（触地印）である。

降魔成道釈迦如来像とは、釈尊が「さとり」を完成しようとして菩提樹の下に座っていたとき、種々の悪魔が現れて誘惑しあるいは脅迫して妨害したが、釈尊はこれを悉く退けて「さとり」を開いた。この時釈尊

西塔・香炉岡弥勒石仏(1)

西塔・香炉岡弥勒石仏(2)

は、左手を膝の上に置き、右手をのばして大地を指した。

製作年代も、梵字が鎌倉期のＶ字型に彫る薬研彫《やけんぼり》でなく、それ以前の様式である陽刻などから平安期と判断した。日本で珍しい悪魔退治の石仏が比叡山にある理由について、天慶二年（九三九）、壬申の乱以来という平将門の乱で、国家鎮護宗教の延暦寺が将門調伏の修法をたびたび行っていたので、この時作られたのだろう。

平安期の釈迦仏は、京都市内の叡山系といわれる石仏の基になっている。叡山系といわれる石仏には、「北白川阿弥陀石仏」、「石像寺阿弥陀石仏」、「聞名寺阿弥陀石仏」、「戸寺阿弥陀石仏」、「大原阿弥陀石仏」などがある。（佐野精一『京の石仏』）

2、白鳥越（青山越）

白鳥越は、雲母坂登り口より南東にある曼殊院（竹内門跡）の南側の道に沿って、壺笠山（三二六㍍）の中腹を縫うようにして越え、大津市穴太に至る道である。『山州名跡志』は「白鳥越　山路同所（一乗寺村）北に在り。上古往来の所なり。此より叡山東坂本穴太村に出る。古路越《ふるみちこえ》と云ふは是也」とあり、『山城名勝志』（一七一一）は、「一乗寺村に在り。東坂本穴生村に至る坂路。今白鳥越又青山越と曰ふ。此間二里（八㌔）」とある。近江側の『近江輿地志略』も、「穴太村より山城国修学院村に出づる路也。或は青山越といふ。其道青山の東を通り壺笠山の西を繞り、白鳥山の東南を経て行くなり。或古道越ともいふ。古往来の地なれば今路と称するに対して古道の名有るなり」とある。

平安時代以前から京と近江を結ぶ街道として利用され、その戦略的価値からしばしば戦の舞台となった。道沿いには、将軍山城、一乗寺山城、一本杉西城、壺笠山城など数多くの山城が築かれた。南北朝内乱の軍記物『太平記』巻第十七「山攻事 付《つけたり》 日吉神託事　音無の滝・不動堂・白鳥よりぞ寄たりける」と載る。建武三年（一三三六）、足利尊氏軍が比叡山にこもる後醍醐天皇軍を攻めたとき、「白鳥」でも攻防がくり

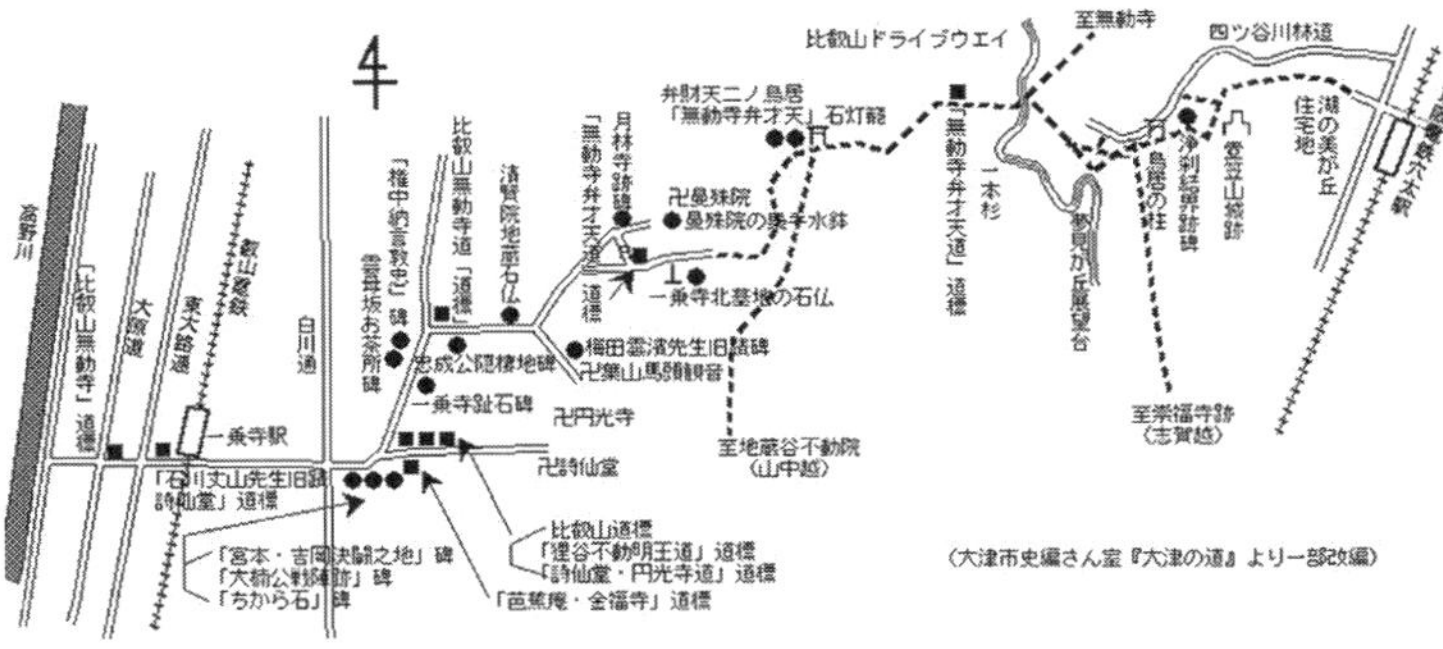

（大津市史編さん室『大津の道』より一部改編）

白鳥越

ひろげられた。

このころから白鳥越は山中の僧兵の道、戦の道として開かれ、主要な戦略地の一つとなっていた。戦国時代以降次第に利用されなくなったため、正確な経路は未だ比定されていない。古地図の表記、地形、城址の位置等から推定すると、初期のルートは、瓜生山、白鳥山、てんこ山、一本杉、青山、壷笠山を通過する尾根道であったと考えられている。

しかし、織田信長が浅井氏・朝倉氏・延暦寺などの湖西の勢力を駆逐し、京と湖西の一元的支配を実現するとともに志賀越道を整備すると戦略的価値を失い、次第に利用されなくなった。近世になると無動寺への参詣道（無動寺道）と結びついてルートに変更がみられる。例えば、『山州名跡志』では、「雲母坂より、延暦寺東塔を経て、近江国穴太に出る道を白鳥越」としており、初期のルートとは異なるものである。近世以降の古地図では白鳥越えの表記は次第に見られなくなっていく。

「比叡山無動寺」道標（左京区高野玉岡町）

白鳥越に通じる曼殊院通が、高野川縁から大原道・東大路通・白川通を抜けて東へ向かい詩仙堂手前で北へ上がる。

大原道と曼殊院通の交差点北東角に、「比叡山無動寺　大弁財天道是より十八丁」道標がやや傾いて立っている。明治二十五年（一八九二）十月建立。高さ二〇九×幅三〇×奥行三〇センチ。白鳥越は、無動寺への道の一つでもある。無動寺弁財天までの距離を示した丁石は、修学院・一

「比叡山無動寺」道標

乗寺から北白川一帯にかけて建っている。

　無動とは、不動明王を意味し、不動明王は回峯行者を守護するとされている。江戸時代、寛永年中（一六二四～一六四四）、弁天堂が創建された。回峰中の相応和尚を守るために白蛇として出現したと伝える弁財天を祀っている。正月の初巳や九月の巳の日に「巳成金《みなるかね》」の祭が行われ、京滋・大阪からの参拝者で賑わう。巳成金とは、白蛇に因み、暦の十二支の「巳」と十二直《ちょく》（暦注の中段の一つ）の「成」、二十八宿（二十八種類の星座により吉凶を占う）のうち「金」に縁のある項に該当する日を「実の成る金」とし、その日に金・銀・銭を紙に包んでおけば富むという故事による。暦注とは、暦に記載される日時・方位などの吉凶、その日の運勢などの事項をいう。「直」には「当たる」という意味がある。

「石川丈山先生旧蹟詩仙堂」道標（左京区一乗寺南大丸町）

　叡電一乗寺駅の鞍馬・八瀬方面のプラットホームを降り、曼殊院通に出る手前右手に、大正十年（一九二一）銘の「石川丈山先生旧蹟　詩仙堂　東三丁」道標が建っている。高さ一八六×幅二五×奥行一五㌢。背面に「五月廿三日　山本繇𡧃（繇定《ゆうじょう》の異体字）」と刻む。

　ここから詩仙堂まで八百十㍍はある。「東三丁」は、三二七㍍なので、もとは白川通の辻あたりにあったものだろう。江戸時代初期の文人石川丈山（一五八三～一六七二）の庵があった。狩野探幽が描いた中国の詩家三十六人の肖像画「中国三十六詩仙像」を掲げる詩仙の間があり、その

「石川丈山先生旧蹟 詩仙堂」道標

ため庵は詩仙堂の名で知られるようになった。なお、鷹峯の本阿弥光悦、八幡の松花堂昭乗と共に、幕府の意を受けて京中の監視をしていたとの説もある。詩仙堂は昭和四十一年（一九六六）曹洞宗になり、詩仙堂丈山寺と改称された。山本繇定は書道家・山本竟山《ぎょうざん》。

「宮本・吉岡決闘之地」碑（左京区一乗寺花ノ木町）

曼殊院通は叡山電鉄一乗寺駅、白川通を過ぎ一乗寺下り松町の交差点から北上する。下り松は狸谷不動院道と分岐する場所である。近江へ抜ける交通の要衝で、旅人の目印として植え継がれてきた松は四代目である。交差点南には、宮本武蔵が吉岡一門数十人と決闘した場所として、松の横に「宮本・吉岡決闘之地」の碑が立っている。高さ一八八×幅六七×奥行一五センチ。正面左側に、「剣道師範・堀正平（一八八八〜一九六三）書」と記す。背面に「大正十辛酉年（一九二一）堀翁女建之」とあり、堀正平の妻が建てた。

慶長九（一六〇四）年、剣客宮本武蔵が、吉岡又七郎およびその門弟とこの地一乗寺下り松で決闘したと伝える。吉川英治の原作『宮本武蔵』で下り松は一躍有名になった。ただし、江戸時代の地誌類にはこの逸話を記すものはなく、異説では江戸中期の国学者・柏崎永以『古老茶話』に試合の場所は「北野七本松である」説や、『雍州府誌』巻八にも「下松《さかりまつ》　洛西北野七本松是亦下松ト称ス」と載る。

「宮本・吉岡決闘之地」碑の右側に、昭和二十年（一九四五）五月建立

「宮本・吉岡決闘之地」碑

の「大楠公戦陣跡」碑（高二二三チセン）が立つ。建武三年（一三三六）、楠木正成が足利軍と対峙して、この地に陣を構えたと伝わる。傍に副碑（高一三五チセン）があり、戦いの経過を刻む。また、新しい「ちから石」もある。

「芭蕉庵・金福寺《こんぷくじ》」道標（一乗寺門口町）

一乗寺下リ松町の交差点北東には八大神社の一ノ鳥居があり。「比叡山」、「狸谷不動明王道」、「詩仙堂・円光寺道」の三つの道標がある。

また、一乗寺下リ松町の交差点南東には、民家に接した地蔵堂の台石に金福寺道標が立つ。高さ二一〇×幅二六×奥行二四チセン。碑文の正面に「右　蕪村翁再興／芭蕉庵　金福寺」、左面に「夜半亭蕪村翁之墓／呉春景文之墓」、右面に「蕪村　耳目肺腸《じもくはいちょう》こゝに玉巻はせを庵」、背面に「大正拾四年（一九二五）春　三宅安兵衛建之」とある。安兵衛の子息・清治郎遍『木の下蔭』（私家版、一九三二年）によると、安兵衛の遺志で建てた三百四十三基の「建碑個所」表が付されているが、金福寺関連の石碑と道標が一乗寺界隈に五基ある。

詩仙堂の少し南にある金福寺（左京区一乗寺才形町）は、貞観六年（八六四）慈覚大師・円仁の遺志を継ぎ、安恵僧都が創建。江戸中期に鉄舟和尚が再興し、現在は臨済宗南禅寺派。松尾芭蕉が鉄舟と親交を深めたという芭蕉庵は荒廃したが、のち与謝蕪村が安永五年（一七七六）再興。背後の丘に与謝蕪村の墓や句碑がある。

碑文に刻む「夜半亭」とは江戸時代の俳諧の一派、一世が早野巴人《はじん》（一六七六～一七四二）で蕪村の師匠、夜半亭蕪村とあるように、二世が蕪

金福寺道標

村である。

蕪村の句「耳目肺腸こゝに玉巻はせを庵」とは、蕪村が一門たちと芭蕉庵を再建した記念の句。「耳目」は身体、「肺腸」は心の意。玉巻く芭蕉は初夏の芭蕉の新しい葉で、巻かれた状態にあるものをいう。蕪村一門たちが、身も心も捧げて「芭蕉庵」を再興した喜びを詠んだ句である。

また、「呉春・景文」は、江戸時代中期の絵師で四条派の始祖、松村呉春と弟景文で、四条派の双璧と称せられた。

一乗寺趾石碑（一乗寺燈籠本町）

一乗寺の地名由来となった「一乗寺趾」碑が、一乗寺集会所内にある。上一乗寺区民会によって昭和三十四年（一九五九）三月二十一日建立された。高さ一五〇×幅七〇×奥行一三㌢。

一乗寺は、康平六年（一〇六三）に、一条天皇中宮で紫式部が仕えた上東門院によって園城寺（三井寺）別院として建立されたと伝え（『拾介抄』）、『百錬抄』康平六年十二月二十四日条にも「上東門院　三井寺一乗院にて供養」とみえる。この寺が地名の由来である。しかし、記録ではすでに天元四年（九八一）、山門（延暦寺）、寺門（三井寺）衆との対立で、『扶桑略記』天元四年十二月条で「穆《もく》算《さん》権律師并門徒、一乗寺に住む」と寺門派の僧穆算らが難をさけて当寺に移住したことを記し、『日本紀略』永延二年（九八八）十月二十六日条にも、円融天皇が叡山登詣の途中に「今夕一乗寺に宿奉り」とあり、十

一乗寺趾石碑

世紀には寺はすでに存在していた。

保安二年（一一二一）延暦寺の衆徒により焼き討ちされ、その後再建されたが、南北朝期の楠木正成と足利尊氏との戦乱により焼失し廃寺となった。なお、碑の傍らの石は付近より発掘した当寺の礎石という。

雲母坂お茶所碑（一乗寺谷田町）

一乗寺下り松から曼殊院通を北へ一六〇㍍ほど行くと、左手に雲母漬《きららづけ》老舗「穂野出」、「田辺」の二つの表札が掛かった旧家があり、その右隣に穂野出の雲母漬店がある。

店の入り口右手に、「雲母坂お茶所」碑が立つ。高さ一三七×幅二七×奥行二三㌢。

穂野出は元禄二年（一六八九）創業の老舗で、雲母漬は、親指ぐらいの大きさの小茄子（もぎ茄子）を白味噌で漬けたものをいう。穂野出は、一子相伝で代々伝わる製法を守りながら独自の漬物を全て手作り製造しており、この店でしか販売していない。一乗寺の里を経て比叡山延暦寺に通ずる坂道を雲母坂といい、ここから山へ参詣する人々の多くはこの茶店で出された「みそ漬」を賞味し、特有の風味を好評して昔より「雲母漬」と名づけられていた。

また、軒下に掛かる一乗寺保勝会の説明板によると、田辺家は代々鷲尾大納言家に仕えた家柄であり、元禄二年（一六八九）鷲尾家よりここに七百八十坪の土地を賜って居を定め、比叡山をめざして雲母坂を上下する僧侶のため茶店を設けたこと、当時の田辺治助の創意で雲母漬が誕生したこと記す。鷲尾家

雲母坂お茶所(1)

は、室町時代の永正元（一五〇四）～天文二（一五三三）年の記録『二水記』を著した公家の鷲尾隆康の後裔で、一乗寺村に家領を有し、田辺家にその管理をさせていたほか、時には家臣として宮中出仕もさせていたという。

雲母坂お茶所(2)

清賢院《せいけんいん》地蔵石仏（一乗寺東浦町）

曼殊院通を北上し信号のある交差点北東角に、「右　葉山馬頭観音／ひゑい山無動寺　道」道標が立つ。右折して葉山馬頭観音（一燈寺）・曼殊院へ向かう途中に洞明山清賢院がある。浄土宗知恩院系で、本尊阿弥陀如来。文禄元年（一五九二）良阿上人が開創、後陽成帝に近侍した女性、吉田の局が深く上人に帰依したところから、局の法名「清質院殿浄誉文誓大禅尼」に因み、寺号としたという。

門を入ると、境内の左側に六字名号板碑とともに肉彫りの地蔵石仏（高さ二〇〇センチ×幅一〇〇×奥行六八センチ）が祀られている。鎌倉時代作、花崗岩製。右手は錫杖を持たずに、右手を垂下して与願印の形をとる。左手は宝珠を持つ。蓮華座に立つ地蔵を厚肉彫りしている。佐野精一によると、かなり重厚な光背を負いながらも、尊像は温和、悠々たる風格がある。しかも、袈裟形を判然と陽刻しているのは、古い石仏では大変珍しい特色といえる。両足の開き方にも安定感がある。

地蔵菩薩は釈迦入滅後、弥勒が下生するまでの五十六億七千万年の間…即ち

清賢院

無仏の暗黒の世に、如来に代って衆生済度する。比丘《びく》（一般僧侶）形をしているので、最も庶民に親しまれる存在である。

地蔵石仏の形式は次の二種が代表的で、一つは右手に錫杖を把り、左手宝珠の形で普通、延命地蔵と呼ぶ。奈良、大和地方に夥しい作例があり、比較的京都地方は少ない。もう一つが本像の如く、右手与願印、左手宝珠の形式で、奈良に少なく京都に多い。天台系廃寺の旧物と考えられる（佐野精一『京の石仏』）。

清賢院地蔵石仏

梅田雲濱先生旧蹟碑（一乗寺葉山）

清賢院からすぐ南東へ右折して行くと、一燈寺（別名葉山馬頭観音）。修学院離宮内の林丘寺の末寺。平成二十五年（二〇一三）の大雨で境内が土砂崩れにあい、廃寺の話もでている。

一燈寺の参道入口脇に大正十二年（一九二三）建立の「梅田雲濱先生旧蹟」碑（高一三五チセン）が立つ。幕末勤王の志士梅田雲浜（一八一五〜一八五九）は儒学者で若狭小浜藩士、幕府を批判して藩から追放を受け、追われた少しの間、嘉永五年（一八五二）五月葉山観音堂の小屋に住み、安政の大獄で捕らえられ、安政六年（一八五九）獄中死した。ここでの赤貧の生活は、「妻は病床に臥し、子は飢えに叫《な》く」の有名な雲浜「訣別」の漢詩でも知られ、妻信子の「樵り置きし、軒のつま木も焚き果て

梅田雲濱先生旧蹟

て、拾う木の葉の積もる間ぞなき」という歌にもしのばれる。記念碑の「惺軒　撰並書」とある。「惺軒」は、京都帝国大学教授高瀬武次郎の雅号である。

曼殊院の梟手水鉢（左京区一乗寺竹ノ内町）

もとの道に戻り曼殊院へ向かう。曼殊院は当初、比叡山西塔にあり伝教大師最澄が開基で東尾坊と称した。平安後期に曼殊院と改め、明暦二年（一六五六）現在地で良尚法親王が中興。歴代法親王が住持をつとめる天台宗門跡寺院、竹内門跡とも称する。本尊阿弥陀如来。

石造品に、小書院の縁先にある梟の彫刻が施された「梟の手水鉢」などが有名。手水鉢は蹲踞《つくばい》（茶庭の手水鉢）としてつくられたものとみられる。高さ約六〇セン、花崗岩製で、円い壷形の四方にふくろうに似た鳥型を浮き彫り（陽刻）にしているのが珍しい。月見を楽しんだ茶人が愛好したといわれる（竹村俊則ほか『京の石造美術めぐり』）。

曼殊院の梟手水鉢

一乗寺北墓地の石仏（一乗寺竹ノ内町）

曼殊院から南下すると四辻に曼殊院天満宮の鳥居があり、その下に「無動寺弁才天道」道標が立つ。道標を左折すると、道の南側は共同墓地の一乗寺北墓地。その入口に弥勒石仏（鎌倉時代）が安置されている。蓮華座に坐し、右手は施無畏印、左掌は上向きに膝の上に置く、厚肉彫りの如来像。花崗岩製で、高さ一七五×幅一二〇×厚さ七〇センチ。座高九五センチ、厚肉彫り。右手は胸前に挙げた施無畏印で、左手は膝前に手のひらを上にして親指を捻じている。鎌倉時代中期頃の造立と考える。

石仏の前の石灯籠には「正徳三年（一七一三）弥勒尊前」の刻銘がある。修学院から一乗寺にかけて立っていた延暦寺三千坊に関係した貴重な石仏だろう（佐野精一『京の石仏』）。

「無動寺弁才天道」道標（一乗寺延暦寺山）

さらに、山路を辿ると、山中越の地蔵谷不動院の分岐点から登ってくる無動寺弁才天参詣道と合流する地点に、弁財天二ノ鳥居がある。鳥居から広い林道を東へ比叡山ドライブウエイに向かう。月吉大明神の隣に、「弁才天道」道標が立っている。高さ一一九×幅二一×奥行二一センチ。正面に「右無動寺（横書き）弁才天道」、左面に「左山みち　宮崎半兵衛／西新六」、右面に「（人差指）不動明王／蕎麦喰木像　道　発起人／宮崎半兵衛／西新六」背面に「明治十年（一八七七）巳三月建立」と刻む。

蕎麦喰木像については、無動寺大乗院に親鸞（一一七三〜一二六二）自作の蕎麦喰木像が安置されている。その伝説とは、比叡山で修行中の親鸞は毎夜、京の六角堂で百日参籠修行を行っていた。ところが、仲間の僧たちは「親鸞は毎晩、叡山を抜け出して京の街へ遊びに行っている」

一乗寺北墓地の石仏

「無動寺弁才天道」道標

と非難した。師の慈円は親鸞の修行を成就させようと一計を案じ、「蕎麦を食べるから、みな集まれ」と声を掛けた。しかし、親鸞は前もって、自分の姿を杉で彫っていたので、代わってその木像が出席し、みなと一緒に蕎麦を食べた。仲間たちは「何だ、親鸞もいるじゃないか」ということなり、噂は鎮まった、という話である。しかし、木像は後代になって作られたものだという。伝説の源となった木像は三十三間堂前の法住寺にもあるが、どちらが本物か定かではない。

浄刹結界跡碑（坂本本町・壺笠山西側）

「弁財天道」道標から、林道を五〇〇㍍行くと、比叡山ドライブウエイにぶつかる。五〇〇㍍程手前左手に細い道が分岐していて、この道をとると、ドライブウエイを潜って東海自然歩道に出る。右折して壺坂山へ向かう。崇福寺跡（志賀越）へ出る分岐点を通り過ぎると、伏見・墨染在住の二人が天保九年（一八三八）十一月に寄進した鳥居の柱がある。

それを過ぎて、壺笠山（四二一㍍）の少し手前に、延暦寺の結界を示す「浄刹結界趾」碑がある。高さ一〇八×幅一八×奥行一五㌢。背面に「大正十年（一九二一）三月建立」と刻む。この浄刹結界は、比叡山の境界線で、かつてはここから先には女人が入ることが禁じられ、修業僧はここから出ることが出来なかった境界である。

ここから壺笠山を経て穴太へ向かうが、廃道同然で崩れそうな小路が続き片側は断崖で危険である。「二万五千分一の地形図」（京都東北部）に

浄刹結界跡碑

は、壺笠屋の北側を回るルートが記されているが不明である。たとえ、壺笠山東側に出てからも湖の美が丘団地へ下るには、一部ヤブコギがあるので、明智ヶ馬場から四ツ谷川（平子谷）へ下り林道を穴太へ向かった方がよい。なお、明治十五年（一八八二）の『近江国滋賀郡誌』付図の「穴太村図」は、集落から穴穂神社（現、高穴穂神社）御旅所の南側を通って西行する山道を「白鳥越」と記している。現在の京阪電鉄穴太駅より湖の美が丘団地（大津市穴太三丁目）西北端から上る道に相当する。

壺坂山は、『信長公記』元亀元年（一五七〇）九月二十四日条には、下坂本にいた浅井・朝倉軍が織田信長軍に追われ、比叡山中の「はちヶ峰・あほ（青）山・つぼ笠山に陣取り候」と記す。浅井・朝倉軍が敗退した後は、天正の初め（一五七三〜）一時、明智光秀が支配した（『近江国滋賀郡誌』穴太村誌）。

3、山中越（志賀山越）

山中越（志賀越、志賀山越）は、京の七口である荒神口から、近江に至る街道である。荒神の名は、護浄院（上京区荒神口通寺町東入）に三宝荒神が祀られていることによる。ただし、荒神橋が架けられたのは大正三年（一九一四）で、橋の親柱には深い彫りで「くわうしんはし」と刻まれている。橋の上手には飛び石橋がある。切石と亀から成る。かつては、人も牛車も渡渉したという。一帯は荒神河原、通り名から近衛河原、藤原道長建立の法成寺に因み法成寺河原とも呼ばれていた。

『雍州府志』に「白川山の東南に近江に超ゆる路有り。是を山中越と謂う。又是を今道と謂う」、『近江輿地志略』には「（山中越は、）坂本より山城の国白河に出る路なり。坂本より国堺に至って一里、国堺より京に至って二里なり。蓋し路、山中村を歴るがゆえに此名あり。小径なり」とある。

経路は京都府道・滋賀県道三〇号（下鴨大津線）だが、山中村（現・滋賀県大津市山中町）以東のもとの経路は崇福寺（志賀寺）近傍を経て滋賀里へ出る道である。田の谷峠を経て錦織に至る現在の県道三〇号は、元亀元年（一五七〇）織田信長が、朝倉義景・浅井長政の南進に備えるべく、

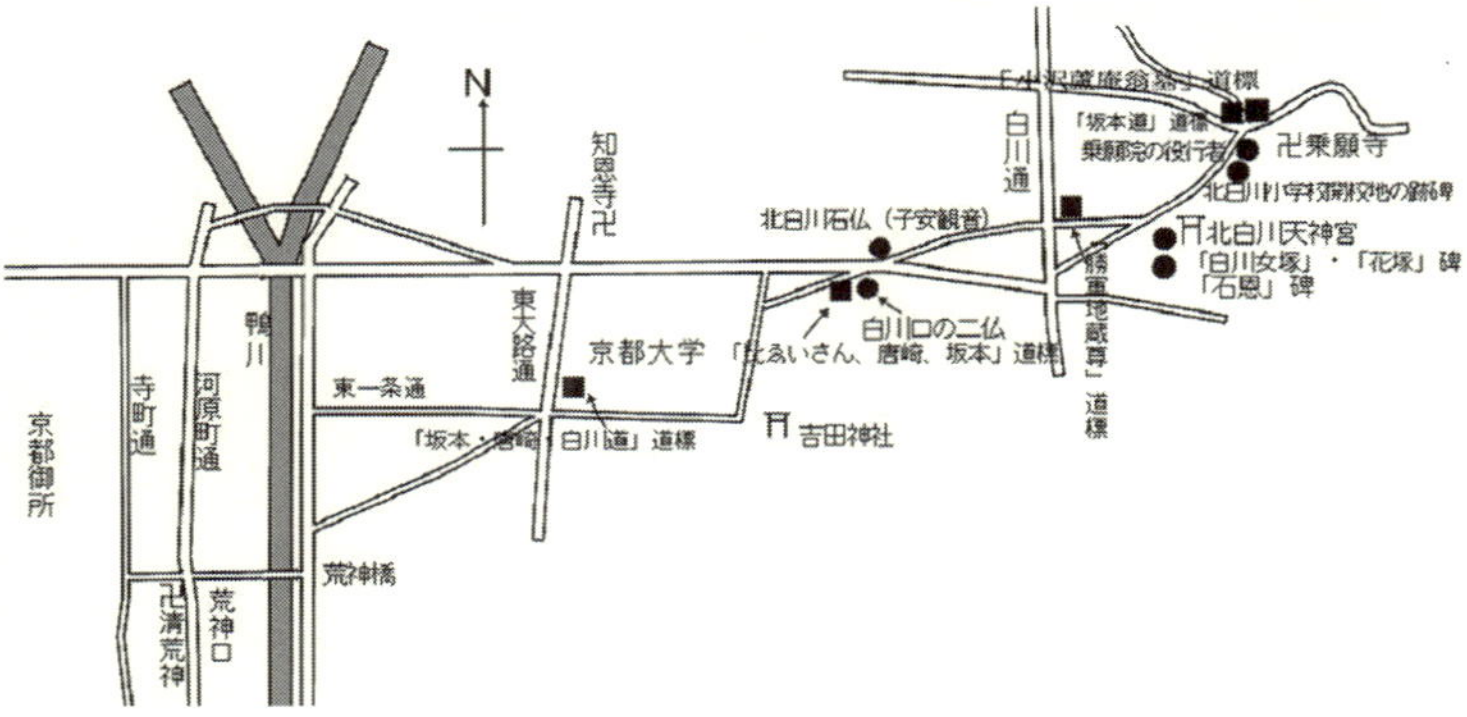

山中越(1)

琵琶湖と北国街道を押さえるため森可成に命じ、近江滋賀郡に宇佐山城が築かれ新道を開いた。

＊

志賀山越は、平安初期、崇福寺への参詣道として、また、京から近江に越える登降の少ない最短の山越え道として利用された。次の歌などは、当時の通行の状況を背景にして詠まれたものである。

志賀の山ごえに女の多くあへりけるによみてつかはしける　紀貫之

梓弓《あづさゆみ》春の山辺をこえくれば　道もさりあへず花ぞ散りける（『古今集』巻二・春歌下、一一五）

志賀の山ごえにてよめる　春道列樹《はるみちのつらき》

山がはに風のかけたるしがらみは　流れもあへぬもみぢなりけり（同・巻五・秋歌下、三〇三）

志賀の山ごえにてよめる　紀秋岑

白雪の所もわかずふりしけば　巌にも咲く花とこそみれ（同・巻六・冬歌、三二四）

西宮左大臣（源高明）家の屏風に、志賀の山越えに壺装束したる女ども紅葉などあるところに　順《したがう》

名を聞けば昔ながらの山（長良山と掛ける）なれど　しぐるゝ秋は色増さりけり（『拾遺集』巻三・秋、一九八）

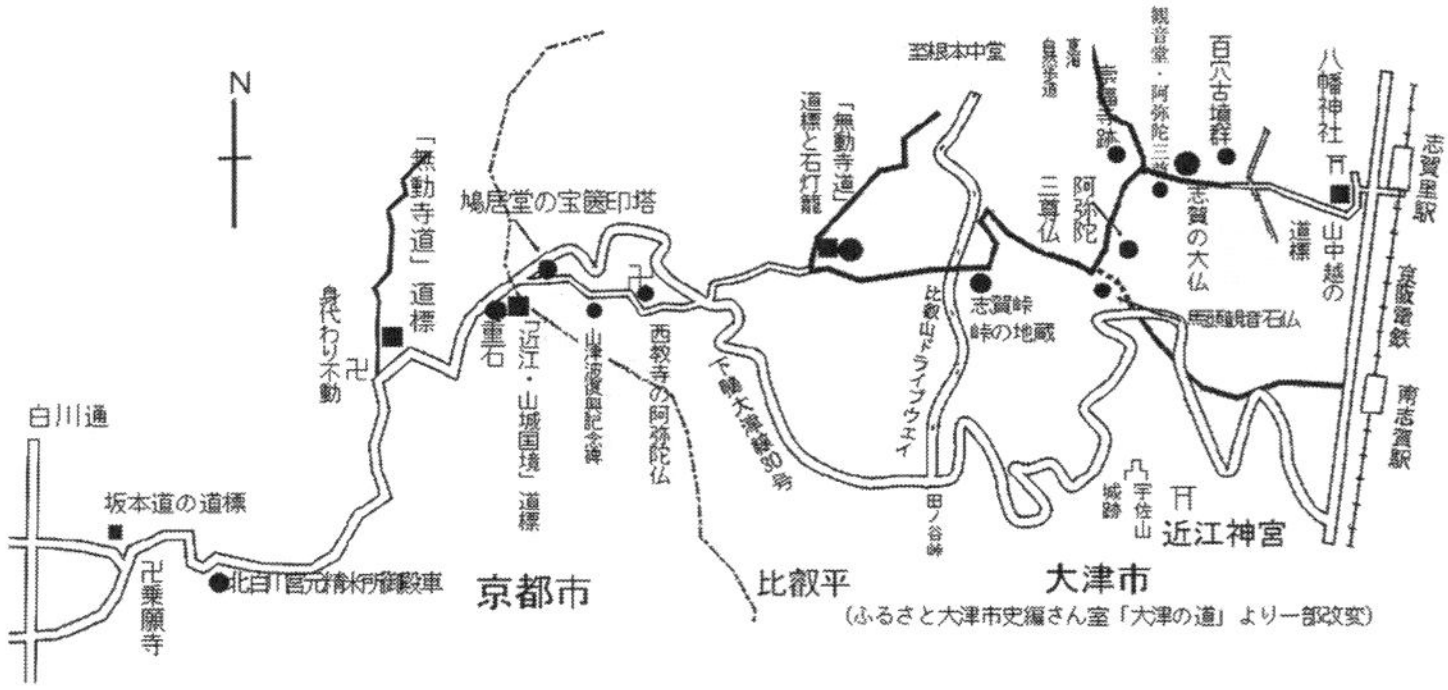

山中越(2)

兵部卿元良の御子、しがの山越の方に時々かよひ住み侍ける家を見にまかりて、書き付け侍ける　俊子《としこ》

狩にのみくる君待つとふり出つゝ鳴くしか山は秋ぞ悲しき（『新勅撰集』巻五・秋歌下、三〇一）

紀貫之の歌などは虚構性を指摘され、源順の歌が屏風絵によることも明らかであり、志賀山越の実際の風景だとどれだけ断言できるかは分からないが、四季の花や紅葉、雪などと詠みあわされる歌枕となった。

崇福寺参詣の道は、その盛衰とも関連して本路・支路・新路などの変遷があった。志賀山越は山中越、志賀越、今路（道）越、白川越などいろいろに呼称された。

「坂本・唐崎・白川道」道標（左京区吉田本町）

荒神口から山中越の道は斜めに東北に向い、東大路通東一条東北角の京都大学構内で一度途切れるが、吉田山北端で今出川通を斜めに横切る道として現れる。旧道が寸断されてしまったのは明治三十年（一八九七）に設置された大学のためでなく、文久二年（一八六二）、ここに尾州屋敷ができたためである。

東山通東一条東北角に鉄枠をはめられセメントで継いだ道標（高八三×幅二二×奥行二六センチ）が立つ。碑文は、南面に「右　さかもと／からさき　白川の道」、西面に「左　百まんべんの道」、北面に「沢村道範」、東面に「宝永六年（一七〇九）己丑十一月　日」。

沢村道範は、元禄から宝永にかけて京都に多くの道標を立てたという。人物についてはまったく不明。資産家であることが推察できる。

北へ行けば百万遍知恩寺である（出雲路敬直監修『京都の道標』）。

「坂本・唐崎・白川道」道標

白川口の二仏（左京区北白川西町）

東一条通を東へ行き、吉田神社手前の道を北へ上がると今出川通に出る手前で、再び旧道が復活し、斜めに今出川通へ向っている。今出川通南側に二石仏がある覆堂があり、二体の石仏がある。どちらも定印を結ぶ阿弥陀如来の座像で、右の像は、白川花崗岩製、高さ一四〇×幅九五×厚さ六二チセンを測り、座高一二〇チセンの弥陀は厚肉彫りというより丸彫りに近い。

佐野精一によると、光背は頭光と身光の二重輪光式で、表面に古式の梵字を平陽刻する。身体の光背、身光の一部が欠損しているが、もと十三個あったと思われる。全身に豊満さが漲ぎり、とくにお顔は頭頂部まで長さ四八チセンと大きく、円満相（満月相）を示している。従来の定説では鎌倉時代といわれているが、この石仏も平安後期（藤原時代）の造立と考える。向って左の石仏は、同じく花崗岩製で高さ一四六×幅一二〇×厚さ七七チセン。座高一一〇チセンで、右像に比べて石の体積は大きいが、仏身そのものの表現はやや劣る。しかし、その重厚さは、写実的表現とともに鎌倉初期の作風がうかがえる。

二石仏の前に立つ一対の四角形石灯籠には、「大日如来」と陰刻されている。これは必ずしも間違いだとは言えない。密教では、すべての如来諸菩薩は大日に発し、大日に帰一すると説いているからである。従って、学術上は阿弥陀、信仰面では大日如来とみなされる。

これだけの立派な石仏だが、発願者や石工については一切不明で、それがまた諸人一切平等利益の願望を示して清々しい思いがする（佐野精一『京の石仏』）。

白川口の二仏

覆堂の左に、嘉永二年（一八四九）銘の「比ゑいさん、唐崎、坂本」道標が立つ。

北白川石仏（子安観音、京都市北白川西町）

今出川通の北側には、北白川石仏（高二〇〇センチ、花崗岩）がある。『拾遺都名所図会』巻二（挿画）に「北白川の石仏は希代の大像にしていずれの代の作といふことしらず」とある。このあたりは、今出川通の広い道路と、狭い旧北白川街道とが交差するところ。これが志賀山越の京都側の起点となる。

石仏は火災にかかったとみえ、表面・光背ともにひどく磨滅し、首がとれていたのを継いでいる。近年顔の部分を彫り直し、地蔵なのか阿弥陀なのかは、よくわからない。坐った足の部分に少し当初の造形が残っている程度である。

『山州名跡志』巻五に「石地蔵　白河道左の傍ら巽（東南）に向て在り。伝え云ふ。古此の像自ら動く事あり。秀吉公、是を聞玉ひて希有のものなりとて、聚楽城の庭に移し玉へり。此に於て此の像、夜々《よなよな》声を発して白河に返せと動揺す。茲《これ》に因て本土に移す」とあり、地蔵像としている。

今出川通南側にある白川口の二体石仏とともに、このあたりの人々に厚く信仰され、「太閤の石仏」または「子安観世音」とも「安産地蔵」

北白川石仏(1)

北白川石仏(2)

とも呼ばれて、お参りが絶えない。昔から白川女が市中に花売りに出る際、必ず献花合掌したという。

「勝軍地蔵尊」道標（左京区北白川下別当町）

旧北白川街道が白川通を抜けた一筋北東角に「勝軍地蔵尊」道標（高一〇四×幅二八×奥行一六センチ）が立つ。碑文東面に「勝軍地蔵尊／見真大師御旧跡」とある。

勝軍地蔵は、北白川幼稚園横（北白川山ノ元町）横のお堂に安置されていた勝軍地蔵。瓜生山山頂（三〇一メートル）に、かつて南北朝時代戦勝祈願の勝軍地蔵が祀られていた。また、室町時代十二代将軍・足利義晴（一五一一～五〇）下の幕府管領・細川高国（一四八四～一五三一）が、細川澄元（一四八九～一五二〇）の軍を撃破した。その際に、山頂に高国祈願による勝軍地蔵を祀ったともいう。

江戸時代、地蔵尊は疱瘡（天然痘）平癒の信仰を集めたという。宝暦十二年（一七六二）、山頂への参詣が困難なことから、北白川門跡寺照高院二品忠誉法親王（一七二二～一七八八）により、南の西山（丸山とも）の勝軍地蔵堂（現バプテスト病院）に遷された。さらに幼稚園から今は京都造形芸術大南にある地主の禅法寺境内（左京区北白川上終町）に勝軍地蔵は移されている。

見真《けんしん》大師は浄土真宗開祖親鸞（一一七三～一二六二）の諡号。親鸞は藤原有範の子。延暦寺で修行したが、建仁元（一二〇一）年法然（一一三三～一二一二）の門に入って専修念仏の信仰に帰依。承元元（一二〇七）年念仏教団弾圧で法然に連坐し越後に配流。赦免後関東で布教し、寛喜三

「勝軍地蔵尊」道標

年（一二三二）以後京都に戻り、独自の信仰境地に至り、絶対他力や悪人正機など説を唱えた。京都では一定の地に居住しなかった。親鸞終焉の地（中京区虎石町御池中学校前）には、「見真大師遷化之旧跡」と記した石碑が立つ。

「白川女塚」碑（左京区北白川仕伏町・北白川天神宮内）

斜めに旧道を上がると、右手にある北白川天神宮の参道がある。白川沿いの小高い千古山にある北白川天神宮は、北白川の産土神。かつて白川村天王社とも呼ばれた。祭神は少彦名命。

境内に入った右手に「白川女塚」碑が立つ。かつては北白川の白川女と呼ばれる女性の行商人が、洛中で花の行商を行っていた。純白の下着、紺の着物に前掛け、頭に手ぬぐい、手には手甲、足には脚絆に草鞋、紅だすきという出で立ちである。頭に花を入れた藤蔓製の籠を乗せて行商していた。平安時代中期の学者、三善清行により北白川の女性が京都御苑に花を届けたのがはじまりであるという。時代祭には白川女風俗保存会により白川女の花列が出る。

「白川女塚」碑（高一七六×幅七九×奥行一四センチ）は、昭和三十八年（一九六三）四月に白川女風俗保存会十五周年記念として建立されたものである。碑文の篆額（篆書で書かれた題字）は「華香白川里」、下部の大略は、白川女のいでたちや三善清行により始まったことなどを記す。

また、境内には「石恩」碑がある。白川一帯では白川石が産出し生業が成り立った記念碑である。

「白川女塚」碑

「坂本道」・「小沢蘆庵翁墓」道標（左京区北白川山ノ元町）

北白川仕伏町市バス停終点の東から、山中越は山路となる。三差路の向い側は乗願院。北西角に二基の道標が立つ。

右の「坂本道」道標（高六二×幅一六×奥行一六㌢）は、北東面に「右　阪本道」、南東面に「左　勝軍地蔵□／白幽子遺□」、北西面に「施主□」。

勝軍地蔵は、「勝軍地蔵尊道標」項で前述。白幽子《はくゆうし》（一六四六～一七〇九）とは、江戸時代初期の隠遁者。慈俊ともいう。石川丈山の弟子・石川克之（克）の弟という。自らも丈山の弟子に入り、丈山の臨終に際して、死に水を取ったという。晩年はここから北東の北白川瓜生山中、清沢口の岩窟に住み、常に金剛経を誦したという。岩窟跡が残る。書、天文、医道、仙術にも通じたといい、伝承として数百年生きたとされ、白幽子仙人、白川の仙人ともいわれた。実際には六十四歳で亡くなっている。

左の「小沢蘆庵翁墓」道標（高九〇×幅一九×一八㌢）は、正面「小沢蘆庵翁墓　是ヨリ□」、右面「明治二十八年十月」とある。小沢蘆庵（一七二三～一八〇一）は江戸中期の歌人、通称帯刀。大坂に生まれ京都に上る。鷹司家に仕えたが、四十三歳で出仕を止められた。和歌は公家・歌人の冷泉為村に師事したが破門される。晩年岡崎に居を構え、上田秋成らと交わった十八世紀京都の民間歌壇の中心人物。伴蒿蹊、慈延、僧澄月と共に平安和歌四天王のひとりに数えられる（平安は京都に住むという意）。沈滞した当時の歌壇を否定し、「歌はただ今思うことを、人のわかるように詠むべきだ」として「ただごと歌」を提唱した。墓は

「坂本道」・「小沢蘆庵翁墓」道標

バプテスト病院東から瓜生山へ向かう「北白川史跡と自然の道」の途中にある。

北白川宮元精米所御殿車（左京区北白川琵琶町）

瓜生山の山間を白川沿いに進むと、「御殿車」と呼ばれた水車の跡を示す石碑（高一四六×幅三〇×奥行三六㌢）がある。碑文は、正面に「北白川宮／元精米所　御殿車」、背面に「明治四十三年八月廿九日」とある。

明治時代、白川の谷合いの豊富な水を利用して水車集落が発達し精米、精麦のほか伸銅、製粉工業も行われた。明治の末には集落は三十数軒あったとされるが、琵琶湖疏水による水力発電の影響などで衰退した（藤岡謙二郎ほか『北白川と嵯峨野』一九六八、地人書房）。明治の正式二万分一図には、北白川琵琶町の白川沿いに、水車房がずらりと並んでいる。

北白川宮元精米所御殿車

京都市歴史資料館「京都のいしぶみデータベース」によると、北白川宮は、智成《さとなり》親王（一八五六～七二）が明治三年（一八七〇）十二月から用いた称号で、現在の北白川仕伏町にあった屋敷で用いられる米は、水車で精米されていた。この水車は「御殿車」と呼ばれた。

「近江・山城国境」標石（左京区北白川重石《かさねいし》町）

大津市山中町の集落に入る分岐点の五十㍍ほど手前に道の南側に入る旧道が残っている。下りて行くと廃屋があり、そこに国界を示す角柱石標（高一五五×幅二四×奥行二四㌢）が立っている。西面に「従是西南山城国／

従是東北近江国」と記す。

三角点探訪家・上西勝也ウェブサイトによれば、明治六年（一八七三）、京都・滋賀両府県の見解相違により不明確であった境界が国により確定され比叡山頂から山中村重石までに設置された標識のひとつである。

「近江・山城国境」道標

山中越の競合地蔵（左京区北白川重石町）

前述の国境道標の前に「重石」がある。二つ重ねた巨岩（高さ三五三㌢、花崗岩）の上部に磨崖仏四体（いずれも高さ約三〇㌢）を彫る。西面に地蔵坐像、南面に阿弥陀如来坐像とさらに釈迦如来と薬師如来の坐像が追刻されている。風化がみられるが小仏ながら重厚感があり、地蔵と弥陀は鎌倉末期の作、あと二体は室町時代の作という（佐野精一の調査）。

西面と南面の岩角が、昔から京・近江の境界とされ、現在も府県境になっている。かつては境界石の役割を果たした。『近江輿地志略』『山城名勝志』に「（山中）村の西路の傍に二仏を彫りたる大石あり。是山城近江の国堺なり」と載るが、他の二仏は触れていない。この磨崖仏は「競《せり》合《あい》地蔵」と呼ばれ、昔、京都と近江の人が石の取り合いをして争った挙げ句、京都側に地蔵、近江側に阿弥陀を刻み境界とすることで決着が付いたという伝承がある。地蔵は阿弥陀如来の住む極楽浄土への案内役を

競合い地蔵

務めた。

鳩居堂の宝篋印塔（大津市山中町）

大津市山中町の集落に入る分岐点左手に、大宝篋印塔（高さ三六〇センチ、花崗岩）が立つ。西面に銘文がある。銘文は基壇の西面に半ば埋れて判読不能だが、佐野精一によると、鳩居堂六代当主熊谷蓮心（直恭）の子、七代目直孝が亡父の追慕と旅する牛馬の道中安全を願って文久元（一八六一）年十一月に建立した。鳩居堂は寛文三年（一六六三）創業の薫香・墨筆を商いとする京の有名な老舗である。蓮心は山中越の急坂に喘ぐ牛馬を哀れんで、水飲み場や餌橋を設置したという。直孝（一八一七～七五）は幕末の勤皇家として知られ、軍資金を供出したり、岩倉具視の依頼で徳川方の動静を探るなどと奔走した人物である。

とめどもなく慈善事業に巨費を投じてコレラに倒れた蓮心、父に疎まれながら維新裏面史に活躍した直孝…この熊谷親子は、京の町衆の中でも異色の存在であり、京の恩人というべき輝かしい業績を遺している（京都民報連載「京の碑」一九七八年十月八日付）。

鳩居堂の宝篋印塔

西教寺阿弥陀石仏（大津市山中町）

旧道の山中越集落をしばらく進むと西教寺。西教寺は浄土真宗本願寺派。文明十年（一四七八）了心が開基。

蓮如は、室町時代の浄土真宗の僧。本願寺第八世、本願寺中興の祖。蓮如の弟子たちは、「了」の一字を付すので、了心もその一人だろう。

門前左側に阿弥陀如来坐像（高さ二五〇㌢、花崗岩製）がある。像高一四〇㌢。舟形光背を負い定印を結んだ厚肉彫りの一石独尊像である。請花、敷茄子、反花を完備した蓮華座まで一石で彫成している。地元では「薬師さん」と呼ばれている。大津市教育委員会の説明板によると、北白川石仏と志賀里の石仏（志賀の大仏《おぼとけ》）とあわせて、旅人たちの一里塚とされ、「鎌倉時代末期の作風をよく伝えている。京都白川派の石工の作」とある。しかし、佐野精一によると、光背上方の先端が前へ突き出ている形などから室町時代作である。

峠の「首なし地蔵」（大津市滋賀里町甲）

やがて旧道は県道三〇号線に合流する。湖西の国道一六一号に通じるこの路は信長の命により開かれた「新路」である。三〇号線を越え、向いの平安時代からの山中越旧道を歩く。「無動寺道」道標と石灯籠がある。右手の道を鼠谷川支流の細流沿いに行く。大津市立「ふれあいの森」（大津市山上町長等山）内を一路登って行き、縦走する比叡山ドラブウエイの下をくぐる。

トンネルを抜けた右手を少し登ると、傍らの石室に頭部の欠けた「峠の地蔵」（残部像高二三センチ）が安置されている。昔、茶店があったが、盗賊に襲わ

西教寺阿弥陀石仏

峠の「首なし地蔵」

れ一家皆殺しにあい、その菩提を弔ったと伝わる。しかし、印相が両手を重ね薬壺を持つ薬壺印なので薬師如来坐像である。

馬頭観音石仏（大津市滋賀里町甲）

際川源流の流れとともに下ると、右手（南東方）から下りてくる道の登り口に、馬頭観音の案内板が立っている。かつてここに道標「右大津三井寺、左坂本からさき」（天保七年〈一八三六〉建立）があった。南志賀へ出る古道だったが、馬頭観音を祀った所で山道は寸断されている。笠付の三面八臂の馬頭観音は半肉彫りで高さ九二センチ、座高六四センチ。八臂像は忿怒相で馬の頭に宝冠を戴き、胸元で真《しん》手《しゅ》（本来の腕）に馬口印《まこういん》を結ぶ。持ち物は左上から、斧、金剛棒、施無畏印、右上から金剛輪宝、蓮華、念珠を持つ。観音菩薩の変化身の一つである。

「馬頭」という名称から、民間信仰では馬の守護仏として祀られる。さらには、馬のみならずあらゆる畜生類を救う観音ともされている。険しい志賀峠を重荷担いで越える牛馬の安全を願ったのだろう。

馬頭観音石仏

崇福寺跡（大津市滋賀里町甲）

しばらくして比叡山頂から下りてくる東海自然歩道との合流点に着く。二つの道に挟まれた山腹の平坦部が崇福寺跡（一九四一年国指定史跡）で、堂塔の礎石を残す。崇福寺跡碑（滋賀里町甲）が立ち、大正四年（一九一五）

に建立された。高さ一・八五㍍。正面「崇福寺旧址」、裏面「本会譽滋賀村民協力建之／大正四年四月　為大典（天皇即位）記念／滋賀郡教育会」と刻む。

崇福寺は天智天皇が大津京鎮護のために建立した寺で、『扶桑略記』に「天智七（六六八）年正月十七日、近江国志賀郡に崇福寺を建つ」と載る。金堂・小金堂・講堂・三重塔などの堂宇を備えた大寺で、貴顕が度々参詣している。崇福寺は志賀寺、志賀山寺ともいった。

初見は『万葉集』に、「穂積皇子に勅して近江の志賀山寺に遣はしし時に、但馬皇女の作りませる歌一首　後れ居て恋ひつつあらずは追ひ及《し》かむ道《みち》の阿廻《くまみ》に標結《しめゆ》へわが背」（巻二―一一五）とある。後に残されて恋い苦しんでいないで、追いかけて行こう。だから道の曲がり角にしるしをつけておいてほしい。わが背子よ、という意である。

寛喜二（一二三〇）年園城寺（通称・三井寺）の所属となり（『三井続灯記』）、『拾芥抄』諸寺部には、延喜一七（七九八）年に定めた十の官寺、十大寺の一つとして「崇福寺、三井寺末」と載り、『枕草子』（三巻本）二〇八段にも「寺は、石山、粉河《こかわ》、志賀」とある。火災や地震の度に再建されながらも衰亡の途をたどり、平安末期には山門（延暦寺）と寺門（園城寺）の争いに巻き込まれ壊滅した。

崇福寺跡(1)

崇福寺跡(2)

志賀の大仏《おぼとけ》（大津市志賀里町甲）

さらに少し進むと、川岸の堂に安置された「志賀の大仏」（高三八〇チセン×幅二二〇チセン×三〇〇チセン、花崗岩）。穏やかな表情で、像高は三四五チセン、鎌倉時代中期作。覆堂の一部を開けて自然光が入るようにしてある。「見世（所在地旧字名）の大仏」の愛称がある厚肉彫りの、両手を膝上に定印を結んだ阿弥陀如来坐像。旅人が道中安全を祈願したといわれている。礼拝堂正面に掲げられた奉納額には「弥勒仏」とある。弥勒仏とされるのは崇福寺が弥勒堂といわれたことと関わりがあるのだろうか。現在も滋賀里の有志が大仏講を作ってお守りしている。県内最大級の大仏。堂内の額に、「見世大仏《おぼとけ》　みろく菩薩御詠歌　ありがたやみろくの慈悲は　かぎりなきしずむわれらをすくい給わん　一行山称念寺尼講」とある。

志賀の大仏

ようやく琵琶湖が目の前に広がってきた。「近江富士」という三上山が見える。湖西道路をくぐり、京阪電鉄滋賀里駅手前に八幡神社（滋賀里一丁目）がある。近江側からの山中越の入口である。南面する鳥居前に「山中越京都道」道標（高一七一×幅二五×奥行二一チセン）がある。

4、如意越

左京区鹿ヶ谷から如意ヶ岳（四七二㍍）の稜線を辿って、園城寺（三井寺）に至る道をいう。丹与比《によひ》越ともいう。古代より近江と山城を結ぶ間道として、あるいは通商の道として利用された。また、時代が下がると、三井寺への参詣道として盛んに利用された。

『京羽二重織留』巻一に「如意越　洛東如意が嶽より近江の国園城寺の上に出る所の道也」とある。また、源平争乱、南北朝の内乱といった戦乱の際には、軍勢が行き交い、戦場ともなったことが、中世の軍記にみえる。『保元物語』（新院御出家の事）には、「新院（崇徳上皇）は、如意山へいらせ給ふ。山路けはしくして難所おほければ、御馬をとゞめて、御歩行にてぞのぼらせ給ける」とあり、保元の乱（一一五六）で敗れた崇徳上皇が、三井寺へ逃れようとして如意越に入ったが、山道がけわしくて、山越えを断念したことがみえる。

『太平記』巻一五（三井寺合戦並当寺撞鐘事付俵藤太事）には、「山門ノ大衆ハ、二万余人、大略徒立ナリケレバ、如意越ヲ搦手ニ廻リ、時ノ声ヲ揚ゲバ同時ニ落シ合ント、鳴ヲ静メテ待明ス」と、この道が如意越と呼ばれていたことを記す。

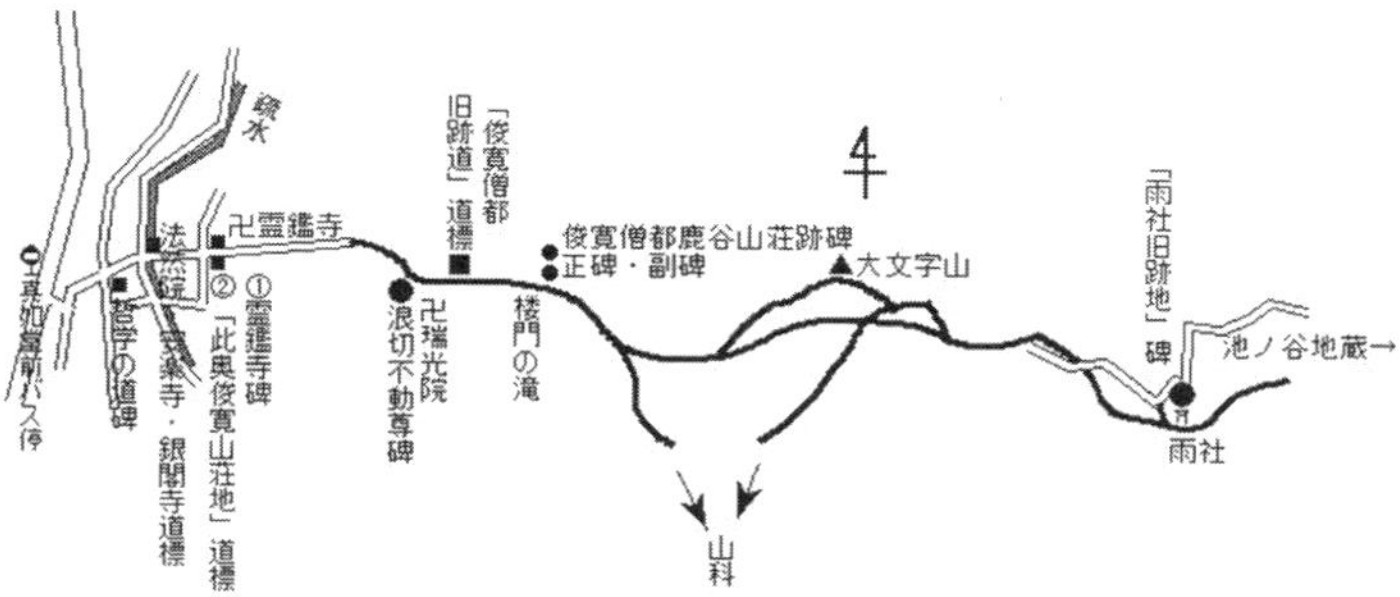

如意越

戦国期には、軍事的に重要な意味をもつこの山に城が築かれ、如意ヶ岳城または中尾城とよばれ、城址が残っている。はじめて築かれたのは応仁・文明の乱のころ（一四六七〜八七）、東軍の将・多賀高忠によると伝えられている。如意ヶ嶽城と呼ばれるものの、如意ヶ嶽そのものは城址の東方大津寄りである。城址は三角点のある頂上に主郭をおき、現在も空堀や土塁などの遺構が山上各所に残っている。

また江戸中期には、その途中にある「池ノ谷地蔵」が有名になり、『拾遺都名所図会』（一七八七）には「近年都下《とか》の諸人群参す」と記されている。なお、鎌倉時代の歌論書『袖中抄』に「志賀山越えとは、北白河の滝のかたはらより登りて、如意の峰越えに志賀へ出づる道なり」とあることから、『近江輿地志略』は「〈如意越〉或は丹与比《にょひ》越といふ。是三井寺より山城国鹿谷《ししがたに》へ出る路也。一説に此越を古の所謂志賀山越是也といへり」と、如意越は志賀山越（山中越）としているが、定かでない。

*

如意ヶ岳は東山連峰の主峰で、左京区鹿ヶ谷の東にそびえる。その命名由来は、『諸社根元記』に「平安ノ帝都ハ天上ノ名跡ヲ顕セル国ナリ。東ニ当テ如意嶽アリ。日ノ神岩戸ヲ出サセ給ヒテ、其御光顕レ出タリケルヲ、八百万神悦ヒテ、皆意《こころ》ノ如クナルト宣ショリ、如意山ト名付」と記す。平安時代その山中には園城寺の別院で、智証大師の創建といわれる如意寺が、鹿ヶ谷から園城寺にかけての如意ヶ岳山中一帯に散在していた。「如意寺」が由来であるとの説もある。如意ヶ岳への道をたどると、如意寺の遺構だと思われる平坦地が道に沿って各所に残っている。

哲学の道碑（左京区鹿ヶ谷上宮ノ前町）

白川通のバス停真如堂前から向いの小道を東へ向かう。次の鹿ヶ谷通交差点東南角に、「哲学の道（人差指）」碑が立つ。高さ一〇七×幅一五×奥行一五センチ。平成十年（一九九八）六月「哲学の道保勝会」が建立したもの。八〇メートル東の琵琶湖疏水沿いの散策路である。

京都大学の京都学派哲学者・西田幾太郎（一八七〇～一九四五）らが散策したので「哲学の小径」といわれたり、「散策の道」「思索の道」「疏水の小径」などと呼ばれた。昭和四十七年（一九七二）、地元住民が保存運動を進め「哲学の道」と決まった。日本の道百選にも選ばれた。熊野若王子神社横から銀閣寺道バス停付近の白川通今出川交差点まで約一・八キロの遊歩道。京都でも屈指の桜の名所として知られる。

哲学の道碑(1)

哲学の道碑(2)

「此奥俊寛山荘地」道標（左京区鹿ケ谷桜谷町・霊鑑寺南）

疏水を越えて東へ行くと、霊鑑寺門前の道を挟んだ右側に道標が立つ。碑文の正面に「此奥俊寛山荘地」、左面に「昭和十四年（一九三九）三月建之　京都市教育会」とある。如意越の旧道登り口である。高さ一一八×幅一八×奥行一八センチ。

後白河上皇側近の僧である俊寛（生年不詳～一一七九）は、治承元（一一七七）年六月、自らの山荘で平氏打倒の密議を行い、その首謀者として薩摩国鬼界島（現鹿児島県硫黄島）に流された。この道標は、世にいう鹿ヶ谷の謀議が行われた山荘跡地への道しるべである。

「此奥俊寛山荘地」道標

「俊寛僧都旧跡道」道標（左京区鹿ヶ谷栗木谷町）

登り口となり、左手に俊寛僧都旧跡道の丁石が立つ。碑は高九八×幅二三×奥行一六センチ。碑文南西面に「俊寛僧都旧跡道　八丁」、北東面に「昭和十一年（一九三六）四月建（以下埋没）」とある。

ここから桜谷川を離れて尾根を登る。

霊鑑寺

俊寛僧都鹿谷山荘跡碑（左京区鹿ヶ谷大黒谷町）

ジグザグの石段登った右に楼門ノ滝（如意ノ滝）が見える。滝名の由来は、この付近に、かつて如意寺の楼門があったことから名付けられたという。石段の上には「俊寛僧都忠誠之碑」と「俊寛僧都鹿ヶ谷山荘遺址碑」の正・副碑が建つ。両碑は昭和十年（一九三五）、『平家物語』などに因んで祇園十二段家西垣精之助が建

「俊寛僧都旧跡道」道標

てた。もともとは麓に設置したのであるが、その後この場所に移した。

竹村俊則「如意寺跡をたづねて」(『史跡と美術二二八』史跡・美術同攷会、一九五二)では、こんな鬱蒼とした山中に山荘があったとは考えにくいとしている。江戸時代の地誌類は、俊寛の鹿ヶ谷山荘の位置を、「談合谷」の地にあてている。『山州名跡志』は「談合谷　鹿谷上二町余(約二二〇㍍)に在り。左の上の所は奇岩が峙《そばだち》眺望絶頂也」と記す。竹村俊則は、談合谷は俊寛忠誠碑よりもっと麓の鹿ヶ谷御所ノ段町の谷口で人家が密集しているあたりと推定している(竹村俊則『昭和京都名所図会二』)。

楼門ノ滝

正碑は高三二五×幅一八五×奥行八〇センチ、副碑は高一八〇×幅七五×奥行九センチ。碑文は正碑西面に「俊寛僧都忠誠之碑　公爵一条実孝書」。副碑は判読しづらい。「俊寛僧都鹿谷山荘遺址碑記」とあり、京都市歴史資料館「京都のいしぶみデータベース」によると、大略は「平清盛は権力をほしいままにして、気に入らない者は退位させた。俊寛は清盛のやることを憎んでいたので、藤原成親(公卿・権大納言。藤原家成の子)

俊寛僧都鹿谷山荘跡碑(1)

俊寛僧都鹿谷山荘跡碑(2)

等の計画を聞き、自分の山荘で仲間と計画を練った。ところが、決起直前に清盛に密告され、謀反の罪を着せられ俊寛は同志とともに鬼界島に流された。俊寛の志は歴史の書物にも無視され続け、山荘の跡は草に覆われ獣の跳梁する地になってしまった。西垣精之助さんは、夢の中で俊寛の山荘を訪れた。目がさめて夢の光景を求め、この地に来た。歴史書を読みあさり、俊寛が義憤から清盛に逆らったことを知った。そこで俊寛を顕彰しその魂を慰めるために石碑を建立した」。

如意越は、ここから坂を雨社へ向かう。山科毘沙門堂へ降りる山道を通り過ぎ左へ登り四辻に出る。左は大文字山、右は山科、直進が雨社（龍王宮）へ行く。しばらくして新しい林道が如意越の旧道に沿って造成されていた。二〇一四年に造られたらしい。池の谷地蔵まで続く。林道を横切り旧道を上り下りして行くと、左手眼下に雨社が見える。直進すれば灰山まで行けるが、池ノ谷地蔵へ寄るので下る。神社の前は林道で池の谷地蔵まで歩く。

「雨社旧跡地」碑（左京区粟田口如意ヶ嶽町）

雨社の横には「雨社旧跡地」と刻まれた、大正六年（一九一七）七月建立の石碑がある。高さ一三二×幅二一×奥行一一センチ。むかしは鹿ヶ谷村民が雨乞い祈願をした。『山城名跡巡行志』には、「龍王ノ社　社の廻に池在り、土民（土地の民）此社雨を請うと感応有り」と、雨乞に霊験あらたかであったという。覆屋の中の祠は雨社大明神を祀る。祭神は、大山祇命《おおやまつみのみこと》、罔象女命《みづはのめのみこと》、句々廼馳命《くくのちのみこと》、国挟槌尊《くにさつちのみこと》、豊宇気媛命《とようけひめのみこと》。

雨社大明神

雨社は『拾遺都名所図会』に「龍王宮　如意寺旧地の東にあり」とある。『京都坊目誌』によれば、「雨神社　岡崎神社の境外末社にして無格社なり。社記詳《つまびらか》ならず。或は古くに云ふ、如意寺の鎮守にして龍王宮と謂へり」とある。祠の左に清水の湧く小池があり、末社水神碑（高四六センチ）が立つ。池の前には古い「奉納雨社」碑も立つ。

如意寺については、鎌倉末から南北朝初期に境内を描いた紙本着色「園城寺境内古図」如意寺幅（重文・園城寺所蔵）に描かれ、古絵図上方の東から西の下方へ、本堂地区のほか深禅院・赤龍社・大慈院など六十七以上の堂塔社殿が峰々を覆って建ち並ぶ。雨社はこの如意寺の赤龍社の跡を踏襲したものである。「赤龍社」の傍には大きな池が描かれていた。

なお、雨社は、豪雨による倒木で損壊したので平成二十七年（二〇一五）六月に再建された。

水神

雨社碑

池ノ谷地蔵（左京区粟田口如意ヶ嶽町）

雨社の前から林道を池の谷地蔵堂まで歩く。「池ノ谷地蔵」の由来は、かつては堂前の崖下に池があり、それが名称の由来であるという。いま池は埋没している。昔は「池ノ地蔵」と呼ばれた。地蔵はもと如意寺にあったという。如意ヶ岳の南面に如意寺の本堂跡があった。

御堂の入り口に、寺碑（高一六七センチ）が立ち、「池之谷地蔵尊御真言」と刻む。竹村俊則『新撰京都名所図会一』には「池の地蔵」は石造地蔵尊（室町時代）とある。ただし、堂内の石仏は、『山城名跡巡行志』には「地蔵に非ず、弥陀之石像」とある。佐野精一の調査でも、石仏の頭部は明らかに螺髪の如来形である。円やかな舟形光背を負い、厚肉彫りの坐像は、定印（上品上生印）を結ぶから、まざれもなく阿弥陀如来である。しかも、少なくとも鎌倉末期を下らない。光背は座高六五センチ、幅四六センチ、仏座高五三センチ（但し印相まで）。

「池ノ谷地蔵」は、永らく黒谷（浄土宗金戒光明寺）の境外塔頭であったが、近年独立した。（「京都民報」連載『京の碑《いしぶみ》』一九七八・八・六）。境内には薬草園もあり、四百種の薬草・薬樹が植えられている。

池ノ谷地蔵

池ノ谷地蔵

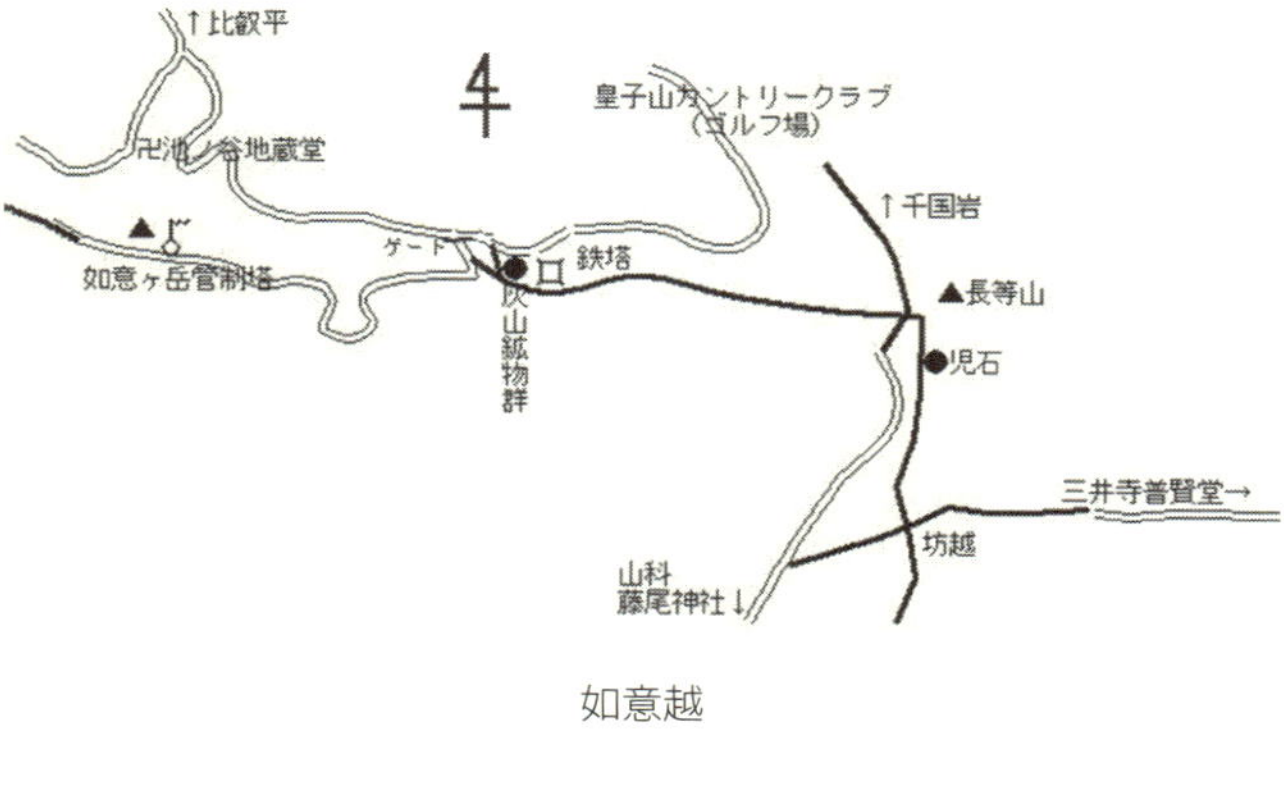

如意越

灰山（左京区粟田口如意ヶ嶽町）

「池ノ谷地蔵」から林道を比叡平へ向かうと、すぐ右折して皇子山カントリークラブ（ゴルフ場）へ向かう林道を行く。約一キロ歩く。如意ヶ岳航空管制塔ゲート前を通ると、右手に屹立した小山が見え、手前の山道を登れば灰山である。五別所山ともいう。雨社の手前の旧道からも如意ヶ岳航空管制塔の車道を経てここに来る。ただし、締め切ったゲートから百メートルほど手前のガードレール下の小路を潜らないと行けない。

灰山は十個ほどの大岩が屹立して奇観を呈している。庭園遺跡ともいわれ、独特の景観を呈している。地質学では付近は石灰岩、スカルン鉱物などの産地として知られている。これらの岩は、石灰岩が熱変質をうけて白い結晶質（大理石）になったもので、付近に大きな岩塊がある。大理石や珪灰石などが採取できる。珪灰石は繊維状で光沢が美しい。成分は珪酸カルシウムである。大津市石山寺の白い石も同じもので天然記念物に指定されている（京都地学会編『京都の地学図鑑』一九九三）。

灰山の由来は、石灰岩などが灰山の由来とされている。

灰山

児石（大津市長等山）

灰山から、雨社を経てきた旧道を六百五十メートルほど歩くと、三井寺・千石岩・藤尾神社方面の四辻に出る。標識があり三井寺へは直進する。急坂を下り、十分ほどで「児石《ちごいし》」に至る。総高一二七センチの花崗岩。龕《がん》をうがち、像高六七センチほどの地蔵立像を彫り出した石仏である。地蔵は右手に錫杖、左手に宝珠を持つ延命地蔵である。舟形光背を彫り沈め、足下の蓮台は線刻ながらよく時代色を示す。作風は温和で、室町初期の作と推定する（佐野精一調査）。

如意越の道は、三井寺の西にある長等山山頂（三六四メートル）のすぐ西を通る。長等山は、平安時代に三井寺の長吏をつとめた高僧・行尊大僧正（一〇五五～一一三五）が、長等山を熊野三山に見立てて三井修験の霊場を開いた。地蔵の足元には、長等山修験者たちの回峯記念の参籠札「奉修行長等山入峯精業如意満足祈攸《きゆう》」が平成二十六年（二〇一四）までいくつか添えられている。祈攸（いのるところ）は末尾に付く常套句。

児石からしばらく行くとほどなく坊越峠の十字路に着く。「（三井寺）志納金納入」の標識。真っ直ぐ行くと藤尾神社、左をとり三井寺普賢堂へ到着する。

児石

5、東海道（三条通）

東海道は古代から山城国の北部と東海・東山・北陸道を結ぶ主要道だった。古代の五畿七道の一つで、七道は東海道・東山道・北陸道・山陰道・山陽道・南海道・西海道をいう（五畿は山城・大和・河内・和泉・摂津）。江戸時代の五街道（東海道・中山道・日光道・甲州道・奥州道）は主要幹線道路であるため、政治・軍事上の必要から幕府直轄とし、道中奉行の管轄下に置いていた。東海道は、鴨川の三条大橋から粟田口・松坂・日ノ岡峠・四ノ宮河原・逢坂の関を越えて大津へと至る道で、三条街道・大津道・近江路とも呼ばれた。

東海道の出入口は付近の地名をとって粟田口と呼ばれた。粟田口から日ノ岡、逢坂山と二つの峠を越えて近江へ出る道筋は歴史が古く、『貞信公記抄』承平二（九三二）年十二月二十五日条に「山階山陵使右衛門督称病、粟田山口帰去者」とみえる。

平安京遷都以前にも、『万葉集』（巻第六・一〇一七、詞書）に、「夏四月、大伴坂上郎女の、賀茂神社を拝み奉りし時に、便《すなはち》相坂山《あふさかやま》を越え、近江の海を望み見て、晩頭《ゆふぐれ》に還り来て作る歌一首」とみえる。

古来、嶮しい山路で、『日本紀略』天暦三年（九四九）五月二十二日条に「近曽（近頃）粟田山路俄以頽破。車馬往還。甚煩多シ。山城国ヲシテ粟田山路頽破ノ状ヲ実検セシム」、『小右記』長和五年（一〇一六）四月九日条に、「行願寺ノ僧行円、山城粟田山路ノ石ヲ除去シテ、往還ニ便ス」などと載る。

「蹴上」の地名の由来も・峠道が急なため息が続かず気上げになったことによるとか、牛馬が蹴り上げて立つこともできないからだともいわれている。粟田口は、また青蓮院村とも呼ばれた。門跡寺院青蓮院の東に隣りあって、山腹に粟田神社・良恩寺があるが、かつての東海道は、この前を通り日ノ岡峠を通り抜けた。

また、粟田口が、『宇治拾遺物語』（大童子鮭盗みたる事）に「是も今は昔、越後国より鮭《さけ》を馬に負ふせて、廿駄ばかり粟田口より京へ追ひ入れけり」、『栄華物語』巻七の長保三年（一〇〇一）九月の東三条院詮子石山寺詣の項に「京いでさせ給ひて、粟田山関山（逢坂の関）のほど、（中略）鹿の声など、物心細う聞ゆ」とか、『台記』、『古今著聞集』などに散見する。

街道は軍事上の要衝ということでしばしば合戦が行われた。『保元物語』（官軍方々手分けの事）には、保元元年（一一五六）崇徳上皇が軍勢を召集したとき、後白河天皇方は、源義朝らに皇居高松殿を警固させ、「『其外の検非違使は、皆関々へ向ふべし』とて、粟田口へは隠岐判官惟重」と、検非違使が上皇方の入洛を粟田口で押さえた。『言継卿記』永禄十一年（一五六八）九月二十六日条に「織田弾正忠信長東寺迄進発云々、山科郷、粟田口西院方々放火」とある。

豊臣秀吉によって鴨川西縁に御土居が築造されて以後は、粟田口に代わって三条大橋付近が、東海道の出入口となり、江戸時代には三条橋口・東三条口などとも呼んだ。ただし、三条大橋は牛車の通行を認めなかったため、津村淙庵『思出草』（一七九三）に「牛車は橋をわたさねば皆河原に引入、水の中をこなたにわたりて車道にひきゆく」と記している。車馬の通行に「車道」が多大の便を供したが、『新板平安城東西南北町並洛外図』（一六六二）には「車道」の文字が記されている。

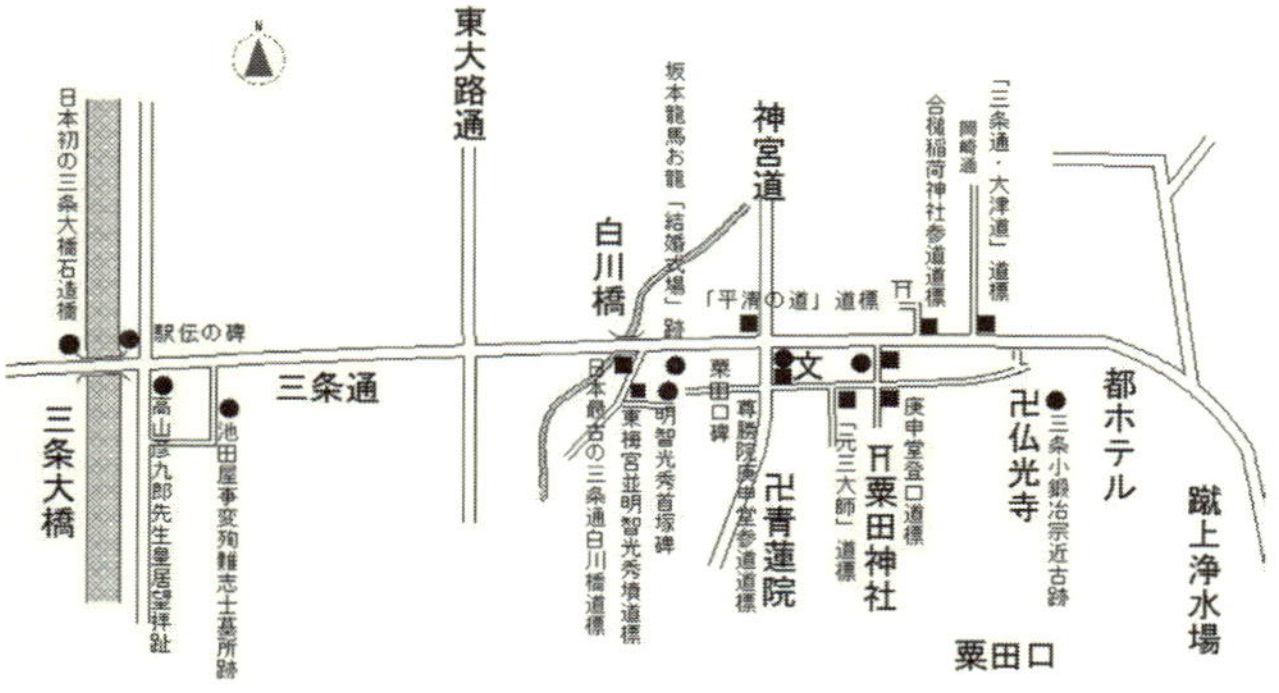

東海道地図

街道には、人や馬の通る人馬道とは別に、一段低い所に二列に花崗岩で敷かれた車道（輪形石）があった。江戸末期の水野孫次郎『西京独案内』（一八四八、『京都見聞記』第三巻・法蔵館）には、「日の岡を上る、牛車多し。すべて此辺車道いふて、往来にみかげ石を横さまにならべ、二筋の道を付るに、車の輪しせんと石に跡つきて、深さ五、六寸位のみぞとなれり。是より蹴上を下りて京に入…」と描写している。

京都と各地を結ぶ出入口は中世以来「京の七口」と呼ばれてきたが、必ずしも七ヶ所に限らない。近世中頃の京都町奉行所の覚書『京都御役所向大概覚書』では、京七口の項に、十数ヶ所の口の名をあげている。「三条橋口」はその一つである。『山城名跡巡行志』に「東国路三條口ヨリ四宮ノ辻ニ至ル。粟田口・日岡・御陵・竹鼻等ヲ歴ル」と記す。

日本初の三条大橋石造橋脚（東山区三条大橋西詰北側）

近世の東海道五十三次（継）は、徳川家康が慶長六年（一六〇一）に宿駅伝馬制度を布き、江戸・日本橋から京都・三条大橋までの間に五十三の宿場を置き、人足や馬を継ぎ替えをしたことが名称の由来である。途中には一里塚も築かれた。

京の出発点・三条大橋西詰の橋脚（高一九九センチ）には、「天正十七年（一五八九）津国御影七月吉日」と刻む。石造橋脚は、京都の三条大橋・五条大橋で初めて用いられたもの。「津国御影《つのくにみかげ》」の四文字から、摂津の御影（現、神戸市東灘区）から切り出された花崗岩製であることを示す。

また、三条大橋の両側欄干には十の擬宝珠《ぎぼし》があり、昭和のものもある

三条大橋石造橋脚

が、多くは天正年間の擬宝珠である。擬宝珠とは、橋や寺社の欄干に取り付けられた飾りのこと。三条大橋は天正年間豊臣秀吉が小田原出陣に際して五奉行の一人増田長盛《ましたながもり》に命じて築造させた橋である。天正十八年に完成した橋の擬宝珠の銘には「洛陽三条の橋は後代に至るも往還の人を化度《けど》せしむる。盤石の礎は地に入ること五尋《ごひろ》（九・一メートル）、切石柱は六十三本也。蓋し日域石柱橋濫觴乎天正十八年庚寅正月日豊臣初之御代奉増田右衛門尉長盛造之」と記されている（『京都古銘聚記』）。「化度」とは衆生を教え導き救うこと、「日域石柱橋濫觴乎《か》」は橋の石柱は日本で最初との意。

また、西詰め橋から二つ目の擬宝珠の北側と南側の二ヶ所に、刀傷跡があり、元治元年（一八六四）六月五日の池田屋事件で付いたとされる刀傷がある。

池田屋事変殉難志士墓所跡（東山区大黒町）

元治元（一八六四）年六月五日に起きた池田屋事件で死亡した尊攘派の遺骸は、縄手通三条下ル東側の三縁寺に葬られた。三縁寺は昭和五十四年（一九七九）に京阪三条駅前開発にともない、左京区岩倉花園町へ移転した。旧境内に建てられていた宮部鼎蔵をはじめとする池田屋事件死没者の墓も同所に移された。この碑は三縁寺の旧地を示す。

殉難志士墓所跡碑は建立者・京阪電鉄。高七三×幅八一×奥行二六センチ。碑文西面に「池田屋事変殉難志士墓所跡　元治元年六月五日、池田屋で新撰組隊士に襲われ斃れた。志士達は、浄土宗法輪山三縁寺墓地に

池田屋事変殉難志士墓所跡(1)

葬られたが、昭和五十四年十月、岩倉花園町に再葬された。三縁寺への行き方、叡山電鉄八幡前下車、北東へ徒歩十五分…平成二十二年五月建立」、東面に「旧葬地の所在東山区大和大路通（縄手通）三条下る大黒町一四五番一」とある。

日本最古の三条通白川橋道標（東山区三条通白川橋東詰五軒町）

京都における現存最古の道標で、京都市登録史跡。高一五七×幅二七×奥行二四センチ。碑文北面に「三条通白川橋」、東面に「是よりひだり　ちおんゐん　ぎおん　きよ水みち」、南面に「京都為無案内旅人立之　延宝六（一六七八）戊午三月吉日　施主　為二世安楽」。

この地点は、入洛した旅人が三条大橋を前にして、東山の寺社への道をたどるところである。京都に不案内な旅人のために建てたと記されている。また、二世安楽とは、現世と来世とが安楽であることをいう（出雲路敬直監修『京都の道標』）。

明智光秀首塚碑（東山区三条通白川橋下ル東側梅宮町）

三条通白川橋下ル東側の辻に「東梅宮並明智光秀墳」道標が立つ。辻を東へ入るとすぐ光秀首塚碑がある。

池田屋事変殉難志士墓所跡(2)

三条通白川橋道標

天正十年（一五八二）の本能寺の変で、織田信長を急襲した明智光秀（一五二八～八二）は、すぐ後の山崎（天王山）の戦いで羽柴秀吉に敗れ、逃走中、山科小栗栖の竹藪で農民に襲われ自刃した。家来がその首を落とし知恩院附近に埋められ石塔が建てられたと伝わる。

ただし、碓井小三郎『京都坊目誌』によると、光秀の首は粟田口の刑場（日ノ岡）に晒された後、粟田口黒谷（東山区西小物座町）に他の数千の首と一緒に埋められたという。明和八年（一七七一）に光秀の子孫と名のる能の笛吹・明田利右衛門が、粟田口黒谷の五人組から供養の石塔をもらい受けて、それを自宅（首塚の東、梅宮町に住んでいた）へ移して菩提を弔った。明治維新後現在地に移されたという。首塚碑の右側に五重層塔（約一㍍）と光秀の木像と位牌を祀った小祠がある。

左側の自然石の首塚碑（高八〇×幅五六×奥行二四㌢）は、明治時代に光秀を演じた歌舞伎俳優によって建てられた。碑文は、南面に「長存寺殿明窓玄智大禅定門（光秀の戒名）」、北面に「明治三十六年（一九〇三）四月市川団蔵建之」。

明智光秀首塚碑(1)

明智光秀首塚碑(2)

粟田口碑（東山区神宮道通三条下ル東側・旧粟田小学校前）

粟田口は、京都市東山区の東山三条から蹴上までの地。かつての粟田郷に属し、平安遷都以前から粟田氏が本拠としていた。京の七口の一つで、三条口・三条橋口・大津口ともいわれた。また粟田口鍛冶、瀬戸から伝えられた粟田焼で知られた。

粟田口碑（高一一三×幅一八×奥行一八チセン）は、旧粟田小学校前の通りが旧東海道であることを示す。碑文は、西面「粟田口」、北面「昭和四十五年三月京都市」と記す。旧東海道は、粟田神社（東山区粟田口鍛冶町）の石段下を通り、都ホテルの裏山から蹴上浄水場の上を、日ノ岡峠へ出たが、今は道が途切れている。

なお、粟田口という地名は交通地名だというのが従来説である。つまり、陸路の入口を示す動詞アフ（逢）↓アハ、タ（田・手）は方向を示すテ（手）と同義。後に「口」がつくが重複語だという。

ところで、当地は、古代の愛宕郡《おたぎのこほり》粟田《あはた》郷域にあった。平安中期の『和名類聚抄』（高山寺本）に「阿波太有上下」とある（刊本「阿波多」）。もとは北白川までの広い範囲を指し、上粟田郷は白川流域より北白川まで、下粟田郷はそれより南の地域（粟田口以南）をいう。上下粟田郷は、とくに東山山腹は連続して急傾斜地崩壊危険箇所、山間は土石流による被害想定箇所（京都府ハザードマップ）である。

粟田口の三条通に面した南の山も、急傾斜地崩壊危険箇所である。古来、粟田山路はよく山崩れをし、車馬の往還が困難となる険路だった（『日本紀略』天暦《てんりやく》三年五月二十二日）。したがって、アハは動詞アハク（褫、暴、発）の語幹で、崩壊した所、剥げた所とも考えられる。『岩波古語辞典』は、「アバケ（発け）はげてくずれる。（褫落・アハケ）」、『大言海』は「あばく（荒廃）。剥げ崩ル」と記す。すなわち、アハ（褫）・タ（処）の意であろう。

粟田口碑

粟田焼発祥地（東山区三条通神宮道通東入南側・粟田神社参道）

旧東海道は粟田口碑から坂を登り左折する。粟田神社参道入口に向かうと粟田焼保存研究会が建てた「粟田焼発祥地」石碑（高一七七×幅三〇×奥行三〇チセン）が立つ。粟田口界隈が粟田焼発祥地であることを示す。碑文は東面に「粟田焼発祥之地」、南面に「平成元年十月吉日」、西面に「青蓮院門主慈治書」、北面に「粟田焼保存研究会建之」。

粟田焼は京焼の一種で、瀬戸の陶工三文字屋九右衛門が元和年間（一六一五～一六二四）に始めた粟田口焼がもっとも古いという。初期は銹絵《さびえ》・染付陶器を生産したが、野々村仁清が上絵付色絵陶器を完成した後は色絵の高級陶器を焼く代表的窯場となった。しかし、明治維新後は衰微し、京焼はここより南の東山山麓に沿って「清水焼」として発展した。

粟田焼発祥地

粟田神社参詣入り口

三条小鍛冶宗近古跡碑（東山区粟田口鍛冶町・仏光寺本廟内）

旧道を進めば仏光寺。粟田口町住人たちが大正六年（一九一七）に立てたこの石碑（高一四四×幅五三×奥行一二チセン）があり、三条小鍛冶宗近の古跡を示す。三条小鍛冶宗近（生没年未詳）は、平安中期の刀工。その住居は三条通北側の合槌稲荷附近にあったという。

碑文は、北面に「三条小鍛冶宗近之古跡　唱導者山本祐山　粟田口町住人一統建」、南面に「大正六年三月」。

碑の傍の京都市解説板によると、宗近は平安中期の刀匠で姓は橘、信濃守粟田藤四郎と号し、東山粟田口三条坊に住したので、三条小鍛冶とも称した。名刀子孤丸をはじめ幾多の刀剣を造ったが、現存するものとして三日月宗近などがある。祇園祭の長刀鉾の鉾頭の長刀は、宗近が娘の疫病治療を感謝して鍛造し祇園社に奉納したものといわれ有名である。『拾遺都名所図会』によると、仏光寺本廟境内に刀剣を鋳るときに用いた井水があったたといわれる（『都名所図会』では知思院山門の傍とある）。なお、粟田口鍛冶町にある粟田袖社境内に鍛冶社があり、また神狐の合槌によって名刀を鍛えたと伝えられる合槌稲荷社が粟田口中ノ町にある。

三条小鍛冶宗近古跡

水力発電事業発祥地碑（左京区粟田口鳥居町）

三条通蹴上の仁王門通西は関西電力蹴上発電所。構内に入れないが、正門の鉄格子の間から「水力発電事業発祥地碑」がみえる。

関西電力蹴上発電所は、わが国初の事業用水力発電所である。この発電所は、琵琶湖疏水設計者の田辺朔郎（一八六一〜一九四四）らの提案により、明治二十四年（一八九一）五月には八〇キロワット・エヂソン式直流発電機二台

水力発電事業発祥地碑(1)

をもって一部の発電が開始された。発電した電気で明治二十八年（一八九五）に日本最初の電車が走った。また、船運の便を図るため、蹴上舟溜と南禅寺舟溜の間にインクラインを敷設し、三十石船を乗せる勾配一五分の一の傾斜鉄道を設けた。蹴上インクラインの運転もこの電力を利用した。インクラインは水路落差のある所に敷設した傾斜鉄道で、延長五八一・八㍍で世界最長。

発電の歴史を記した石碑（高一九〇×幅四〇×奥行二〇㌢）は、昭和三十七年（一九六二）十二月関西電力が建立した。「水力発電事業発祥之地」碑文は、東面に「村野藤吾設計　炭山南木書」、南面に蹴上発電所設立の経緯を記す。

水力発電事業発祥地碑(2)

蹴上発電所

田辺朔郎紀功碑（左京区粟田口山下町）

琵琶湖疏水に関して蹴上付近はインクライン（傾斜式鉄道）はじめ蹴上舟溜に疏水関連施設や産業遺跡が集中している。

地下鉄「蹴上駅」から、西山浄土宗安養寺と日向大神宮への参詣道を登るとすぐ蹴上疏水公園がある。園内には、田辺朔郎紀功碑が立ち、碑の隣には昭和五十七年（一九八二）に田辺朔郎銅像が建立された。また、立像の左横には、京都華頂ライオンズクラブ結成十周年記念に建立された小型の田辺の顕彰碑がある。

田辺朔郎紀功碑は、田辺の還暦を記念しその功績をたたえるために京都府が建てたもの。最初の建立地は賀茂川と高野川の合流地点の三角洲に大正十二年七月一九日で除幕式が挙行され、昭和十六年に現在地に移された。碑は高さ約三六〇×幅一五五×奥行二九㌢。西川正治郎著『田辺朔郎博士六十年史』（一九二四）によると、この碑を建てるにあたり、博士の業績は自分一人の力でなく関係者の総力によったものと博士の希望により、碑の下に石の唐櫃を作って、その中に関係者のリスト、関係書類・新聞記事などをまとめて入れ埋めた。

紀功碑の碑文正面に「工学博士田辺朔郎君紀功碑」、裏面に「従三位勲二等工学博士田辺朔郎君紀功碑ノ記」として、千三百七十七文字で琵琶湖疏水工事の偉業を刻み、「大正十年還暦ニ当ル乃チ碑ヲ建テ事ヲ記シテ其ノ功ヲ百世ニ伝フ実ニ我ガ府民ノ志ナリ。大正十二年二月京都府知事正四位勲三等池松時和。昭和十六年八月正三位勲一等工学博士田辺朔郎君ノ紀功碑ヲ下鴨ヨリ蹴上ニ移築ス」とある。

田辺朔郎紀功碑

田辺朔郎紀功碑

琵琶湖疏水工事殉難者碑（左京区粟田口山下町）

蹴上疏水公園には、琵琶湖疏水工事殉職者の慰霊碑がある。明治三十五（一九〇二）年五月十八日に、田辺朔郎が私費で建立した弔魂碑。大正八（一九一九）年の市制施行・第一疏水開通三十年式典の時、田辺が京都市へ寄贈した。

碑は高二〇三×幅一四〇×奥行二九センチ。碑文南面に「一身殉事萬戸霑《てん》恩」。背面には、明治十八年〜二十三年工事中に重傷至死、事故死、病死した疏水工事殉難者十七人の名が一人一人記されている。下請の犠牲者、囚人労働の犠牲者なども含めれば、実際にはもっと多かったともいわれている（京都市電気局編『琵琶湖疏水及水力使用事業』一九四〇）。

「一身殉事萬戸霑恩（一身事に殉ずるは、萬戸恩に霑《うるお》い）」は、「多くの人が、一身を捧げた君らの恩に多くの家が潤っている」という意だろう。


蹴上疏水公園の阿弥陀石仏（左京区粟田口山下町）

琵琶湖疏水工事殉難者碑の脇に大日堂があり、石仏の手前の花立てに「義経大日如来」とある。石仏は総高一六〇センチ、像高九一センチの舟形光背を背負い蓮華座に結跏趺座する。しかし、大日如来でなく印相《いんぞう》が定印の阿弥陀如来で、鎌倉末期の作。ひきしまった張りのある面相、洗練された体貌・衣文の趣向も味わいがある（清水俊明『京都の石仏』）。

「義経大日」の縁起は、『山城名勝志』第十三巻によると、牛若丸が金売吉次に伴われて、奥州へ下るためにこの坂にさしかかった。その時、

琵琶湖疏水工事殉難者碑

疏水公園の阿弥陀石仏

平家武士関原与市重治ら九人の武士が馬を飛ばして来て、水たまりの水を牛若丸に蹴り上げた。そのことで両者は争いになり、九人全部が切り伏せられた。後に義経はそのとき斬り捨てた武士の菩提をとむらって、石仏九体をここに安置、その中の一体だという。ただし、石仏造立時期と義経の存命期とは時期が合わず、石仏伝承は後の付会だろう。

また、この伝説から蹴上の地名がついたという。しかし、「蹴上」の由来は、①日ノ岡の急坂を荷車を曳く牛馬が坂を蹴ったからか、②あるいは、蹴上から日ノ岡峠にかけて街道東側の山腹は巨大な地すべり地で、クエ（崖）・アケ（開）またはクエ・ハゲ（剥）↓ケ・アゲの転訛で、崖崩れで抉られた所をいうのだろう。

疏水にかかった橋を渡ると、青竜山安養寺（浄土宗）という寺院が立っている。同寺から東にかけた谷あいを「一切経谷」または「慈覚谷」と称し、慈覚大師が一切経を埋納した由緒にもとづくという。また、山科洪水時には、大津から一切経谷の道が入京路となったことが、『明月記』（嘉禄二年六月三日）にみえる。

東海道山科西部

日ノ岡大日如来（東山区日ノ岡一切経谷町）

三条通を東に進むと左手に「大日如来堂」が立っていて、如来石仏（花崗岩製）が安置されている。高さ一・三三㍍の舟形光背を背負い蓮華座に結跏趺坐する像高九一㌢の厚肉彫り。右手は胸まで挙げた施無畏印（畏れることはない安心しなさいと言う印）、左手は膝前に垂らし薬指と中指を捻じる。これは大日如来でなく、指を折っているところから、薬壺を持たない薬師如来の印相。

薬指を折るのは薬壺をさす。この薬師石仏は、そのひきしまった面貌や肉体、衣文の写実的表現から見て、鎌倉後期の作。お堂には大日如来と書かれているので、地元では大日如来として信仰されて来たのだろう。

その脇にたつ地蔵菩薩立像は、延宝六年（一六七八）の銘があって、江戸中期の造立。周辺にある多くの小石仏は、室町時代の造立であろう（清水俊明『京都の石仏』）。

大日如来

大日如来堂

日ノ岡丸彫り地蔵（日ノ岡一切経谷町）

日ノ岡薬師如来から約二百五十メートル南のところに二間四方の地蔵堂が、三条通に面して立っている。高さ二メートルの日ノ岡丸彫り地蔵石仏（花崗岩製）を安置。右手錫杖、左手に宝珠を持つ通常の姿の地蔵を丸彫りしたもの。右手の錫杖は鉄製である。張りのない肉づけと、重い衣文には生彩のない江戸末期の作風を示す（清水俊明『京都の石仏』）。

ところで以上三ヶ所の石仏には義経にちなむ伝説が伝わっている。前述の義経大日堂の阿弥陀石仏と日ノ岡薬師如来石仏と日ノ岡丸彫地蔵石仏はそのうちの三体とされる。しかし、義経生存期と石仏造立年とは時期がずれていて後世の付会である。

旧東海道の「日ノ岡峠」は、東からいうと、「天智天皇御陵入口」から三条通を渡った右斜め前、細い道を西へ向かって入り、現在の「御陵岡町」の辺りがかつての「九体町」といい、その地名の由来については、斬り殺された九人の菩提を弔うために村人が石仏を九体安置したのが地名の由来とする伝承がある。

三条通をずっと東へ行った「京都薬科大学」薬草園内に「義経腰掛けの石」があり、また三条通の南にある渋谷街道沿いに、義経が九人の血を洗った、今は埋め立てられたが「六兵衛池」があった。その辺りは「御陵血洗町」の町名が残っている。だが、「九体町」は九品浄土の九体阿弥陀に起因するとみられる。この辺りは粟田口の刑場跡に近いことから石仏が多く残っているが、刑場の穢れを払拭するために江戸時代に義経の伝説が作られたのではないかといわれる。

日ノ岡丸彫り地蔵

粟田口解剖場跡の供養塔（山科区厨子奥花鳥町）

三条通の東山老年サナトリウム入口の道路向かい、崖の上に二基の石碑が立っている。左側の六字名号塔（高一六六×幅二三㌢）には「南無阿弥陀仏　知恩院門跡／霊瑞」と刻まれていている。「南無阿弥陀仏」とは「阿弥陀仏に帰命する」という意味。これを聞いたり唱えることでに功徳があるとされる。霊瑞とは日野霊瑞のことで、明治時代に知恩院の門跡を勤めた。

右側の碑（高一五七×幅一六〜一八㌢）には「萬霊供養塔」と刻まれている。三界萬霊塔ともいう。この世の生きとし生けるものすべての霊を宿らせ、この塔に繰り返し向かうことによってすべての霊を供養することができる、というもの。

これら二基の供養碑は明治以降に粟田口解剖場で解剖された死体の供養のために知恩院などが建てた。江戸時代には九条山西麓に粟田口刑場があったが、明治に入ると廃止され、明治五年（一八七二）に京都府は舎密局《せいみきょく》（近代産業育成の機関）の申請により刑場跡地に粟田口解剖場を設置した。明治六年二月には四刑死体を解剖し、数百名の医師が参観した。明治七年には青蓮院内の療病院に仮解剖所が設置され、病理解剖も行うようになったため、まもなく廃止された。この療病院は、現在の京都府立医科大学の前身である。

オランダ商館医師ケンペルの『江戸参拝旅行日記』第十五章「江戸から長崎までの帰り旅」（元禄五年〈一六九二〉五月八日）には、この処刑場のことを「われわれは早朝三時半には大津を後にした。隣り合った奴茶屋と藪下の村を通って日岡という山の麓にある村に着くと、そこからほど遠からぬ所に南無阿弥陀仏という文字を彫った丈の高い石碑が一つ建っていた。その向かいに二人の罪人が磔にされていた。その磔の柱のすぐ近くの、しかも石碑も十字架も見えない両側に、粗末な物を敷いて一人ずつ僧侶が座っていた。そして道に沿って七枚の板がさしてあった。察する

粟田口解剖場跡の供養塔

萬霊供養塔

に死んだ者の名がそれぞれ書いてあったのだろう…鐘を据え、時々たたいては、なんまんだあを唱えていた」と記す。

粟田口刑場があった九条山西麓は、東山ドライブウェイの陸橋の西より浄水場東端の間という。日岡（日ノ岡）刑場とも呼ばれ、磔刑、獄門があった。九条山は独立した山ではなく、大日山の支峰。もと九条家の所有であったことから九条山といわれた。山頂に「九条家」と彫った石が埋め込まれており、粟田口大日山町内には同じような石がいくつかあり、堺石であろう。

名号塔

日岡峠人馬道碑（厨子奥花鳥町）

東山ドライブウェイの入口「花鳥橋」がある。この「花鳥橋」という名前は「厨子奥花鳥町」からきている。その橋を渡ると、西側の民家の裏に高さ二・三㍍の「日岡峠人馬道碑」碑がある。「日岡峠人馬道　木食正禅建立／享保廿一丙辰年（一七三六）二月十四日」と刻む。

峠道の改修に尽力した江戸中期の木食《もくじき》僧、木食正禅上人が建立したもの。「安祥院文書」（享保十九年〈一七三四〉十一月二十三日付）によると、日ノ岡峠は近年損耗が激しく、雨天は牛は歩行困難となるので、正禅は「牛馬往還其苦痛を助け度」と、日ノ岡峠牛馬道の本格的修築を奉行所へ出願。同書元文三年（一七三八）十一月付には、「大津海道日岡峠人馬

日岡峠人馬道碑

道幷車道共地普請之儀出来仕り有難く存じ奉り候」と上申している。元文三年まで四年がかりで改修工事をしたが、この間に人馬道碑を建てたのである。

木食正禅（生年不詳～一七六三）は木食寺安祥院（東山区五条通東大路東入遊行前町）の僧で、日岡峠改修、亀の水遺跡建立で知られるが、京都にある十一ケ所の無常所（墓などの人を葬ったところ）を寒念仏回向（寒中の三十日間、念仏を唱え巡ること）し、その満行にあたり供養のため建立した碑の一つが人馬道碑である。

東海道では、人馬道と車道が分けられて、京都に向かって左に人馬道（往還、歩道）、右に車道が安全のため併設して設けられた。人や馬が往来する人馬道が優先され、車道よりも三〇センチ高く付けられた。『伊勢参宮名所図会』の挿画「逢坂山」にその図が載る。

車道には、のちに石（車石）が敷かれる。二列の平らな石を車輪の幅にとり、縦に一列に連続して並べた。二列の車石の中央部にも砂利が敷かれ、牛車を牽引する牛はこの砂利道の部分を通行した。ただし、この「車石」は後世の用語で、昭和初期に使われ出したという。江戸時代には、たんに「敷石」と呼ばれていた。

木食正禅上人は、柴田実『安祥院と木食養阿上人』によると、丹波国保津村（京都府）出身。俗名・村上茂八郎。正徳元（一七一一）年、高野山に上り五穀を断ち木の実や草などを食して修行する木食行をした。その後、下山し京都七条の梅香庵を住まいとして、念仏聖の活動に専念。

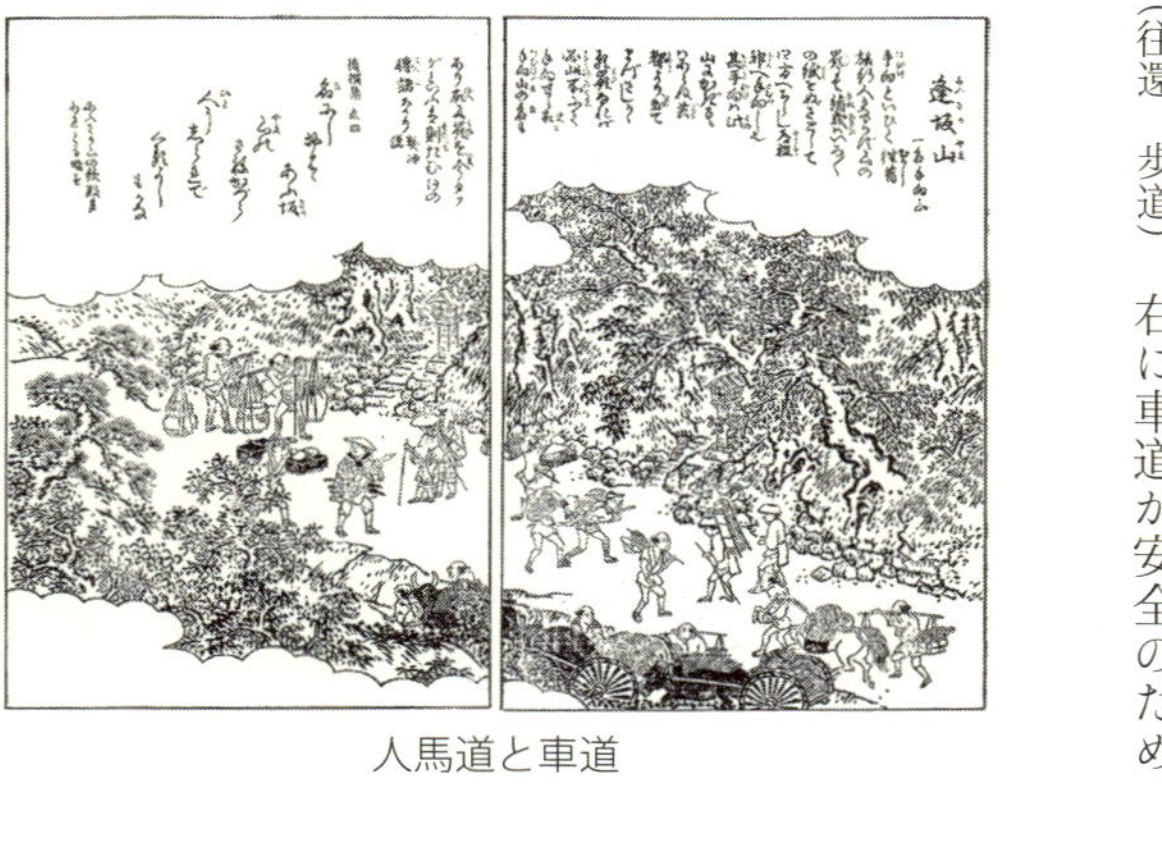

人馬道と車道

享保四年（一七一九）、京都周辺を勧進して、阿弥陀如来像を造立し東山真如堂に安置した。同十年には乙訓郡大藪村にあった廃寺安祥院を京都五条坂の地に再興した。その後、渋谷街道の修築工事、また石橋の架設や寺社の敷石など、多くの土木工事を勧進によって達成している。寛保元年（一七四一）、法橋上人位を授与されたのを機に、養阿と名を改めた。

日岡峠修路碑（山科区厨子奥花鳥町）

「花鳥橋」下の三条通道際に、明治十年（一八七七）三月建立された修路碑がある。

高さ一八〇×幅一一四×奥行三〇センチ。京都府知事槇村正直の文が刻まれている。碑文（漢文）の大意は、京都三条から近江国界までは往来困難で、とくに日岡峠は甚だしく、人々は難路に苦しんできた。改修工事を明治八年起工し十年完成、峠の道を一丈一尺四寸（三・四メートル強）低くした。よって、旅客は往来の苦を免るべきなり、とある（『史料京都の歴史』11・山科区）。

修路碑

車石碑（日ノ岡一切経谷町）

旧東海道が三条通に出合う交差点の向かい側の石垣に、「旧《きゅう》舗《ほ》石《せき》車石」と両側の石垣に轍《わだち》が刻まれた碑がある。「車石」とは、牛馬車の車輪の幅にあわせて道路に二列に敷設された凹状の舗石。「車石」（敷石）は「輪形石」ともいう。日ノ岡峠は道の勾配が長く続くため古くから東海道の難所とされ、旅人や牛馬を苦しめた。そのため江戸時代に牛馬の轍に合わせて溝を刻んだ石畳が敷設された。江戸時代以降、京に向かう主要街道（東海道・竹田街道・鳥羽街道など）に敷設された。

アーネスト・サトウの『一外交官の見た明治維新』（岩波文庫）には、「京都から、次の休息所である大津までは、沿道にずっと石を畳んだ、一種の軌道になっていた。これは重い荷物を積んだ、幅の広い車輪のついている牛車にそなえたものだ。われわれの駕籠は、京都にいる大君の守備隊へ供出する米俵をのせた四十台の牛車を追いこした」と記す。

また、交差点西側には、牛車道広場がある。京都市解説板によると、平成九年（一九九七）十月の市営地下鉄東西線開業に伴い、廃線となった京阪電鉄京津線の軌道敷を利用して三条通の四車線化及び歩道の整備をした。その事業完成を記念して、三条通の舗石として敷設されていた「車石」

車石

車石轍

車石碑(2)

車石碑(1)

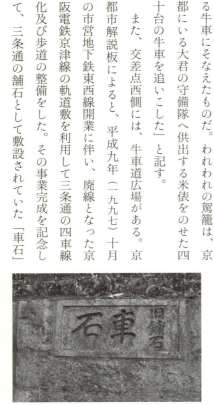

を利用して、往年の牛車道を模した広場を平成十六年一月設置した。

京津国道改良工事竣工紀念碑（山科区日ノ岡朝田町）

蹴上と大津市間の旧京津国道（現三条通）は、内務省大阪土木出張所京津国道改良事務所が昭和六（一九三一）年から昭和八年にかけて拡幅舗装を施工した。日ノ岡の大石道交差点から西へ三六〇㍍手前の三条通北側の緑地に、「紀念　京津国道改良工事　昭和八年三月竣工」と刻まれた碑が立つ。京津国道改良事務所が建てたものという。

高さ二七〇㌢×幅五〇×奥行五〇㌢（基壇除く）。側面には長い轍の跡が見られ、また三段の基壇にも深い轍の跡が刻まれた「車石」が利用されている。工事に際して、旧東海道で使われていた「車石」がたくさん出てきたので、記念碑の土台に使われたという。

京津国道改良工事竣工紀念碑

「大阪朝日新聞」（昭和八年五月二十八日付）には、「京津新国道竣工きのふ晴れの開通式」「その昔の難所も今は夢の夢」とあり、新国道は延長七・六三㌔、総工費二百三十万円。京津間の難所とされた日ノ岡、逢坂山両峠を削って勾配を緩やかにし、幅員も一一㍍に拡大、平坦部では一六㍍以上とし、歩・車道の区別をつけ、完全な舗装化によって京都大津間を自動車で僅か十七、八分になり、従来より十二、三分短縮された、と伝える。

題目塔（山科区日ノ岡朝田町）

竣工紀念碑から百㍍ほど東の同じ緑地内に、題目塔が立つ。「南無妙法蓮華経」と刻まれた、鎮魂を目的とする供養塔である。高さ二八〇㌢（基礎含む）。背面の「碑文」には、京津国道改修中、街道傍らに建てられていた碑の一つと思われる法華塔断片が発見されたので、これを基壇として、昭和十五年（一九四〇）十二月小島愛之助・法華倶楽部創設者および有志により造塔供養を行ったと記す。基礎には多くの「車石」が利用されている。

題目塔

また、右隣の「日ノ岡宝塔様縁起」解説板には、「桓武天皇奈良より京都へ遷都以来明治に亘る千有余年の間極刑場（粟田口処刑場）が現在の九条山附近にありました。この刑場で処刑されてはかなく消えた罪人の数は約一万五千人余にのぼったといわれ千人に一基ずつの供養塔が十五基各仏教諸宗の手で建てられたと伝えられています。明治の初めこの刑場が廃止されたのち廃仏毀釈の難にあい、供養塔は取り壊され石垣や道路などいろいろな工事に転用されてその断片が処々に残っていました。昭和十四年法華倶楽部小島愛之助翁（法華倶楽部創設者）が処刑者の霊の冥福を祈るために石塔断片を基石としてここに供養塔を建立し毎年春秋の二季に亡霊供養の法要を行い立正平和と交通安全も併せて祈っています。日蓮宗京都府宗務所」とある。

粟田口名号塔（山科区日ノ岡朝田町）

題目塔のある緑地東端に粟田口名号塔が立つ。花崗岩製、高さ二八〇×幅八〇㌢。正面に「南無阿弥陀仏」、向かって左側面に「享保二丁酉七月（以下欠失）」。正面の「弥」中央から下は、近年新しい石で継ぎ足されている。背面の追刻文には、大要「この名号碑は、享保二年（一七一七）西光院の西隠法師が粟田口刑場の回向供養のため建立したもの。昭和八年の国道改修の折、上半部が出土し長らくそのままであったが、今般欠失した下半部を新しく補修復元した…昭和四十年立春、知恩院門跡岸信宏撰書」と刻む。

しかし、佐野精一の調査によれば、西隠法師は無関係で、木食正禅の造立したことが明白である。安祥院（東山区五条通東大路東入）の開基木食正禅（養阿、？～一七六三）は、正徳五年（一七一五）の冬以来、京都周辺の六墓五三昧（刑場や葬送地）を寒念仏回向して歩き、三年満行にあたる享保二年（一七一七）に、それら各所に慰霊のため名号塔を建立した。

六墓とは、南無地蔵、大谷、西ノ土手、粟田口、最勝河原（西院）、元三昧の六ヶ所。五三昧は、狐塚（南区唐橋井園町）、阿弥陀ヶ峯、中山（黒谷）、千本、七条金光寺の五ヶ所をさす（ただし、六墓五三昧の所在地は時代の変遷があり諸説があり、いくつかは特定されていない）。

なかでも、粟田口は京都最大の刑場で、江戸時代だけで約六〇〇〇〇人（一万五〇〇〇人とも）が処刑されたという。処刑は毎年十二月二十日に市中引きまわしの上行なわれた。まとめて行われたから、京の町衆は「果てのはつか（二十日）」と呼んで恐れたという。

粟田口名号塔

『木食養阿上人絵伝』（安祥院蔵）には、正禅が「三条粟田口御仕置所は別而重罪超過の所なればとて、石塔も亦余所に過れて大サ壱丈三尺余（約四㍍）」の大板碑を建立したと記す。

もとの下半部が欠失しているから比較資料による筆跡鑑定が決め手になる。西大路三条東入、教宣寺前庭に正禅の名号塔がある。花崗岩製、高さ一三九×幅四二・五センチ。正面に「南無阿弥陀仏木食正禅」、その両脇に小さく「寒念仏墓回り廻向」。側面には「享保二丁酉七月日元さんまい（元三昧）」と刻む。粟田口の上半部と比べると同じ書体である（京都民報連載「京の碑」一九七八・八・二十付）。

明治元年、神仏分離令後の廃仏毀釈により、正禅の立てた名号碑は横に二分、さらに縦に三分割され、道路の溝蓋などに流用されたという。その後、現在地に移され復元補修された。

「本邦最初鉄筋混凝土《こんくりーと》橋」碑（山科区日ノ岡堤谷町・疏水隧道前）

琵琶湖第一疏水のうち第三隧道東口に、百年も前に造られた日本最古の鉄筋コンクリート橋（疏水の第十一号橋）がある。現在でも利用されている。橋を渡った左側に碑（高二一六×幅八五×奥行一四センチ）が立つ。

碑文正面に「本邦最初鉄筋混凝土橋」、背面に「明治三十六年（一九〇三）七月竣工　米蘭式鉄筋混凝土橋桁　工学博士田辺朔郎書之」と記す。

橋の長さは七・三メートル、幅一・五メートルのアーチ型。コンクリートの厚さは約三〇センチある。当初柵はなかったが、現在では左右に転落防止のため設置されている。

工部大学（現東京大学）を卒業したばかりの青年技師・田辺朔郎は、セメントと鉄筋は輸入しながらも、他の建設資材は現地に煉瓦工場を造るなど工夫を重

本邦最初鉄筋混凝土橋(1)

ね、国内から調達した。その「琵琶湖疏水煉瓦工場跡」碑が山科区御陵原西町、地下鉄東西線御陵駅入口に立つ。

碑文にある「米蘭式」と記すのは「メラン式」というコンクリート工法の一種で、田辺朔郎が日本に紹介した。

ただし、この橋が日本最初のアーチ式鉄筋コンクリート橋かどうかの議論がある。ほぼ同じ時期に、神戸市にある「若狭橋」も建設されている。若狭橋が第十一号橋より一ヶ月早く完成という。

ただ、「若狭橋」はフランスのスラブ型である。スラブ型とは鉄筋コンクリート板を並べる方式なので、コンクリートの中に山形鉄を配置したドイツのメラン型より古い様式といわれる。だから、第十一号橋は「メラン型日本最初の鉄筋コンクリート橋」であり、若狭橋は「スラブ型日本最初の鉄筋コンクリート橋」と区別する必要がある。

本邦最初鉄筋混凝土橋(2)

亀の水不動尊（山科区日ノ岡ホッパラ町）

「車石碑」がある旧東海道と三条通交差点から、旧東海道の細い山道を東へ進むと、すぐ脇に「旧東海道」碑が左手に立つ。六百㍍ほど東へ進むと、「酔芙蓉の寺」で知られる法華宗大乗寺。その先の分岐点にに、「右かさんいなり（花山稲荷）道」、「右明見道（大塚の妙見寺）」と記した二本の道標がある。

道標のすぐ東隣は「亀の水」不動尊である。この場所は江戸時代に木食正禅上人が建てた「梅香庵」の跡である。『都名所図会』（一七八〇）には「木食寺」（挿画）として描かれ、「日岡《ひのをか》の峠　峠の梅香庵は地蔵尊を安置す。木食上人住して坂路を造り、牛馬の労を助く。量救水《りょうくすゐ》は石刻の亀の口より漲る。炎暑の節、旅人の渇を止むといふ」と記す。石刻の亀の口からは、現在も水（今は水道水）が出ている。貴重な文化遺産だが、現在、私有地のため立ち入り禁止となっている。

「安祥寺文書」（元文元年〈一七三六〉十月十日付）に木食正禅上人が、飲用のための井戸掘りを奉行所へ上申し、「峠に井戸之無く山ノしたたり計《ばかり》を請来、往来共難儀に仕り候に付…井戸壱ヶ所堀（掘）り、石井ニ仕り松養水と号す。村方、旅人之呑水に仕り度御届申上げ候」と記している。

さらに、衛生のため亀の口型に改めたことを奉行所に口上書を提出し、「安祥寺文書」（寛延二年〈一七四九〉八月付）に「松養水と唱す…人之助ニ堀（掘）り候井戸に御座候得共、（人が）不浄なる器を井戸之中え直に差入れ汲取り申し候。不浄之を除く為、亀之形之石をすへ（据）石之中へ水取、亀之口より井ノ内え水落候様仕り…松養水と申す称号悪敷き御座候ニ付、量救水と改め申度是又願奉り候」と述べている。この時、井戸の上方の崖に、「弁天の小宮」を安置した岩組の上に亀を載せたとある。

現在は、不動尊を何時のころかから祀っているが、当初は弁財天を祀っていた。もとインドの河神である弁財天は、近世、市杵嶋姫命と神仏習合

亀の水不動尊(1)

亀の水不動尊(2)

して水の神として、水に関係深い場所に各地で祀られている。

敷地内には湯茶接待用の石竈が置かれていたが見当たらない。かつて調査した佐野精一によると、側面の銘文には「南無阿弥陀佛　此の摂待は量救水をもって貴賤の往来にそなへ又牛馬等も喉口を潤し往来無障ため通行有之やうに相企つ　是梅香院守真省方尼公の志願につき猶又永代退転無之様に量救水に加　修覆奉供養者也木食養阿　宝暦二壬申年（一七五二）十一月二十九日」と刻まれていた。省方尼公は、西本願寺十四世寂如上人の側室で、正禅に帰依していた女性である（京都民報連載「京の碑15」一九七八・七・三十）。上人は晩年養阿と改名し、宝暦十三年（一七六三）七十六歳でこの地に示寂し、東山五条坂の安祥院に葬られた。

また、「量救水」は、亀の水を受けていた石水鉢である。今は東京のホテル椿山荘東京（文京区、藤田観光）の庭園にある。椿山荘は、当初、大阪を本拠とする藤田財閥の二代目当主藤田平太郎男爵が大正七年（一九一八）東京での別邸とした。その際、量救水を譲り受けたという。

亀の水不動尊(3)

「琵琶湖疏水煉瓦工場跡」碑（山科区御陵原西町）

三条通に面した地下鉄東西線御陵駅入口に碑が立つ。傍には、工場で製造された古びた赤レンガ七個が展示されている。碑（高一三〇×幅一八×奥行一八セン）は、正面に「琵琶湖疏水煉瓦工場跡」、左面に「平成元年十一月建之　京都洛東ライオンズクラブ」、右面に「京都市制一〇〇周年記念　琵琶湖疏水工事竣工一〇〇周年記念」とある。

傍の解説碑「琵琶湖疏水煉瓦工場跡」に、「鏡山・天智天皇陵を背景に、疏水建設に必要な煉瓦製造工場が御陵原西町一帯に設けられた。当時わが国には、この大工事を賄う煉瓦製造能力がなく、京都府は自給の方針を立て、原料の採取と製品の運搬に適したこの地を選定、若き技師菊田宗太郎を起用し、明治十九年七月操業開始、明治二十二年十月に閉鎖されるまで一三七〇万個を製造した。京都再生への命運をかけた琵琶湖疏水建設が、日本の近代土木・工業技術等の発展の魁《さきがけ》となった足跡を語る遺跡である。煉瓦工場概要　敷地一三、四七一坪工場十棟・窯場三棟窯十二ヶ所・煙突八基」と記す。

日時計碑（山科区御陵御廟野町）

三条通に面して天智天皇山科陵前に建立された日時計の碑（高一七〇×幅九五センチ）。天智天皇の時代に日本で初めて漏刻（水時計）を建設したことにちなんで建てられた。

碑文正面に「天恩無窮（天皇の御恩は極まりない）　日時計」、裏面に「昭和十三年六月建之　京都時計商組合創立二十周年記念」。

天智天皇（中大兄皇子）は皇太子時代に日本で最初の漏刻を作り、即位後に新たな漏刻を整備した（『日本書紀』天智天皇十年〈六七一〉四月二十五日条）。昭和五十六年（一九八一）に発見された飛鳥寺の西にある水落遺跡がその遺構といわれている。近江神宮（大津市神宮町）の漏刻も水落遺跡

「琵琶湖疏水煉瓦工場跡」碑

日時計

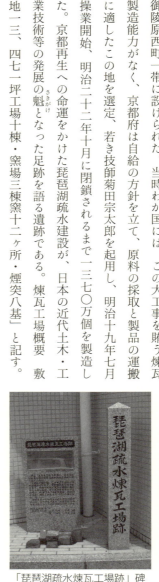

の漏刻模型を推定して製作された。

「五条別れ」道標（山科区御陵中内町）

ＪＲ山科駅の方へ旧東海道を東へ進むと、京都薬科大学校舎北東の旧道角に道標がある。道標は高さ一五五×幅三三×奥行三三センチ。北面に「右ハ　三条通」、東面に「左ハ五条橋　ひがしにし六条大仏　今くまきよ水道」、南面に「宝永四丁亥年（一七〇七）十一月吉日」、西面に「願主　沢村道範」と記している。昭和六十二年（一九八七）に京都市登録史跡に指定された道標。

道標の「ひがしにし六条」は、東本願寺と西本願寺をさす。「大仏」は東山区の方広寺にあった大仏、「今ぐま」は今熊野、「きよみず」は清水をそれぞれ示す。五条橋、東西本願寺、大仏方広寺、今熊野観音、清水寺方面への道を示し、ここが東海道において要所の一つであった。

この「五条別れ」を南下し、御陵三蔵町から厨子奥本通に入り、南西へ行って、現在の京都市立鏡山保育所の前を通って渋谷街道に達し、そこから渋谷峠を越えて、現在の東山区馬町付近に達した。この道は本来の「渋谷街道」であって、地元では厨子奥本通を「旧渋谷街道」と呼んでいる。渋谷越の終点が五条大橋で、近道であることから五条別れの名が起こった。

沢村道範建立の道標は、他に四ノ宮地蔵（徳林庵）前にみられ、渋谷街道と川田道との交差点南西側、山中越の出発点だった東山一条吉田本町角にも道標がある。

日時計

人康《さねやす》親王山荘跡碑（山科区四ノ宮柳山町・諸羽《もろは》神社参道）

旧東海道から、天台宗京都五門跡の一である毘沙門堂へ向かう角に、文政五年（一八二二）銘の「毘沙門尊天」道標が立つ。この辻から東へ一六〇㍍進むと、諸羽神社鳥居があり、参道横に「人康親王山荘跡」の石碑（高一一五×幅一八×奥行一八㌢）が建っている。碑文西面に「この附近　人康親王山荘跡」、東面に「昭和四十七年六月十一日認証記念　洛東ライオンズクラブ」とある。近くには宝篋印塔など石造物の残欠がある。境内は、平安時代の人康《さねやす》親王（八三一～八七二）の山荘跡という。

人康親王は、仁明天皇第四皇子で、母は女御藤原沢子。貞観元（八五九）年若くして失明し出家して山科に隠棲した。親王は『伊勢物語』七十八段に、「山科の禅師の親王《みこ》」として登場する。禅師の親王は、出家後に親王宣下を受けた法親王の意。親王は唐から伝えられた琵琶を習い、その名手とされ、鎌倉時代や室町時代の琵琶法師には、始祖「雨夜尊」、「天夜尊」と崇められた。

鳥居から三〇〇㍍行くと諸羽山（柳山《やなぎやま》）南西麓にある神社に着く。貞観四年（八六二）の創祀。本殿の西に「琵琶石」（縦一五〇×ヨコ一八〇㌢）といわれる石がある。人康親王の山荘の跡にあったものを移したものだと伝えられている。親王はこの石に坐って琵琶を弾いたとされる。

人康親王山荘跡

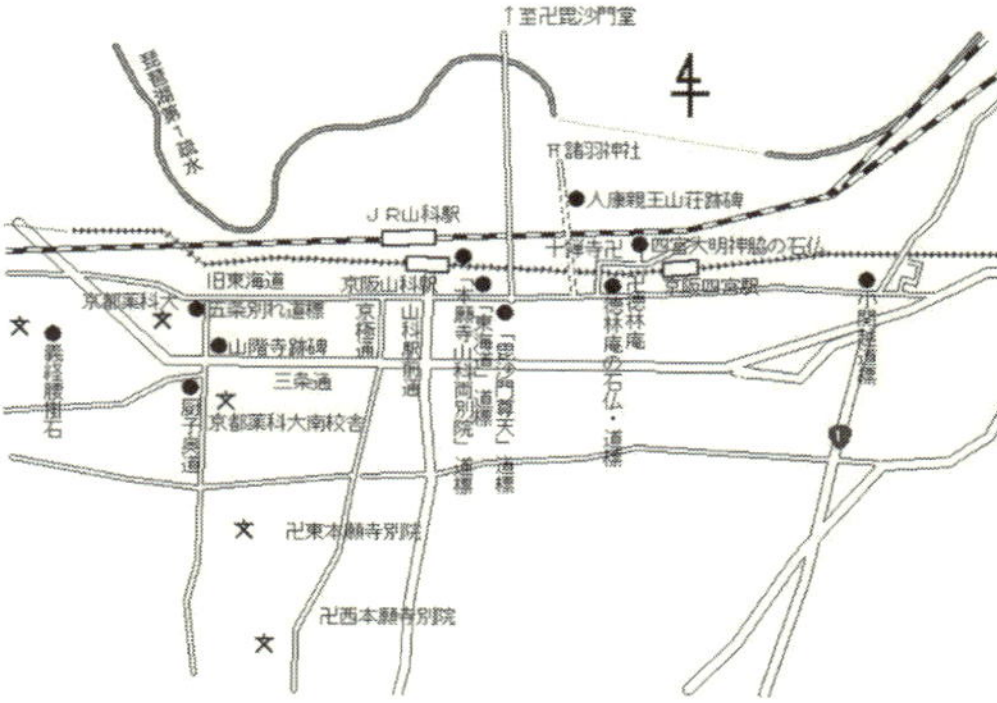

東海道東部

なお、四ノ宮泉水町の十禅寺東には宮内庁管理の墓が、徳林庵（四宮地蔵）には「人康親王蝉丸供養塔」がある。この地（山科区四宮）の「四宮」という地名は親王が第四皇子であったことに由来するともいう。

人康親王墓

徳林庵の石仏・道標（山科区四ノ宮泉水町）

さらに旧東海道を東へ行くと北側に　山科地蔵（徳林庵）がある。柳谷山徳林庵は、臨済宗南禅寺派寺院である。本尊は観世音菩薩。

①「伏見六地蔵・山科地蔵」道標

最初に目に入るのが右側の「南無地蔵菩薩・伏見六ぢざう」道標と左側の「人康《さねやす》親王御墓」の道標二基である。前者は沢村道範が建立した道標（高一〇九×幅二四×奥行二四センチ）で、道路工事のために約二〇〇メートル東の四ノ宮辻から移されたものである。

碑文南面に「南無地蔵菩薩□」、東面に「伏見六ぢざう□」、北面に「元禄十六（一七〇三）癸未□」、西面に「施主　沢村氏　道□」とある。

徳林庵

琵琶石

「伏見六ぢざう」とあるのは、四ノ宮辻から南の道をたどると、大宅から伏見・六地蔵方面へ行ける伏見街道を指す。「南無地蔵菩薩」は徳林庵にある山科地蔵をいい、境内の地蔵堂に祀られている寄木造の本尊・地蔵菩薩である。六地蔵巡りの一つで山科地蔵、あるいは四宮地蔵と呼ばれる。後白河天皇は、都の守護、都往来の安全、庶民の利益結縁を願い、平清盛、西光法師に命じ、保元二年（一一五七）年、街道の出入口六ヶ所に地蔵一体ずつ分置した（『源平盛衰記』）。以後、山科地蔵は東海道の守護仏となり、毎年八月二十二日、二十三日の六地蔵巡りが伝統行事となった。

この庵自体は、のちの室町時代の天文十九年（一五五〇）に南禅寺第二百六十世雲英正怡《うんえいしょうい》禅師が、禅師の先祖にあたる人康親王を弔うために創建した。仁明天皇第四皇子であった人康親王は、両眼を失明したことによって山科の地に隠棲し出家した。親王は当時、琵琶を習い、その名手とされ、鎌倉・室町時代の琵琶法師には、始祖と崇められた。

後者の「人康親王御墓」道標（高一〇五×幅一五×奥行一五センチ）は、大阪皇陵巡拝会が建てたもの。徳林庵北の十禅寺にある人康親王の墓の案内である。

徳林庵の道標

②人康親王・蝉丸供養塔

徳林庵の境内東には、南北朝時代の宝篋印塔（高二メートル）があり、石柱には「蝉丸・人康親王供養塔」とある。人康親王とあるいは平安時代の歌人であった蝉丸が供養された塔という。花崗岩製、基礎に格狭間、複弁反《かえり》花座《ばなざ》、塔身に阿弥陀三尊の梵字、笠下段二段、上六段、隅飾突起は二弧輪郭付、内の蓮華上に月輪《がちりん》。南北朝時代の作という。相輪は後補。

この供養塔は、一説には蝉丸塔ともいう。蝉丸は醍醐天皇の第四子ともいわれ、逢坂山に隠棲したといい、蝉丸神社に相殿神として蝉丸霊を祀る。失明者で琵琶の名手であり人康親王と共通点がある。逢坂の関で行き交う人を見て会者定離《えしゃじょうり》を歌った、「これやこの行くも帰るも別つつ　知るも知らぬも相坂《あふさか》の関」（『後撰集』一〇八九）で知られる。会者定離とは、この世は無常で、会うものは必ず離れる運命にあるという仏教的無常感をいう。福井県越前町には蝉丸の墓と伝えられる石塔がある。

人康親王・蝉丸供養塔

③飛脚遺跡

江戸時代、東海道を往来した飛脚は徳林庵境内で休憩した。地蔵堂前の茶所には、飛脚が寄進した茶釜や文化十年（一八一三）の銘のある竈がある。

徳林庵と飛脚との関係は、文化十年（一八一三）一月、京都―江戸の定飛脚問屋・宰領から茶釜が寄進され、文政四年（一八二一）

飛脚井戸遺跡(1)

飛脚井戸遺跡(2)

六月、牛馬のための井戸が掘られたことに始まるという。井戸は、運送往来の牛馬の水飲場として使われていた。その石組には、「文政四巳年六月吉日、京都大阪名古屋金沢奥州上州宰領中」という文字が刻まれ、盛んだった当時の往来を物語る。宰領は指揮・監督する人をいう。また、井戸に飛脚共通のマーク「通」の文字がある。「通」の字は、日本通運株式会社（日通）のロゴとなった丸に通の字である。「継（つぎ）飛脚」ではない「通し飛脚」として、また天下の「通行御免」を得て往来する飛脚仲間の誇りの印だった。

徳林庵茶釜

④茶所の四体仏

地蔵堂の東側に、南北朝時代という四体石仏が、かつては街道筋に開いた茶屋だった民家に祀られている。

清水俊明『京都の石仏』によると、花崗岩製。高さ一一〇センチ×幅八〇センチの自然石表面に光背形を彫りくぼめ、上部に蓮華座に座す像高三二センチの阿弥陀仏と、その左右下面に、像高約三九センチの勢至《せいし》・観音立像を浮彫りで配し、弥陀の下面に地

茶所の四体仏

徳林庵茶所

蔵菩薩座像をあらわす。

阿弥陀の印相《いんぞう》は、浄土に静かに端座する定印の弥陀であり、弥陀三尊に地蔵を配して、六道の衆生をことごとく救わんとする意を寓したものという。阿弥陀を中心にした四尊石仏は、平安時代以降、庶民が盛んに信仰した念仏信仰を示す。この石仏の造立されたころは、叡山の天台浄土教の念仏門衆が、広く流布させた時代であり、村々、町々に阿弥陀仏の慈悲を説いて、その尊像を造立した。

四宮大明神脇の石仏・石碑（山科区四ノ宮泉水町）

徳林庵の北一〇〇㍍入ったところに楊柳山十禅寺という修験宗寺院があり、寺からさらに東の住宅街の細い路地を抜けた場所に、ＪＲ線路に接して、「琵琶琴元祖四宮大明神」の小社が祀られている。人康親王御霊社の旧地といい、人康親王を祀っている。

当初は、現在地の北、山手にあった。明治十二年（一八七九）頃、国鉄旧東海道線敷設工事に伴って現在地に遷された。大正四年（一九一五）、「やましな飴」で財を成した松村輿三郎が親王を祀る祠などを再興した。またその際に、付近の石仏を集めて祀った。昭和以降荒廃し近年再興された。

四宮大明神

① 「御足摺水《おあしずりのみず》」碑

境内の一角に「御足摺水」碑が泉跡にある。高さ六一×幅一四×奥行一四チセン。もとは北側の山手にあったが、国鉄の築堤によりここに移された。付近は、人康親王の山荘の一部だったとみられ、泉は、親王が地面を足でこすると湧水したという。江戸時代には人康親王と蝉丸が混同され「蝉丸手洗いの水」とも呼ばれた。泉水町の泉水の地名は、この泉池より生じたという。

足摺水の碑

② 三体の石仏

この小社の西側に覆屋があって、松村が付近より集めたとされる三体の石仏がある。中央の石仏は三尊仏で、背高い蓮華座上に端座する阿弥陀定印像と、左右に観音・勢至を配する。弥陀は像高三八チセンの座像。脇侍は像高四四チセンの立像で、向かって右の蓮華台を持つのが観音。清水俊明『京都の石仏』によると、三尊石仏は、かなり磨滅しているが、よく均衡がとれ、鎌倉末期から南北朝時代の作風を示している。徳林庵お茶所の四体石仏と同じころに造立されたもので、弥陀の念仏を唱えて衆生の救済を願った当時の人々の信仰をくみとる

足摺池

四宮大明神脇の石仏(1)

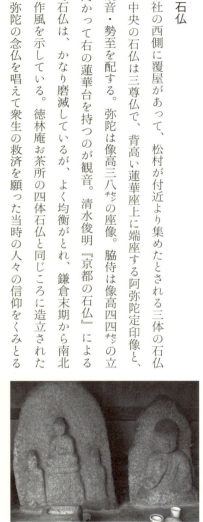

ことができる。

三尊仏の右側に如来石仏がある。高さ八十三センチの舟形石に、座高六七センチの如来像を厚肉彫りしたもので、花崗岩であるが、こちらもかなり磨滅が加わっている。しかし、その像容にも古さがあり、量感もあり、写実性のゆたかな点は、鎌倉後期の造立という。右手は肩まであげて施無畏印を示し、左手は膝前にさげて、手の甲を表にするところから、弥勒仏をあらわすものであろう。

弥勒は釈迦尊入滅後の無仏時代、五六億七〇〇〇万年のあいだ兜率天浄土にあり、菩薩位から如来となって成道し、衆生済度のため下生（出現）する菩薩。鎌倉時代は末法思想（釈尊の教えが消滅する世相）もあって、人々は一日もはやく弥勒仏の下生を願った（清水俊明『京都の石仏』）。ただし、同書では二体しか記述していないので、残る石仏は近年祀られたものか。

四宮大明神脇の石仏(2)

「小関越・三井寺観音道」道標（大津市横木町一丁目）

徳林庵から東へ六〇〇メートル、旧東海道が大津市域へ入り、三井寺へ向かう小関越の分岐点に至ると、大きな道標が立っている。高さ二五〇×幅三三×三三センチ。碑文の南面に「三井寺観音道」、西面「小関越」、北面「文政五年（一八二二）十一月建立　定飛脚問屋　京都江戸大阪（商標）三店　発起　心相禅門」、東面に「願諸来者入重玄門」とある。京都・江戸・大坂を往復する飛脚の無事を祈ったものだろう。小関越はここから東北に向かい、三井寺へ出る近道である。また、三井寺は西国三十三所観音巡札の第十四番札所で、第十五番札所の今熊野観音寺への観音巡札道でもあった。

逢坂越

逢坂越は、都と東国・北国を結ぶ東海道・東山道・北陸道の三街道が集中する交通の要衝だった。

東海道は、京都三条から逢坂峠（一六〇メートル）を越えて大津市札ノ辻に入った。この峠は、古代～近世を通じ、都の東の関門に当たり、平安期の逢坂関（『日本紀略』）は有名であり、三街道の貨客が集中して通過したわが国最大の往還路であり、ここから京都・伏見・大阪・奈良へと越えた。近世、大津の港からの米などは、峠の急坂に車石を敷いて越えている。

「三井寺観音道」道標

「逢坂」は、相坂、合坂とも書く。坂路は、北は比叡・比良の山並みに、南は音羽山に連なる鞍部である。逢坂の名の起こりとして、『日本書紀』神功皇后摂政元年三月五日条に、神功皇后の命により忍熊王《おしくまのみこ》討伐に向かった武内宿禰が「精兵《ときつはもの》を出《いだ》して之を追《つい》ふ。適《たまたま》逢坂に遇ひて破りつ。故《かれ》其処を号けて逢坂と曰ふ」とある。伝承にすぎないが、吉田金彦は「オウサカはアフサカで坂に出会うという意味」（『京都滋賀古代地名を歩く』京都新聞社、一九八七）という。

さらに『日本書紀』大化二年（六四六）正月一日条に「北は近江狭々波合坂山より以来を、畿内国《うちつくに》と為す」

と畿内の北境に定めた（実際は、この時ではなく後の天武朝頃だともいう）。

逢坂関は平安期には鈴鹿関・不破関とともに三関をなした（奈良時代は愛発・不破・鈴鹿三関）。延暦十四年（七九五）八月十五日、「相坂剗《せき》」を廃したことが『日本紀略』に見えるが、ただ、その設置の時期は不明。弘仁元年（八一〇）九月薬子の乱には、都の騒動によって伊勢・近江・美濃の三関を固めたとあり、軍事的要衝として、愛発に代わり近江の相坂関が三関に加えられている。

相坂関が明確に設置されたのは、天安元年（八五七）四月二十三日で、『文徳実録』に「近江国相坂・大石・竜華等三処に関剗《かんさん》を始めて置く。国司、健児（兵士）等を分配してこれを鎮守す。唯相坂是古昔之旧関也」とある。関剗とは、京師防衛のために設置された国家的重要拠点である「関」と、地域支配の必要性に基づき国司によって設置された往来の検察施設である「剗《せき》」の二重構造をいう。逢坂関の剗は脇街道の小関越に設けられたという。

逢坂越は、文学にもよく登場する。『万葉集』巻第六に、「夏四月、大伴坂上郎女の、賀茂神社を拝み奉りし時に、便《すなはち》相坂山を越え、近江の海を望み見て」とある。

清少納言『枕草子』一三六段（三巻本）にも「夜をこめて鳥のそらねをはかるともよに逢坂の関は許さじ。

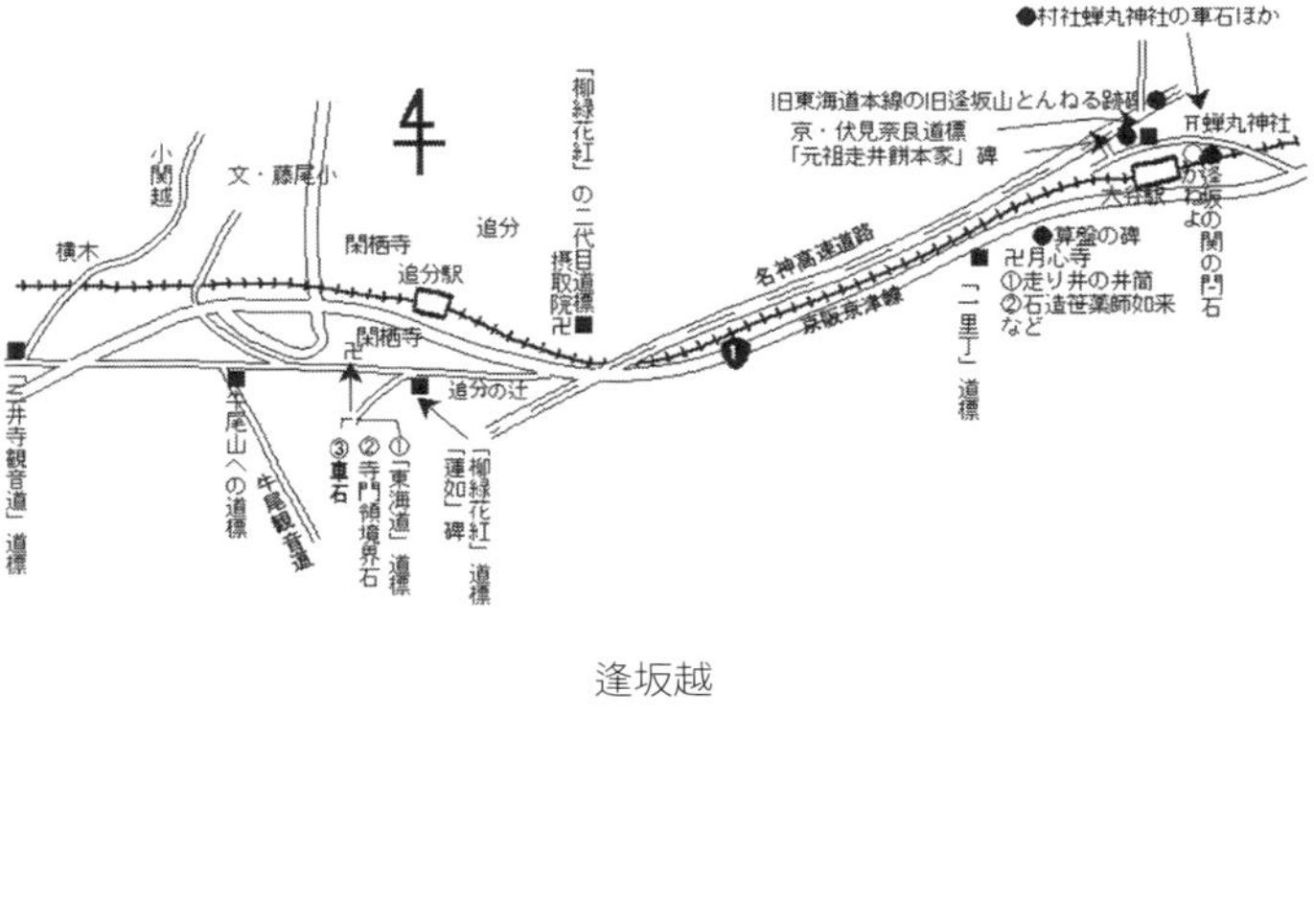

逢坂越

心かしこき関守侍るめり」（深夜にまだ鳴きもせぬ鶏の虚鳴に―函谷関の関守は欺かれて通すとも―男女相逢うというのは逢坂の関では関守はゆるしますまい）とある。

蝉丸も『後撰集』（巻第十五雑一）に「これやこの行くも帰るも別れては知るも知らぬも逢坂《おうさか》の関」（行く人帰る人もここで何度も別れ、知っている人も知らない人もここで何度も逢うとい逢坂の関なのだなあ）と詠んでいる。いずれも「逢う」を掛け詞として使われ、別離や出会いの感嘆が詠まれた。

この逢坂の関は、京阪京津線大谷駅の北方、国道一号沿いの逢坂山関趾の記念碑付近に比定される。しかし、この記念碑の位置は、崖が道に迫り関屋の場所として不相応で、関屋がどこにあったか、未だにはっきりしていない。一応は今の大津市上片原町のあたりという。

なお、江戸時代は街道沿いに、逢坂山名物「算盤、縫い針、大津絵、餅」などの店が軒を連ね賑わった。

閑栖寺の石碑（大津市横木一丁目）

小関越道標の先で国道一号線が交差するので、左の歩道橋を渡り、旧東海道を進む。旧東海道の左手に「藤尾小学校跡」の碑を過ぎると左側に鼓楼門を構える閑栖寺が見える。放光山閑栖寺は真宗大谷派の寺院。天文二十三年（一五五四）、美濃国出身の佐藤某（釋西

東海道道標

閑栖寺

向）が大津市追分町に浄土真宗・本願念仏の追分道場を開く。元和六年（一六二〇）現在地に移転、寛永十六年（一六三九）に寺号「閑栖寺」とした。元禄のころ焼失したが、長屋門の上に太鼓楼のある独特の山門は、元文三（一七三八）年に完成したもの。

街道に面した門前に立つ「東海道」道標が立つ。高さ七四×幅一八×奥行一五センチ。また、境内には、折損した「蓮如上人」道標の上部が仮置かれていたが、もとの東へ八〇メートルの追分の辻（奈良街道分岐点）にもどされた。

①寺門領境界石

閑栖寺の庭には寺門領境界石が建っている。「寺門」とは延暦寺の「山門派」に対する園城寺（三井寺）の通称なので、園城寺の境界を示す傍示石として近くに置かれていたものである。高さ一一一×幅二四×奥行二四センチ。碑文に正面に「従レ是（これより）西寺門領」（左面も同文）と刻む。

寺門領境界石

②車石

山門の前に「東海道」道標の傍に「車石」、車のわだちを刻んだ花崗岩の切石がある。また境内には車石道が展示されている。車道と人道に分かれていて京都に向かって右側に車道があり、左側は人や馬が通ったという。逢坂越の東海道には牛車通行のために「車石」が敷設されていたが、明治期に撤去された。「車石・車道研究会」（会長・佐藤賢昭）が牛車道を再現した。

江戸時代の後半、文化二年（一八〇五）には、京都の心学者脇坂義堂が、一万両の工費を投じて、大津八町筋から京都三条大橋に至る約三里（約一二㌔）に車石を敷きつめたといわれるが、その始まりについては、諸説があるようだ。工費については、同研究会によると、義堂が懇意にしていた近江の豪商・中井源左衛門と分家の中井正治衛門から七百十両二歩を幕府に上納したという。また蹴上から日岡峠に至るまで十基の常夜灯を寄進した（「京都民報」連載「車石⑧」二〇一五・六・二八付）。旧東海道の大津—京都間に五〜六万個の車石があった。なお、「車石」は後世の用語で、昭和初期に使われ出した。江戸時代は単に「敷石」と呼んだ。

車石

「柳緑花紅」道標・「蓮如上人」道標（大津市追分町）

閑栖寺先の追分の辻で道は南へ分岐する。この辻は伏見・奈良街道の始点となり、西方向の東海道を進めば京都へ、南下すれば醍醐を経て六地蔵に至る。

追分の由来について、『山州名跡志』は「追分　或は負別に作る。十禅寺（四ノ宮泉水町）東の辻を云ふ。此辻東は大津、南は伏見、西は京師に到る也。旅人の乗馬、及び万物運送の牛馬、此に於いて往き分かるる故也」と記す。

寛政九年（一七九七）刊行の『伊勢参宮名所図会』挿画（大津・追分）にも、この辻が高札場として描かれ、「札場の傍に柳緑花紅の標石あり」と記し、二本の道標が立っている。

今日、二基とも自動車が衝突して何度も破損し、平成二十七年（二〇一五）六月に修復された。両側に侵入防止用のクッションドラムが置かれている。

右の道標は高一一四九センチ×幅二五×奥行二五センチ。碑文正面に「みきハ京ミち」、右面に「柳緑花紅　法名未徹」、左面に「ひたりハふしみみち」、背面に「昭和廿九年（一九五四）三月再建」と刻む。

「柳緑花紅」は「柳は緑、花はくれない」と読み、唐の詩人蘇軾《そしょく》（蘇東坡とも）が詠んだ詩の一節である。これは自然は自然のままの姿であることを意味し、建立者は、自然の理と美しさを表わすために詩を引用したのであろう。この道標は紀年銘が無いが、法名未徹の銘のある道標が宇治市乙方にあり、「元禄七年（一六九四）」の紀年銘があるので同時期のものだろう。

歴史的価値のある道標のため、保存のため何度もレプリカが造られた。初代は最近まで大津の琵琶湖文化館前にあったが、現在は安土歴史博物館に移転している。二代目の複製も自動車が衝突して破損したため、現在は摂取院に置かれている。昭和二十九年（一九五四）に、今の三代目が再び自動車事故で破損したが再建された。歴史的文化財を大切にする地元の熱意が伝わる。

左の道標は、正面に「蓮如上人御塚道」、左面に「是より十町」、右面に「明和三年（一七六六）正月丙」とある。高さ一三四×幅二四×奥行二三センチ（□内の文字は、出雲路敬直著『京のしるべ石』、京都市歴史資料館「京都の

追分の辻

追分の辻・伊勢参宮名所図会

いしぶみデータベース」参照)。

蓮如上人御塚は、ここから二・八キロ西南西の蓮如上人御廟所（西野大手先町）のことで、山科中央公園の東にある。「十町（一〇九メートル）」以上あるので、この道標は、もとは、左の「伏見道」（府道三五号線）を下り、国道一号線を越えた次の辻あたりだろう。そこに「牛尾山道」道標（音羽稲芝町）があり、同じ「明和三年正月」の建立である。距離も廟所まで「十町」である。江戸期にすでに移動したのだろう。この辻は渋谷越、本願寺山科別院・東本願寺山科別院に通じた。

月心寺の石造遺品（大津市大谷町）

月心寺はもと「走井茶店」として、歌川広重の浮世絵木版画「東海道五十三次」にも描かれているが、近代に入って荒廃した。大正三年（一九一四）頃、日本画家・橋本関雪が別邸とし購入し、関雪の死後、昭和二十年（一九四五）に瑞米山月心寺と号し臨済宗単立寺院となっている（拝観は予約、二〇〇〇円）。

『伊勢参宮名所図会』には、境内に湧水があふれる名泉「走井」井筒、石造笹薬師如来堂、小野小町百歳堂などが描かれていて保存されている。

月心寺

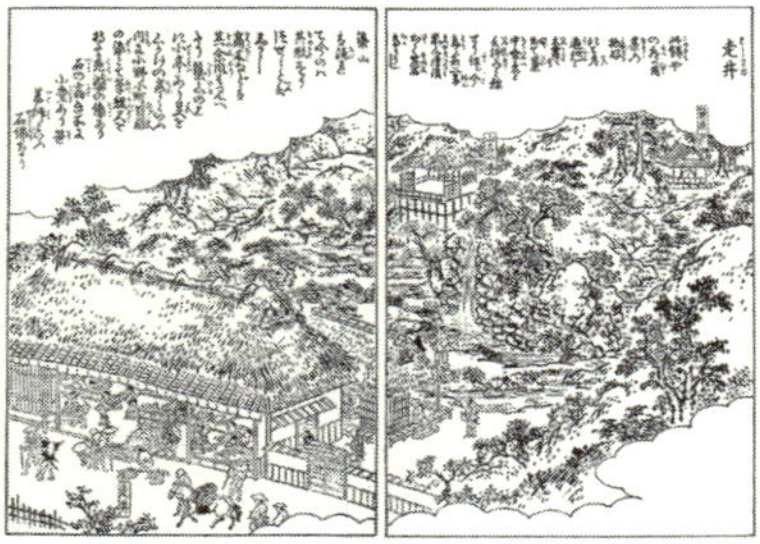
走井茶屋

走り井は平安時代から逢坂の関とともに歌枕とされ多くの和歌が詠まれた。

「走り井の程をしらばや相坂の関引き越ゆる夕かげの駒」（清原元輔・『拾遺集』雑秋）（どのように走り井のあたりを通り過ぎてゆくのか、知りたいものだ。ゆうひの光を浴びて、逢坂の関を引き越える馬が）

「逢坂の関とは聞けど走り井の水をばえこそとどめざりけれ」（藤原基経・『後拾遺集』）（清水が走るように勢いよく湧き出ていて旅人ののどを潤した）

『枕草子』にも「井は、ほりかねの井、玉の井、はしり井は逢坂なるがをかしきなり」、『蜻蛉日記』（藤原道綱の母）には「走り井には、これかれ馬うちはやして先立つもありて、いたり着きたれば、先立ちし人々、いとよくやすみ涼みて、心ちよげにて、車かきおろす所に寄り来たれば…」と、筆者が「関の清水」で一服した様子が描かれている。

算盤《そろばん》の碑（大津市大谷町）

月心寺から一軒先には「大津算盤の碑」が建っている。高さ一一七×幅二〇×奥行二〇センチ。碑文によると、大津算盤は、慶長十七年（一六一二）に追分の住人片岡庄兵衛が長崎で明人からそろばんを習い、帰郷後日本人に合うよう改良し、江戸幕府から「御本丸勘定方御用調達」に任命され算盤の家元となり、制作方法の伝授・価格の決定等を一任された。大津算盤は街道沿いに大津絵、縫い針、餅と並んで売られ、街道土産として珍重され、全国に広まっていった。江戸時代には「算盤といえ

算盤の碑

ば大津、大津といえば算盤」というほど大津の算盤は全国に名を馳せたが、明治になって算盤業者のもっとも密集していた地域が鉄道開通に伴う立ち退き等の影響を受け、廃れた。

大津市歴史博物館には江戸時代の算盤や制作道具が展示され、園城寺には算盤顕彰碑が建っている。現代のものと異なり、上玉二ツ、下が五ツ玉である。

「元祖走井餅本家」碑（大津市大谷町）

月心寺の先から旧東海道が国道から分岐するので、京阪電車大谷駅の手前で歩道橋に上がり国道と京阪京津線の線路を跨いで北側の旧街道に出る。

京阪大谷駅へ行く街道沿いの入口の民家の前に「元祖走井餅本家」と刻んだ石碑（高一三一×幅二四×奥行二三チセン）が建ち、走井餅茶屋跡を示す。

走井餅は江戸時代中期の明和元年（一七六四）に大津で創業、湧水「走井」と近江の米を用いて、初代井口市郎右衛門正勝が飴餅を作ったことに始まる。

刀の荒身を模した独特の餅は、平安時代の刀鍛冶・三條小鍛冶宗近が走井で名剣を鍛えたという故事にちなみ、剣難を逃れ、開運出世の縁起を担いだものと伝えられている。歌川広重の浮世絵「東海道五十三次大津」にも走り井茶屋が描かれた。明治・昭和期の俳人高浜虚子も「真清水の走井もちを二つ食べ」と一句詠んでいる（歌碑は月心寺にあり）。

明治四十年（一九〇七）には八幡の石清水八幡宮前にも店を出した。

「元祖走井餅本家」碑

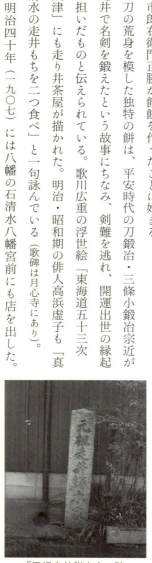

しかし、鉄道開通により峠越えの旅人も少なくなり、昭和の初めに本家は廃業した。

村社蝉丸神社の車石（大津市大谷町）

この先の北側には蝉丸神社が鎮座する。祭神は、蝉丸大神と猿田彦命。蝉丸大神は音曲を始めとする諸芸道の祖神、猿田彦命は街道の守護神として信仰される。

由緒碑によれば創祀は天慶九年（九四六）で、主祭神の蝉丸が音曲芸道の祖神と仰がれたことから諸芸能を生業とする人々に崇敬され、それら人々の興業には当神社による免許が必要とされたという。万治三年（一六六〇年に現在の社殿が造られた。蝉丸の歌「これやこのゆくもかへるもわかれてはしるもしらぬもあふさかのせき」を付す。

なお旧東海道逢坂峠には蝉丸の名称を持つ神社が三社鎮座する。一社は逢坂二丁目（旧上片原町）の関蝉丸神社上社、もう一社は上社より三百㍍大津よりの旧関清水町に坐す関蝉丸神社下社である。

蝉丸神社

①車石

境内には江戸時代に逢坂峠に敷設されていた「車石」（敷石）の一部が保存、展示されている。

江戸時代の中期、安永八年（一七七九）には、東海道は牛車だけでも年間一万五〇〇〇余輌の通行があった。

逢坂峠は日ノ岡峠とともに通行の難所だった。文化二年（一八〇五）京都の心学者・脇坂義堂は、大津八町筋から京都までの約十二キロの間に牛車専用通路として、車の轍を刻んだ花崗岩の切石を敷き並べ牛車の通行に役立てた。これを「敷石」と呼んだ（大津市藤尾学区自治連合会・解説板）。『東海道名所図会』挿画（逢坂山・関明神・蝉丸祠）に人馬道と一段低い車道が描かれている。

「大津絵販売之地」碑（大津市大谷町）

「かねよ」の東、旧東海道が国道一号線との交流点に「逢坂の関記念公園」がある。その手前には新しい「大津絵販売之地」碑が建っている。高さ一四六×幅三〇×奥行二〇センチ。

正面に「此の付近（逢坂関跡）／大津絵販売之地　浜大津はん六／二代目六兵衛（絵）」とある。平成二十五年正月に四代目六兵衛が建てた。

逢坂の関では走井餅や算盤と並んで大津絵が旅人の間に人気があった。大津絵とは、江戸初期東海道五十三次の大津の宿場（大津の追分、大谷）で軒を並べ、街道を行き交う旅人等に縁起物として神仏画を描き売ったのがその始まりである。

碑は浜大津の印鑑店「ハン六」の二代目松室六兵衛が明治時代にこの地で大津絵を刷って売りさばいていたことを示す。

「大津絵販売の地」碑

蝉丸神社車石

「逢坂の関記念公園」の石碑・石塔（大津市大谷町）

大谷の集落を過ぎ旧街道と国道一号線の合流地点に、平成二十一年（二〇〇九）、逢坂の関跡近くに「逢坂の関記念公園」が整備された。休憩室の隣りに、実際に使用された「車石」（敷石）が埋め込まれている。

①蝉丸・三条右大臣・清少納言歌碑

公園西側には、逢坂の関や逢坂山を詠んだ歌碑が三つ並ぶ。左端は蝉丸の歌碑（高六三センチ）。「是れやこの行くもかへるも別れては知るもしらぬも逢坂の関」（『後撰集』雑一・一〇八九）――これがあの、京から出て行く人も帰る人も、知り合いも知らない他人も、皆ここで別れ、そしてここで出会うという有名な逢坂の関なのだなあ――。

中央は三條右大臣の歌碑（高九〇センチ）。「名にしおはば逢坂山のさねかづら　人に知られでくるよしもがな」（三条右大臣『後撰集』恋・七〇一）――恋しい人に逢える「逢坂山」、一緒にひと

逢坂の関記念公園

蝉丸・三条右大臣・清少納言歌碑

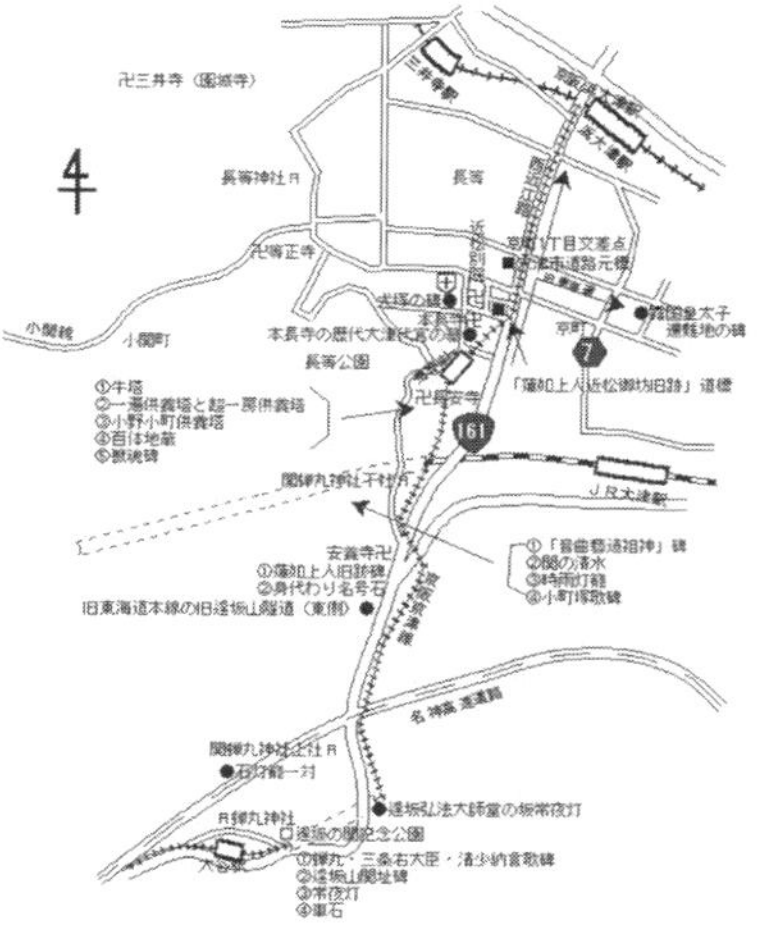

逢坂山

夜を過ごせる「小寝葛（さねかずら）」、その名前にそむかないならば、逢坂山のさねかずらをたぐり寄せるように、誰にも知られずあなたを連れ出す方法があればいいのに――。

右端は清少納言の歌碑（高八七㌢）。「夜をこめて鳥の空音ははかるとも　世に逢坂の関はゆるさじ」（『後拾遺集』雑・九四〇）――夜がまだ明けないうちに、鶏の鳴き真似をして人をだまそうとしても、函谷関ならともかく、この逢坂の関は決して許しませんよ（あなたには絶対逢ってあげませんよ）――。

②逢坂山関址碑

「逢坂の関記念公園」東端、国道一号線沿いに逢坂山関址碑と常夜灯が建っている。前者の碑は高さ二・三五㍍で、正面に「逢坂山関址」、右面に「昭和七年（一九三二）五月建之、滋賀県知事新庄祐次郎書」と刻む。平安時代、弘仁元年（八一〇）不破・鈴鹿と並ぶ三関の一つ逢坂関が置かれ、平安京の非常時には固関使《こけんし》が派遣され、兵士が警固にあたった。

京津国道（現国道一号線）改修工事が昭和六年から八年にかけて行なわれた、この工事により、逢坂峠頂上の勾配は四メートルほど切り下げられて、道幅も十一㍍に拡幅した。碑はこの時に建立された。ただし、関の所在地は定かではなく、現在逢坂一丁目長安寺付近にあった関寺の近くであったともいう。

逢坂山関址碑

③逢坂常夜灯

関址碑の左隣に大きな常夜灯が建っている。高さ約二㍍。正面に「逢坂常夜燈」、左面に「施主　大津／米屋中」、右面に「旹《じ》（時の異体字）寛政六年／甲寅十一月建之　願主（下部に北国屋仁兵衛他三名の名前）」。

寛政六年（一七九四）に大津の米屋中が建てた。同年建立の同じ常夜燈が、逢坂山大師堂前に立っている。かつては、東海道筋に、このような常夜燈が何基も立ち、旅人の足元を照らしていた。

逢坂弘法大師堂の逢坂常夜灯（大津市逢坂一丁目）

旧街道は逢坂の関跡（「逢坂の関記念公園」）からは国道一号線に合流し、峠を過ぎたところに常夜灯が建ち、その向こうは逢坂弘法大師堂である。大師堂前には「弘法大師御旧蹟」碑（高一六九㌢）が立つ。

手前の常夜灯は逢坂関跡のものと同様、正面に「逢坂常夜灯」、右面に「施主　大津／米屋中」と刻み、高さ二・四二㍍。「車石」を台石にしている。左面に「寛政六年（一七九四）十一月建之」とあり、北国屋仁兵衛ら三名の大津の米屋中が建てた。

大津米屋中が奉納した東海道の常夜灯は、逢坂関とこの大師堂前の他に琵琶湖文化館前に移転したものの合計三基が確認されている。琵琶湖から運ばれて来た米は大津で陸揚げされ京都へ届けられた。常夜灯に名

逢坂弘法大師逢坂弘法大師堂

弘法大師堂常夜灯

前の見える北国屋仁兵衛ら大津の米屋たちは、米を逢坂峠を越えて運ぶことで大きな利益を得ていたので、常夜灯を寄進し、油代などの維持管理費も負担した。

旧東海道本線の旧逢坂山隧道（東側）（大津市逢坂一丁目）

上社手前の横断歩道を渡っていったん国道の東側（右側）の歩道を歩く。名神高速道路の下を潜って進むと、道は西近江路（国道一六一号線）と東海道（国道一号線）に分岐する。旧東海道は左の道をとる。

すぐ、左手の細い道の入口に「ようこそ大津へ」と書かれた標識。登っていくと旧東海道本線の旧逢坂山隧道東側入口がある。西側入口は碑が建っているだけだったが、東側の入口には石積みトンネルが残っている。

二つのトンネル入口が並んでいるが、左側が単線時代に造られた最初の隧道で、右側は複線化により掘削された隧道である。左の隧道は入口付が鉄道記念物、奥は京都大学防災研究所附属地震予知センター逢坂山観測所として利用されている。

明治十三年（一八八〇）大津—京都間に完成した

旧逢坂山隧道(1)

旧逢坂山隧道(2)

逢坂弘法大師堂

全長六六四㍍のトンネル工事は、イギリス人の指導を受けたが、日本人の手によって完成した日本最初のトンネルであり、鉄道記念物になっている。大正十年（一九二一）の路線変更により、現在は東口のみが残る。トンネル入口上部には、太政大臣三条実美揮毫による「楽成頼功」の扁額が掲げられている。

安養寺の石碑・石塔（大津市逢坂一丁目）

すぐ先に安養寺がある。安養寺は逢坂山安養寺と号し、浄土真宗本願寺派に属す。本尊は行基作の阿弥陀如来坐像で重要文化財に指定。貞観三年（八六一）円珍が開基と伝え、当初は天台宗寺門派に属し三井寺円満院の南別所であったが、明治時代に現宗派に改めた。古くは関寺とも呼ばれた。

①蓮如上人旧跡碑

門前の碑は、正面に「円満院宮祈祷所／三井寺南別所　蓮如上人旧蹟」、左右面に「れんにょ上人みやうかう世紀（名号石）」と刻む。高さ一六二×幅二四×奥行二二㌢。

②身代わり名号石

本殿に安置されている寺宝「身代わり名号石」（高約一八〇㌢）は、蓮

安養寺

安養寺・蓮如旧石碑

如についての次の伝承がある。寛政六年（一四六五）、京都大谷の本願寺を山門派により焼き払われた蓮如上人は大津へ逃れたが、逢坂山を越え、安養寺の付近に来た時、追っ手の僧に襲われ、長刀で切りつけられた。上人は門前にあった石の後ろに身を隠すと、石は振り下ろされる長刀にあわせて、右左と傾き、蓮如を守ったという。後に、蓮如が「無《む》礙《げ》光《こう》如来」の五文字を刻んだという（名号石の撮影許可を頂いた）。

また、木像立聞観音像がある。近くの庵で歌人蝉丸が夜ごと美しい琵琶の音色を奏でていたが、その後ろに、何時からか一人の僧侶が立つようになった。修行に通っていた歌人で管絃の名手源博雅が、いぶかって、曲を聞き終わったら立ち去る僧侶をつけてみると、僧侶は安養寺の観音堂の中に姿を消したという。立聞観音の名は、この故事に由来している（『蓮如上人旧跡安養寺誌』）。観音堂は元亀二年（一五七一）織田信長の比叡山焼討ちにより焼失したが、後に、伊達政宗が再建した。拝観は要予約。

関蝉丸神社下社の石碑・石塔（大津市逢坂一丁目・旧関清水町）

安養寺から二〇〇㍍ばかり進むと関蝉丸神社下社が鎮座する。関蝉丸神社下社の創始は国境を守る道祖神として創建されたが、祭神は食物の神、豊玉姫命であった。後に管絃の神として蝉丸の霊を併せて祀った。別名・坂脚の社、関

安養寺身代わり石

関蝉丸神社下社

清水大明神蝉丸宮。主祭神は豊玉姫命。合祀・蝉丸。

同社は元来「逢坂山の関の明神」であったことが、『万葉集』（巻十三）に見え、〝関の神〟〝手向けの神〟として古代から厚い信仰をうけていた。『日本三代実録』貞観十七年（八七五）十二月五日条に、近江国で「坂神」として朝廷から従五位下を授けられたのは、同社のことと考えられている。

①「音曲藝道祖神」碑

国道一六一号沿いに、管絃の神として蝉丸の霊を祀る「音曲藝道祖神」碑（高さ一九〇×幅二九×奥行二一㌢）が建っている。大正二年（一九一三）五月建立。

②関の清水碑

境内に石組に囲われた泉があり、「せきの志ミ川（つ）」碑（高一三七×幅二〇×奥行一八㌢）が立つ。大正二年（一九一三）五月、船屋又兵衛・松村家内中が建立した。

「関の清水」とは逢坂の関近くにあっ

「音曲藝道祖神」「音曲藝道祖神」碑

関の清水碑

関の清水

た清水のことで、歌枕として古来歌人が和歌に詠んでいる。右傍に紀貫之が「逢坂の関の清水にかげ見えて今やひくらん望月の駒」と和歌に詠んだ歌碑（高九五センチ）がある。なおこの下社の清水の石組は後年に造られたもので、歌枕の関の清水のはっきりした場所はわかっていない。

③時雨灯籠

本殿の左側に「時雨燈籠」の名称で知られる六角形の石灯籠があり、柵に囲まれて立っている。

説明板によると、高さは二四一センチ。六角形基礎には単弁の蓮華座を彫り、その上に立つ竿の中ほどに蓮華と珠紋帯をつくり、六角形の中台には花入単弁の蓮華が彫られている。六角形の火袋は簡素なもので、火口を一ヶ所と小さな丸窓を設け、壁面も上部だけ蓮子を彫っている。六角形の笠も薄く、蕨手はよく古風をとどめている。最上部の宝珠と請花は後補。紀年銘はないが、鎌倉時代の特色をもつ。古式灯籠の中では最古級のもの。昭和三十七年（一九六二）六月に国の重要文化財に指定された。

時雨灯籠

長安寺の石碑・石仏（大津市逢坂二丁目）

関蝉丸神社下社を出て東海道線を渡り、春日町交差点手前の角を左折、京阪京津線の線路を越えると長安寺である。菅原孝標『更級日記』で有名な関寺の跡地に、一遍上人が中興した時宗の寺院である。本尊・阿弥陀如来、時宗で山号は松月山。

平安時代の日本三大仏のひとつ関寺大仏があった大寺であった。謡曲『関寺小町』に出てくる関寺跡とされる（世喜寺とも書く）。『更級日記』（春秋のさだめ・長久三年―寛徳二年）にも関寺が登場する。石山寺詣での途中、逢坂の関にさしかかり、「関寺のいかめしう造られたるを見るにも、そのをり、荒造りの御顔ばかり見られしをり思ひ出でられて、年月の過ぎにけるもいとあはれなり」とある――関寺の豪華に建立されているのを見ても、あの時仏像の荒造りなお顔ばかりが見受けられたことを思い出されて、年月の過ぎてしまった事に感慨を覚えてしまう――という意である。

また、関寺は小野小町が庵を築いたとも伝わる。慶長五年（一六〇〇）京極高次が、関寺の門を固めて逢坂の通行を塞ぎ、大津城に籠城した際、西軍によって放火されて焼失、明治時代に長安寺として堂宇が建立された。

長安寺

①牛塔

参道沿いに立つ「関寺の牛塔」と呼ばれる石造宝塔は、国指定の重要文化財に指定されている。関寺の建立時に現れた霊牛を供養するための牛塔である。

高さが三・三㍍あり、花崗岩製。基礎は八角、塔身の平面は円形、笠

長安寺牛塔

は六角、日本最古・最大の石造宝塔である。

『栄花物語』（嶺の月）、『今昔物語集』（巻十二第二十四話・関寺駈牛迦葉仏化語《せきでらにつかふぎゅうかしょうぶつにけしたる》）に霊牛譚が載る。関寺が天延四年（九七六）の地震で大破、恵心僧都が再興した折に、資材の運搬に一頭の牛が見事な働きをした。牛は迦葉仏（釈迦以前に出現した仏）の化身だという霊牛の噂が立ち、時の権力者である藤原道長まで拝みに来たという。その死後、その供養のために造立されたという。

『無名抄』では、鴨長明が鎌倉時代初頭の「建暦（一二一一〜）の初の年十月廿日余りのころ、三井寺へゆく…関寺より西へ二、三町ばかりゆきて、道より北の面に少し立ちあがれる所に、一丈（三メートル）ばかりなる石の塔あり。その塔の東へ三段ばかり下りて窪なる所は、すなはち昔の関の清水の跡なり」と、この石塔を見たと記している。石仏研究家の川勝政太郎は平安末期の造立という（川勝政太郎『近江　歴史と文化』一九六八）。

②一遍供養塔と超一房供養塔

長安寺の裏山には一遍供養塔（高一四二センチ）が建っている。石造遺品の残欠を寄せ集めたものである。国宝『一遍上人伝絵巻』（巻第七）には、鎌倉時代の弘安七年（一二八四）、遊行僧一遍上人が大津の関寺、京都の四条道場、市屋道場などを巡りながら、念仏を唱え、札を配って布教する様子が描かれている。関寺は一遍上人が留錫《りゅうしゃく》したことから時宗となり、浄土念仏道場となった。

傍に超一房供養塔（高八一センチ）がある。平成十四年（二〇〇二）先代住職により建立されたという。国宝『一遍聖絵』（一遍上人伝絵巻）によると、一遍上人

長安寺小野小町供養塔

が遊行の旅に出た際に同行者三人のうちの一人が超一房で、一遍上人と時衆が関寺逗留中に超一房が亡くなった。そのため供養塔が建立されたという。一遍上人の妻だという。

③小野小町供養塔

長安寺の裏山には小野小町供養塔（高一一六㌢）が立つ。石造遺品の残欠を寄せ集めたものである。小野小町は百歳を越えてこの辺りに隠棲したとの説がある。謡曲「関町小町」は、老衰した小町が風雅で上品な気質のある優秀な歌人として描いた老女ものである。

あらましは、ある年の七月七日、近江国関寺の住職が稚児をつれて山陰に住む老女の許へ歌物語を聞きに行った。老女は僧に請われるままに歌物語を始めた。その言葉の端から彼女が小野小町であることが分かった。小町は、わが詠歌を引いて昔の栄華を偲び、今の落魄を嘆いた。寺の七夕祭りに案内された小町は、稚児の舞に引かれて我を忘れて舞った（謡曲史跡保存会説明板より）。

④百体地蔵

長安寺の境内には中世の石造遺品が集められ、百体地蔵と呼ばれている。元亀二年（一五七一）の織田信長による比叡山焼き討ちによって殺された犠牲者

一遍供養塔

長安寺百体地蔵

の供養石仏で、比叡山麓に埋もれていたものを昭和三十五年（一九六〇）に長安寺へ移したという。近年石仏を固めたセメントの劣化がひどいので、背後の崖を整地して再配列するという。

⑤獣魂碑

昭和二年（一九二七）十一月に大津周辺の家畜商や食肉商により建てられた。高さ一六六㌢、「獣魂碑」と刻む。近江牛は江戸初期より将軍家に献上した長い歴史があり、昭和初期には全国的に近江牛の肉質が最高であると認められたことにちなむ。

犬塚の碑（大津市逢坂二）

長安寺を過ぎ、御幸町交差点を左折し京津線を渡って、大津赤十字病院の南東角に巨大な欅の老木があり、犬塚碑（高一四三×幅六五×奥行二八㌢）が立つ。

蓮如が迫害から逃れ大津にいたとき、誰かが蓮如を殺そうと食膳に毒をもった。この時、彼の愛犬がそれを察知し、身代わりに食べて死んだ。蓮如は供養のため犬を手厚く葬り、その地に欅《けやき》が植えられた。欅は幹周三・八㍍、樹高一〇㍍、樹齢約六百年、大津市指定文化財。

長安寺獣魂碑

犬塚碑

露国皇太子遭難地の碑（大津市京町二丁目）

京町一丁目交差点を東へ向かうと、県道七号線を越えた一筋目の右手角に大津事件跡碑（高一〇八×幅二一×奥行一八㌢）が立っている。昭和四十五年（一九七〇）十月、村田里山による建立。

明治二十四年（一八九一）五月十一日、来日中のロシア皇太子ニコライが琵琶湖観光を終えて帰る途中、警備中の巡査津田三蔵にサーベルで斬られ負傷した大津事件の現場がここである。事件発生時にはロシア帝国艦隊が神戸港に停泊中だった。日本政府は、ロシアの報復を恐れて犯人の死刑を主張したが、大審院（最高裁判所）は刑法の殺人未遂の適用を主張し、結果は無期徒刑（旧刑法、無期懲役）となった。司法権の独立を維持した画期的なものであった。三権分立の意識を広めた近代日本法学史上重要な事件とされる。

露国皇太子遭難地の碑(1)

露国皇太子遭難地の碑(2)

6、渋谷越《しぶたに》（五条通）

五条大橋から馬町を経て東山を越え山科へ入る峠道。別称が渋谷街道、瀋谷《しるたに》、滑《しる》谷。清閑寺池田町にあった渋谷町に因む。小松谷付近までは馬町通ともいい、現五条バイパスの南側を走る。『出来斎京土産』巻三に、「滑谷《しるたに》水絶ず。常に旱《ひ》あがる時なき故に、ここを滑谷とはいふならし」とある。「渋」は湿地を意味する。一帯の山地が湿地帯であった。当街道の北にある清水音羽川がこの湿地帯を形成した。

『山城名跡巡行志』に「汁谷越《しるたにこえ》　又瀋《しる》谷とも。亦苦集滅道と云ふ。同橋（五条橋）より御陵村に至る。清閑寺・北花山・辻之奥村（厨子奥）を歴る。又、此路、花山・栗栖野・勧修寺・小野を歴て醍醐に至る」と載る。

苦集滅道は、室町時代の国語辞書『下学集』に「洛陽東山清水寺南、清閑寺の麓也。三井（寺）開山の教待和尚が城南山崎の別業へ往くと欲し、此地を経るに及《いた》ると、其の木履《きぐつ》が響鳴し、苦集滅道の音となし、奇異の事也。是により、その後関東へ左遷される人、また、此道を経る時は、必ず四諦《したい》の法を観る故に、此道を苦集滅道と云ふ也」と載る。苦・集・滅・道とは釈迦が最初の説法で説いた四つの真理（四諦《したい》）をいう。苦とは生老病死を指し、集とは、その原因、滅とはその原因を滅するこ

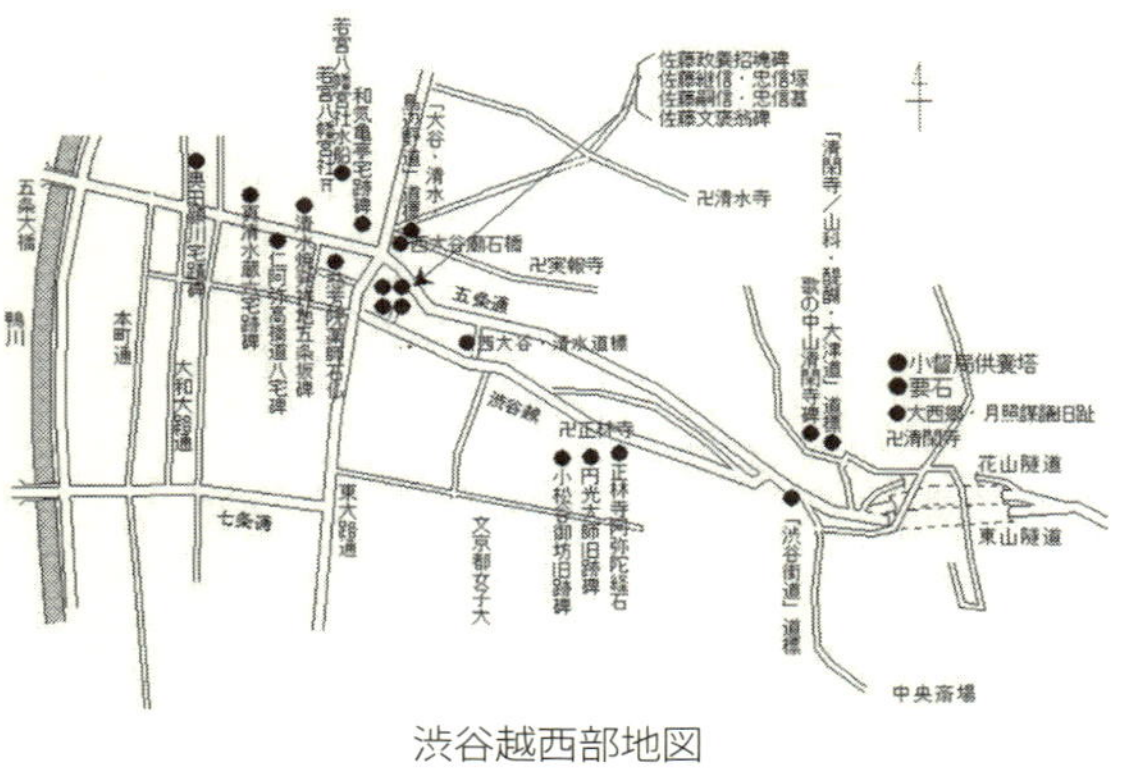

渋谷越西部地図

と、そうして道はそれを行ずる意。諦とは真理の意味で、人生問題とその解放に関する四つの真理をいい、四諦は、苦があるから苦を対処してさとりを得ようとする考えである。『山州名跡志』は、左遷者がこの道を通れば、罪障を懺悔する縁となし、都の便があるからだという。『保元物語』（鎌倉初期）では「久久目路《くくめじ》」と言い、東国へ出る最短の距離であった。鎌倉幕府が六波羅探題を東山の麓に設けてから、京への東の入口で、軍事上の拠点でもあった。

明治に入って、東山に花山洞（トンネル）が穿たれた。昭和四十二年には国道一号（五条バイパス）の東山トンネルが花山洞の南側を通って敷設された。

清水焼発祥地五条坂碑（東山区五条通東大路西入北側・若宮八幡宮前）

五条坂や茶碗坂は清水焼発祥の地で、起源には諸説あるが、清水焼が作られるようになったのは、室町時代、茶碗屋久兵衛が五条坂一円で金、赤、青の彩色した陶器を作り、「清水焼」の名を冠したことからといわれる。長い歴史の中で、多くの清水焼名陶工を輩出した。この通り付近には、清水六兵衛宅はじめ名陶工の旧宅などが並ぶ。清水寺の境内には、清水焼の祖・野々村仁清と、仁清に師事した尾形乾山《けんざん》（兄は画家の尾形光琳）の顕彰碑が建立されている。（Ⅲ西山「陶工・野々村仁清の墓」、「尾形乾山宅・乾山陶窯跡地跡の碑」参照）

若宮八幡宮社の鳥居前に、五条坂陶栄会が建立した発祥地碑は高さ一九七×幅四五×奥行二四チセン。碑文南面に「清水焼発祥之地／五条坂」、西面に「七

清水焼発祥地五条坂碑

代／清水六兵衛書」、北面に「陶栄会創立三十周年を記念し／会員二十八名並びに関係者有志一同／ここに感謝の碑を建之す／昭和六十年春五条坂陶栄会」と刻む。

*

五条通界隈には、名陶の奥田頴川《えいせん》宅蹟碑（東山区大黒町通五条上ル東側）、真清水蔵六《ましみずぞうろく》宅跡碑（東山区五条通大和大路東入北側）、和気亀亭《わけきてい》宅跡碑（東山区五条通東大路西入北側）、仁阿弥高橋道八宅碑（東山区五条通東大路西入南側）の旧邸宅跡碑がある。

若宮八幡宮社水船（東山区五条通東大路西入北側）

本殿玉垣内には、足利義満が寄進した御影石の八角形の手水鉢があり、「足利将軍参詣絵巻」にも描かれている。花崗岩製。高さ二八×長さ一二五×幅八四センチ。細長い八角形とした舟形の水船である。中は内側に向ってやや斜めに彫りくぼめ、底には一隅に溝をつくって孔をあけ、排水孔としている。風雅なおもむきがある。側面に風化して判読できないが、傍の立札に「至徳三年（一三八六）五月九日」と刻んであるという。南北朝時代後期の作である。

白河楽翁（松平定信）が編纂した『集古十種』にも載り、江戸時代から知られていた。なお、当社正面入口を入った右側にも、一般参詣者用の同形式の手水鉢があり、「至徳三年」と刻むが、これは江戸時代の模造品である。

本殿の脇に蓬莱石という霊石がある。解説板には、足利尊氏が病気にかか

若宮八幡宮社水船

った際に病気平癒を祈願すると完治したので、感謝して珍宝七種を献上したが、その一つという。

若宮八幡宮社は、祭神は仲哀天皇、応神天皇、神功皇后で、昭和二十四年（一九四九）、陶祖・椎根津彦命《しいねつひこのみこと》を合祀し、陶器神社ともいわれている。左女牛《さめごい》小路（現花屋町通）西洞院にあり、六條左女牛八幡とも呼ばれた。創建は『二十二社註式』が、平安時代、後冷泉天皇の勅願により、武将・源頼義が邸内に勧請。室町時代には、足利歴代将軍の崇敬も集め、社域を拡大したという。しかし、応仁の乱で社殿は荒廃し、以後社地も転々とし、慶長十年（一六〇五）この地に移り、承応三年（一六五四）に再建された。

毎年八月七日から十日までの間には陶器祭が行われる。陶器祭は陶祖・椎根津彦命の祭礼で、氏子の陶磁器業者が中心となり、五条坂一帯で盛大な陶器市が開かれる。

西大谷円通橋（東大路通五条東入）

東山五条交差点東の五条坂上り口に三本の道標（大谷・清水寺・鳥部野道）が並んで立っている。すぐ、大谷本廟（俗に西大谷）は親鸞上人の廟所がある。参道入口に、江戸時代に架けられた円通橋という石橋がある。アーチ状の橋脚が池（皓月池《こうげつち》）に映る姿は「めがね」のように見えるので「めがね橋」とも通称されている。

橋は大阪の播磨屋五兵衛が寄進したもの。説

円通橋(1)

円通橋(2)

明板には、「長さ四〇㍍、幅六㍍。橋脚、敷石板、欄干などすべて花崗岩の切り石を使用。アーチ状の橋脚が池に映る姿は眼鏡のように見えることから、通称『めがね橋』として親しまれている。安政三年（一八五六）竣工。建設当時は、奇功をつくした石橋として珍重され、『花洛名勝図会』にも紹介されている」と記す。『花洛名勝図会』には「円通橋　はちす咲池にかけたる玉橋は涼しき国に通ふなりけり　竹屋春臣」とある。

西大谷は、正式には本派本願寺別院といい、初めは知恩院三門の北にあったが、慶長八年（一六〇三）知恩院の拡張にともない現在地に移った。長崎にもこれに似ためがね橋がある。異国的情趣に富んだ石造橋である。

佐藤継信・忠信塚碑（東山区渋谷通東大路東入北側常盤町）

東大路通馬町交差点の渋谷通に入って最初の辻の北側に立つ。塚碑は高さ一六二×幅二四×奥行二二㌢。碑文正面に「佐藤継信／忠信之塚　正六位政養《まさやす》之碑」、背面に「昭和弐年参月　佐藤政治郎　建之」とある。政養・政治郎は子孫という（後述）。

この地の常盤町には、もともと平安末期の武士佐藤継信・忠信の墓と伝える二基の層塔（鎌倉時代、高さ約六㍍）があった。当地は石塔があったので石塔町といったが、慶長元年（一五九六）大地震で倒壊し移転、元禄年中現町名となった。石塔は戦後すぐに撤去され、現在は京都国立博物館庭園に移されている（「馬町十三重石塔」のもう一基は補修中）。

佐藤継信・忠信・政養道標

博物館の解説板によると、この石塔二基は、馬町（東山区渋谷通東大路東入ル）の路地裏にあった。塚の上に南北に並んで立ち、源義経の家人、佐藤継信・忠信兄弟の墓と伝えられていた。江戸時代の『都名所図会』に見るように、北塔は五層、南塔は三層となり、地震で落ちたと思われる上層の石は、塚の土留めとして残されていたという。昭和十五年（一九四〇）に解体修理が行われ、現在の十三重塔の姿に復元された。その際、小さな仏像や塔などの納入品が、両塔の初重塔身の石に設けられた孔の中から発見されている。

両塔は、ともに花崗岩製。一基には基礎正面に、永仁三年（一二九五）二月、願主法西の刻銘がある。

この石塔は鎌倉時代に入って百年も経って建立された石塔なので、供養塔であろう。江戸初期の「新板平安城東西南北町并洛外之図」に「たゝのふつきのふ石たう」と記され、また『都名所図会』『花洛名勝図会』などに載り、洛東の名所として知られていた。

佐藤継信・忠信の父、基治は、平泉の藤原秀衡の荘園管理を任されていた。治承四年（一一八〇）源頼朝が挙兵した時、義経は平泉から鎌倉に駆けつけたが、秀衡の命令で継信と忠信が加わった。兄の継信は、屋島の合戦で平家の能登守教経が放った矢から義経を守り、身代わりとなって戦死したが、継信の死は源氏方を勝利に導いた。弟の忠信は、頼朝と不和になった義経が吉野山に逃れたとき、攻めてきた僧兵と戦い無事主従一行を脱出させている。後に六條堀川の判官館で攻められ壮絶な自

馬町十三重石塔

佐藤継信・忠信・政養挿し図

刃を遂げた。
なお、馬町の由来は、六波羅探題の置かれた鎌倉時代に、幕府へ贈る駿馬を係留したのが当地であったからという。『菟藝泥赴』（一六八四）に「建久四年（一一九三）九匹の馬を頼朝に参らす。渋谷にしばらくをけり。京師群をなしてみる。それより馬町と云ふ」とある。

佐藤嗣（継）信・忠信墓碑（東山区渋谷通東大路東入北側常盤町）

佐藤継信・忠信塚の立つ辻を北へ一五㍍入ると、左手に佐藤嗣信・忠信墓碑がある。碑は高さ二三五×幅二五×奥行一七㌢。碑文東面に「佐藤　嗣信／忠信　之墓」、南面に「明治六年十二月　佐藤政養建」とある。佐藤政養《まさやす》という幕末から明治初期の技術官僚が建てたもの。政養は継信・忠信兄弟を自分の先祖としてこの地を買い取り、明治六年、十三重石塔の横に佐藤嗣信・忠信墓を建て、さらに同九年に父文褒《ふみほ》の功績を顕彰した佐藤文褒翁碑を建立した。

明治十年（一八七七）に政養が没したあと、翌年遺族によりこの地に佐藤政養招魂碑を建てた。右手の石の瑞垣をめぐらした壇の上に佐藤政養招魂碑と佐藤文褒翁碑が立つ。

佐藤嗣信・忠信墓墓

円光大師（法然上人）旧跡碑（東山区上馬町・正林寺前）

東大路から東へ上がると、正林寺に着く。寺は清涼山光明真言院と号し、浄土宗。小松谷正林寺と通称する。本尊に円光大師（法然）像を置き、脇に藤原兼実・僧聖光弁阿の像を配する。開山堂に中興恵空の像を祀る。『京都府地誌』に「此地ハ平重盛念仏堂址。後チ藤原兼実別荘トナリ、浄土開士源空（法然の諱）ニ付属シ、寺坊トス。建永弐年丁卯廃ス。享保十八年癸丑、僧恵空中興ス」と述べる。『京都坊日誌』によれば、享保十八年（一七三三）十二月に北野真盛《しんせい》辻子（現京都市上京区）の正林寺を当地に移し、小松谷房（坊）を再興したという。

兼実は別荘に法然（一一三三〜一二一二）を請じ、度々法談を行った。のち法然の寺坊となり、承元元（一二〇七）年の法然流罪で中世には廃絶した。

円光大師旧跡碑(1)

円光大師旧跡碑(2)

門前に立つ法然ゆかりの石碑は、高さ一八六×幅三五×奥行三四センチ。碑文西面に「円光大師旧跡」、東面に「東山留聖迹松谷仰遺風／専念無量寿永帰代祖功霊巌海拝題併書」、南面に「明和元年（一七六四）甲申九月」とある。

小松谷御坊旧跡碑（東山区上馬町・正林寺前）

平安時代末期、この地には、平清盛嫡男、平重盛（一一三八〜一一七九）の小松殿とその殿内に仏堂があったという。仏堂には、堂内に阿弥陀仏の四十八願に因み、四十八間の精舎があり、一間に一体、全部で四十八体の阿弥陀像を安置した。毎月十四・十五日を、大念仏の日と決めて、みめよく若い女房を自家他家より請じ、一間に六人ずつ、総勢二八八人を座らせ、灯籠を掲げさせ、阿弥陀堂の周りを廻らせた。このため、重盛は灯籠大臣と呼ばれた（『平家物語』巻三・付「灯籠の事」）。平家没落後、九条兼実の山荘となった。

この石碑（高九八×幅一八×奥行一八センチ）は、重盛時代の小松殿跡を示すものである。碑文西面に「小松谷御坊旧跡」、南面に「正林寺」、北面に「左大津道」とある。『京都の道標』には東面を「享保十九（一七三四）甲寅天八月廿五日　施主浄清」と記す。「天」は年を示す語。

小松谷御坊旧跡碑(1)

小松谷御坊旧跡碑(2)

正林寺阿弥陀経石（東山区上馬町）

正林寺境内墓地の入り口に阿弥陀経石がある。高さ約二メートル、入母屋造の笠石と四角な石塔で、水成岩製。表面に「弥陀四十八願」中の三願と定印の阿弥陀坐像を刻んでいる。

四十八願とは、阿弥陀仏が修行していたときに立てた四十八の誓願をいう。そのうち、「あらゆる人（十方衆生）を救う」と誓った願が第十八

正林寺阿弥陀経石(1)

願・第十九願・第二十願の三つである。

基礎に返花蓮華、その下の台石にはまた多くの勧進衆や結縁《けちえん》衆の名前を刻んでいる。背面には「仏説阿弥陀経」の全文と「無量寿仏説往生浄土呪」を刻銘する。このため、阿弥陀経石の名が生まれたわけだが、本来は笠塔婆の一種とみられる。笠塔婆は板碑と同じく、文字を彫る場所が広いため、多く経石として利用されたが、この石塔はその好例の一つである。

『平家物語』巻三（付・金渡《こがねわた》しの事）によると、平重盛は平家一族の後生安堵のため、宋国の阿育《あそか》王山《おうさん》へ砂金を送ったところ、その返礼として、建久九年（一一九八）宋国から阿弥陀経石が送られてきた。しかし重盛はすでにこの世になく、平家一族もまた没落したのちのことで、都へは送られず、九州の宗像大社の宮司屋敷に置かれたままになっていた。それを模刻したのがこの経石で、延享三年（一七四八）八月、有志の人々が重盛の小松殿に近い正林寺の境内に建立した（竹村俊則ほか『京の石造美術めぐり』ほか）。

正林寺阿弥陀経石(2)

歌の中山清閑寺碑（東山区清閑寺山ノ内町）

渋谷街道が五条バイパスに合流する手前西側に、一号線を潜る地下通路があり向い側に渡る。北側の東山ドライブウエイに入り、すぐ清閑寺への旧参道と清水寺への辻に二基の道標が立つ。

一つは向かって右手の清閑寺道標。高さ一七二×幅二八×奥行二八㌢。碑文西面に「歌の中山清閑寺」、東面に「東洞院七条角　明治四十一年十二月　施主林治左衛門」とある。
清閑寺は、真言宗智山派の寺院。山号を歌中山。本尊は十一面千手観音。『伊呂波字類抄』『拾介抄』によると、佐伯公行が建立（紹継法師説もある）、長徳二年（九九六）勅願所となっている。『平家物語』の悲恋で知られる高倉天皇と小督局《こごうのつぼね》ゆかりの寺院である。

歌の中山とは、清水寺から清閑寺にいたる山路をさす。謡曲「融」に「語りも尽くさじ言の葉の、歌の中山清閑寺、今熊野とはあれぞかし」とつづられ、清閑寺と対でよばれることが多い。ただ、歌の中山の所在地については諸説あり、『京羽二重』は「清水山の南なり、清閑寺の上の山也」とし、現在の清閑寺歌ノ中山町の地にあたる。『山城名跡巡行志』は清閑寺の西、清水の南という。

左側の道標は、延享三年（一七四六）銘の「清閑寺／山科・醍醐・大津道」道標である。

「清閑寺／山科・醍醐・大津道」道標

歌の中山清閑寺碑

大西郷《だいさいごう》・月照謀議旧趾碑（東山区清閑寺山ノ内町・清閑寺内）

清水寺成就院住職の月照（一八一三～五八）は尊王運動に従事、安政の大獄で幕府の追及を受け、西郷隆盛（一八二七～一八七七）とともに安政五（一八五八）年鹿児島に逃れた。しかし、薩摩藩の保護を得られず、進退きわまった月照は西郷と錦江湾に入水したが、西郷だけは助かった。月照の墓は、月照ゆかりの清水寺と西郷の菩提寺である南洲寺（鹿児島市）にある。
清閑寺には鐘楼の後方に郭公《かっこう》亭という茶室跡（平成三年解体）があり、そこで二人が謀議をこらしたと伝える。

郭公亭の前に立つ謀議旧趾碑は、高さ一七五×幅二八×奥行二八㌢。碑文南面に「大西郷月照王政復古謀議旧趾」、西面に「陸軍大将男爵土屋光春書」、北面に「大正八年二月紀元節日」、東面に「奇術元祖、中村天一建之」とある。しかし、全日本仏教会創立者の友松円諦《えんたい》（一八九五～一九七三）は、著書『月照』（一九六二）で茶屋の謀議は根拠がないと否定している。

小督局《こごうのつぼね》供養塔（東山区清閑寺山ノ内町・清閑寺内）

山門正面には小督局の供養塔（宝篋印塔）がある。高さ二六〇㌢。小督局（一一五七～?）は、中納言・藤原成範《しげのり》の娘で宮廷一の美女、琴の名手ともいわれた女性。高倉天皇の寵愛を受ける。平清盛は、娘の中宮・建礼門院徳子より先に天皇の子・範子内親王を出生したことで怒り、当地に出家させたという（『平家物語』巻六・小督の事）。ガウ（ゴウ）は官女の名カミ（督）の転（『和訓栞』）。

小督局を忘れられなかった高倉天皇は、ここに葬るよう二十歳で崩御する直前に遺言した。清閑寺の北にある高倉天皇陵内に小督の墓と伝えられる宝篋印塔があるという。後世に建てられた清閑寺の供養塔は、比翼塚ともいい、相愛

大西郷・月照謀議旧趾

小督局供養塔

の男女を一緒に葬った塚だという。

謡曲『小督』は、天皇の命により、当初嵯峨に出家した小督局を探しに当地を訪れた弾正大弼仲国《だんじょうのだいひつなかくに》が、秋霧の間に微かに聴える琴の調べを便りに、遂に局の居所を探し得たという物語である。

要石（東山区清閑寺山ノ内町・清閑寺内）

清閑寺の庭にある要石（高六五×幅一一五×奥行一八〇㌢）。この石に願いを掛けると叶うという信仰がある。「願いあらば、あゆみをはこべ清閑寺、庭に誓いの要石あり」とかかれた立札が近くにある。この谷から洛中の景色を開いた扇として、石は扇の要に見立てられている。小督も宮中の生活を懐かしんで眺めていたという。

*

渋谷越は花山隧道を抜けると山科盆地に出る。街道はかつて田畑の中を抜けていたのだが、今では住宅密集地に変化している。すぐ峠から東へ下るU字型の旧道をたどる。街道は東進し醍醐街道（渋谷醍醐道交差点）に至るが、かつては途中で北よりに進路を変え、五条別れで東海道（三条通）に合流していた。現在の渋谷街道は、大正時代までは現在の安祥寺川あたりまでしか道がなかった。大正十三年（一九二四）から延長工事がされ、小山・音羽地域にあった昔の「音羽池」（現在の音羽病院）南側まで延びて、現在の「渋谷街道」が完成した。ここでは、五条別れまでの旧渋谷越を扱う。

要石

北花山水路紀念碑（山科区北花山寺内町）

渋谷越の峠を下りて麓に出たところに北花山水路紀念碑が道の北側にある。山科盆地は近世までは、何度も日照りや干ばつに襲われた。とりわけ、文政六年（一八二三）の旱害は、甚大な被害を与えた。日照り続きのため、「立毛《たちけ》大不作」となり、立毛つまり、生育中の作物は例年の三分の二となり、餓えた人が続出し、年貢減免となった。農作にとって水の確保は死活問題であった。

山科村長柳田謙三と各字の水利委員は、明治二十三年（一八九〇）に完成したばかりの琵琶湖疏水から日岡で分水するために長さ三千間（約五・四キロ）の水路を開くことを計画し、明治二十四年に着工し翌年竣工した。この功績を記念するために、明治二十九年（一八九六）紀念碑が山科村内日岡・北花山・上花山・川田・西野山各地域有志によって建てられた。碑の高さ二〇〇×幅一一三×奥行三八センチ。碑文南面に「水路紀念碑（篆額）」と刻み、下部に水路建設の経緯を記す。

北花山水路紀念碑

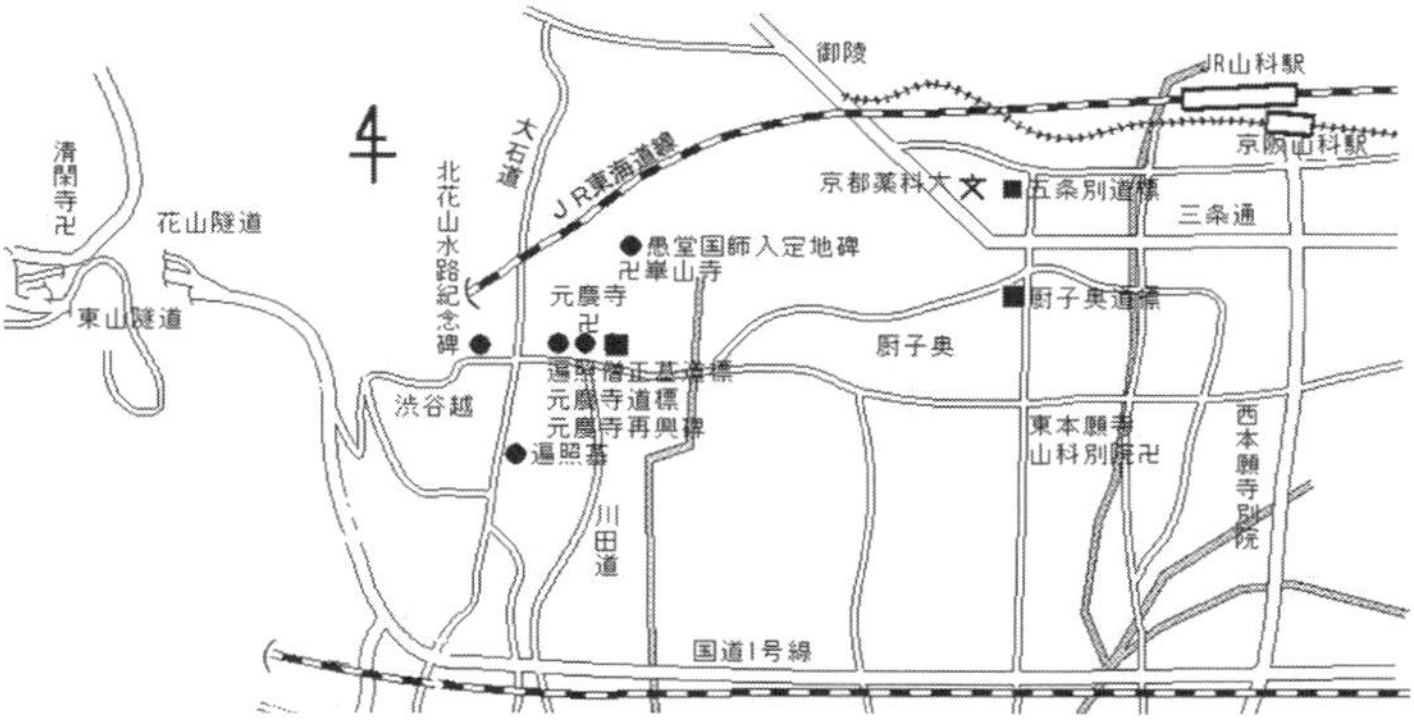

渋谷越東部

元慶寺《がんけいじ》再興碑（山科区北花山河原町・元慶寺内）

大石道の交差点を過ぎてしばらく進むと、辻の五〇㍍ほど北側に天台宗元慶寺《がんけいじ》がある。貞観十年（八六八）遍照僧正（八一六～八九〇）の開創になる。元慶寺は、応仁の乱で罹災し、現在の建物は安永八（一七七九）に再興された。花山法皇の宸影を安置。西国三十三ヶ所番外札所。本尊は薬師瑠璃光如来。なお、元号の「元慶」は「がんぎょう」だが、寺名は「がんけい」としている。

境内に元慶寺第二世釈亮雄《あきお》が寛政元年（一七八九）建立した碑（高一二四×幅五〇×奥行二八㌢）があり、元慶寺の沿革と再興の経緯を記す。

碑は東面に「元慶寺再興碑（篆額）勅願所華頂山元慶寺再興碑記」、下部の碑文は、僧正遍照開山の経過、花山天皇の出家、戦乱による焼失、安永八年（一七七九）寺の再興、亮雄が再興事業を継承し名跡を残すことができたことを記す。

寛和二年（九八六）、花山天皇がこの寺で藤原兼家、道兼父子の策略により出家させられ、兼家の外孫である懐仁親王（一条天皇）が帝位についた（寛和の変）。花山法皇の宸影を安置する寺で花山寺とも呼ばれ、『大鏡』では花山寺と記述している。

元慶寺再興碑

遍照墓（山科区北花山中道町）

渋谷越と大石道の北花山交差点から約二〇〇㍍南に遍照（遍昭とも）の方墳墓がある。遍照墓は明治十六年

（一八八三）十月に治定。元慶寺を建立した人物。墓前に遍照碑（高一三五×幅二一×奥行二一センチ）が立つ。

遍照は、皇孫ではあるが、親の代で臣籍降下しており、臣下になったはずの墓が何故か陵墓として扱われ、現在でも宮内庁管理となっている。遍照は桓武天皇の孫。承和十二年（八四五）従五位下に叙せられ、左兵衛佐となる。蔵人・左近少将等を経て蔵人頭の要職に就く。翌三年正月、従五位上に叙されたが、嘉祥三年（八五〇）三月寵遇を受けた仁明天皇が崩御すると三十五歳で出家した。比叡山に入り、慈覚大師円仁より菩薩戒を受け、台密の修行に励む。貞観十年（八六八）に創建された花山寺（元慶寺）の座主となる。花山僧正の称がある。惟喬親王や小野小町と歌を贈答しており、六歌仙・三十六歌仙の一人。後世編纂の家集『遍照集』がある。『古今集』には十七首ある。

遍照墓

7、滑石越《すべりいしごえ》（醍醐道）

東大路通の智積院南側の日吉南道から山科区へ東山を越える道がかつての滑石越だった。濘石越・汰石越・辷石越などとも記した。現在は、通常、日吉南道より南の東大路通今熊野交差点（今熊野宝蔵町）から入って、府道一一八号勧修寺今熊野線を山科へ向かうが、醍醐道ともいう。日吉南道は、延仁寺（今熊野総山）の三〇〇㍍手前で醍醐道と合流する。『山城名跡巡行志』に「濘石越《すべりいしごえ》　古名瓦坂、知積院の南の傍より、山路を経て西山村（現西野山）の人家の北に出る。大仏（方広寺）よりここに至る一里（四キロ）。西ノ山より勧修寺に通ず」と記す。滑石越は古くは瓦坂と称した。

瓦坂は、豊臣秀吉が方広寺大仏殿建立に際し、瓦工が付近に居住したのにちなむ（『京都坊目誌』）。智積院一帯に東瓦町、三十三間堂南に本瓦町などの町名が残っている。平安京造営のためここで瓦を焼いたことに始まるともいう。智積院裏山は赤土粘土層といい、日吉南道沿いには現在も陶器業者が集中している。すでに十二世紀初頭の院政期の説話集『江談抄』に、「緒嗣《おつぐ》大臣家、法住寺北辺（ノ）瓦坂東に在り」とあり、『平家物語』巻八（法住寺合戦）に「河原坂」と載る。

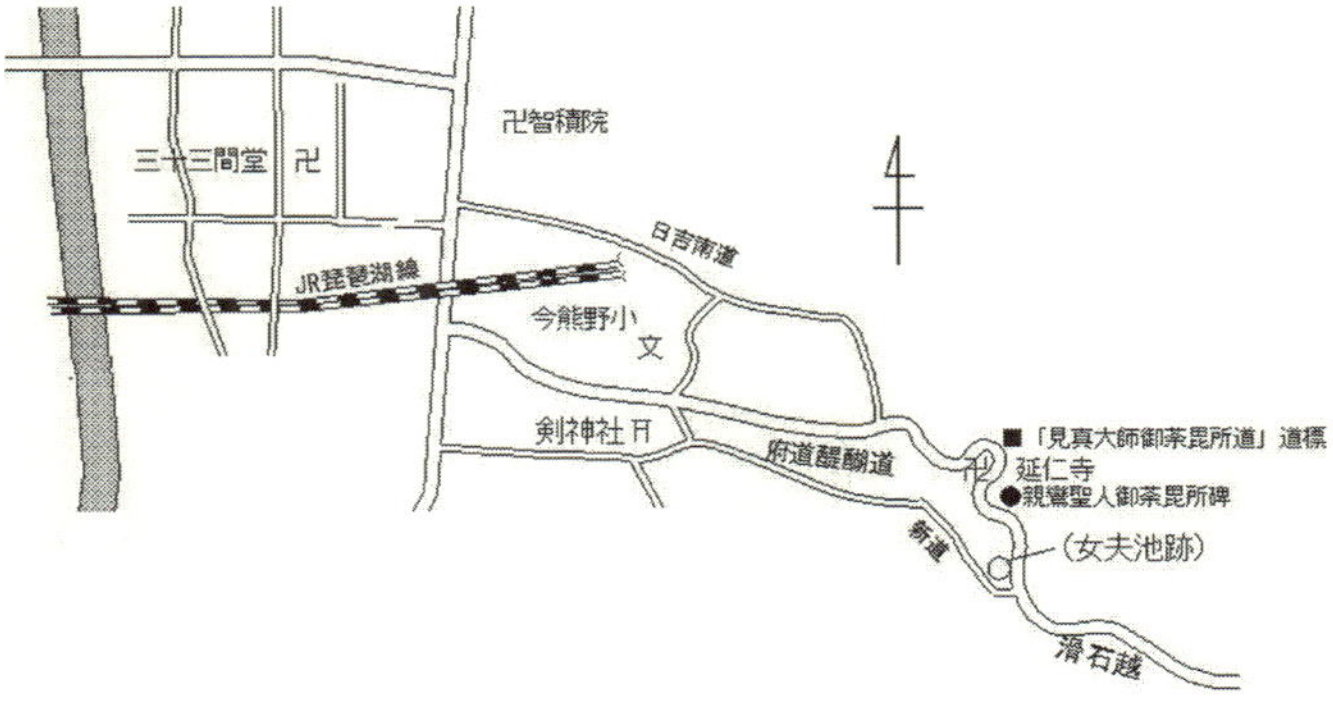

滑石越東山

江戸期には、「中昔京師地図」（一七五三）を見ると、三十三間堂南からほぼ東へ延びる道として描かれ、「山科へ出る醍醐道」と記されている。「文久改正新増細見京絵図大全　完」（一八六二）も三十三間堂南の「カハラ丁」から東へ伸び「西ノ山」への道を「スベリ石コへ」と描く。

ただし、「花洛名勝図会」（一八六二）は、「汰石越　古名瓦坂。大仏瓦坂より智積院の南を過ぎてここに一茶店あり、それより東の山手をすべり石坂と云ふ。路傍の池を俗に女夫池《めおと》と呼ぶ。峠を越せば山科西の村なり」とある。茶店は峠を下りたところにあったとみられる。路傍の女夫池は延仁寺の南側にあった。明治・大正期の地図には二つの池が描かれ、それが池名の由来だろう。六〇年代に埋められて姿を消した。

つまり、『花洛名勝図会』では、茶店があったところまでを瓦坂、それより東を滑石越とする。滑石越の範囲は二説があったとみられる。なお、府道一一八号勧修寺今熊野線が通る沿線の今熊野市街地は明治前期まで なく後半に形成された。それまでは瓦坂（日吉南道）だけだった。府道と認定されるのは五〇年代からである。

親鸞聖人御荼毘所碑（東山区今熊野総山町・延仁寺前）

今熊野観音寺から滑石越の延仁寺・女夫池へ出る巡礼道が、かつてあったが現在通行不能である。いまは剣神社の東側から大きく迂回して延仁寺に至る新道が作られている。

延仁寺の道路の向かい地蔵堂の脇に「親鸞聖人御荼毘所」の碑が立つ。浄土真宗を開いた親鸞は、弘長二年（一二六二）十一月二十八日に三条富小路の善法坊で死去し、その翌日には延仁寺で荼毘（火葬）に付されたという。

真新しい碑（高一七三×幅二四×奥行二四㌢）の碑文西面に「親鸞聖人御荼毘所」、北面に「それがし親鸞閉眼

せば　賀茂河に入れて魚に与うべし　改邪鈔」、南面に「真宗大谷派延仁寺」、東面に「平成十三年春建立」と刻む。

延仁寺は、天台宗の宗祖最澄が開基とされる。本願寺第三世覚如が著した『本願寺聖人伝絵』（『御伝鈔』）に、「鳥部野の南の辺、延仁寺に葬したてまつる」と記されているように、浄土真宗の宗祖・親鸞の遺体を、荼毘（火葬）に付した寺院とされる。後に戦乱などの影響で廃寺となる。西光寺として再興され、明治十六年（一八八三）に延仁寺と改め、現在に至っている。

ただし、真宗大谷派（東本願寺）は、延仁寺（京都市東山区今熊野総山町）にて荼毘に付されたとしているが、浄土真宗本願寺派（西本願寺）は、鳥辺山南辺に「延仁寺」があったとして、清水寺の南、現在の大谷本廟（西大谷）北東にある「御荼毘所」で荼毘に付されたとする。

「見真大師御荼毘所道」道標（東山区今熊野総山町延仁寺前）

隣接する延仁寺墓地の地蔵堂脇に「見真大師御荼毘所道」道標がある。見真大師とは親鸞の諡号をいう。道標は高さ一八二×幅二六×奥行二五チセン。碑文南西面に「見真大師御荼毘所道」、北東面に「明治廿六年七月下旬　□□」とある。

見真大師御荼毘所道を登って行くと荼毘所がある。柵の中に「見真大

親鸞聖人御荼毘所碑

見真荼毘所道標

師御茶毘所」碑（高二七八センチ）が立つ。

その後、遺骨は鳥辺野北辺の「大谷」に簡素な石塔を建てて納められたが、文永九年（一二七二）に上人の末娘の覚信尼や門弟達が、大谷の西に廟堂を建てて遺骨を移し御影像を安置した。これが大谷廟堂（大谷影堂）である。廟堂は、江戸初期の本願寺分立によって、清水寺の南に位置する本願寺派（西本願寺）の大谷本廟と、円山公園の南に位置する大谷派（東本願寺）の大谷祖廟に分立する。

見真大師御茶毘所(1)

大石内蔵助の一服石（東山区今熊野梅ヶ谷町）

延仁寺から四〇〇メートルほど行った峠にある。大石内蔵助の一服石（横一五〇×縦一〇〇センチ）がある。大石内蔵助が山科に隠棲していたとき、伏見の遊里に通う際にこの滑石峠を越えて行ったといわれており、泥酔した内蔵助はしばしばこの石で休憩したと伝えられている。

見真大師御茶毘所(2)

大石内蔵助の一服石

西野山古墓《こぼ》碑（山科区西野山岩ヶ谷町）

滑石越の峠を下ると西野山古墓碑が立つ。西野山古墓は、大正八年（一九一九）に地元住民が偶然発見、京都大学により発掘調査が行われ、金銀平脱双鳳文鏡、金装大刀、鉄鏃などの副葬品が発見された。周辺が中臣氏の根拠地であることから、被葬者はその一族とされていた。だが、平成十九年（二〇〇七）、京都大学大学院文学研究科の吉川真司准教授（当時）が「清水寺縁起」弘仁二年（八一一）十月十七日付の「太政官符」表題の記述と当時の地図（条里図）を基にした山城国宇治郡山科郷古図（東京大学蔵）とを照合することで坂上田村麻呂墓だと発表した。坂上田村麻呂は、延暦二十年（八〇一）、蝦夷平定のため初の征夷大将軍に任命され、蝦夷を制圧した。清水寺を創建したことで知られる。

この朝廷の命令書「太政官符」は、土地を管理する民部省に送った文書で、田村麻呂の墓地に「山城国宇治郡七条咋田西里栗栖村の水田、畑、山を与える」とあった。この場所は今の山科区西野山岩ヶ谷町にあたり、西野山古墓の場所と一致する。大正時代に発掘された遺物は、

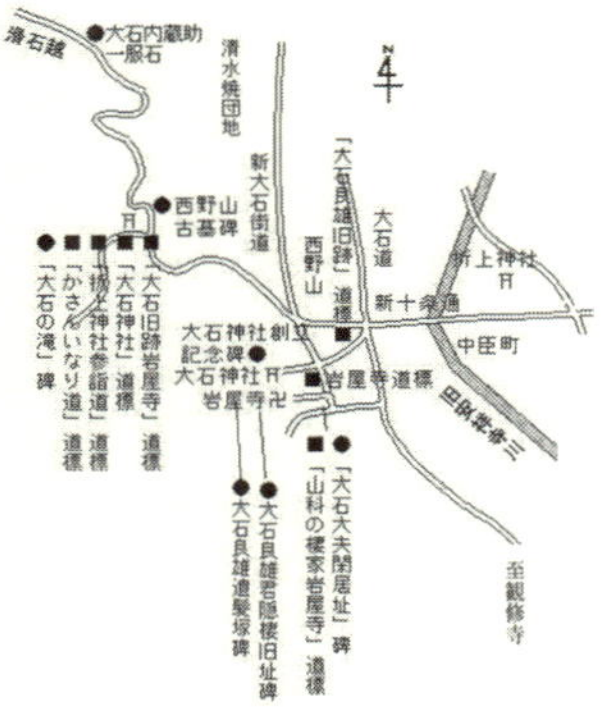

滑石越山科

西野山古墓(1)

西野山古墓碑(2)

「山科西野山古墳出土品」として国宝に指定され、現在、京都大総合博物館（京都市左京区）が所蔵している。新しい石碑（高一二四×幅一九×奥行一九㌢）は、碑文西面に「この付近　西野山古墓」、東面に「昭和六十年（一九八五）一月京都洛東ライオンズクラブ建之」とある。

道は長い下りに入る。途中東へ下りていく巡礼道があった。川田の集落を抜けて渋谷越の道に繋がっていたが、清水焼団地ができて遮断されている。

「大石の滝」碑（山科区西野山桜ノ馬場町）

滑石越の峠を越え、稲荷山東麓の曲がりくねった道を山科区西野山桜ノ馬場町に出ると、稲荷山への登り口の石鳥居がある。鳥居の手前に立つ碑で、高さ一一四×幅二二×二〇㌢。碑文は正面に「大石の滝　□」、背面に「大正十四年□」とある。鳥居をくぐっていくと、すぐ石垣で囲った井戸跡がある。解説板によると、大石の滝は大正十四年四月に建立。山伏信仰の滝行場の小祠で、本殿や拝殿はない。滝自体が神体と社殿を兼ねている。大石の滝の由来は、隠棲地だった岩屋寺にある大石稲荷大明神の分祀を祀る。昭和三十四年（一九五九）大石の滝の神主・山藤霊玄氏が死去したので廃滝となった。その後半世紀たって地元有志が整備した。

鳥居の手前の登り口左側に、「かさんいなり（花山稲荷社）道」への道標が立つ。向かいの路傍には「岩屋寺」「大石神社」「折上神社参詣道」道標が三基立っている。今熊野観音寺への道でもある。

大石の滝碑

滑石越を下り山科盆地に出ると新大石道にぶつかるが、そのまま南へ伸びる旧道を向かう。一七〇㍍ほど行ったところで左折すると、大石神社に着く。

大石神社創立記念碑（山科区西野山桜ノ馬場町・大石神社内）

大石神社の祭神は播磨赤穂藩主浅野家の家老大石良雄（一六五九～一七〇三）。大石は、江戸城内で浅野内匠頭の刃傷沙汰で領地没収となったため、縁戚で浅野家に仕える進藤源四郎の縁故により、進藤の出身地である山科に居を構えた。昭和十年（一九三五）、良雄ゆかりの地に浪曲師吉田大和之丞（吉田奈良丸）によって、鈴木敬一府知事を会長とする大石神社建設会が設立され社殿が竣工した。

記念碑（高二八〇×幅九七×奥行一八㌢）は、昭和十二年に府社になったのを機に大石神社建設会が建立した。昭和十三年六月建之の碑文には、「（大略）赤穂に大石神社あり東都に泉岳寺あり、大石氏隠棲の遺蹟にも、兵庫吉田（奈良丸）、山科義士会、京都市大石神社建設後援会等相謀り、本殿・拝殿・回廊・透塀・神饌所・手水舎・社務所・鳥居等を建造し、其の概要を記し石に勒して（刻んで）以て後世に伝ふ」とある。

岩屋寺道標（山科区西野山桜ノ馬場町）

大石神社南側約一〇〇㍍の山麓に、大石良郎が隠棲した岩屋寺があ

大石神社創立記念碑

岩屋寺道標

る。神社から行く途中の道路際に、寺への道標がある。高一一九×幅一九×奥行一六セン。碑文、東面に「本尊大聖不動明王岩屋寺」、北面に「右上大石旧地義士四十七人」、西面に「天保十四年癸卯九月」、南面に「施主銭屋八良兵衛」と刻む。

「大石良雄遺髪塚」碑（山科区西野山桜ノ馬場町・岩屋寺）

岩屋寺へ向かう辻に二基の「大石大夫閑居址」・「山科の棲家岩屋寺《いわやじ》」碑が立つ。岩屋寺は、曹洞宗永平寺派天寧寺末寺で、山号は神遊山。赤穂浪士・大石良雄が隠棲したところと伝えられ、大石寺とも称される。

本堂に安置する本尊不動明王は智証大師作と伝え、大石良雄の念持仏であったという。本堂の下段に大石良雄の遺髪塚及び宅址がある。赤穂城明渡しの後、大石はここで討入りの謀をめぐらしたが、事成ってのち、邸宅、田畑等一切を岩屋寺に寄進した。その後、当寺は荒廃したが、嘉永年間（一八四八〜一八五四）に堅譲《けんじょう》尼が京都町奉行浅野長祚《あさのながとし》らの寄付をうけて再興した。境内には本堂・毘沙門堂のほか、明治三十四年（一九〇一）に建立された木像堂があり、堂内に浅野内匠頭長矩の位牌及び大石良雄が使用した文机や鍵付き貴重品箱などの遺品、他に四十七士の位牌木像を安置する。毎年十二月十四日には義士忌が行われる。

大石良雄遺髪塚碑

大石良雄遺髪塚

遺髪塚内の「大石良雄遺髪塚」碑は安永四年（一七七五）、宮部義正・上田正並が建立。高八八×直径三四チセン。漢文で刻まれた碑文には、「（大意）この場所はもと赤穂藩の重臣大石良雄の仮ずまいの跡である。その仮ずまいの跡を訪ねれば、まだ生きているようにその人となりをひしひしと感じる。そんなわけで、大石良雄の仮ずまいの跡に碑を建てることにした」とある（京都市歴史資料館「京都のいしぶみデータベース」より）。

大石良雄君隠棲旧址碑（山科区西野山桜ノ馬場町・岩屋寺）

また、岩屋寺境内には隠棲旧地碑がある。高一九八×幅八〇×奥行三〇チセン。碑文は「明治三十四年仲秋／大石良雄君隠棲旧址／正三位勲二等男爵北垣国道題」とある。

北垣京都府知事の出身地・兵庫県養父町と大石良雄の妻リクの出身地・兵庫県豊岡町とは近接しており同郷である。

＊

岩屋寺の西側に山科神社（山科区西野山岩ケ谷町）がある。山科神社の呼称は明治以後で、近世には「西岩屋大明神」などと呼ばれた。「延喜式」山城国宇治郡山科神社二座の内の一座とされる。江戸時代には、この西岩屋大明神神社は、東の岩屋神社（山科区大宅中小路町）や他の不明な上一社と共に「岩屋三社」とも呼ばれた。元禄十四、五年（一七〇一～一七〇二）、大石良雄がこの山科の里に隠棲した際には、この西岩屋社の奥の院に参篭して大願成就を祈ったといわれる。

大石良雄隠棲旧地碑

8、大津街道（大岩街道、勧修寺越）

大津街道は、伏見区大亀谷から山科区勧修寺を経て大津へ至る街道。大岩街道、勧修寺越ともいった。現在の滋賀県道・京都府道三十五号大津淀線である。江戸幕府道中奉行が作成した「東海道分間延絵図」にこの道筋が明示され、大津街道が、東海道の往還筋として公式に位置づけられていた。

『拾遺都名所図会』の挿画には「伏見より大亀谷を経て大津へいづる道は、秀吉公伏見御在城の時より開き初めしなり。今も関西の列侯、吾妻へ参勤したまふ時は、この道を通り東海道に趣きたまふ」と説明がある。江戸時代、参勤交代の大名行列は京都市中の通行を禁じていたので伏見の宿から直接、大津宿へ向かう道筋として重視された。

「山城国伏見街衢並近郊図」（一六七〇）や「天保年間城州伏見町図」には、藤森神社（深草鳥居崎町）の南で伏見街道から東に折れて入り、そのまま東へ進んで西福寺（深草大亀谷西寺町）から北へ行き、大亀谷のフデガ坂を上ると谷口町に至る。『山城名跡巡行志』第五の「大亀谷」の条には、「谷口の西に坂あり。筆が坂という。已然此所に筆屋あり、因みて名づく」と記されている。筆屋は、秀吉の代筆工の名人だという。『拾遺都名所図会』に、谷口は「深草郷ひがし南にあり。此所伏見より大津に至る街道なり。是より山路に到る喉口なれば谷口といふ」とみえる。勧修寺

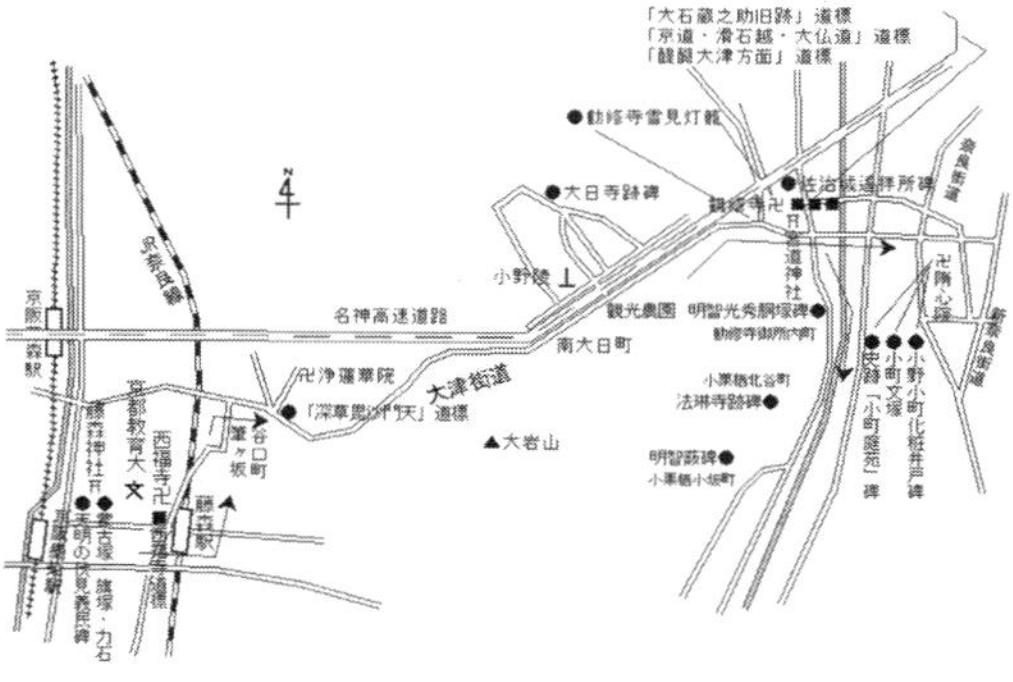

大津街道

からは山科盆地を北上し追分で三条大橋を起点とする東海道に合流する。

大津街道の起点は、大名行列の道順からみると伏見京橋界わいに本陣があり、伏見伝馬所も京橋近くの南浜にあるので京橋北詰といわれる。

藤森神社の石碑（伏見区深草鳥居崎町）

藤森神社の名称は、室町時代以降のことという。かつて、「藤の森」があったことから、この名が付けられたともいう。また、「藤」は、関係深い伏見稲荷大社の社地「藤尾」の藤尾社（藤野井社）に由来するともいう。神社は、素盞嗚命や別雷神、日本武尊など全部で十二柱の神を祀っていることから、長い歴史の過程のなかでいくつかの神社と合併してできたものとみられている。

①蒙古塚

境内に蒙古塚と呼ばれ塚が残っていて碑が建つ。碑は高さ一九五×幅三三×奥行三三センチ。碑文東面に「蒙古塚」、西面に「砂子川事　寄附者西村伊三郎」、北面に「大正八年六月五日建之」とある。寄附者の西村伊三郎は伏見の人。相撲取りであり四股名を〃砂子川〃と名乗っていた。

『都名所図会』によれば、天応元年（七八一）に「異国の蒙古」が日本へ攻め寄せ、光仁天皇の皇子・早良親王率は「藤杜の社」に祈誓して出陣。神威いちじるしく大暴風になり蒙古の軍船は亡びた。「蒙古塚　当社森の中に七ツあり

蒙古塚

とそ。今詳ならず。夷賊退治の後軍将の首をこゝに埋みて神威を現はし給ふなり」と載る。

②天明の伏見義民碑

蒙古碑の傍に義民碑がある。天明の伏見義民のうち深草の人・焼塩屋権兵衛の顕彰碑である。伏見奉行小堀政方の悪政に苦しみ幕府に直訴した。大正九年三月建立の碑は高さ三四〇×幅一四六×奥行二〇センチ。発起人は碑文に「砂子川事　西村伊三郎」とある。焼塩屋權兵衛の墓は 宝塔寺にある。

碑文は大略下記の経緯を記す。江戸時代、天明五年（一七八五）、伏見奉行・小堀政方《まさみち》は賄賂や遊興により、七年間で十万両の御用金で私腹を肥やしたという。これに対して、着船や船客から石銭《こくぜに》を奉行所が取り上げていたことに端を発し、人足の組頭や町年寄りが取りやめの沙汰を申し出る。石銭は、江戸時代の船役＝船舶税の一。港で船石または積み荷高数に応じて課した税。

町年寄の文殊九助（刃物鍛冶）、丸屋九兵衛（農業）、麹屋伝兵衛（麺製造業）、伏見屋清左衛門（塩屋）、柴屋伊兵衛（薪炭商）、板屋市右衛門（製材業）、焼塩屋権兵衛（器製造業）ら七人は、江戸幕府・松平伯耆守に直訴した。死を覚悟したものだったという。だが、願書は却下になり、告発した七人は投獄される。

当の小堀は伏見奉行を罷免され、領地没収、大久保加賀守へのお預け、お家断絶となる。七人に対して、田沼意次に代わり老中首座となった松平定信が赦免を申し渡した。だが、時遅く、全員が病死や牢獄死していた。

義民碑

七人を「天明の伏見義民」という。権兵衛以外の義民碑は、文殊九助ほか七人（伏見区御香宮門前町・御香宮内）、伏見屋清左衛門碑（伏見区新町八丁目・真西寺内）、丸屋九兵衛碑（伏見区中之町・源光院内）である。伏見には江戸初期の元和義民、小林勘次碑（伏見区下板橋町・玄忠寺内）もある。

西福寺道標（深草大亀谷西寺町）

西福寺は、如意山光厳院と号する浄土宗寺院。南北朝時代（一三三六～九二）に、北朝初代の光厳天皇が念仏堂として創建したと伝えられる。その後、文禄年間（一五九二～九五）に豊臣秀吉が伏見築城に際して現在地に移転し、寺名を西福寺と改名した。「洛南七福神」の一つ、夷老人を祀る。

境内に角柱道標がある。高さ一一一×幅一八×厚さ二四チセン。南面に「京、右 大ふつ ちおんいん 大谷道／左本願寺 竹田かい道 車道」、東面に「左 いか いせ 大和かい道（伊賀伊勢大和街道）」、北面に「為橘屋家先祖代々再興」と刻む。

大仏・知恩院・大谷道は伏見街道のことである。車道というのは、石畳を敷き荷車を通り安くするための道。竹田街道や東海道に施されていた。旧位置は西福寺前の街道角だったと思われる（『京の道標』）。伏見街道と竹田街道は平行している道なので、右へ行くと伏見街道、左へ行くと竹田街道へつながる。

大名行列は伏見街道をまっすぐ北へ進んで京の町へ入ることは出来なかった。幕府が大名と天皇の接触を避けさせるためだった。西国の大名

西福寺道標

は、墨染で伏見街道へ入るが、すぐに道を東へとって現在の京都教育大学南門の通りを東に向かい、この西福寺のある場所で左折し北へ向かい就成院（現在天理教の教会）前を通って、旧筆坂（大亀谷東久宝寺町）、そして谷口町へ出て、現在の大岩街道を勧修寺の方へ向かった。

筆坂は江戸時代からこのようにカギ形になっていたという。城下町では敵の侵入を遮るため、わざわざカギ形にして見通しが利かないようにした場所である。

「深草毘沙門天」道標（伏見区深草谷口町）

大津街道谷口町交差点角の児童公園に、大きな道標が立っている。京で神南辺隆光が建てた碑のうちの一つ。高さ一八〇×幅三〇×奥行三〇センチ、花崗岩製。碑文西面に「霊場　深草毘沙門天　是より北半丁」、南面に「泉州堺　神南辺大道心」と刻む。

深草毘沙門天は、浄蓮華院（伏見区深草鞍ヶ谷町）の別称。浄蓮華院は天台宗の寺院で、文政四年（一八二四）に、桓武天皇の菩提を弔うために有栖川宮韶仁《つなひと》親王の命で、比叡山の僧の尭覚上人が建立した寺院である。

＊

佐野精一によると、神南辺大道心隆光は江戸後期、泉州堺の住人。放蕩者であったが、仏門に入り、天保十二年（一八四二）に没するまでの約二十年間諸国を行脚して道標や石橋を勧進したという。隆光の遺品は堺を中心に約四十点を数える。

京都では、①御室仁和寺八十八ヶ所の一番札所の霊山寺（右京区御室大内町）、山

「深草毘沙門天・桓武天皇陵」道標(1)

形柱状の立旅な標石が建っている。高さ一二六センチ、幅二七・二センチ角の花崗岩製。三面に「此西北金剛界、発起泉州堺神南辺庵大道心隆光、文政十三年（一八三〇）庚寅十一月」を刻む。②境内の八十八番札所の大窪寺、角柱に「此北西胎蔵界、発起（以下同文）。③さらに五十番と五十一番札所の間にも一本あり、これはやや大き目。高さ一四〇センチ、幅三一×二九センチを測る。南面に「此東南胎蔵界、此南金剛界」を二行に刻み、西面はやはり「発起（以下同文）」である。真言密教に説く、金剛界と胎蔵界の合一を表現する結界碑である。同じ方位を「西北」「北西」と微妙に使いわけて、配慮の深さを感じさせる。④遺迎院（東山区本町十九丁目）入口の標石。高さ一〇四センチ、二三・五センチ角で、西面に「西山国師御終焉之地」と記す。北面は「泉刕堺　神南辺隆光」。⑤百万遍知恩寺（左京区田中門前町）の鐘楼の横にある。高さ九三・五センチ、二四センチ角を測り、東面に「善導大師　地蔵菩薩　霊像安置」とあり、西面に「発起（以下同文）」で共に年号はない。以上、京では六点が確認されている（「京の碑」五・「京都民報」一九七八年四月三十日付）。

「深草毘沙門天・桓武天皇陵」道標(2)

大日寺跡碑（山科区勧修寺北大日町）

ほどなく大津街道は名神高速道路に並行する。『山城名跡巡行志』第五は、このあたりは嵯峨亀山と並ぶ「耆萩《めどはぎ》」（マメ科ハギ属）の二大名所の一つだったと伝える。枝はかつて竹以前の占い棒に使われた（筮竹《ぜいちく》）。山科区勧修寺南大日町の中ノ茶屋観光農園前バス停で高速道路の下を潜り抜けると、醍醐天皇御母小野陵の北西の山腹に大日寺の跡で碑が建つ。

この地から、一五〇㍍ほど東南の山裾沿いの小道で緑釉骨壺や土器・瓦などが発見されており、丘陵南斜面の二町四方（二㌶）の地が、平安前〜中期にあった大日寺寺地であったと推定されている。町名もこの寺に由来する。

大日寺跡碑は高さ一一一×幅一八×奥行一八㌢。碑文南西面に「大日寺跡」、北東面に「昭和五十一年五月建之　京都洛東ライオンズクラブ」とある。ただし、道標の位置は、数年前まで埋蔵物が出土した場所に立てられていた。

『今昔物語集』（巻第十五第二十一）には、この寺の僧広道の往生記が載る。寺の辺に老母と二人の男の子がいたが、男子二人は比叡山の僧となった。母が重病で死に、二人は歎き、昼は法華経を、夜は弥陀の念佛を唱へて、母の往生極楽を祈った。しかる間に、広道が夢の中で、音楽の音を聞いた。広道は驚いて行って見ると、宝を飾った三つの車があった。多くの僧が香炉を捧げて車を取り巻き、老母の家に行き、車に乗せて返る時、二人に告げて、「なんぢ等ねんごろに母の往生極楽を祈るが故に、われ等迎えに来た」と。また広道に告げて、「なんぢ速かに極楽に往生すべき相あり」といって、西へ去った。夢が醒めた後、広道は死者の家に行き、二人にこの夢を語った。その後、広道はほどなくして姿を消した。その日、また音楽の音が空に満ちたという。

大日寺跡碑

勧修寺《かじゅうじ》雪見灯籠（山科区勧修寺仁王堂町・勧修寺）

大津街道はようやく南北に走る新小栗栖街道交差点に出る。直進すれば山科川を渡り旧奈良街道と合流する。左折すれば勧修寺入口である。入口に「醍醐大津方面」「大石蔵之助旧跡」「京道・滑石越・大仏道」道標が三基立つ。もとは近くにあったが車の往来が激しいため移設したという。

勧修寺の寺名は「かしゅうじ」という。『勧修寺縁起』などによれば、当寺は昌泰三年（九〇〇）、醍醐天皇が死去した生母藤原胤子の追善のため、胤子の祖父・宮道《みやじ》弥益《いやます》の邸宅跡を寺に改めたという。付近の随心院や醍醐寺とともに平安時代以来、真言宗山階派の本山として栄えた。代々法親王が入寺する門跡寺院だが、応仁の乱に焼亡し、現在の主な建物は江戸初期の天和二年（一六八二）の再建である。境内の大きな池を中心とした池泉廻遊式の庭園は、この寺の特色となっている。

雪見灯籠は生垣に囲まれた書院前庭に立っている。水戸光圀の寄進といわれる四角形石灯籠で、世に「勧修寺形」といい、雪見灯籠では代表的なものとされる。

灯籠は高さ約二㍍。笠は屋根を薄くして大きく四角に張りだし、火袋を覆っているのが特色である。普通の雪見灯籠は脚が大きいが、これは脚を小さくし、代りに中台以上を大きくしたのは、重苦しさを避け、茶庭向きにデザインされたものであろう。ちなみにこの種の雪見灯籠で最も古いものは、泉涌寺本坊庭園内にある光格天皇遺愛の雪見灯籠は桃山時代の作といわれ、この種の灯籠中では一番古いとみられる。

観修寺雪見灯篭

佐治城（遙拝所）碑（山科区勧修寺仁王堂町）

観修寺前は新小栗栖街道が北の新十条通へ向かう。三基の道標がある門前のからすぐ名神高速道路をくぐるが、その手前に佐治城遙拝所碑が左手に立つ。佐治城跡は滋賀県甲賀郡小佐治の丘陵にあるが、この碑は佐治城の遥拝地を示す。高さ九一×幅一七四×奥行三〇センチ。

平成十三年（二〇〇一）十一月建立の佐治城（遙拝所）碑はその由来を記すが、「佐治城は甲賀武士・佐治氏の代々の居城である。康平五年（一〇六二）に平業国が佐治郷に転封して、佐治氏を名乗る。安土桃山時代、佐治一族は織田信長、豊臣秀吉の諸国統一に積極的に協力してきたが、天正十一年（一五八三）の甲賀破議で、領地没収命令が出され、それに反対し、本城で籠城して秀吉大軍の前に滅亡（一五八五）する。発起人神谷季与孔」とある。

佐治城碑

随心院の石塔・石碑（山科区小野御霊町）

三本の道標が並んだ辻を東へ行くと隋心院に着く。随心院は正暦二年（九九一）、仁海僧正の開基。応仁の乱により焼失したが、慶長四年（一五九九）に再建された。小野小町の邸があったとも伝えられ、境内には、小野小町が使ったという化粧井戸や文塚が残っている。

①小野小町化粧井戸碑

藪中の井戸水を小町が利用したことに因んで、その水を化粧水と名付けたという。この碑はその井戸を示すものである。高さ一三三×幅二二×奥行二〇チセン。碑文北西面に「小野小町化粧井戸」。

小野小町は、「花の色は移りにけりないたづらに　わが身世にふるながめせし間に」(『小倉百人一首』)の歌で知られる。随心院に居を構えていた小町に恋をしたのが深草少将。百夜通えば思いも適うと、一里の道を毎夜通いとおして九十九夜。満願成就するその日に力尽きて息絶えた。吹雪のためとか、落雷にあったともいう。少将が通ってくる度に、小町が一個ずつ糸で繋いだという九十九個の榧《かや》の実は、その後小野の里に播かれ、今も榧の古木が小野の里や随心院に残っている。大納言義平の子で義宣と称した深草の少将の邸跡は深草欣浄寺という。この通い路は果たして八科峠か、それとも勧修寺越だったのかは不詳である。この百夜通いの道は、江戸時代になると大願成就の道として持てはやされることになる。

②小町文塚

小町が恋文を埋めたという文塚は、本堂裏の竹藪の中にある。高さ一五二チセン。五つの球体を重ねたユニーク

小町井戸(1)

小町井戸(2)

な形の石塔。積み重なった石がうず高く積まれた恋文を連想させる。深草少将をはじめ、多くの貴公子から寄せられた千通の恋文が埋めてあるという伝承がある。ただし、深草少将は架空の人物で、そのモデルと伝えられている人物は、深草の帝と呼ばれた仁明天皇（八一〇～八五〇）という。

石塔は五輪塔の変形で、水輪（球形）を新たに三つ重ねたもので、おそらく後世のものだろう。

小町文塚

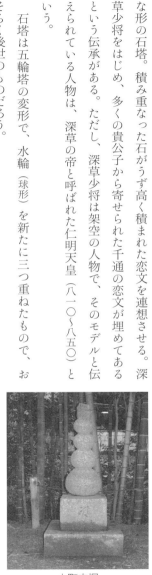

Ⅲ　西山

1、高雄越

右京区御室の双ヶ丘（一一六㍍）北麓を経て宇多野福王子、鳴滝から周山街道を御経坂《みきょうざか》峠を越えて高雄へ向かう。かつては丹波への間道。『山城名跡巡行志』に「高雄越　一条朱雀より鳴滝に至る、二十七町。仁和寺門前福王寺を歴る。鳴滝より中島（梅ヶ畑中嶋町）に至る、三十四町。平岡善妙寺を歴る、中島より峠に至る、一里一町。桑田郡界、朱雀より此に至る、二里二十五町（一一キロ）」とある。一条朱雀は千本一条通付近。古くに一条街道と呼ばれた周山街道は丹波山地を越えて若狭小浜へ至る、日本海岸から京都への物産の運搬路である。また、北区中川の銘木「北山台杉」を京へ運ぶ木材運搬の道でもあった。

高雄への起点、宇多野福王子町の高雄口東に福王子神社がある。光孝天皇の女御で宇多天皇の母である班子《はんし（なかこ）》皇后を祀る。同社は宇多天皇が仁和寺を開いたことから、仁和寺の鎮守神とされる。往古は深川神社と称していた。境内社・夫荒社《ふこう》は、平安時代洛北の氷室から御所宮中へ氷を運ぶ役夫が当地で力尽き、息絶えたために祀られたものという。「福王子」の由来は①班子皇后が多くの皇子皇女を生んだことにちなむ、②神社は通称「ふこっさん」で、夫荒社は役夫の不幸の訛であり、夫荒が「ふこっさん」となった③「深川」の転訛、など諸説ある。

高雄道

陶工・野々村仁清《にんせい》の墓（右京区宇多野上ノ谷町・妙光寺）

福王子神社のところで嵯峨道と周山街道が分かれる。周山街道は丹波山地を越えて若狭小浜に至る街道で、日本海岸から京都への物産の運搬路でもある。街道と福王寺神社の間の道を上がると妙光寺に至る。妙光寺は、弘安八年（一二八五）法燈国師の開基で臨済宗。関山堂にはわが国の虚無僧宗門（普化宗）の祖であり、日本に味噌醤油の醸法を伝えた法燈国師の像を祀る。

境内には江戸期の陶工・野々村仁清の墓がある。山門横に花崗岩製の小さい位牌型の墓（高さ約四〇㌢）がある。新しく造られたもののようで、レプリカで、本物の墓は本堂に安置されている。仁清は生没年不詳の人物だが、墓石には「吟松庵元竜恵雲居士／天和二（一六八二）壬戌年三月五日」と刻む。

野々村仁清は丹波国桑田郡野々村（現、京都府南丹市美山町）の出、本名を清右衛門という。瀬戸で轆轤の修業を積み、洛西の仁和寺門前に御室窯を開いた。「仁清」という号は、仁和寺の仁と清右衛門の清を合わせたもの。繊細で優美な仁清の作品は、主に茶壺、水指、茶碗、香炉、香合などの茶道具や懐石道具で、貴族や大名、豪商らに愛用された。華麗で典雅な作品（御室焼《おもろやき》）を数多く残しており、京焼の大成者ともされる。代表作に「色絵藤花文《ふじはなもん》茶壺」など。

陶工・野々村仁清の墓

西寿寺《さいじゅじ》の石仏（右京区鳴滝泉谷町）

高雄口となる宇多野福王子から周山街道へ約二五〇㍍行くと四辻。西寿寺へ向かう上り道の左右に二基の

「右／いずみ谷西寿寺」・「法蔵寺道／鳴滝泉谷」道標がある。

浄土宗捨世派泉谷山西寿寺は嵯峨野病院の奥の山腹にある。周山街道からなだらかな道を登って行く。寛永四年（一六二七）、浄土宗の高僧・岱中《たいちゅう》良定上人が念仏三昧道場として創建した。山号の由来は、本堂建築の造成中、地中から清水が湧き出したことから泉谷山と名付けられたとされる。今日も手水に使われている。捨世派というのは、世俗を離れて戒律を守り静かにお念仏をする僧侶集団のことで、開山以来、多くの人々の念仏修行の場として今日に至っているという。境内には寺史より古い石仏群がある。

①寄せ集め弥陀石仏

先ず山門の入口に、風変りな石仏が立っている。以下、佐野精一によると、総高一三四センチの花崗岩製。一見して各部が寄せ集めである。上の方から、一石五輪塔の半欠を宝珠に見立て、中型五輪塔の火輪を笠石に使い、石仏龕を立て、その下に宝篋印塔の基礎を流用。年代も用途もそれぞれ異なる廃材を集めながら、よく工夫されている。頭光背を負う弥陀立像は来迎印を結んで蓮座に立ち、併せて高さ四四センチを測り、南北朝時代の佳作である。

寄せ集め弥陀石仏・西寿寺

②阿弥陀坐像二仏

本堂の西側に裏山の崖が迫り、その中腹を石窟状に削って二仏が並座する。向って左は、高さ七八・五センチ、幅五〇センチ、厚さ三一センチの花崗岩製。舟形光背に像高五五センチの定印弥陀を厚肉彫り。仏頭の左右に、「サ（観音）・サク（勢至）」の梵字を刻み、石仏底部七葉蓮座の様式である。銘文は「寛永十九年（一六四二）正月二日　春観雪安信女□定大徳栄観行圓　□観行應…」。石仏そのものは、南北朝末頃の造立と思われ、これに江戸初期の念仏者が法名を追刻したと考えられる。浄土念仏系石仏の一形式「弥陀・サ・サク」表現の遺例である。

向って右の石仏は、やはり定印弥陀座像で高さ八四センチの舟形光背に、像高五七センチを測る。銘文は風化しているが「正月七日　栄観□秀□□大姉寛文八年□月□入口…」と刻む。彫法はやや雑だが、左像より古い感じで南北朝中頃の造立か。「サ・サク」も柄も無いが、反花座を流用して体裁を合わせている。

阿弥陀坐像二仏・西寿寺

③名号板碑

崖の下に、近江日野の石塔寺三重石塔を模した阿育王塔（明治十二年造立）があり、その周辺にも多くの石仏がある。その中で高さが二メートルばかりの大きな名号板碑があり、南無阿弥陀仏の六字名号の下方に「寛永八年（一六三一）十二月十七日　三観入心優婆塞《うばそく》」と刻む。

三観入心は北出嘉兵衛の法名、優婆塞は梵語ウパーサカの音写で在俗の男性信者のこと（信士、と訳す）。女性は優婆夷ウパーシカで信女と訳

名号板碑・西寿寺

す。普通は意訳の○○信士とか○○信女が使用される。

④観音・弥陀立像二仏

三重石塔の北側に、立像が二つある。向って右は、高さ五八センチの硬砂岩製。舟形光背に千手観音を精細に顕し、江戸中期の佳作である。左には、高さ九○センチの花崗岩製。上方に弥陀立像を半肉彫り、「永禄七年（一五六四）甲子二月十五日」の下に多くの逆修氏名を刻む。室町末期に近い典型的な作品。この二仏は故今淵正太郎（青森県八戸の山林王）の鳴滝山荘から移したものである。

今淵は鳴滝泉谷の風光を愛し、ここに山荘を建て、亡父旦斎が石造美術の名品を配して作庭を担当した。戦後、今淵の死後山荘は閉じられ、石仏や石塔など多くの石造品は、市中に分散した。

右端は男女二像の道祖神《さいのかみ》だが京都ではあまり見かけない。サエ（塞）の神とも呼ばれ、邪霊の侵入を防ぐ神、行路の安全を守る神として、村境や道端に置かれた。どこからか移したものだろう。

⑤両面仏

前述の大板碑の傍らに、珍しい両面仏がある。高さ六〇センチの花崗岩の正面に、来迎印の弥陀立像、裏面に五輪塔を浮彫りする珍しいもので南

観音・弥陀立像二仏・西寿寺

両面仏

北朝時代の造立であろう。三重塔の西崖石窟にも、和泉石を丸彫した定印弥陀の丁寧な作品があり、基礎の銘文から江戸中期、正徳元年（一七一一）に造られたことが判る。広々とした境内墓地には、岱中上人の墓や儒者の桑原空洞、藤井搬斎らの墓がある。

両面仏・西寿寺

尾形乾山《けんざん》宅・乾山陶窯地跡の碑（法蔵寺）

西寿寺から嵯峨野病院裏を経て法蔵寺（鳴滝泉谷町）へ行く。門前に「尾形乾山宅」「尾形乾山陶窯跡地跡」の石碑がある。前者が高一三七×幅一八×奥行一九センチ、昭和四十五年京都市建立。後者が高一〇九×幅七〇×奥行六五センチ、昭和三十七年建立者は京都史談会。協賛者は、堂本印象・小野竹喬・金島桂華・宇田荻邨・山口華楊・上村松篁ら。このあたり一帯は赤土で陶器作りに適したという。

尾形乾山（一六六三〜一七四三）は、野々村仁清と並ぶ江戸中期の京焼の代表的名工・画家。呉服商雁金屋の三男で光琳の弟。野々村仁清に師事し、元禄十二年（一六九九）鳴滝に窯を開く。都の北西（乾）の方角あたる地に窯を築いたことから「乾山」と号し、出来上がった作品に記した。作風は自由闊達な絵付けや洗

尾形乾山宅碑

尾形乾山（けんざん）宅・乾山陶窯跡地跡の碑

練された中にある素朴な味わいに特徴がある。晩年は享保十六年（一七三一）江戸・入谷（台東区）に移り住んだ。上京区の妙顕寺（妙顕寺前町）に墓がある。

法蔵寺は、乾山の旧宅地である。二条家の山屋敷であったものを乾山が譲り受け、乾山焼きの窯を築いた。のち伏見区にあった黄檗宗法蔵寺がここに移った。

春日潜庵先生墓（法蔵寺）

法蔵寺前の乾山石碑と並んで右端に立つ。「贈正四位春日潜庵先生之墓 右自是上壱町法蔵寺／辛亥（明治四十四年）六月孫春日良之助・精之助建」（高一四六×幅二七×奥行一八㌢）と刻む。

春日潜庵（一八一一～七八）は、幕末・維新期の儒者、尊攘派志士。名は仲襄、潜庵は号。幕末の陽明学の泰斗で、陽明学を諸藩の士に教授。京都における尊攘派の中心の一人として活躍したため安政の大獄に連座。文久二年（一八六二）赦免後は、東久世家の家事を兼掌した。明治元年（一八六八）奈良県知事となったがほどなく辞官し、子弟の教育に日を送った。

法蔵寺の開基百拙和尚の墓の近くに潜庵墓がある。自然石で高六〇㌢、「潜庵先生之墓／先生姓源、春日氏、諱仲襄、字子賛、号潜庵、文化八年八月三日生、明治十一年三月二十三日終、享年六十八」と記

春日潜庵先生墓（法蔵寺）(1)

春日潜庵先生墓（法蔵寺）(2)

す。墓前に経歴を刻んだ小石標がある。また、上京区烏丸通一条上ル三筋目西入南側の道端に石標「春日潜庵先生邸跡地」が立つ（地下鉄「今出川」駅から徒歩約五分）。

法眼宅間勝賀《しょうが》終焉地の碑（右京区鳴滝宅間町）

周山街道三宝寺橋南詰に石碑「法眼宅間勝賀終焉地」（高一〇七×幅一七×奥行一四センチ）がある。この石碑の奥に宅間塚（長い卵型塔身の無縫塔の墓、高七九センチ）および右側に宅間勝賀塚碑がある。

勝賀（生没年未詳）は平安・鎌倉時代前期の絵仏師。父は平安末期の絵仏師宅間派の祖為遠。託磨派、宅磨派とも。勝賀は京都を中心に活躍。宋画の要素を取り入れた新様式の仏画を描いたが、宅間派は室町時代に入って衰滅した。代表作に「十二天屏風」（勝賀筆）などがある。嘉応元（一一六九）年頃より承元三（一二〇九）年頃まで神護寺・東寺の仏像制作等に携わった。

宅間勝賀塚碑には、その経歴が記されている。それによると、絵所《ゑどころ》の役に任じられ、法橋《ほうきょう》（僧位）を経て法眼に叙せられた。このため世間では宅間法眼と呼んだ。栂尾高山寺の明恵上人（一一七三～一二三二）に帰依し京と栂尾を行き来していた。上人が擁護していた春日・住吉社の二神の像を筆写したところ、神罰があたり、帰途落馬して

法眼宅間勝賀終焉地碑(1)

法眼宅間勝賀塚(2)

この地で没したという。宅間塚はその終焉地を示したものである（『京都名家墳墓録』）。

絵所とは、中世、大寺社の画所で仏画などを描く絵師。『僧綱補任』（残闕本）寿永三年（一一八四）法橋条に、「勝賀、出家及十年」と載る。勝賀の墓が、僧侶の墓だけに使われる無縫塔なのは、中世、画家や医師にも僧位が与えられたからである。

為因寺《いいんじ》宝篋印塔・重文（右京区梅ヶ畑奥殿町）

周山街道旧道の山間小盆地の中に浄土宗為因寺がある。創建不詳だが、近世までこの地にあった高山寺別院善妙寺の寺跡を継いだ寺と伝える。善妙寺は善妙尼寺ともいい、貞応二年（一二二三）高山寺の明恵上人が、承久の乱（一二二一）に敗れて高山寺に遁れきた朝廷方の妻妾たちを救済収容した比丘尼寺という。

庭の奥に石造宝篋印塔（重文・鎌倉中期）が立つ。善妙寺の旧物で、塔身正面に「阿難塔」、裏に「文永二年（一二六五）年乙丑八月八日建之」の刻銘がある。阿難とは釈尊の従弟で、十大弟子の一人、阿難陀ともいい、女人出家の道を開いた僧。尼僧たちがその因縁を崇敬、行いを慎む思いを新たにするため供養塔を建立したという。

宝篋印塔は花崗岩製、高さは二・一㍍で重量感溢れる。この形式の塔は一般に下から基壇・基礎・塔身・笠・相輪（露盤、伏鉢《ふくばつ》、九輪、宝珠）と積み上げ、笠の四隅に飾りの突起があり、相輪以外は方形。しかし、当寺の塔は基礎が三段になっていたようだが、下部を失っている。また相輪も伏鉢を欠き半ば破損、九輪の四輪を残す。塔身が非常に大きく、笠

為因寺宝篋印塔

は二石からなり、段型は下二段、上六段。笠石四隅の隅飾は別石で大きな馬耳状、外側の線が直立した古い形を伝える。これと同式が高山寺開山廟にあり、高山寺式という。

高山寺の宝篋印塔とともに、わが国宝篋印塔中もっとも古い様式をしめす遺品として国重要文化財に指定されている。昭和三十一（一九五六）年、善妙寺跡地の高雄小学校の建設工事にともない地中から出土し、為因寺に移された（川勝政太郎『京都の石造美術』ほか）。

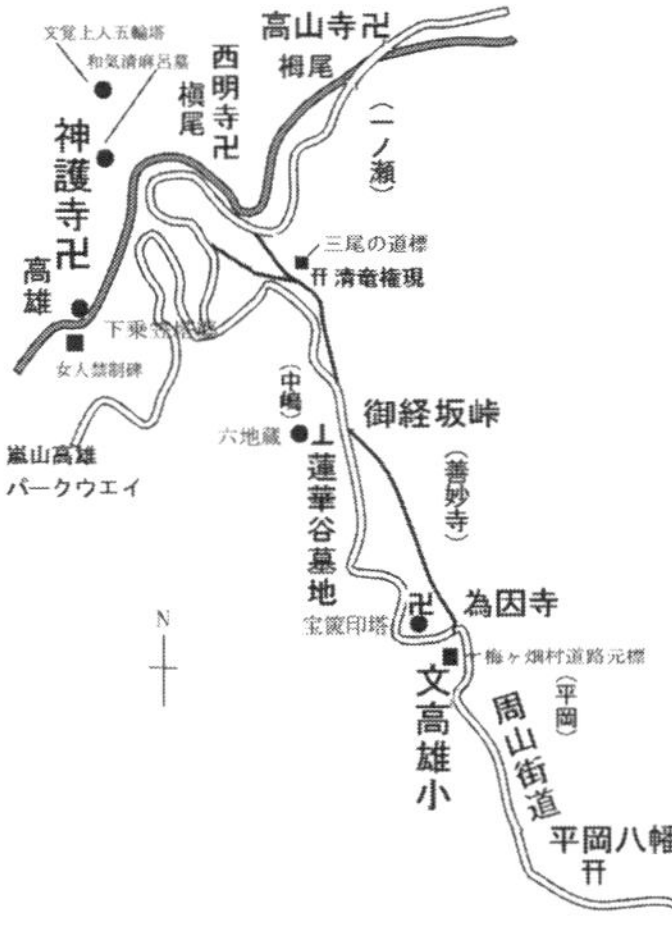

高雄

神護寺の石仏・石碑（右京区梅ヶ畑高雄町）

①下乗笠塔婆

やがて御経坂を経て、周山街道JRバス停御所ノ口から坂を下ると、清滝川に架かる橋は、高野山真言宗別格本山・神護寺の入り口である。渡る手前左手に萬治三年（一六六〇）銘の「山内女人禁制」（高センチ一七九×三七・五×二二・五）の石碑。かつて女性は、高雄橋の手前で留め置かれた。

橋を渡ると石段の手前に下乗《げじょう》笠塔婆が立つ。正面上部に梵字「バン」（金剛界大日如来）を薬研彫し、下方に「下乗」、「正安元年（一二九九）十月日造立之／権大僧都乗瑜敬白」を彫る。高さ二二四センチ、花崗岩、四角の基礎上にのる。塔身は高さ一九四センチ×幅三一センチ×二四・三センチ。頂部に

神護寺の下乗笠塔婆

枘穴《ほぞ》がありもと笠があったことが解る。鎌倉後期の下乗石として、国内在銘最古のものとされる。下乗石は、寺の境内へ貴人といえども車馬を乗り入れるのを禁ずる標識である。

石段の途上に、京都西ロータリークラブが建てた新しい道標「高雄神護寺道」、や京都市観光課の「右神護寺和気公墓方面・左清瀧愛宕保津峡方面／槙尾、栂尾、北野方面」がある。

神護寺は、平安京の宮都造営に力をつくした和気清麻呂が氏寺として創建したという高雄山寺を、弘法大師が真言密教の道場とし神護寺の基礎をつくりあげた。当初「神護国祚真言寺」と称した。鎌倉時代には後白河法皇・文覚上人等の力で隆盛となった。高野山真言宗遺迹《ゆいせき》の別格本山。遺迹とは、弘法大師が住んだゆかりの場所という意味。本尊は薬師如来、無病息災、鎮護国家の信仰篤い。神仏霊場会第九十番、京都十番。西国薬師第四十四番霊場（西国薬師四十九霊場めぐり）。厄除のかわらけ投げがある。

②文覚上人五輪塔

神護寺境内山頂に文覚上人五輪塔（鎌倉期、花崗岩）、高さ約一二〇センチである。空・風輪や火輪の形状は古風で、笠も鎌倉中期頃の作。

神護寺の女人禁制塔

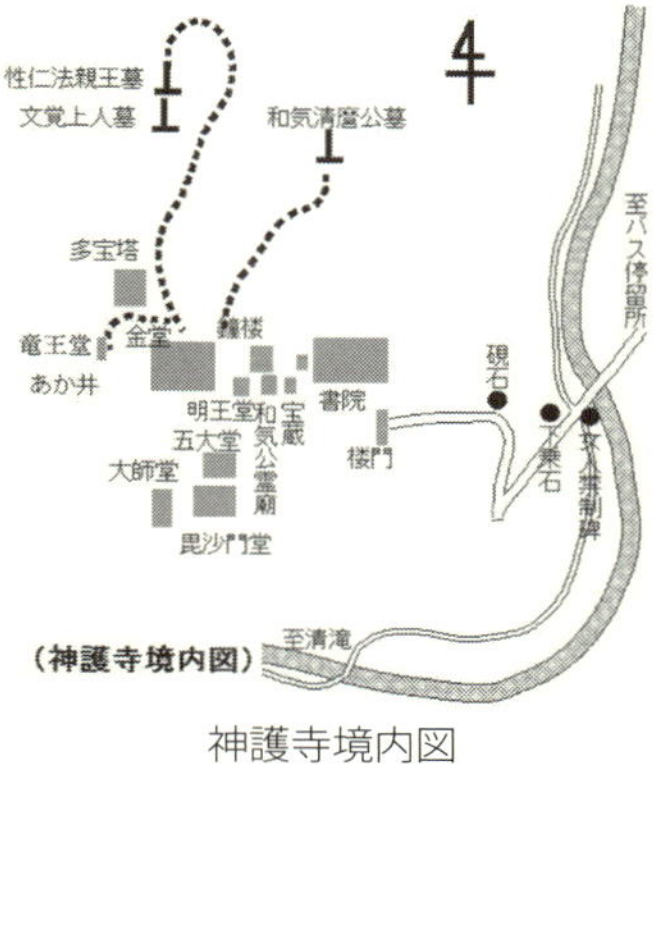

神護寺境内図

文覚（一一三九～一二〇三）は平安末期・鎌倉初期の僧。俗名を遠藤盛遠、北面の武士。火災で焼失した神護寺（神願寺）を再興した。文覚の没年は十三世紀初頭であるが、五輪塔の造立は没後しばらくたってからであろう。右側に同寺の住持をした後深草天皇皇子性仁法親王の五輪塔がある。

文覚は、伝説では『元亨釈書』巻十四に「年十八、誤りて婦《つま》の首を斬る。これに因り髪を薙《そ》り、霊区（霊場）を修歴す。後城北高雄山に至る」とある。婦とは渡辺渡の妻袈裟御前で横恋慕するが、袈裟を誤って殺したため出家し文覚と名乗り苦行をした（『源平盛衰記』巻十九）。文覚は袈裟御前の菩提を弔うために寺を建て恋塚（墓）を築いたと伝えられるが、上鳥羽・浄禅寺と下鳥羽・恋塚寺の二ヶ所に恋塚がある。『雍州府志』は恋塚寺が本物とし、「近世誤りて上鳥羽に於いて碑を建つ」とする。

③文覚上人墓覆屋露盤

覚上人五輪塔の右手に石造露盤（鎌倉後期、高九〇セン、花崗岩）がある。露盤とは四角な台の上に宝珠をのせ、宝形造や八角などの建物の屋根に置いて飾るもの。方形の露盤の側面には格狭間を二つずつ刻み、その上に饅頭形の伏鉢・宝珠を置いている。伏鉢と宝珠の間にくびれた複弁を上下に飾り、鎌倉後期の様式をあらわしている。文覚上人墓にはもと覆屋があり、頂上にこの石の露盤が用いられたものと思われる。文覚上人

文覚上人五輪塔

文覚上人墓覆屋露盤

墓の四隅には柱をうける石の礎石がある。

高山寺の石仏・石碑（右京区梅ヶ畑栂《とがの》尾《お》町）

①高山寺石水院笠塔婆

真言宗栂尾山高山寺（右京区梅ヶ畑栂尾町）は、宝亀五年（七七四）光仁天皇によって開創された神願寺都賀尾坊を、建永元年（一二〇六）明恵《みょうえ》上人が、名を高山寺として再興した。天文十六年（一五四七）には細川晴元の放火により、石水院以外は全焼したが、寛永十三年（一六三六）旧観にまで復興した。

同寺は栄西禅師から贈られた茶をわが国で初めて植えたことで知られる。「鳥獣人物戯画四巻」（国宝）はじめ文化財の宝庫。一九九四年、「世界遺産条約」に基づく世界文化遺産に登録された。

国宝石水院は、鎌倉時代初期の寝殿造りの面影を残す貴重な遺構。石水院（国宝）は、鎌倉前期に東経蔵として僧覚遷《かくせん》により金堂の東に建立され、明治二十二年（一八八九）に現在地へ移築された。石水院には建保五年（一二一七）以来数年明恵上人が住んでいたと記され、上人時代の唯一の遺構である。

石水院門前に石造卒塔婆（鎌倉後期、一七〇㌢、花崗岩製）が立

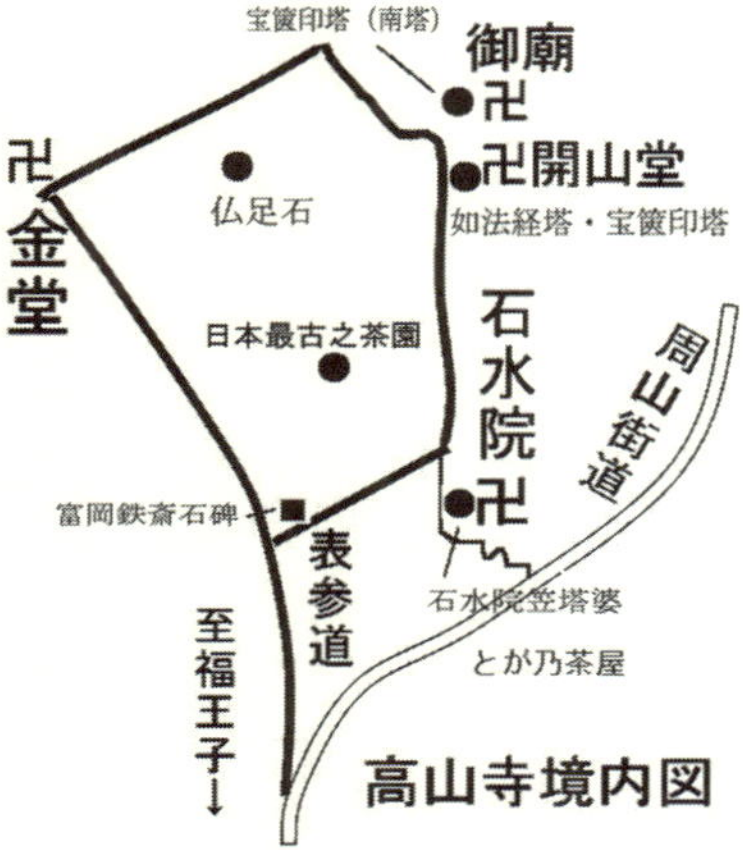

高山寺境内図

高山寺石水院笠塔婆

つ。明恵上人の遺蹟を記念するため初め木造で作ったのが朽損したので、元亨二年（一三二二）に石で作り替えた。

笠塔婆は大きな基礎石の上に、塔身、笠、宝珠までを一石で作ったもので、笠の軒幅は小さい。正面上部に小さく梵字を三字彫り、その下に「石水院、建保五季（一二一七）以後数箇季、住此処後山、号楞《りょう》伽《か》山」と上人が住んだことを刻し、向かって左側面に「天福元季（一二三三）癸巳十月三日造立之」と刻む。背面には三行にわたり、「天福季中所造立板卒塔婆朽損、（仍）元亨二年十二月一日、以石造替供（養）、於梵漢之字者任古畢、願主比丘尼明（雲）」とあり、元亨二年にもと木造であったのを上人の記念に石で立て替えたもの。欠字を補ったのがカッコ内の三字である（川勝政太郎『日本石造美術辞典』より）。

②高山寺如法経《にょほうきょう》塔

開山堂の脇に一重塔（重文、鎌倉後期、高一三四センチ、花崗岩）立つ。如法経とは、如法（法式）のごとく法華経を写経し埋納する儀礼。塔身正面に「如法経」（他の三面は素面）と刻んでいるのは、この下に埋納した法華経を標示したものとみられる。如法経塔は、一重形式の石造塔で、平面四角、基礎上に塔身、その上に宝形（方形）造の笠、宝珠を置く簡素な形式である。

基礎は、方形の一石からなり、四面とも無地。一重の笠は軒反《のきぞり》は両端がやや反る程度、軒下に一重の垂木型を刻出する。ふっくらとした宝珠は形下の露盤と一石で造ってある。各部とも鎌倉時代の様式を示す（川

高山寺如法経塔

勝政太郎『日本石造美術辞典』）。

③高山寺宝篋印塔

開山堂の脇に如法経塔と並んで左側に宝篋印塔（重文、鎌倉中期、高二三七チセン、花崗岩）が立っている。この形式の塔は、一般には宝篋印陀羅尼経を書いて納めた塔をいう。これを礼拝することで罪障は消滅し、苦を免れ、長寿を得ると信仰された。のち供養塔・墓碑塔として用いられた。

当寺の塔は、基礎が低く、塔身の背が高く四面とも素面。笠は二石からなり、段型は下二段、上六段で最上段は露盤。隅飾りは大きく馬耳状で直立している。また、わずかに切込を入れ二弧になっていることは、わが国でも早期の様式である。相輪は、下から伏鉢、請花、九輪は八輪を残す。この石塔は、為因寺宝篋印塔とともに早期の様式をしめす

高山寺宝篋印塔

「高山寺縁起」に、暦仁二年（一二三九）、明恵上人の徳恩に報いるため、髪爪を納め、大唐育育王《あしょーか》塔の形を模し、外畑の歓喜園に塔婆を造立したとあり、この宝篋印塔にあたるというのが通説である。しかし、川勝政太郎は、歓喜園は高山寺から少々離れた旧一ノ瀬村外畑に建てられた別庄であり、それが開山廟にあるこの宝篋印塔にあたるかは明らかでない、と指摘している（川勝政太郎『日本石造美術辞典』、『京都の石造美術』）。

④高山寺宝篋印塔（南塔）

開山廟の初期宝篋印塔で、もう一つの南塔（鎌倉中期、高一五八チセン、花崗岩）が廟の南側に立っている。前述の

重文宝篋印塔と同様、わが国宝篋印塔の早期の様式を示す。相輪はなく他の石が置かれている。

薮田嘉一郎は『宝篋印塔の起源』補考のなかで、重文の塔が明恵上人の髪爪塔で暦仁二年（一二三九）塔に相違ないとしたうえで、南塔は重文の塔の摸作としている。ただし、川勝政太郎氏は、前述の様に否定している。

高山寺宝篋印塔（南塔）

⑤高山寺仏足石

開山堂から金堂に至る途中に小屋掛けで仏足石がある。縦五一×横四八センチ。仏足石は釈迦が入滅以前に残した足跡を石の上に刻んだもので、釈迦が説法している姿として仏像が造られるまで信仰されてきた。わが国では奈良薬師寺の天平勝宝五年（七五三）のものが一番古いが、多くは江戸時代のもの。この仏足石も文政年間のもの。足形の中に如来の三十二相のうちの一つを表示。五本の指先には卍字文、その下には宝剣、双魚文、宝花瓶、宝螺文。俗に土踏まずとい

高山寺仏足石

仏足石

われる中央には千幅輪、かかとには梵王頂相文が説かれている。明恵上人は、特に釈迦に対する崇敬の厚い僧であったため、これに因んで造られた。他に仏足石としては清水寺、知恩院、法然院、法金剛院、長福寺などにもある。

⑥日本最古の茶園碑

石水院の門の横、参道を隔てた西側に竹の柵の中に「茶畑」がある。柵の傍には「日本最古之茶園」（高一〇〇×幅三二×奥行三二㌢）と書かれた石柱の標識が立っている。京都市茶業青年会が創立五十周年記念で昭和四十六年八月に建てた。

『喫茶養生記』著者で臨済宗開祖栄西（一一四一～一二一五）は鎌倉時代初期に宋から茶の種を請来し、明恵上人に贈った。上人は栂尾山に植えたところ、地味がよく優れた茶を産したという。茶は修行中の僧侶の眠気を防ぐ作用があるとされる。その後、宇治など各他に移植された。栂尾は茶の発祥地とされ、中世以来、栂尾の茶を本茶、それ以外を非茶と呼ばれた。鎌倉・室町時代には毎年禁裏と将軍家に献上するのを慣例とした。この石碑は、日本最古と称される茶園を示すものである。

最古の茶園は清滝川の対岸、深瀬《ふかいぜ》三本木にあった。「日本最古之茶園」碑が立つ現在の茶園は、もと高山寺の中心的僧房十《じゅう》無《む》尽院《じんいん》があった場所と考えられている。現在も、五月中旬に茶摘みが行われる（高山寺公式ホームページより）。

日本最古の茶園

2、愛宕越

愛宕神社（右京区嵯峨愛宕町）は、古くより火伏・防火に霊験のある神社として知られ全国に約九百の分社がある。近代以前は愛宕山（九二四㍍）の別称白雲山にちなみ白雲寺とも愛宕権現とも呼ばれた神仏習合の社だった。祭神は火伏の神・軻遇《かぐ》突智命《つちのみこと》、本地仏（神の本源たる仏）は勝軍地蔵。慶応四年（一八六八）、維新政府は神仏混淆を禁止し、寺院と神社を分離する神仏判然令によって愛宕神社となった。勝軍地蔵は金蔵寺（西京区）へ移された。

近世、「お伊勢七度《ななたび》、熊野へ三度《みたび》、愛宕さんへは月参り」と謡われたほど、愛宕信仰は盛んだった。火神にあやかって「火迺要慎《ひのようじん》」の火除けのお札を授かるため、各地に愛宕講が組織され代参が行われた。代参者はお札と樒を持ち帰って愛宕灯籠（常夜灯）・愛宕祠などへ納め、講員へお札を配り火災から免れることを願った。また、毎年六月二十四日（今、七月三十一日）の夜は千日詣と称し、その日参詣すれば千日の参詣と等しい功徳があるといわれた。

愛宕越の試峠手前、愛宕神社一の鳥居（右京区嵯

愛宕越地図

峨鳥居本深谷町）からが愛宕詣での起点となる。五山送り火の一つ、仙翁寺山の鳥居形は一の鳥居を表している。『山城名跡巡行志』に「愛宕越　一鳥居より至山上に至る、五十町（五・五キロ）。金《かねの》鳥居より原村（樒原）に至る、六十町（六・五キロ）」とある。「試峠」の由来は、険しい表参道を山頂まで登れるかどうかまず試してみるというのが由来。落語「愛宕山」にも参拝者が息が切れてきて、「本社はどちらです」「今のは清滝試の坂」と言われて音を上げる噺である。

一の鳥居石灯籠（右京区嵯峨鳥居本）

一の鳥居の傍らに二対の石灯籠（笠が四角型、竿が神前型）がある。四角型石灯籠（高二〇〇センチ、花崗岩）は、参詣した大阪の豪商・鴻池善右衛門の二代目山中之宗《これむね》（〜一六九五）と三代目宗利（一六六七〜一七三六）親子が寄進したものである。佐野精一によると、右側の正面は「奉寄進永代常夜燈」、左面「摂州大坂住人　山中之宗　同氏宗利」、右面「寛永四丁卯歳（一六二七）　正月吉祥日　教学院宿坊」と刻む。教学院は山上の六つの宿坊のひとつ。

戦国武将・山中鹿介《しかのすけ》の子孫ともいう山中新六が摂津国川辺郡鴻池村（現伊丹市鴻池）で慶長年間濁酒《どぶろく》に代わるわが国初の清酒醸造業を始めた。新六の子正成は村の名を取って「鴻池善右衛門」の初代となり、酒造、海運、両替商を営み三代目で日本最大の豪商となった。三代目宗利は新田開発も手掛けた。東大阪市内のＪＲ学研都市線鴻池新田駅の駅名と付近に「鴻池」の各町名が残る。

石灯籠の後ろの神前型（高二三六センチ）は「永代常夜燈　元和十年（一六二四）六月」、

愛宕一ノ鳥居

手前には弘化二年四月（一八四九）銘の「愛宕常夜燈」（高一六六センチ）がある。

上り亀石・佐野地蔵（右京区嵯峨鳥居本）

一の鳥居の隣の「平野屋」は享保年間創業の鮎茶屋の老舗である。注連縄が掛った店先の「上り亀石」は愛宕参詣道の起点を示す。役行者によって置かれたという伝承がある（井上頼寿『京都民俗志』）。

愛宕念仏寺の笠塔婆（右京区嵯峨鳥居本）

試峠と清滝隧道の分かれ道に千二百体の信徒有志による五百羅漢さんで知られる愛宕《おたぎ》念仏寺（嵯峨鳥居本一華表町）がある。境内の滝の左側崖下にある二基の笠塔婆は、もと試峠にあったもので愛宕山鉄道敷設工事のため移された。この鉄道は昭和四（一九二九）、京福電鉄嵐山駅から神社近くまで、平坦線（普通鉄道）と鋼索線（ケーブルカー）が敷設され、同十九年（一九四四）戦中の鉄材供出で撤去された。

向かって右の名号笠塔婆（総高一〇九×三六×一五センチ）は室町時代の永正九年（一五一二）建立の千日詣での供養塔。中央に「南無阿弥陀仏」、右の銘文は「為愛宕山清水寺千日参詣結願《けちがん》供養之立也」、左の石塔（高一〇九×三九×二〇センチ）は「于時永正第九（一五一二）壬申季九月十六日、願清敬白」と刻む。地蔵菩

上り亀石

愛宕念仏寺の笠塔婆

薩像を陰刻した板石笠塔婆（室町期）である（川勝政太郎ほか『京都古銘聚記』）。

同寺は天台宗愛宕院と号し開基は延喜十一年（九一一）。もと東山区松原通東大路西入弓矢町にあったが、大正十一年（一九二二）今の地に移された。かつては松原通に面した仁王門に火伏地蔵を祀っていた。『山城名勝志』には「今世俗此寺を愛宕寺と云」とあり、愛宕郡愛宕郷の地にあるのにちなむ。

トンネルをぬけると清滝。かつては『出来斉京土産』巻六（一六七七）に「愛宕にまうづる人まづ此川にて垢離《こり》をとるとかや」とある。

火燧《ひうち》権現社石灯籠（右京区嵯峨清滝）

渡猿橋を渡り二の鳥居をくぐり峠道にかかる。十七丁目は火燧権現社跡。火の神火産霊命《ほむすびのみこと》を祀っていた。『扶桑京華志』巻一（一六六五）は「若し洛に火ふれば此社鳴動す故にこの名得《あ》り」とある。明治十二年（一八七九）に、銅鳥居《あかかねのとりい》上の新門横へ「燧《ひうち》神社」として移した（『葛野郡神社調』）。現在は、自然石（高六三センチ）が安置されているが、「元鎮座　燧乃社／昭和十年五月再建之」と刻む。

左右の石灯籠（高一四六センチ）は、鴻池善右衛門二、三代が寄進したもの。正面「奉寄進　永代常夜燈」、右面「摂州大坂　山中之宗／宗利」、左面「寛永三歳舎（一六二六）丙寅正月吉／宿坊教学院」とある。歳舎は年号を強めるための表記。

火燧権現社跡

*

十八丁目の壺割坂。江戸幕府に献上する宇治茶を品質保持のため山頂に保存していたが、ここで茶壺を割ったのが由来。道半ばの二十五丁目は宿茶屋「なか屋」跡碑がある。参道にはかつて茶店が多くあり、休憩する者や名物の土器《かわらけ》投げで賑わった。また、茶店では疲れた客への甘味として、しん粉（うるち米の粉を練って作った団子）が振舞われた。明治初めには十九軒もあり、道沿いに石垣に囲まれた茶屋跡が見られる。

二十八丁目は大杉大神の祠。古い大木は落雷により黒こげで枯れ萌芽更新した若木である。中世、神仏習合の進展に伴い、愛宕社の火神・軻遇突智命は、愛宕権現太郎坊という天狗とされた。『愛宕神道縁起』の中の「古縁起」に、役行者と秦澄が愛宕山（別名白雲山）に入山し白雲寺を開いたとき、大杉の上に五仏・天狗が現れた神木とされる。『白雲寺縁起』にも「日本太郎坊各々将其眷属（従者）大杉の上に現れ、九億四万余の天狗有り」と伝わる。ただし、白雲寺という名称は近世以降しか現れない。その先は眺望が開け、「カワラケ投げ」の札が立つ。

柚の里水尾への分岐点に「水尾山陵（清和天皇）参道」道標、樒の花売り場を過ぎる。嘉永五年（一八五二）の『洛西嵯峨名所案内記』に「花うり場といふ古来樒を此山の神符とし、火災を除く。水尾村の女毎月此所に出て売る。参詣の人是をもとめ土産とす」と記す。

「なか屋」跡碑

「下の亀石」（右京区嵯峨愛宕町）

やがて京口惣門（黒門）をくぐり、白雲寺の境内に入る。寺は明治の

下の亀石

神仏分離令で破却された。

愛宕神社山門前の青銅鳥居にある亀石を「下の亀石」という。役小角が置いたと伝えられる。鳥居本の「上の亀石」と対になっている。役行者によって置かれたという伝承がある（井上頼寿『京都民俗志』）。来臨する神仏を拝む影向石《ようごういし》で、修験の山によく見られる。

山上の道標（右京区嵯峨愛宕町）

愛宕山表参道は、西国三十三所巡礼の逆打《さかさうち》（逆道）といわれた道法《みちのり》でもある。順路とは逆に巡ることを「逆打」という。「打つ」というのは、お寺に納札を納める代わりに、昔は木の札を寺の本堂や門に釘で打ちつけて回ったことに由来する。

江戸期から第十九番札所の革堂《こうどう》（中京区）より第二十番善峰寺（西京区）への順道を行かず、愛宕越をして第二十一番穴太寺《あのう》（亀岡市）へ行き善峰寺へ逆に参る。理由は山越えの道中に宿屋が少なく、悪路のためである。『西国順礼・道中細見新増補指南車』（一八二九）に「穴穂寺《あのう》より惣持寺（第二十二番）へ六里　村里も相応にあれ共、往来《ゆきき》少なきゆゑ宿茶や（屋）至《いたっ》て不自由也、仍《より》て近頃は京より穴穂《あのう》、よし峰、惣持寺（第二十二番）と逆ニ打ツ人多し」とある。山上にある七基の道標中、五基は「あなう」を指し、逆打が盛んだったことを示す。

山頂にはまた、鴻池ゆかりの石灯籠が寄進されている。参道にずらりと並ぶ四角型石灯籠は、いずれも「奉寄進永代常夜燈　摂州大坂住人　山中氏之宗　同氏宗利」と連記したものが多い。山中親子の愛宕献塔は延宝七年（一六七九）から、宝永四年（一七〇七）まで、二十八年間に五十五基を数える（宮本又次『鴻池善右衛門』一九五八）。

①穴太寺・月ノ輪寺道標（右京区嵯峨愛宕町）

さて、本社参詣後、『西国巡礼細見記』に「寺の上石段中ほどに左あなうしへの道」とあり、本殿石段下に道標（角柱、高一〇三チセン）がある。正面は「是よ里丹波あなうへのみち阿里／是よ里壱町ほと行、右へ月の王（わ、月輪寺）／みちあり、すく二きよたきへ出る／是より二町ほと行、右の方へたかお道あり」とある。右面は「元禄三庚午年（一六九〇）二月廿四日」、左面に「南無愛宕大権現施主敬白」と刻む。早くに江戸初期から巡礼たちの逆打愛宕越があったことがわかる。

明和元年（一七六四）銘のもう一基（高一〇四チセン）は「右月輪寺道／是従十三丁／寺より清滝へ下二十五丁」とある。

②地蔵の辻の道標（右京区嵯峨愛宕町）

山頂の愛宕神社を参詣し、下りの左（北）の樒原・亀岡（旧亀山）と首無地蔵・高雄コースをとる。右は月輪寺コースである。しばらくして首無地蔵と樒原分岐への地蔵の辻。

道際には地蔵立像（高九六チセン、砂岩）。地蔵光背型道標で、光背に「右たかを道／左あなう道」、台石に「願主石心」とある。ここから神明峠を経て愛宕谷川を下れば穴太寺へ向かう。その横に五十丁目の「左野地蔵」（六三チセン）。

地蔵の辻道標

穴太寺・月ノ輪寺道標

光背に「五十丁教学院、施主伊勢津佐野宗吉」。教学院は山頂の愛宕山六宿坊の一、もと教学院にあるべきだが、明治維新の廃仏毀釈時代、神前に地蔵があるのをさけて移したのだろう。さらに一石五輪塔がある。

③樒原分岐点の道標・村界石（亀岡市保津町）

左を取り竜ヶ岳と地蔵山の分岐二ヶ所を過ぎて下る。嵯峨樒原への分岐点に三基の道標。首の無い地蔵立像型道標（高七一センチ）は光背部に「是よりそのべ道／あなう道」と刻む。手前の小型の角柱一基（高五四センチ）は「左　あなうみ（ち）」、左手坂を下ったもう一基の板碑型道標（一一五センチ）は中央に「従是《これより》左廿一番札所穴太寺道」とある。

巡礼道をさらに下ると村界石（高八一×幅一五×奥行一五センチ）があり、正面「従是保津村」、右面「明治十一年（一八七八）二月」とある。ほどなく神明峠。水尾と保津に向かう分岐点である。右の道を取れば愛宕谷川に入る。『西国順礼細見記』に「あたごより亀山へ　二り半」「ほうず（保津）の池、次にほうず村、宿十二軒有、川有舟わたし」とある。

山峡を抜け保津川を渡り、亀岡市街地へ入る。かつて、巡礼たちは亀山城下の巡礼宿に泊まり、翌朝穴太寺や善峰寺へ向かった。また、同書は、「亀山よりあなうへ　廿丁。町家御城有、橋をこへ宿

村界石

樒原分岐点の三基の道標

屋あり、すぐに片原町をゆきて、左りへ野道を行なり。廿一番穴穂寺より善峯へ、四り半」と記す。

米買道入口の「愛宕山」道標（右京区嵯峨水尾）

神明峠から水尾へ向かう。あるいは、愛宕表参道の水尾の分れから水尾の里へ下る。水尾集落南端の清和天皇社参詣道入口が、米買道への古道でもある。入口角に、愛宕神社への道標（高一〇三×幅一八×奥行一五㌢）が立つ。正面に「愛宕山」、右面に「享和二年（一八〇二）壬戌正月吉日　講中」とある。

講中というのは、地元の話では、愛宕講でなく、文徳天皇皇子の清和天皇（八五〇～八八一）が、水尾で苦行を行った。死後水尾山に天皇の御陵が築かれる。里人は天皇を偲び社を建て、天皇を祀ったという。社を守るため従者が当地に住みつき、講を組織し今日も子孫が受け継いでいるという。法皇は水尾の里を気に入り、この地で生涯を送ることを決めた。

米買い道道標

米買道入口碑

米買道の地蔵（右京区嵯峨水尾）

水尾から荒神峠（庚申《こうしん》峠、長坂峠とも）を経て長坂谷を下り清滝川の落合まで近世の流通ルート「米買道」が残っている。水尾と愛宕山を挟んで東に位置する清滝は、稲作をする土地が少なかったことから、村人は水尾や越畑、遠くは亀岡まで、米の買い出しに出かけたので、「米買道」の名が付いたといわれる。愛宕山の麓の山里に暮らす人達にとっては、生活物資を運ぶ大切な道だった。

かつては峠に茶屋もあったという。峠から谷を下ると椿の根元から清水が湧き出ていて、「椿の水」名付けられ、米買道を往来した人たちの憩いの場所だった。木の傍に小さい「椿地蔵」（高二四㌢）がたたずむ。往来の人たちに地蔵さんとして親しまれたという。だが、実は船形光背を負う阿弥陀坐像である。印相が膝の上に結ぶ弥陀定印である。

*

米買いのルートはもうひとつあり、水尾より荒神峠を経て長坂谷〜明神谷山腹のユリ道を伝って表参道二十三丁目へ出る道がある（愛宕研究会『あたごさん調査資料集Ⅰ』）。なお、『洛西嵯峨名所案内記』（一八五二）は「廿一丁めより丹州亀山（元亀岡）行山路あり。庚申峠といふへ出る」とある。表参道二十五丁目辺りにあった茶屋の人たちが水尾へ米などの食料を買って運んだ高低差の少ない道とされる。峠の茶店は、昭和四年（一九二九）愛宕山鉄道のケーブルが愛宕本社近くまで敷設されて以来参拝客が減り廃業に追い込まれた。

米買い道石仏

裏愛宕道

松尾峠の地蔵（右京区梅ヶ畑）

ＪＲバス停「山城高雄」から谷山川ぞいに、松尾峠へ向かう。ヒウチヤ谷（燧岩谷）出合いから尾根を伝い、峠の約一〇〇㍍手前に地蔵堂がある。石仏は、花崗岩製、座高七八㌢の地蔵菩薩を厚肉に彫り重厚感がある。ゆったりした舟形光背を負い、右手に短尺の錫杖、左に宝珠を持つ。鎌倉期の作とみられる（佐野精一『京の石仏』）。この峠道は、田尻谷をへて古くから裏愛宕道として丹波地方の人々の愛宕詣の路だった。

周山街道（国道一六二号）が通る以前は、近代まで清滝川は切り立った崖が多く川筋には路をつけることが出来なかった。御室から若狭への道は山越えの道だった。その一つが松尾峠である。旧北桑田郡周山（右京区京北町）から細野を経て松尾峠を通り高雄―御経坂―御室へ出た裏愛宕路である。若狭から京へ日本海の幸を運んだ。

松尾峠地蔵

愛宕山首無地蔵（右京区嵯峨清滝）

裏愛宕道の道しるべとして首無地蔵がある。清滝隧道をぬけ渡猿橋を渡ると二の鳥居。鳥居をくぐらず、右の路をとり堂承川をさかのぼる。月輪寺道出合を過ぎ梨木谷を詰めると、五本の道がクロスするサカサマ峠。清滝、高雄、松尾峠、京北町細野、愛宕道（愛宕神社）への道が交差する古くからの分岐点である。

首無地蔵は地蔵の辻に向かう愛宕道よりにある。丸彫り坐像で反花座に座る（高六四㌢）。石質は和泉砂岩。

首が無いのは明治元年の廃仏毀釈・神仏判然令が考えられる。右手は衆生の願いを施し与える与願印、左手に持っていたはずの宝珠がない。流れるような衣文の彫技は江戸中期の作と推定される（佐野精一）。地蔵型道標で、花崗岩の台石正面に「左　あたご」、左側面に「右たかを、すぐ（真っ直ぐ進む）たじりたんば、左やま」と刻む。高雄へは尾根伝いに神護寺を経てＪＲバス停山城高雄に出る。田尻丹波は田尻谷を経て右京区京北細野町のＪＲバス愛宕道バス停へ通じる裏愛宕道である。左は地蔵の辻に行く。もう一つの地蔵は花崗岩製で、延命地蔵（高三五チセン）で首がある。愛宕神社へ向かい三叉路の地蔵の辻に着く。

首無地蔵

3、丹波路（老ノ坂越）

京から丹波へ出る道に「老ノ坂越」がある。『山城名跡巡行志』に「丹波路　旧名大枝越　七條口ヨリ樫原駅ニ至ル、一里十二町（四キロ）、川勝寺・下桂・川島ヲ歴ル。樫原ヨリ沓掛ニ至ル、二十九町（三・二キロ）、塚原ヲ経ル。沓掛ヨリ峠ニ至ル、丹州桑田郡界二十一町（二・三キロ）、七条口ヨリ此ニ至ル、二里二十六町（一一キロ）」と記す。

丹波路は「京の七口」の一つ丹波口より始まる。『京都御役所向大概覚書』（一七一七）の「京七口」には、「七条口丹波口トモ言　丹波路」とある。

御土居の出入口・丹波口が千本通七条上ルに明治初期まで残存した。JR嵯峨野線（山陰本線）の駅名（丹波口駅）として残っている。

山陰街道ともいい、京都から丹波を経て山陰地方へ向かう街道。京の七口の一つとされる丹波口を起点として、樫原を経由し老ノ坂を越えて丹波国に入り、亀岡、園部、三和を経て福知山に達し、夜久野を経て但馬国へつながる道筋を指す。国道九号線がこれにほぼ沿っている。

ところが、もう一ヶ所「丹波口」と呼ばれている所がある。大宮五条二筋下ル（五条通から二五〇メートル南）西側の町を「丹波街道町」といい、この両側町内の東西通りを「丹波口通」という。この通りは京都市中央卸市場までだが、その西はJR嵯峨野線「丹波口駅」である。『京町鑑』（縦町之分　一貫町通）に「丹波海道町　此町南の辻丹波

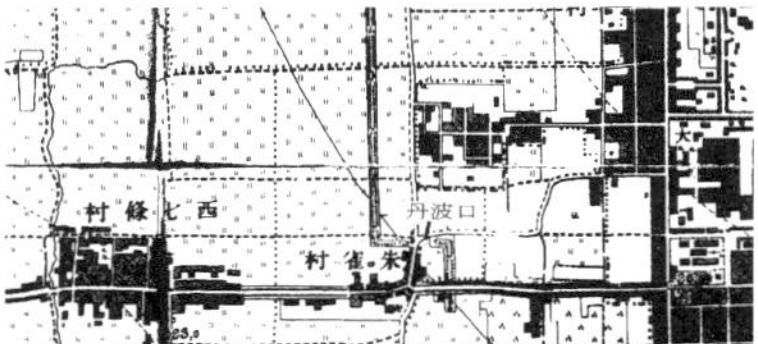

丹波口（明治の正式二万分之一図）

街道也則丹波口と云」とある。

つまり「丹波口」の名称は、近世を通じてもう少し広範囲な地域名として用いられたようである。「寛永十八年（一六四一）以前平安城町並図」など江戸初期の京絵図には、丹波街道町一帯を「丹波口」としている。同町は、「寛永十八年（一六四一）以前平安城町並図」に「丹波海道丁」とみえ以後変化はない。江戸時代、七条大宮の西北に開かれた遊里・島原について、西鶴『日本永代蔵』（巻一の二）には、遊里通いせぬことを「大宮通りより丹波口の西へゆかず」と記し、大宮通から島原への北の入口付近の現丹波街道町辺りを丹波口と呼んでいる。

この丹波路は、また、江戸期に盛んだった西国三十三ヶ所巡礼道でもあった。『西国巡礼道中細見大全』（一八四九）に「逆打大江坂《おいのさか》越京より穴太へ六り半（二六キロ）」と載る。三条大橋・朱雀・樫原・沓掛・峠町・亀山（亀岡）・穴太寺への道順を示す。

逆打とは一番から始めて、二番、三番…と、三十三番まで札所の番号の昇順に参ることを「順打」、それに対して、逆に降順に巡ることを「逆打」という。「打つ」というのは、今のようにお寺に納札を納める代わりに、昔は木の札を寺の本堂や門に釘で打ちつけて回ったことに由来する。穴太への順打は、第十九番行願寺（革堂・中京区）→第二十番 善

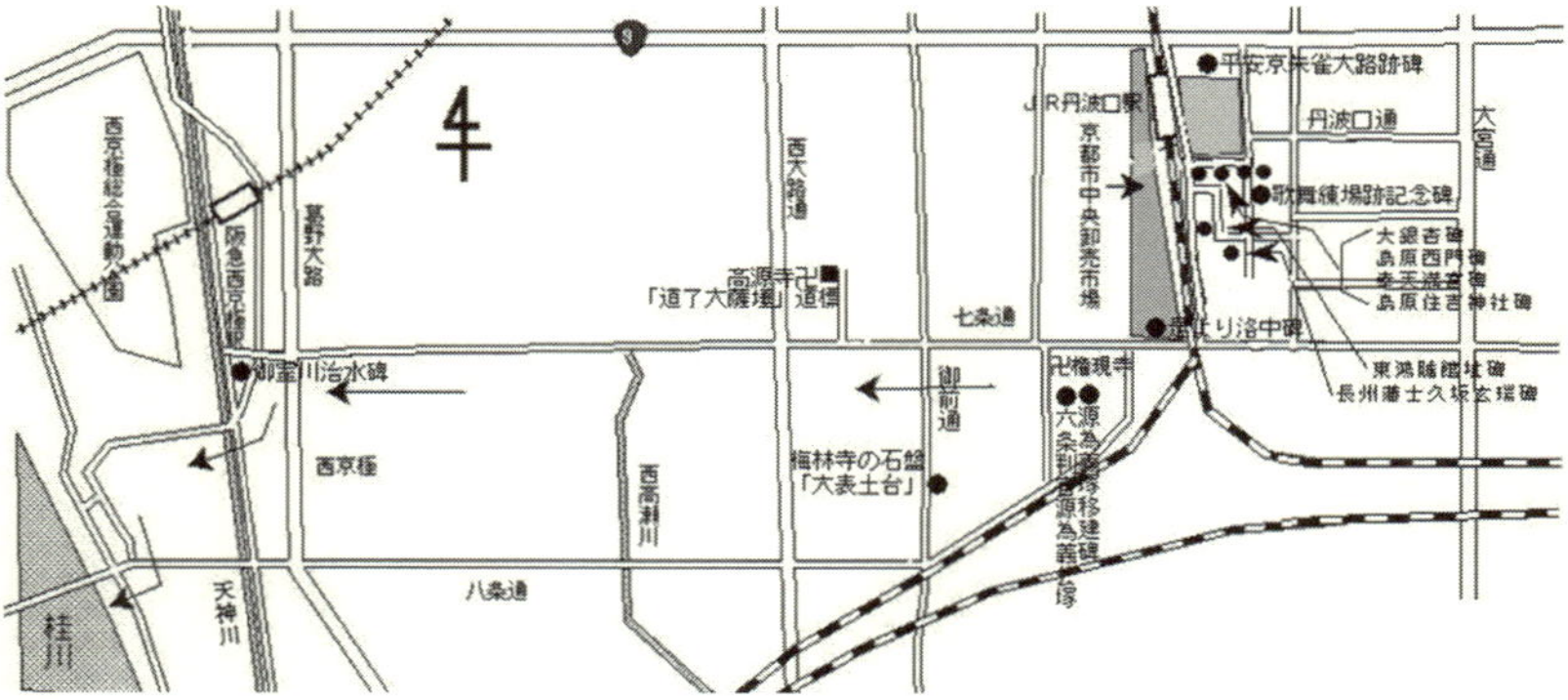

七条口

峯寺（西京区）↓第二十一番穴太寺（亀岡市）であるが、善峯寺からは山道が険しく茶店や宿屋が少ないため、行願寺から老ノ坂越で穴太へ逆回りすることをいう。

歌舞練場跡記念碑（下京区西新屋敷中之町）

京都市島原老人サービスセンター入口に立つ記念碑は、歌舞練場跡地に平成十三年（二〇〇一）十一月、島原伝統保存会が建立した。高さ一七二×幅一〇五×奥行一七センチ。

島原は江戸以来、京都で唯一の幕府公認の遊里であり、東の吉原、西の島原といわれたくらい、格式の高い遊郭であった。遊女は和歌・音曲・踊りなどの教養があった。寛永十一年（一六四〇）六条三筋町から移転した。三方に堀をめぐらし、当初は島原大門のみ出入り口とした。島原の由来は、一つの門のみで他に出入り口が無いのは、肥前の島原城に似るからといわれる説がある。安政元年（一八五四）の大火で揚屋《あげや》町の一部を残すだけとなった。揚屋は遊興する店をいい、角屋は揚屋の貴重な遺構。

江戸時代の『都名所図会』などの地誌に、賑わいぶりが紹介されている。同書には、右下に「出口の柳」、「出口」は、島原大門《おおもん》である。右上には「出口にて」と題して、芭蕉の弟子・其角の句「けいせい（傾城）の賢なるは此柳哉」が載る。（訳）遊女は賢く客と付

歌舞練場跡記念碑

『都名所図会』

き合っている。柳が風を受け流すような、そんな賢さだ。

島原歌舞練場は、碑文によると、明治六年（一八七三）上之町に島原女紅場として開設され、青柳踊《あおやぎおどり》や舞曲を発表する温習会が上演されていたが、同十四年頃には衰微を極め、青柳踊等も頓挫した。昭和二年（一九二七）に中之町の現在地に移転し、本格的な劇場施設として新築された。それ以来、この歌舞練場は、歌舞会にあたる養柳会が運営にあたり、歌舞音曲の練習発表の場として毎年温習会が開催された。

戦後の同二十二年以後は島原貸席お茶屋業組合の事務所としても使用されてきたが、平成八年（一九九六）同組合の解散に伴い、歌舞練場を解体し、歌舞練場一二〇余年の歴史を閉じることとなった。ここに記念碑を建立した。

なお、歌舞練場跡地の南にある輪違屋は、元禄元年（一六八八）に置屋として創業。明治期に置屋と揚屋を兼ねた。現在の建物は、安政四年（一八五七）の再建で京都市指定・登録文化財。太夫を置いて島原でただ一軒営業を続けているため観覧禁止。

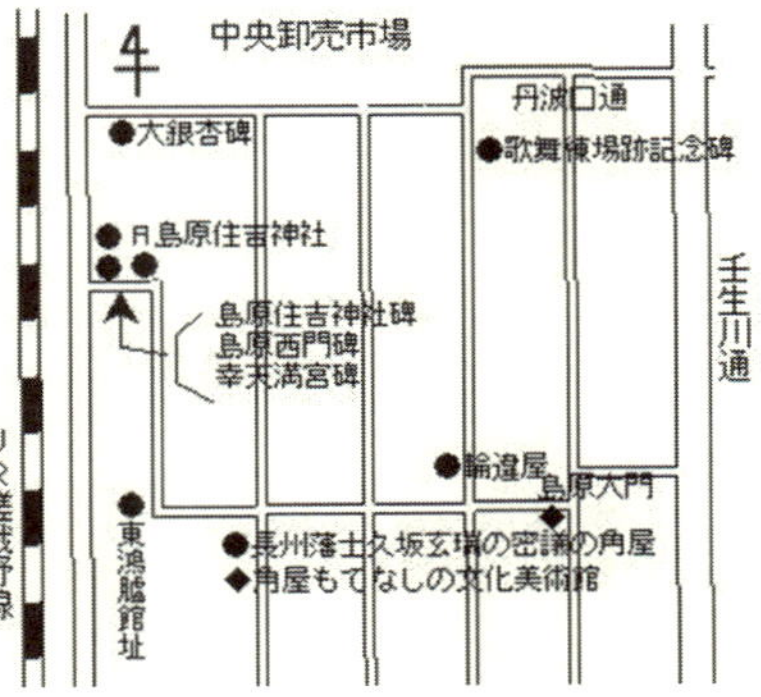

島原地図

島原住吉神社碑（下京区西新屋敷下之町）

島原住吉神社鳥居前に立つ碑は、高さ一五九×幅一一三×奥行二七㌢。もと島原中堂寺町の住吉屋太兵衛の自宅で祀っていた住吉大明神が、霊験あらたかにして良縁の御利益があり、参詣者夥しきため、享保十七年

（一七三二）祭神を島原の西北に遷座し建立されたものである。その規模は、南は道筋（島原中央の東西道）から、北は島原の北端にまで及び、広大な境内地を有した。爾来島原の鎮守の神として崇められ、例祭とともに、太夫・芸妓等の仮装行列である「練りもの」が盛大に行われていた。

ところが、明治維新後の廃仏毀釈により、神社株を持たない当社は廃社となり、祭神を歌舞練場内に祀ることとなった。しかしながら、地元の崇敬心は篤く、明治三十六年（一九〇三）には、船井郡本梅村から無格稲荷社の社株を譲り受け再興した。ただし、現在の狭い境内地となり、正式社名も住吉神社は認められず、稲荷神社とされた。平成十一年（一九九九）には、社殿、拝殿を改修のうえ、社務所も新築し、境内の整備がなされた。同十三年には、懸案の社名を島原住吉神社と改称し、島原伝統保存会が復旧した（碑文より）。

島原住吉神社碑

島原西門碑（下京区西新屋敷下之町）

島原住吉稲荷神社前の碑は平成十年（一九九八）十二月、島原地区自治協議会によって建立された。高さ九九×幅一二二×奥行一八チセン。

碑文によると、島原の入口は、当初は東の大門だけだったが、享保十七年（一七三二）に西門が設けられ、天保十三年（一八四二）、この地に大門が建てられた。近年まで島原の旧観を伝えていたが、昭和五十二年

島原西門碑

（一九七七）と平成十年（一九九八）、二回の交通事故により西門は倒壊した。

東鴻臚《こうろ》館址碑二基（下京区西新屋敷揚屋町・角屋前）

角屋の西角に東鴻臚館址が二基立つ。かつて平安京には羅城門北側に朱雀大路をはさんで東西に東鴻臚館と西鴻臚館があった。弘仁年間（八一〇～二四）、東西市の設置に伴い七条北のこの付近に移転した。鴻臚館は、渤海国の外交使節を接待・宿泊させる迎賓館の役割を果たした。同国の滅亡（九二七）により鴻臚館も衰微した。「鴻」は大きいの意。「臚」は伝え告げるの意。「鴻臚」は外交使節の来訪を告げることを意味した。

右側の新しい碑は、平成十三年（二〇〇一）十一月、島原伝統保存会が建立。高さ一三九×幅七四×奥行二八チセン。碑文によると、この島原付近は東鴻臚館址にあたる。当時この館を利用したのは、唐ではなく、渤海国の使節に限られた。時の政府は渤海客を大いに歓待し、日本の国威を示すために林邑楽を演奏したり、詩文の会などを催していたが、延喜二十年（九二〇）頃には廃せられた。そうした由緒ある顕客接待の場が、江戸時代の島原にもてなしの文化の場として蘇ったことは意味深いことといえる、と記す。与謝蕪村も「白梅や墨芳しき鴻臚館」と詠んだ。

左側の碑（高一一二×幅一八×奥行一八チセン）は、碑文の東面に「此附近東鴻臚館址」、南面に「寄附者 中川徳右衛門（角屋当主）」、西面に「大正四年（一九一五）十一月建之　京都市□」。ただし、碑は実際の東鴻臚館推定跡地からは北方百トルに位置する。

また、西鴻臚館跡説明板（下京区朱雀堂ノ口町）が京都市中央卸売市場

東鴻臚館址碑

第一市場の南側、西鴻臚館推定跡地の南東隅に立つ。平成二十年（二〇〇八）三月京都市が建立した説明板によると、当地は平安京右京七条一坊三・四町跡である。鴻臚館設置の経過を記したあと、発掘調査で旧都（平城京・難波宮・長岡宮）からの搬入瓦や銭貨のほか、土師器、須恵器、輸入陶磁器などの遺物が出土したという。『源氏物語』第一帖『桐壺』には、鴻臚館滞在の高麗の人相占いの元を光源氏が訪れたとある。

「長州藩士久坂玄瑞《げんずい》の密議の角屋」碑（下京区西新屋敷揚屋町）

角屋前に久坂玄瑞の碑が立つ。高一四三×幅二〇×奥行二〇センチ。久坂玄瑞（一八四〇〜六四）は、長州藩士。長州藩の尊皇攘夷派の中心人物。吉田松陰に学び吉田松陰門下で俊才として知られ、その妹文を妻とした。

碑文東面に「長州藩志士　久坂玄瑞の密議の角屋」、南面に「久坂玄瑞は吉田松陰の義弟、松陰刑死後塾徒を率い、尊攘に挺身。文久政変に山口へ七卿落ちを斡旋するも元治元甲子年七月蛤御門の変に遭い、壮烈な死を遂げた。享年二十五。角屋は玄瑞が屡々暗殺の難を避け、潜行密議した場所である」、西面に「大正四年（一九一五）十一月建之　京都市教育会」、北面に「昭和五十九甲子年（一九八四）七月再建」と記す。

文久三年（一八六三）八月十八日の政変（七卿落）で長州藩が朝廷より一掃されたあとも、しばらく京都で活動。この前後、久坂は島原に潜伏したといわれている。元治元年（一八六四）に池田屋事件を機に、長州藩が派兵したときの中心人物の一人だったが、禁門の変（蛤御門の変）で敗れて、自刃した。

久坂玄瑞の碑

平安京朱雀大路跡碑（下京区中堂寺坊城町）

ＪＲ嵯峨野線丹波口駅の東側の京都市中央青果卸売市場の北側に、昭和五十年（一九七五）朱雀大路の東の側溝が見つかった場所に石碑が建っている。高六八×幅一一一×奥行九七センチ。発掘調査で平安京朱雀大路の正確な位置が判明した場所である。

京都市が昭和五十三年九月一日に建立した「平安京朱雀大路跡」碑文によると、朱雀大路は、平安京の朱雀門から南へ羅城門まで、平安京の中心を南北約四キロにわたって走る主要大路である。道路の幅は二十八丈（約八四メートル）をはかり、両側には溝、犬走（狭長な空地）、垣が設けられ、さらに柳の並木がこの大路に色どりを添えていたといわれる。朱雀大路の両わきには、貴族の邸宅や役所の建物などがたちならび、迎賓館としての東・西鴻臚館や天皇家別邸である朱雀院などもそこに建てられていた。この大規模な道路も、平安後期ごろから無用の長物と化して、鎌倉以後、急速にその機能を失い、荒廃していった。この朱雀大路の痕跡をとどめるのが、現在の千本通である。

現在地は昭和五十年（一九七五）夏、秋の発掘調査によって、朱雀大路の一角が発見された地点である。ここでは、平安京楊梅小路と朱雀大路の交差点を中心に、朱雀大路東側溝が延長一二〇メートルにわたって検出され、はじめて朱雀大路の正確な位置が確認された。

平安京朱雀大路跡碑

六条判官源為義公塚碑・移建碑（下京区朱雀裏畑町・権現寺前）

七条七本松通から少し南へ入ったところに権現寺がある。入口に「清光山権現寺」、「源為義公墓」の石標が立っている。

同寺は、かつて朱雀権現堂、朱雀地蔵堂とも呼ばれた。山号を清光山、院号を成就院という。浄土宗、本尊は阿弥陀如来。説話「山椒大夫」に登場する厨子王丸が、丹波より逃れてきた寺ともいう。権現寺の地蔵堂には、厨子王丸の危難を救ったと伝えられる身代り地蔵が安置され、また、厨子王丸をかくまったという葛篭の断片が寺宝として保存されている。観光寺院ではないので、拝観禁止。

権現寺前には「六条判官源為義公塚」がある。京都市歴史資料館「京都のいしぶみデータベース」によると、高一五〇×幅二二×奥行二二㌢。碑文東面に「六条判官源為義公塚」、北面「明治四十三年九月建之」、南面に「広島県高田郡生桑村住人　高澤虎之助建之」。

源頼朝の祖父、源為義（一〇九六～一一五六）は平安時代の武将。保元の乱では、崇徳上皇側には源為義と平忠正が、後白川天皇側には平清盛と源義朝が味方した。結果は、後白川天皇側が勝利。敗北した崇徳上皇は、隠岐に流されそこで憤死。『保元物語』によれば崇徳上皇側に味方した源為義は長男の義朝に朱雀野（七条朱雀）で斬首された。

為義供養塔と顕彰碑

為義塚碑

千本七条附近（旧朱雀村）にあった塚と塔が為義の墓所であるという伝承を生み、江戸時代の地誌に記されることが多い。『都名所図会』巻四に「源為義の塚は権現堂の前（朱雀の六軒町といふ）民家の間にあり」などとあり、為義塚周辺を描いた挿絵を載せる。ただし、平信範の日記『兵範記』には、船岡山あたりで斬られたとある。

為義公塚碑の右側に、源為義塚移建碑が立つ。源為義塚は、明治末からの梅小路貨物駅整備にともない、権現寺とともに現在地に移転をした。旧地は現ＪＲ嵯峨野線軌道敷内の七条通より少し北の地点という。移建碑はこの経緯を記している。高一九七×幅九〇㌢（寺田貞次『京都名家墳墓録』）。

為義塚移設碑

源為義供養塔（五輪塔）と顕彰碑（下京区朱雀裏畑町・権現寺前）

六条判官源為義公塚、源為義塚移建碑の立つ一区画の奥に供養塔（高一六六㌢）と顕彰碑（高一三六㌢除基礎×幅三〇×奥行一八㌢）がある（『京都名家墳墓録』）。顕彰碑の文字は摩滅している。門前の案内板によると、この供養塔は、寺伝によれば当山中興（一五九六年）のはるか昔より、丹波街道（七条通）を挟んだ北側に源為義公の墓があった。五輪塔は貞享三年（一六八六）の為義公の年忌法要に際し、再整備した。明治四十五年（一九一二）京都駅操作場の拡張工事に

為義塚

伴って、現在の中央卸売市場から現在地に移設した。

梅林寺《ばいりんじ》の石盤「大表土台」（下京区梅小路東中町）

梅小路公園の西にある梅林寺周辺には、江戸時代以来、陰陽家・土御門家の屋敷があった。寺は土御門家の菩提所である。山号は清香山。西山浄土宗。本尊は阿弥陀如来。陰陽師・土御門家は、陰陽師・安倍晴明の十四代子孫・安倍有世（南北朝時代）から明治維新まで続いた公家であるが、江戸時代に土御門家の邸が梅小路に定まり、元禄年間（一六八八〜一七〇三）菩提寺として梅林寺が開創されたというが詳細は不詳である。

土御門家は陰陽師として暦作りの総元締めの役割も担っていたが、寺の境内には、大表土台という暦作りの日時計の土台が残されている。もともと梅小路の土御門家の屋敷内あったが、のちに当寺に移設された。「表（標）」とは、日時計の日の影を図るために立てた柱をいう。高さ一五㌢×七三㌢四方。四角い盤の中央部に円形の穴が開けられ、東西北に細い線が刻まれている。この台石の上に天球を置いて、天体観測をして暦を製作した。盤の東側面に江戸時代「寛延四年（一七五一）五月」、西側面には「安倍泰邦製」と刻まれている。ただし、寺は観光寺院ではないので拝観予約が必要。

大表土台石(1)

大表土台石(2)

綱敷行衛《つなしきゆきえ》天満宮碑（下京区西七条御領町）

昭和九年（一九三四）、旧西七条村に祀られていた綱敷天満宮が行衛天満宮を合祀した。祭神・菅原道真。現在は松尾大社の境外末社である。

本殿前に立つ「綱敷行衛天満宮」碑は、高さ二一四×幅三一×奥行二八センチ。合祀時の建立であろう。

本殿は寛政年間（一七八九〜一八〇一）の建立、もともとこの地には綱敷天満宮があった。創建時期は不明である。社名は、『山州名跡志』によれば、「伝未詳、按ずるに道真が筑紫へ左遷される時、博多で舟に乗った時、御座が無かったので舟の綱を敷いて御座とした。この時、一夜にして白髪となり、世人はその相好を〃一夜白髪の御影〃と称した。その神像を安置したために綱敷天満宮と称した」とある。

菅原道真（八四五〜九〇三）は平安時代前期の公卿、文章博士、歌人。寛平六（八九四）、遣唐大使に任命されるが、その中止を建議し遣唐使の職を廃止。右大臣となり、左大臣・藤原時平の讒言により、大宰権帥に左遷され、都に戻ることなく大宰府で没した。

綱敷天満宮・綱敷天満神社が、京都から九州太宰府の間に点在する（伏見区淀、大阪市北区、神戸市東灘区・須磨区、愛媛県東予市・今治市、福岡市博多区、福岡県築上郡築上町）。菅原道真が京から大宰府への左遷の途上で立ち寄ったという伝承を持つ。

旧行衛天満宮は、元は「靫負天満宮」が正しいとされ、平安京の右京を南北に通る「西靫負《ゆきえ》小路」に面していたことから名付けられたとされる。道真の乳母多治比文子《たじひのあやこ》の旧宅跡地に祀られていたともされている。多治比文子とは、道

綱敷行衛天満宮

真の乳母という言い伝えがあるが、道真死後の北野天満宮創建者であるので年齢的には矛盾がある。北野の地には雷神を祀る古社あり、文子たちは道真の祠と合祀した。その後、天徳三年（九五九）に右大臣・藤原師輔が同地に巨大な社殿を建築寄贈し、現在の北野天満宮の基礎が完成した。永延元年（九八七）に一条天皇から「北野天満宮」の名を下賜された。

御室川治水碑（右京区西京極西川町）

七条通は天神川を渡り、桂大橋へ向かう。川を渡る手前に御室川治水碑が立つ。しばしば水害を起こした御室川の治水工事を、流域の葛野郡梅津・西院・京極・吉祥院の四ヶ村が行い、竣工記念碑が明治三十八年（一九〇六）に建てられた。現在の西京極駅のすぐ西を天神川通が通過しているが、その通過している場所がかつての御室川旧流路。

碑の高さ二六〇×幅一〇八×奥行約三〇チセン。篆額は元京都府知事北垣国道、本文は元葛野郡長の有吉三七らの筆による。碑文の大略は、御室川の流路を短縮し、川幅を広げて堤防を補強し、天井川の堤防を削り取る工事が明治三十三〜三十八年に実施された。この事業の顛末および住民や関係者の労苦と水害からの解放の喜びを記録し、今後水害のないことを願ったものである（『西京極小学校創立百二十五周年記念誌』一九九七）。

しかし、昭和十年（一九三五）、二十六年（一九五一）水害が発生。河床を掘り下げ、流路を直線化し現在の河川となった（植村善博『京都の治水と昭和大水害』

御室川治水碑

二〇一一)。

桂大橋常夜灯（西京区桂御園・桂大橋西詰北側）

旧山陰街道沿いの西京極の町並みから、桂川に架かる桂大橋を渡ると橋西詰に石灯籠や桂離宮の生け垣がみえる。

平安初期に桂の渡しが出来たが、楓《かつら》渡、桂川大渡とも称した。渡しの上流東岸に「桂筏浜」があった。丹波より筏で運ばれてきた材木の集散地であり、材木商が建ち並んでいた。

江戸時代、参勤交代で人馬の往来は頻繁になり、桂渡は山陰街道を繋ぐ要所となる。桂大橋西詰に立つ石造常夜灯は、弘化三（一八四六）年に建てられた。常夜灯の竿には正面「常夜灯」、右面「西宮大神宮」、背面に「往来安全」と刻む。高さ四二〇㌢。石灯籠は、「川の灯台」として、夜の桂渡の舟からも目印となった。常夜灯は六〇年代以前まで桂大橋西詰の南側にあったが、現在は北側に移動されている。

この常夜灯は、地元の関係者が出資した。常夜灯の台座部分には、出資者の名前が刻まれている。「万屋甚吉」「万屋嘉助」などの名前がみえる。橋のたもと街道筋南側で一軒目にかつてあった

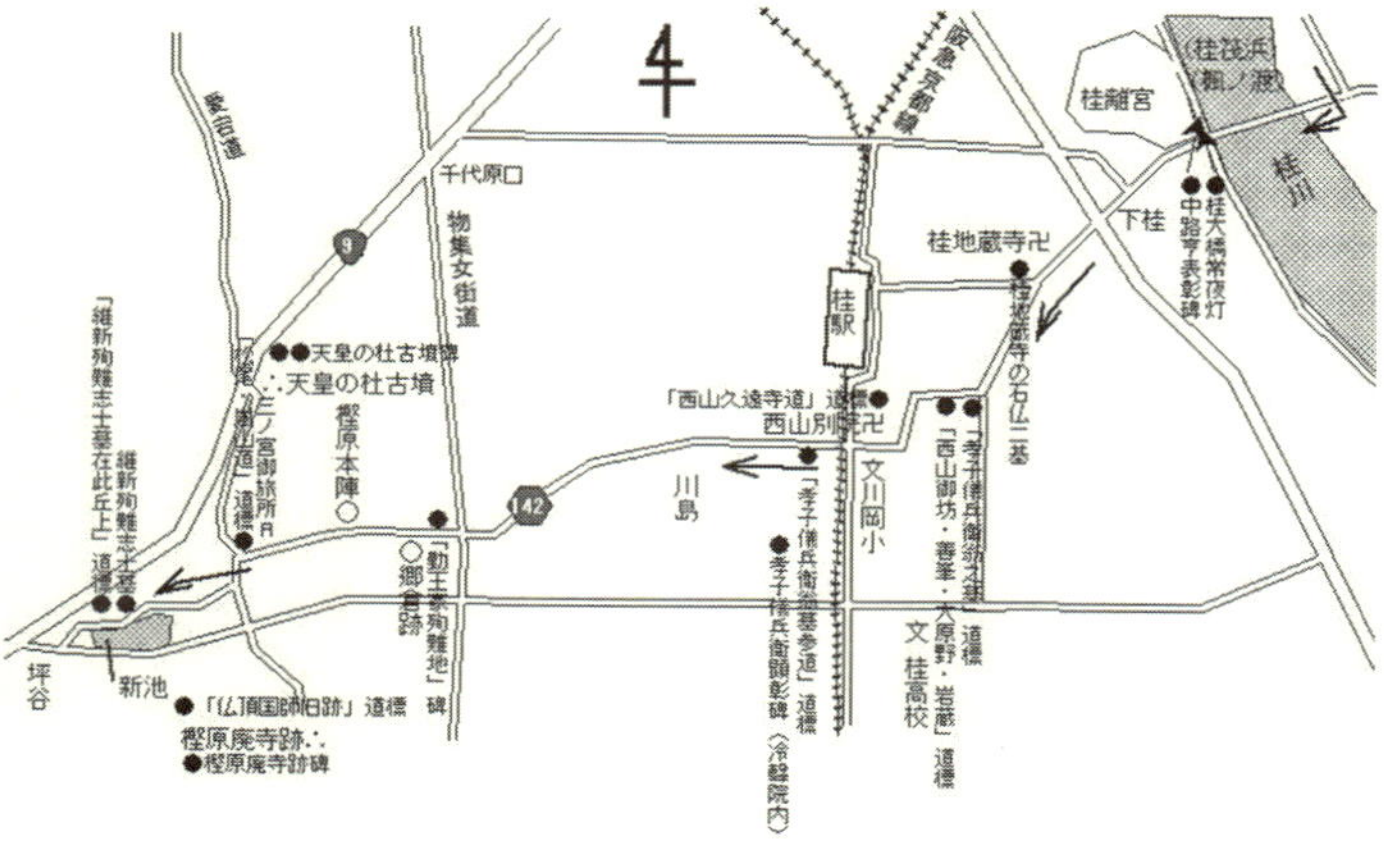

丹波路

旅籠屋「万甚」の経営者一族であろう。

明治二十二年（一八八九）、両岸を繋ぐ木製橋が完成し、桂渡しの役割は終った。しかし、街道筋の店々は、薬、豆腐、饅頭などの新しい商売で賑わった。明治十六年（十八八三）に桂橋から二軒目に創業した「御菓子司 中村軒」が、現在も営業している。名物麦代餅《むぎてもち》は農家の間食として重宝され、農繁期も終わった頃、その代金として麦をもらった物々交換からこの名が生まれたという。

石柵で囲まれた石造常夜灯に隣接して中路亨表彰碑が立つ。中路亨（一八三二〜九〇）は洛西・乙訓地域で活躍した教育家。大正八年（一九一九）四月に門人有志が建立した。

桂地蔵寺の宝篋印塔（西京区桂春日町）

下桂の桂川街道交差点を過ぎると北側に浄土宗桂地蔵寺がある。京都六地蔵巡りの霊場である。本尊の地蔵尊は、平安時代の初期に、参議小野篁が、一度、息絶えて冥土へ往き、生身の地蔵尊を拝して甦ったのち、一木より刻んだ六体の地蔵菩薩の一つであるといわれている。当初、六体は、木幡の地に祀られていたが、保元二年（一一五七）、平清盛によって、都の安泰を祈るため、洛内に通じる六街道の入口の一つに当たるこの桂の地に分祀されたものと伝わる。慶長七年（一六〇二）細川幽斎が再興した。六地蔵は伏見木幡・大善寺、

桂大橋常夜灯

桂地蔵寺

上鳥羽・浄禅寺、下桂・地蔵寺、太秦常盤・源光寺、鞍馬口・上善寺、山科・徳林庵をいう。

境内には、鎌倉期の作とみられる石造宝篋印塔（高二〇六チセン）や本堂に石造薬師如来坐像などがある。これらは最福寺（西京区山田葉室町）や法華山寺（通称峰ヶ堂、西京区御陵峰ヶ堂）の遺品だともいわれている。両寺は、南北朝期にはともに西岡屈指の大名刹だったが戦乱で消失した。

また、境内に水塔婆供養（水回向）が行われる六体地蔵や、左手には日比地蔵がある。第二次大戦での日本・フィリピン・アメリカ戦没者の菩提を弔い、日本とフィリピンの親善を祈願して建てられた。

桂地蔵寺宝篋印塔

＊

〈樫原の町並み〉 広い交差点を右折して行くと本願寺西山別院（西山御坊）。阪急京都線を渡り進むと、旧山陰街道は樫原集落に入る。洛中丹波口に発した旧山陰街道と、物集女街道（四条街道と西国街道山崎宿を結ぶ）が交差する交通の要衝で、近世は樫原宿の街村でもあった。『山城名跡巡行志』に「此所駅也、旅宿・茶店等これ有り。当村西ノ塚原・沓掛・丹州路也」と見え、宿場町で賑わった。参勤交代の大名の宿所にあてられていた玉村家（樫原下ノ町、京都市指定有形文化財）、年貢米等を収蔵する古い「郷倉」が残っている。

「勤王家殉難地」碑（西京区樫原宇治井町）

物集女街道を過ぎた所、小畠川川縁に殉難碑が立つ（高一一八×幅一七×奥行一一チセン）。

『樫原学区十周年記念誌』によれば、山陰街道と西国街道の交叉点にあたるこの地樫原で、元治元（一八六四）年禁門の変で敗れた長州藩士楳本僊之助と薩摩藩の相良頼元・相良新八郎の三人が、この地を警備していた小浜藩兵に囲まれて討ち取られた。村人がこれを共同墓地（西京区樫原秤谷町）に手厚く葬った。小畠川縁には新しく「勤王家殉難之碑」が建てられた。

碑は高さ一一八×幅一七×奥行一一チセン。碑文正面に「勤王家殉難之地（頼）山陽之玄孫頼新書」、背面に「昭和五十四年七月 財団法人京都養正社　沢田臼太郎 建之」とある。

小畠川の西側は小泉仁左衛門宅跡である。幕末の頃、当家の当主、小泉仁左衛門は長州藩御用達の油商を営んでおり、現在も当時の油壷を展示している。仁左衛門は尊王攘夷を論ずる私塾を開き、森田節斎や梅田雲浜など進歩派の学者や武士も出入りしていた。「蛤御門の変」でも、長州藩士楳本僊之助ら三人が小泉宅に逃れてきたのではないかともいわれている。

勤王家殉難地碑

小泉家油壺

「維新殉難志士墓在此丘上」道標（西京区樫原秤谷町）

旧山陰街道を西へ進む。新池の北側に共同墓地入口があり、道標が立つ。碑は高さ一〇一×幅一六×奥行一五チセン。碑文正面に「維新殉難志士墓在此丘上」とある。ここから数十メートル登った共同墓地に前述の楳本僊之助・

相良新八郎・相良頼元三名の墓がある。

三人の名は、明田鉄男『幕末維新全殉難者名鑑』（新人物往来社、一九八六年刊）にも掲載されている。

①楳本仙之助　直政・仙吉、僊之介とも。集義隊旗手。下松、蛤屋弥吉の三男。元治元年七月十九日禁門敗走後洛西樫原で小浜藩兵と戦い死す。京都霊山と右京区樫原に墓。

②相良新八郎　薩摩藩士。脱藩して長州軍に属し、元治元年七月十九日洛西樫原で小浜藩兵と戦い死す。現地に墓。

③相良　頼元　薩摩藩士。脱藩して宇都宮藩に走り、のちに長州軍に参加、元治元年七月十九日洛西樫原で小浜藩兵と戦い死す。現地に墓。

維新殉難志士墓在此丘上道標

維新殉難志士墓

芋峠の阿弥陀石仏（西京区大枝中山町）

国道九号線を横断し旧山陰街道（府道一四二号線）を沓掛へ向かう。樫原秤谷町から府道一四二号線に入る。

なお、北側には地福寺の裏を通り塚原に出る旧道があるが、樫原秤谷交差点右側の九号線沿いのパチンコ店西側に入口がある。

府道一四二号線は明治初期には敷設されている。府道を行くと葛野・乙訓の郡界。「葛野郡岡村略図」には芋峠とある。京都経済短大前を過ぎると右側墓地の手前に岡邑明日天如来坐像（高四七チセン）が小祠に祀られている。近年、付近の竹藪から出土した。説明書が置いてあり、「岡邑道祖神」とあるが、印相は弥陀定印を結ぶ阿弥陀如来。左側の阿弥陀如来（高五〇チセン）も付近から近年出土したという。岡邑明日天如来は光背の先端が欠けているが、いずれも室町期以前の作である。桂地蔵堂の石仏同様、最福寺（西京区山田葉室町）や法華山寺（通称峰ヶ堂、西京区御陵峰ヶ堂）の遺品と考えられる。両寺は、南北朝期にはともに西岡屈指の大名刹だったが戦乱で消失した。

芋峠は旧葛野郡岡村の小字だった。峠を下れば旧乙訓郡塚原村である。芋峠は各地にあるが聖地を表す意がある。イミ（斎・忌）の音通転訛である。峠は、悪霊や病気が入ってこないように精進潔斎して越える所である。明日天如来像も、道中安全、邪霊侵入を防ぐため祀られた。

峠を下りたところが大枝塚原町。塚原の地名が示すように一帯は古墳・陵墓群がある。東より平安後期の盆山経塚、それから古墳後期の鳴谷古墳、次いで同じく塚原古墳群や淳和天皇御母陵、その西、奈良時代の宇治宿禰の墓、その北に古墳後期の大枝山古墳群、そして沓掛の奥の果てに古墳後期の沓掛古墳・大枝神社古墳や奈良時代の伊勢講山古墳が

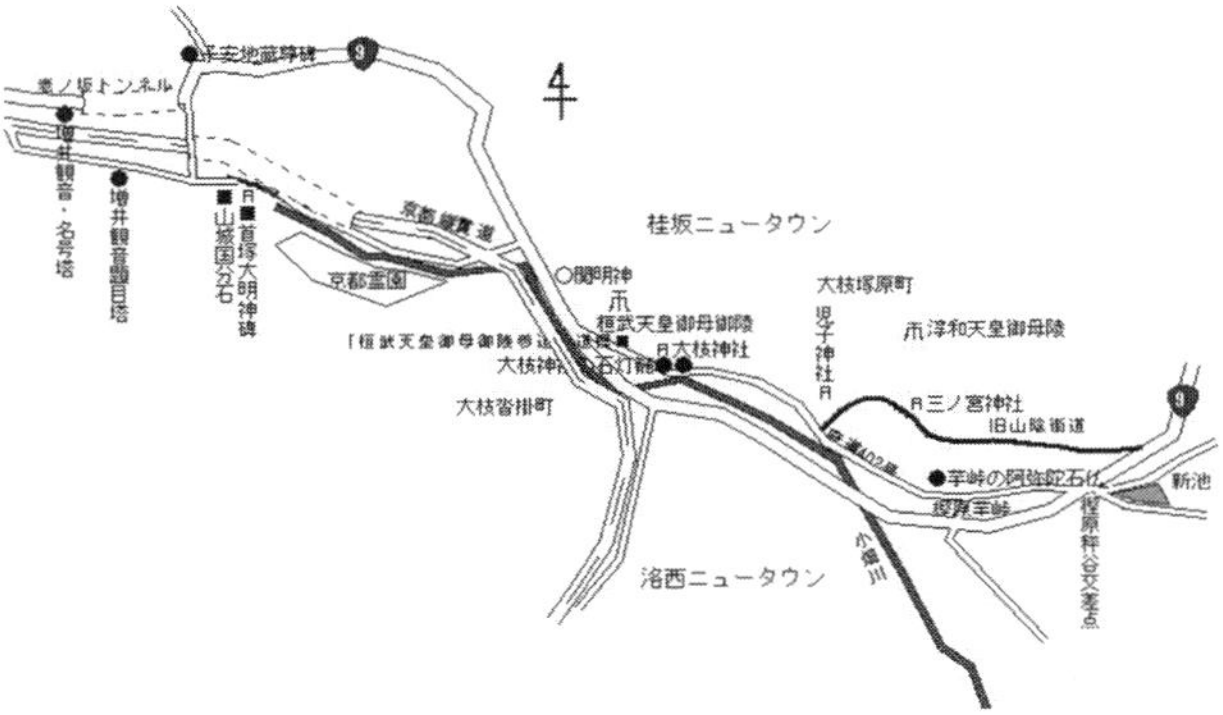

老ノ坂地図

ずらりとあって、小畑川上流の段丘は、貴人葬送の土地である。聖なる王陵の谷である霊地である。

　児子神社を過ぎ大枝沓掛町に入る。『山州名跡志』に「沓掛　丹波街道也。此所旅籠煮売等多」とある。老ノ坂峠の登り口あたる。かつて旅人はきつい坂の手前でいったん息継ぎに休憩した。そのため旅籠・茶店・煮売り屋などが店を並べ賑わった。沓掛という地名は全国に多くあるが、坂道にさしかかったところで旅人は履き物を新しく履き替え、古い沓を山の神にそなえて旅の安全を祈った所というのが由来という。

岡邑明日天如来石仏

大枝神社の石灯籠（西京区大枝沓掛町）

　道が上りとなり、右側に大枝神社。沓掛町の産土神として崇敬されてきた。祭神は高美計神《たかみけのかみ》、この地の先住民・大枝氏の祭祀神という。『延喜式』に乙訓郡大井神社と記されている。つまり、水の神を祀り、高は尊（タカ）、ミケ（美計）はミキ（水生）の転訛で水分《みくまり》（↑水生《みぶ》）の意、水田の水分配を掌る尊い水分神をいう。

　兒大国御魂神《ちごおおくにみたまのかみ》、すなわち聖徳太子の幼児像が祀られていたという。そのため、千児《ちご》明神と呼ばれたといいう。後に児子（兒子）神社は東の

大枝神社の石灯籠(1)

大枝神社の石灯籠(2)

大枝塚原町に移る。

本殿前の石灯籠（高一七六㌢）は正面「奉寄附　石燈籠」、右面に「享保八年（一七二三）十二月吉日」の紀年銘。入口石段上の石灯籠（高二一〇㌢）は正面「御神燈」、その基礎に「氏子中」、左面に「安政四年（一八五七）十二月」とある。

＊

桓武天皇御母御陵前を過ぎると崖上に関明神社の小祠。「大江の関」跡とされる。大江関は、山城国乙訓郡の大枝山に設置された関所。大枝山関・大江山口関とも呼ばれた。

山城国と丹波国の山陰道境界上にあり、古代は宇治や淀、大山崎、逢坂関などと並んで平安京と地方を結ぶ交通の要所であり、四堺の一つとして穢れや邪悪から平安京を防衛するため関所が設置された。『山城名跡巡行志』に「関ノ明神　同村（沓掛）にあり。陰陽道官吏此に祀修める。四塚の其一」とある。『延喜式』によると、平安時代、平安京を清浄にするためとして、四角四境（堺）祭が執り行われていた。東海道の逢坂、山陽道の山崎、東山道の和邇、そして山陰街道の大枝山とされた。

中世以後は室町幕府が山陰道を通過する商人や旅人からの関銭を徴収、後にその徴収権を嵯峨天龍寺に与えて戦国時代まで継続した。

関明神

首塚大明神碑（西京区大枝沓掛町）

旧山陰街道は国道九号線と合流し西に三〇〇㍍ほど進むと、左手に京都霊園へ行く橋があり、渡って霊園北側の小畑川源流沿いに老ノ坂峠へ行く。かつての山陰街道である。道が途中踏み跡程度の小路となるが、京都市西部圧縮梱包施設（旧西部クリーンセンター）の自動車道の下をくぐり旧道老ノ坂峠を左へ入ると、首塚大明神の祠にたどり着く。

鳥居前に「首塚大明神」碑が立つ。高さ一八六×幅三八×奥行一八㌢。昭和五十九年（一九八四）十月十一日、宗教法人認可記念に首塚大明神社務所が建てた。首塚大明神の境内は、円墳（高さ七㍍×直径三〇㍍）の上に建てられているといわれている。周辺には、古墳時代後期の大枝山古墳群（御陵大枝山）が発掘されている。

由緒碑によると、平安初期大江山に本拠を構えた酒呑童子が、都へ出て金銀財宝略奪や婦女子誘拐など悪行を重ねるので、天子が源頼光ら四天王に征伐を命じた。源頼光らが酒呑童子を成敗し、その首級を携え帰る途中この老の坂で休憩したが、道端の子安地蔵尊が「鬼の首のような不浄なものは天子様のおられる都へ持ち込むな」といった。力持ちの坂田金時が証拠の品だから都へ持って行くといって酒呑童子の首を持ち上げようしたが、急に持ち上がらなくなった。そこで一行は止むを得ずこの場所に首を埋めて首塚をつくったという。酒呑童子は源頼光に首を切られるとき、罪を悔いこれからは首から上に病をもつ人々を助けたいと言い残したと伝えられ、首塚大明神は首より上の病気に霊験があらたかという信仰がある。

祭神は、酒呑童子。創建不明。昭和五十九年より、宗教法人・首塚大

首塚大明神(1)

明神になっている。二年後、現在の社殿、鳥居などが建立された。祭事は、亀岡市篠町王子の住民により執行されている。

*

老ノ坂（老坂）峠は、古来旧山城国と旧丹波国の境にあり、大枝山（現・老ノ坂峠）がその分岐点となっていた。『山城名跡巡行志』に「大江坂　或は老坂と云ふ。坂路二十一町（二・三キロ）」とある。「老」は「大江（枝）」の転訛である。

『小倉百人一首』に「大江山いくのゝ道のとを（遠）ければまだふみもみず天のはしだて（橋立）」（小式部内侍《こしきぶのないし》）と詠まれた大江山の所在については従来、丹後・丹波国境の大江山説＝丹後説＝と、山城・丹波国境の大枝山（老ノ坂）説＝丹波説＝とがある。しかし、村井康彦編『京都・大枝の歴史と文化』（思文閣出版、一九九一）は「京にいる作者の思いが、大江山を過ぎて生野、そして天の橋立へとめぐらされていることを考えれば、これは間違いなく大枝のこととみられよう」とする。江戸後期の国語辞書『和訓栞』で既に「大ほえ山いく野とよめるハ山丹の界にして、今於いの坂といふ。『園大暦《えんたいりゃく》』（南北朝時代の洞院公賢の日記）に於伊山に作れり」とある。平安末期の天台座主で歌人の慈円が「大江山《おほえやま》傾く月の影さえて鳥羽田のおもに落つる雁がね」（『新古今集』）と詠んでいるが、やはり老ノ坂から鳥羽あたりを眺めた情景である。丹後境の大江山からはとても鳥羽は眺められない。つまり、当時は大江山といえば都の近くの大枝山を指したのである。

首塚大明神(2)

「是より東　山城国」道標（西京区大枝沓掛町）

首塚大明神社の西側に国堺標（国分石《くにわけ》）がある。高一〇七×幅四〇×奥行四〇㌢。碑文北面に「従是東山城国」と刻む。

『都名所図会』に「大枝坂《おいのさか》は樫原の西一里にあり。峠の西一町ばかりに山城・丹波国堺の立石あり。此所民家多し、峠の里といふ。丹波国の産物を荷い運び売かふ市場なり」とある。

標石は二本あったが、一本は京都国立博物館の苑内に移設された。国分石は沓掛村と篠村の村境をめぐる争いが江戸初期より起こっており、寛文六年（一六六六）の相論の結果、勝訴した沓掛村によって道の両側に二本の「国分石」が打たれた。

老ノ坂国道トンネルの手前から左に狭い道を入ると、無住の三、四軒の民家があってここが昔の峠村（亀岡市篠町王子）である。峠の里ともいい、当時は茶屋、旅籠が五、六十軒もあった。

国界石

子安地蔵尊碑（亀岡市篠町王子）

国道九号線老ノ坂トンネルの手前の京都西山霊園入口に、小堂の地蔵堂が石垣上に建つ。門前に「子安地蔵尊」碑が立つ。高さ一二六×幅一八×奥行一八㌢。

安置されている子安地蔵は、古くより安産守護の地蔵尊として崇敬されてきた。創建不明。子安地蔵は木造漆箔、蓮華座に結跏趺坐し、右手に錫状、左手を膝上にして宝珠を載せる。江戸時代作とみられる。像高六五センチ。

『都名所図会』によると、旧老ノ坂峠に峠地蔵（大福寺）があった。昔、老ノ坂の峠村に市盛長者が住んでいた。一人娘が難産の末に亡くなる。比叡山横川の恵心僧都（源信、九四二～一〇一七）が当家に投宿した際に、娘の亡霊が現れる。亡霊は冥土の苦しみを救いたまえと僧都に訴えた。僧都が仏法を説くと娘の苦しみが消えたという。娘は、その報恩に地蔵尊を造り産婦の難産死を救うため安置すればと言って消え去った。僧都は娘の塚に生じた栢の木で地蔵尊を作り、堂宇を作り安置した。これが大福寺の始まりとされ、以後、安産守護の仏として信仰を集めたという。昭和八年（一九三三）～昭和十一年（一九三六）、国道九号線の老ノ坂トンネル工事で、大福寺は廃寺になり、地蔵尊は現在地に移された。

老ノ坂の増井観音・名号塔・題目塔（亀岡市篠町王子大坪）

老ノ坂トンネル西口を出た左手に増井観世音石像がある。老ノ坂西口バス停の手前である。

宝冠をかぶる石仏は左手に蕾の付いた蓮華をもつ聖観音《しょうかんのん》立像。花崗岩製、像高一一三センチ。右手は与願印、衆生の願いを施し与える印。光背面に銘文「諸方之以助力建立之、三界之石塔并ニ水鉢、観世音菩薩、享保二丁酉（一七一七）

子安地蔵

増井観音(1)

八月十八日、願主西往」と刻む。
その横に「宝永七年（一七一〇）十一月十八日」の紀年銘がある「南無阿弥陀仏」の名号塔（高一三八センチ）と無銘の水鉢がある。願主の西往は西方浄土往生から取った念仏聖の名か。諸方の助力で三界供養のため名号塔と角水鉢を設け、七年後に観世音石仏を造立した。なお、十八日は観音菩薩の縁日である。

もとは、首塚大明神から旧老ノ坂峠の下りの途中にあったが、新道（九号線）開通によって現在地に移転した。『天保新増　西国順礼道中細見大全』（一八四〇）に「峠町より一丁程下り左のほうに増井の水と云名水あり」と記す。峠を下ると、江戸時代に旅人が喉を潤した「増井の清水」跡は、左手の茂みの中にあり、題目塔が残る。高さ一三二×幅三六×奥行二二センチ。「（南無妙法）蓮華経　為三界万霊位等、寛永八年（一六三一）十月十三日」と刻み上部が欠けている。碑は崖地を穿った所に立てられ、右は枯れた小川の跡である。崖から今も清水がちょろちょろ落ちている。

「ありがたや楽をます井の観世音、人のなんぎを救う慈悲心」のご詠歌がある。

増井観音(2)

増井の清水・題目塔

王子橋碑（亀岡市篠町王子）

山陰街道を下り、京都縦貫道の間をくぐって国道九号線に出る。西へ進みカーブしたところに九号線と並んで右手に王子橋が架かる。明治十七（一八八四）年完成。琵琶湖疏水と同じ田辺朔郎の設計とされる石造のアーチ橋という。「土木学会推奨土木遺産　二〇〇七年」碑の横に親柱（高一〇五×直径四五㌢）が展示されている。なお、篠町王子の王子は、大枝（おおし）の転訛ともいわれる。

眼鏡橋(1)

眼鏡橋(2)

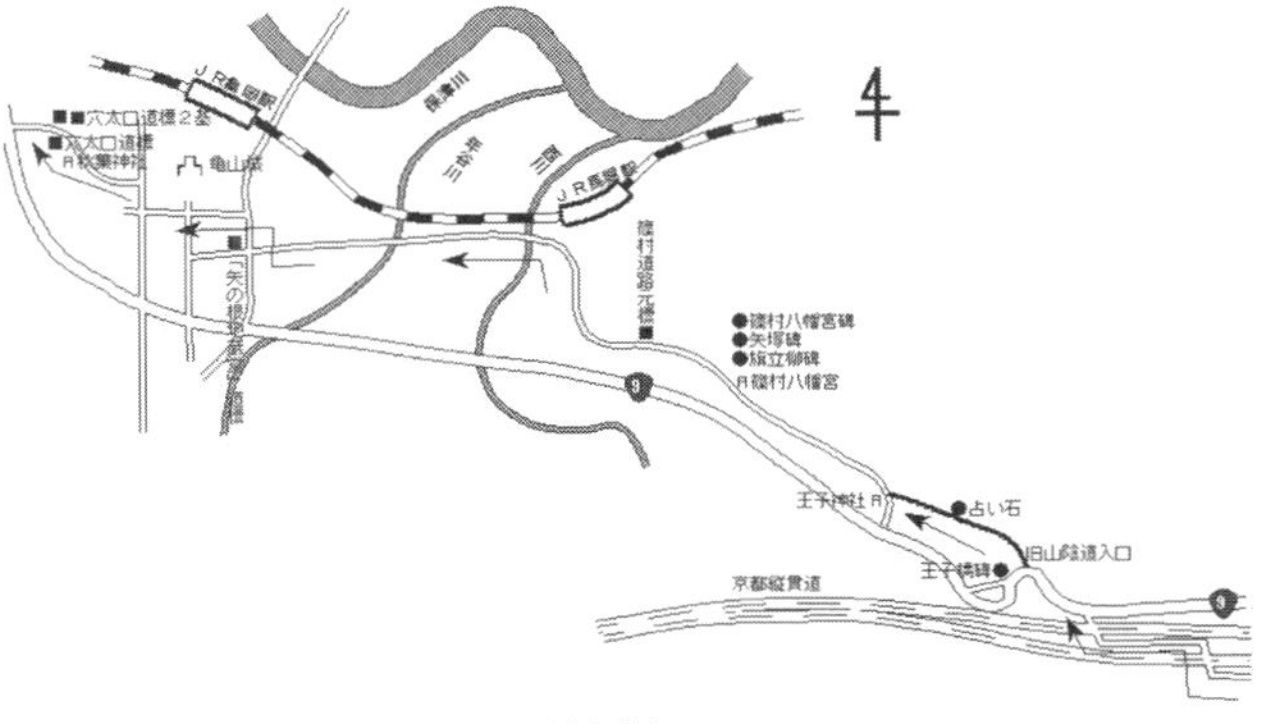

篠村地図

占い石（亀岡市篠町王子）

旧山陰街道は王子橋の少し手前の九号線から入り口がある。木製道標「旧山陰道」が立つ。しばらくして杉の木の下に腰掛によい石がある。「占い石」と呼ばれている。高さ五五×横七八チセン。篠町自治会案内板に「往時山陰街道を行きかう旅人はこの石に座る辻占師に旅の吉凶を問うたといわれている」とある。

旧山陰街道は三軒屋を通り府道に合流する。向いに王子神社（亀岡市篠町王子稲葉）がある。鳥居の下に清水があり旅人の喉を潤した。かつて、老ノ坂峠の峠神として旅人が安全祈願したという。創建不詳。祭神は伊弉諾尊、伊弉冉尊。

篠村八幡宮の石碑（亀岡市篠町篠八幡裏）

府道を歩き一キロほどで篠村八幡宮へ着く。由緒書や棟札によれば、八幡宮は延久三年（一〇七一）、後三条天皇の勅願により源頼義が応神天皇陵を守護する誉田八幡宮（大阪府羽曳野市）から勧請して創建した。神社の維持運営に充てるため、延久四年に頼義は篠村荘を神社に寄進している（「八幡宮所蔵寄進状」）。元弘三年（一三三三）四月二十九日、足利高氏がここで尊王討幕の旗揚げをしたことで知られる。

占い石

篠村八幡宮

足利高氏（一三〇五〜五八）は元弘三年（一三三三）鎌倉幕府の命により下野（栃木県）から上洛するが、後醍醐天皇の倒幕の呼びかけに呼応、丹波篠村八幡宮で挙兵し六波羅探題を滅ぼす（元弘の乱）。建武新政下で天皇の偏諱《へんき》（一字拝領）を受けて尊氏と改名。建武二年（一三三五）、鎌倉で建武政府に反旗を掲げ、京都を占領、光明天皇を擁立して室町幕府を開いた創始者。

①矢塚碑

元弘三（一三三三）年四月二十九日、足利高氏が戦勝祈願に戦勝祈願として矢を奉納し、その矢を埋納した塚が篠村八幡宮境内の本殿左手にある。碑は高さ一六三×幅二四×奥行二一センチ（元禄十五年建立）。

高氏は玉串に代え、合戦開始合図に使う鏑矢（かぶらや、射ると音がする）を奉納した。実弟・直義らの武将が次々と鏑矢を奉じ、吉良、石塔《いしどう》、仁木、細川、今河、荒川、高、上杉らの武将が続いた。それらの矢は社前に山のように積まれたという（『太平記』、「高氏被篭願書於篠村八幡宮事」）。その跡は、「矢塚」として残されている。

矢塚碑(1)

矢塚碑(2)

②旗立柳碑

元弘三（一三三三）年四月二十七日、高氏は境内一帯に布陣し、出陣した五月七日までの間に倒幕の兵を募った。呼応した近郷、全国の武将が本営の目印としたのが、源氏の大白旗だった。旧山陰道に面して立っていた楊《やなぎ》に、「二つ引両」の家紋が入った旗を掲げた。（『梅松論』）。久下時重以下、長澤、志宇知、山内、葦田、余田、酒井、波賀野、小山、波々伯部などが参じた。その数は二万余騎だったという。（『太平記』同）。

境内西北の楊の下に安政二年（一八五五）に建てた「尊氏公旗立柳碑（高一四八×幅一七×奥行一八チセン）が立つ。右隣の碑は「亀岡市文化財指定記念碑」（高一四五×幅一八×奥行一八チセン）、左面に「旗立柳保存会結成記念」、右面に「昭和六十一年四月一日」とある。本殿横にも平成三年建立の「足利高氏旗あげの地」碑（高一六一×幅七六×奥行二二チセン）が立つ。

旗立柳碑

高氏旗揚げの地碑

旗立て柳

「矢の根地蔵堂」名号塔（亀岡市京町）

街道を東堅町、西堅町を進むと京町の三差路に至る。角に古世地蔵堂がある。近年建て替えられて角から少し西に移動している。平安時代の武将、源頼政の守り本尊・矢の根地蔵が祀られている。地蔵堂の前に名号塔がある。高さ一〇三×幅二四×奥行二四チセン。碑文の正面は「右　穴太寺　そのべ／能勢妙見　さ、山」、右面は「左　京／ふしみ」、左面「文化十（一八一三）京町／大乗妙典行者　□」、裏面「南無阿弥陀仏」とある。六字名号塔を兼ねた道標である。京から来たこの道は穴太寺への逆打ち巡礼道でもあった。

矢の根地蔵堂は、源頼政が帝を悩ましたヌエ退治の恩賞として、朝廷から矢田の庄を受けた。頼政は代々家に伝わる地蔵に祈願した御蔭と守り本尊として深く信心した。頼政が平家討伐に失敗し宇治で自害したが、その後家来が頼政の菩提を弔うために、その亡骸は西つつじヶ丘の頼政塚に葬り、この地蔵はお堂を建てて祀ったというのがこの矢の根地蔵であると伝えられている。

矢の根地蔵堂名号塔

矢の根地蔵堂

穴太口道標（亀岡市紺屋町・西町）

古世地蔵堂の角から右折して亀山城へ向かい、旅籠町で左折する。同町は町の中心で、参勤交代の大名や幕府の役人などが宿泊する本陣・脇陣も置かれた。旅籠が軒を連ね賑わった。西へ進んで新町で右折、すぐ一筋目で左折し紺屋町へ向かう。百㍍ほどで左斜めに入り円通寺の前を通ると秋葉神社（紺屋町）、すぐ先の四辻が穴太口（西町）で、東側は堀跡である。

『西国巡礼道中細見大全』は、「亀山ゟ（より）半り　穴太寺　亀山の町長し…旅籠町宿屋多し西町左の方あなふ道立石あり」とある。

「立石あり」とあるように、かつて秋葉神社と穴太口に四基の道標が立っていた。現在は秋葉神社に一基と穴太口に二基がある。穴太口にあったもう一基は現在亀岡文化資料館に保存されている。

秋葉神社の鳥居左側に立つ愛宕灯籠（高一九五ｾﾝ）は道標を兼ねていて、正面に「愛宕常夜燈」、左面に「是より左　妙見山ほうき谷越／廿一ばん穴太寺」、右面に「天保四（一八三三）癸巳九月　世話人建入」、背面に「施主　京／亀　妙栄講」と刻む。

境内には、古い石垣の上に「惣構土居」の案内板が立つ。かつて、亀山城内外は、内堀外堀と一番外側の惣堀の三重の堀と土居で仕切られていた。この付近は亀山城跡の南西に残る外堀跡で城下町から穴太寺方面

秋葉神社

秋葉神社土居跡

への出入り口だった。土居の高さは約二間（約四㍍）であった。境内には惣堀の遺構が残っている。

秋葉神社は、元禄十五年（一七〇二）青山下野守忠重が丹波亀山城主に転封された翌年、城下で火災が発生し町屋の多くが被災した。忠重は、前任地の浜松で、広く信仰されていた秋葉大権現を、紺屋町裏惣構堀内側の穴太口に仮宮を建立して勧請し、城下の防火を願ったという。その後医王谷の小坊主ヶ岳山頂に遷宮されるが、この地にも「元秋葉神社」として小祠が残されたという。

すぐ先の穴太口には、低いブロック塀に囲まれた中に二基の道標が立つ。左側は、碑文正面に「是より　廿一はんあなう寺道／妙見山道ほうきたに越」、左面に「安永五丙申九月…」と刻む。高一三三×幅三一×奥行一九㌢。右側は、正面に「左　あなう／妙けん　道　従是十八丁／是より三り半十六丁」、左面に「文化一四（一八一七）丁丑二月」とある。高さ一一一×幅二一×奥行二一㌢。

穴太口は、亀山城下町から穴太寺に向う出発点であるが、能勢妙見宮への道でもあった。ここから穴太寺へ行くには、雑水川を渡り国道九号線を横断して、加塚の交差点から国道三七二号線を南西に

穴太口道標(2)

穴太口道標(3)

穴太口道標(1)

進み、京都縦貫道の手前で国道四〇六号線に入り道なりで穴太寺である。

4、西国街道

『山城名跡巡行志』は、「西国路 東寺口より向日野に至る。吉祥院・石原・上久世・大薮・下久世・寺戸等を歴る。向日野より山崎駅関戸に至る」と記す。東寺口を出て唐橋から久世へ桂川をわたり南の摂津・播磨へ下る西国街道は、平安時代に京より九州太宰府に至る古道は山陽道と称され、後に京より西宮までは山崎道と呼ばれていた。現在は国道一七一号線となり、これが西国街道とも呼ばれているが、旧道はルートがかなり違っている。

応仁の乱以来の戦国の大軍が馳せ登り、馳せ下った道でもあった。後のことだが、向日神社の門前町を通る樫原道が唐海道と呼ばれたのは豊臣秀吉の朝鮮侵略への道であったからである。江戸時代は、地方大名の参勤交代により、西国の大名は山陽道、西国街道、東海道などを経由して江戸へ往来した。西国街道を進んできた参勤交代の大名は、幕府の政策で京に寄れず久我畷に入り伏見・山科を経て東海道を大津に出ていた。

秀吉が朝鮮出兵のために造った西国街道は、江戸時代に入ると、西方浄土を連想させる西山の名刹へ庶民の寺社参詣が盛んになり近代に入っても続いた。また日常の生活道路となった。今も旧街道沿いに庶民たちの歴史を刻んだ石塔・石仏、道標が多く残っている。

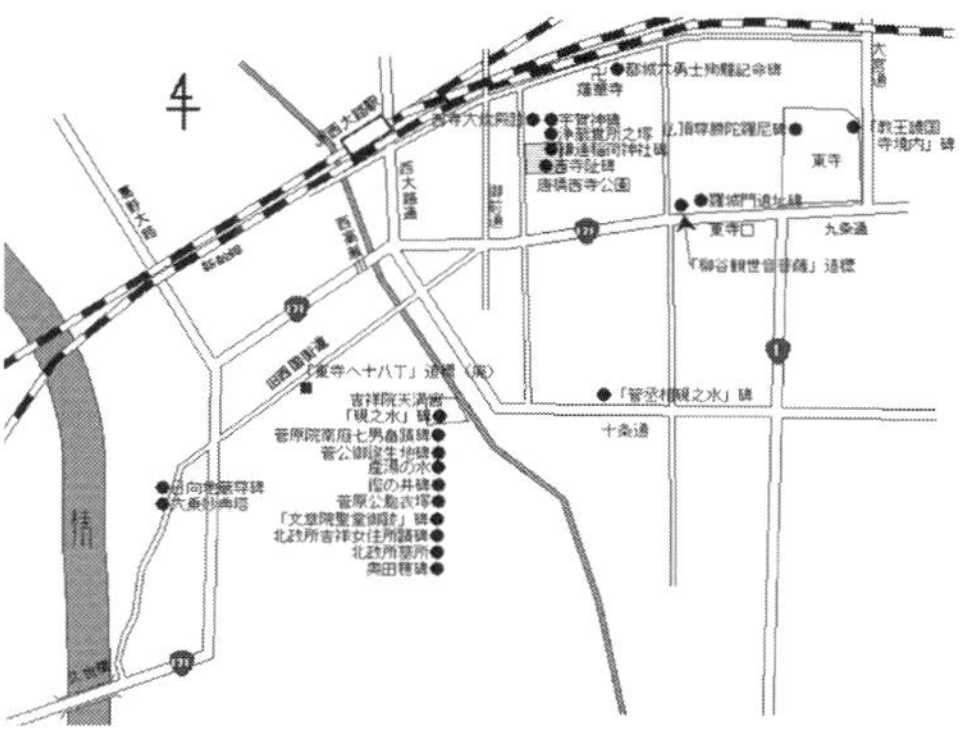

東寺口地図

東寺口

東寺口は天正十九（一五九一）年に豊臣秀吉によって築かれた御土居の出入り口。九条通千本東入ルに御土居の出入口があった。「京の七口」の一つに数えられ、この出入り口を起点として、山崎、西宮を経て西に続く西国街道と鳥羽を経て淀に至る鳥羽街道の二つの街道の起点だった。西国街道は南区四ツ塚町の東寺口から西へ向かい、唐橋川久保町で九条通と分かれ南西の道をとり久世橋、向日市の中心街、長岡京市神足、大山崎を経て西国へ向かう。

「教王護国寺境内」碑（南区九条町・東寺）

東寺口付近には、「教王護国寺」と呼ばれる真言宗の総本山東寺がある。山号は八幡山。本尊は薬師如来。平安京造営に際し、国家鎮護のため羅城門の東に創建。弘仁十四年（八二三）空海（弘法大師）に下賜された。現在は国指定史跡。

大宮通に面した東門に立つ碑は高さ二三七×幅三〇×奥行三〇センチ。碑文東面に「史蹟 教王護国寺境内」、北面に「史蹟名勝天然紀念物保存法ニ依リ 昭和九年（一九三四）三月文部大臣指定」、南面に「昭和十年九月廿一日建設」とある。

東寺

「教王護国寺境内」碑

仏頂尊勝陀羅尼碑（南区九条町・東寺内）

通称「亀の石碑」は、境内の西北の毘沙門堂にある。北面に題額「仏頂尊勝陀羅尼碑」と刻む。

碑の台座が亀の形に刻まれている亀趺《きふ》により「亀の石碑」といわれる。

幕末の天台宗の高僧願海（一八二三～七三）が建てた碑は高さ一八八（除亀趺）×幅八六×奥行三九センチ。

「仏頂尊勝陀羅尼」は、罪障消滅・延命長寿・厄除等の功徳があるとされる陀羅尼。陀羅尼とは、梵字の呪文を翻訳しないでそのまま読誦するもの。亀趺をさする参詣客の信仰が厚い。

碑文の大略は、この陀羅尼は七世紀のインド僧仏陀波利によってインドから中国へもたらされ、さらに日本に渡来した。弘法大師空海は世の衆生を救うため、日本に渡来したこの陀羅尼を板に刻み東大寺二月堂に安置した。願海がこの陀羅尼の普及に力を尽し、石碑にすることを発願し、この碑を嘉永六年（一八五三）北野天満宮に建立した。その後、慶応四年（一八六八）に東寺に移された（碑文は漢文。詳細は京都市歴史資料館「京都のいしぶみデータベース」）。

碑の北面に梵字を刻む。その左右に幕末の画家・菅原（冷泉）為恭《ためちか》による雲龍図が描かれている。為恭（一八二三～一八六四）は、幕末に活躍

亀の石(1)

亀の石(2)

した復古大和絵派の画家。画家狩野永泰の子。勝手に冷泉や菅原姓を名のり朝廷の官位に執着したが、幕府官吏とも付き合ったため、佐幕派と誤解され逃亡先の奈良県天理市で勤王浪士に斬殺された。

羅城門遺址碑（南区唐橋羅城門町）

九条通北側の花園児童公園内に碑が立つ。羅城門は、平安京朱雀大路南端にあった正門。碑は明治二十八年（一八九五）の平安遷都千百年紀念祭の事業として建立された。高一八四×幅三〇×奥行二九㌢。碑文正面に「羅城門遺址」、背面に「明治二十八年三月京都市参事会建之」と刻む。

説明板（京都市）によると、この地は、平安京の昔、都の中央を貫通する朱雀大路（現千本通）と九条通との交差点に当たり、平安京の正面として羅城門が建てられていた。門は二層からなり、瓦葺き、屋上の棟には鴟尾《しび》が金色に輝いていた。

正面十丈六尺（約三二㍍）、奥行き二丈六尺（約八㍍）、内側、外四側とも五段の石段があり、その外側に石橋があった。しかし、平安時代の中後期、右京の衰え、社会の乱れとともにこの門も次第に荒廃し、盗賊のすみかとなり、数々の奇談を生んだ。その話を取材した芥川龍之介の小説を映画化した「羅城門」は、この門の名を世界的に有名にしたが、今は礎石もない。

この辺りはかつて「御土居」があり、その出入口のひとつ「東寺口・鳥羽口」があった。

羅城門遺址碑

「柳谷観世音菩薩」常夜灯道標（南区唐橋羅城門町・矢取地蔵前）

羅城門遺址の小公園の南側、九条に通に面して矢取地蔵堂がある。その前にある道標は嘉永七年（一八五四）の建立。碑は高さ一七八×幅二八×奥行二七センチ。碑文南面に「右ハ　やなぎ谷観世音菩薩」、西面に「左やわた／八幡宮　往来安全」、北面に「嘉永七甲寅年秋　高辻とうり／石工定清」、東面に「高辻通新町西江入／施主伊勢屋伝九郎 安森氏」。

九条大路が拡張されたとき、ここへ移設された。道標は石標の上部に四角な穴をあけた常夜灯である。「往来安全」と刻むのも珍しく、京都で唯一の例である。彫りも見事である。道標は柳谷観音へ行く西国街道と石清水八幡宮へ行く大坂街道の二つの街道分岐点に立てられた。この地点は、御土居から一歩洛外へ出た所である（出雲路敬直監修『京都の道標』）。

地蔵堂は明治十八年（一八八五）年、唐橋の地元の人たちより寄進された。堂内には石造矢取地蔵と呼ばれる地蔵菩薩坐像が安置されている。地蔵はもとは木像で背中に矢傷があった。現在は石造（一六〇センチ）で、右肩に矢傷の跡がある。左手に宝珠、右手に錫状、矢を持つ。かつては矢負地蔵と呼ばれた。

『矢取地蔵由来記』によると、平安時代初期、日照りが続き、人々は渇き飢えていた時、当時

「柳谷観世音菩薩」道標

矢取地蔵

の天皇は大いに憂い、神泉苑（現中京区）にて、西寺の守敏と東寺の空海（弘法大師）に雨乞いを命じた。これがいわゆる「雨乞い合戦」といわれるもので、軍配は空海に上がった。その後、敗れた守敏は空海を妬み、待ち伏せして矢を放ったところ、黒衣の僧が身代わりとなってその矢を受け、空海は難を逃れた。その黒衣の僧は、実は地蔵で、いつしか、矢取地蔵と呼ばれるようになった。

なお、矢取地蔵堂の東側はかつて小川が流れていた。大正時代の地図にも記載されている。東側の石垣は橋の欄干である。また、矢取地蔵堂には羅城門の復元模型が置かれている。

西寺阯碑（南区唐橋西寺町）

九条通北に唐橋小学校があり、その奥の唐橋西寺公園内に京都市が建立した西寺跡碑が立つ。高二二五×幅三一×奥行三一センチ。

碑文の南面に「史蹟西寺阯」、東面に「大正十五年（一九二六）六月建設」、西面に「史蹟名勝天然紀念物保存法ニ依リ大正十年三月内務大臣指定」。

西寺は延暦十三年（七九四）平安京造営の際、羅城門の西に創建。守敏（生没年未詳）に勅賜された。東寺とともに二大官寺の一つである。寺域は二〇〇メートル四方を占め、伽藍の規模は東寺と同じ。正

西寺阯碑(1)

西寺阯碑(2)

暦元年（九九〇）の大火など火災が相次ぎ焼滅した。土壇や礎石は復元整備され、「西寺跡」として国指定史跡である。

吉祥院天満宮の石碑（南区吉祥院政所）

西国街道は、九条御前通の唐橋川久保町交差点から南西に向かう旧道に入り久世橋へ向かう。西高瀬川を渡ると三〇〇㍍ほど南に吉祥院天満宮がある。主神は菅原道真（八四五～九〇三）。承平四年（九三四）朱雀天皇の勅命により誕生の地に創建された最初の天満宮といわれる。北野天満宮より早い。洛陽天満宮二十五社、京都十六社朱印めぐりの一つ、西大路七福社ご利益めぐりの一つ。知恵、能力開発の神として知られ、受験合格、開運招福、旅行安全、交通安全などの信仰を集める。

平安京遷都時（七九四）に、道真の曽祖父・土師古人は、桓武天皇より所領として白井ノ庄（石原ノ庄）と呼ばれたこの地を拝領され本邸を構えた。道真の祖父・清公、父・是善も引き続きこの地に住んだ。道真もこの地で誕生し、十八歳で文章生に合格するまで居た（道真誕生地は、他に下京区の菅大臣神社や上京区の菅原院天満宮神社など諸説ある）。

吉祥院天満宮

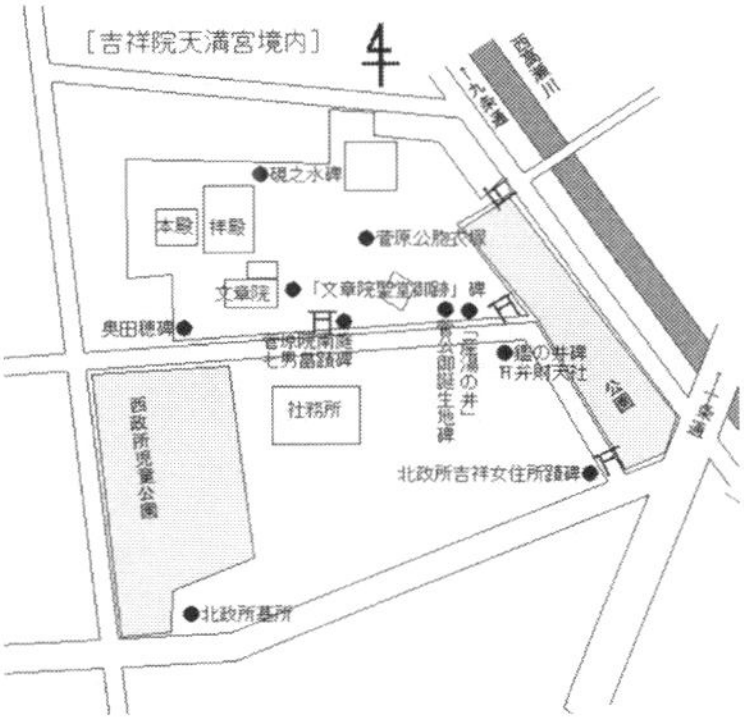

吉祥院天満宮境内

延暦二十三年（八〇四）、清公は、遣唐使判官として唐へ渡る際に嵐に遭い、祈念し吉祥天女の霊験により難を逃れたという。帰国後、自ら吉祥天女像を刻み、邸内に一字を建立した。吉祥院と名付け、国家鎮護の祈願所、菅原家の氏寺とした。吉祥院の地名の由来でもある。

延喜三年（九〇三）道真が大宰府の地で没した後、怨霊鎮魂のために朱雀天皇勅願により、承平四年（九三四）この地に社殿を築くなどして道真公の霊を祀ったのが天満宮の起こりである。

また、古くから六斎念仏が盛んに行われていたところで、今も吉祥院六斎念仏踊として継承されており、国の重要無形民俗文化財に指定されている。

①「硯之水」碑

碑は高九六×幅五五×奥行一六センチ。右手に清水（水道水）が流れている。昭和六十一年（一九八六）に井戸を掘り硯型の碑を建てたもの。碑文南面に「硯之水」、西面に「奉納井戸石組一式 京都竜安寺四宮正雄」、北面に「菅丞相（かんじょうそう） 硯之水 菅原道真公御幼少の頃勉学手習いに用いられ、学問向上書道上達になったと伝わるゆかりふかい水で、本宮のおよそ六百米東の井戸に於て近年まで清水が豊富に湧き出し、飲み水としても広く利用されていたが惜しくも涸れ果て遺跡が存するのみで、復活を望む声多く、このたび篤志により当宮境内にてこの水を蘇らせることとはなり、ここにその銘を列し由来を誌す昭和六十一年四月吉且 吉祥院天満宮司石原定祥謹書」と記す。

硯の水碑

菅原道真が幼い頃に、手習に用いたと伝えられるもとの井戸は、吉祥院天満宮東の十条通を少し東へ行った、吉祥院八反田町の会社建物の脇にある。「菅丞相硯之水」の碑が二基ある。手前は高さ一一八×幅一九×奥行一九㌢。奥は、同文の碑で、円柱（高八七㌢×直径三〇㌢）。近年まで清水が湧出していたという。

菅丞相というのは、長官である左大臣・右大臣を唐名で「左丞相」・「右丞相」などと称することもあった。右大臣菅原道真を「菅丞相」と呼んだ。「丞」は副官の意なので、「相（宰相）」の「丞（副官）」で直訳すると副宰相となる。

②菅原院南庭七男畠蹟碑

道真は、承和十二年（八四五）六月二十五日この地七男畠という所で誕生したという。菅原院の庭の南部で七男畠という所だったとされる。社務所前の鳥居横に立つ碑は高一四四×幅二八×奥行二八㌢。碑文に「菅原院南庭七男畠蹟」と刻む。

③菅公御誕生地碑

吉祥院天満宮社伝によれば、この地は、菅原道真の誕生地だという。自然石の碑は、高さ三三五×幅八〇×

「硯之水」碑

菅原院南庭七男畠蹟碑

奥行七〇センチ。碑文に「菅公御誕生之地」と刻む。
ただし、生誕地は各地にあり、奈良市菅原町周辺、菅大臣神社（京都市下京区）、菅原院天満宮神社（京部市上京区）、菅生寺（奈良県吉野郡吉野町）、菅原天満宮（島根県松江市）説がある。

④菅公ゆかりの「産湯の井」

誕生地碑の右側に、「産湯の井」が社伝により近年復元されている。石垣に囲まれた中に井戸がある。縦七八×横四五センチ。

⑤鑑《かがみ》の井碑

道真が参朝のとき顔を写したという井戸跡。弁財天社境内にある。江戸時代の高名な書家松下烏石（一六九九～一七七九）の石碑が建つ。高さ一〇〇×幅三〇×奥行二〇センチ。

碑文は「鑑井之銘石原之井徹底而清菅神写影千歳留名涌出弗渇四時盈盈鑑焉永嘆厥徳明 宝暦四年甲戌春 烏石葛辰銘井篆」（石原の井、底を徹して清し、菅神影を写し、千歳名を留む、涌出して

鑑の井碑

産湯の井

菅公御誕生地碑

渇せず、これを鑑して永嘆す、厥《そ》の徳これ明らかなり　宝暦四年甲戌春　鳥石葛辰銘井篆）。

⑥菅原公胞衣《えな》塚

道真の胞衣（へその緒）を埋めた塚碑（高一二四㌢）である。菅公胞衣塚は、子供の知恵を授かり、子供の発声初め、健康・成長祈願の信仰がある。

初宮参りには本殿参拝の後に参る。赤ん坊の鼻をつまみ泣かせ、元気な声を上げさせて無事成長を祈る。手前の玉石は一〇〇日あるいは一二〇日で祝う「食べ初めの儀」に、口に添えると丈夫な歯が生えるという。菅公御誕辰祭（六月二十五日）では、安産御祈祷が行われている。辰は日の意、誕生日をいう。

菅原公胞衣塚(1)

菅原公胞衣塚(2)

⑦「文章院《もんじょういん》聖堂御跡」碑

遺唐使として唐に渡った道真の祖父・菅原清公が、唐の昭文館・崇文館を参考にして、文章道を学ぶ学生のための施設として、承和元年（八三四）頃に設立した。紀伝道（中国の漢詩文や歴史）の研究発表を行い、孔

「文章院聖堂御跡」碑

子を祀っていたことから孔子堂、聖堂とも称した。

境内西の跡碑は高一五七×幅三〇×奥行二八センチ。文章院の左右に寄宿舎部分にあたる東曹・西曹が設置されていた。平安中期以後、西曹は菅原氏、東曹は大江氏の管理下に置かれ、それぞれの氏族の大学別曹になった。治承元年（一一七七）の大火によって焼失し、廃絶した。

⑧北政所吉祥女住所蹟碑

道真の正室（北政所）は、島田忠臣の娘宣来子《のぶきこ》（八五〇～没年不詳）であった。参道入口に立つ碑はその北政所の住居跡を示す。碑は、高さ一四三×直径三〇センチ。碑文は「北政所吉祥女御住所蹟」と刻む。

宣来子の父は道真の師の一人。道真が文章生であった貞観十七年（八七五）頃に道真に嫁ぐ。嫡男・菅原高視や宇多天皇の女御となった衍子《えんし》らを生んだ。昌泰二年（八九九）、道真邸で行われた彼女の五十歳の賀に宇多上皇が御幸し、彼女を従五位下に叙した。夫道真の大宰府への左遷後も京都に留まったといわれるが、その後の動向は不詳。

北政所吉祥女住所蹟碑

⑨北政所墓所

吉祥院天満宮の南にある西政所児童公園東南角に祀られる北政所墓。円柱の碑は「北政所御墳墓」と刻み、高さ一五二×直径三〇センチ。

道真正室の北政所である島田宣来子の墓所と伝わる。塚上に阿弥陀如来（座高四五センチ）を安置して供養する。

⑩奥田穂碑

明治初期、紀伊郡吉祥院付の篤農家奥田作兵衛が稲作のための種籾を改良した功を顕彰した碑である。この「奥田穂之碑」は明治十八年（一八八五）吉祥院村有志が建てた原碑が表面剥落。現在の碑は平成十六年（二〇〇四）十二月作兵衛の子孫により同位置に再建されたものである。高さ一八五×幅八二×奥行三二センチ。

碑文の大意は、奥田作兵衛は、種籾の改良を試していたが、ある時、播磨国の種を持ち帰り試したところ収穫量が大幅に増加した。明治八年（一八七五）の紀伊郡農産品評会に出品したところ絶賛され、郡内であまねく使われるようになり、奥田穂と呼ばれるようになった。

村長を務めていた奥田氏はまた水利に力を入れた。文久年間（一八六一～六四）に西高瀬川運河を開削した時には、奥田氏は村の東に水路を掘り、西高瀬川運河（現天神川）に注ぐようにした。村の水利にも役だち、西高瀬運河の水量も増えた。奥田氏の農業技術に通じていることは以上のとおりで、村民は氏の功績の恩恵に浴し、偉丈夫と称した明治

北政所墓所

奥田穂碑

十八年（一八八五）三月に農業振興の功績により金章と木盃を賜わった。この頃同村人安田益太郎らが氏の功績を伝えようと石碑を建てた（伊東宗裕『京の石碑物語』京都新聞社、一九九七）。

日向地蔵尊碑・大乗妙典塔（南区吉祥院西ノ茶屋町）

国道一七一号を渡り旧道を二五〇㍍ほど進むと、街道沿いに日向地蔵尊の小堂がある。堂前に「安産厄除 日向地蔵」碑。高一七一×幅三二×奥行一八㌢）。西ノ茶屋町日向保存会の説明板によると、昔から村人は安産を祈ったり、災いが無くなるよう願ってお参りした。

しかし、明治の廃仏毀釈運動の際、槇村京都知事の「石仏狩り」指示に反対して、村人が隠して保存したという。

「西之茶屋」碑もあり、昔、旧西国街道（巡礼道）沿いに茶屋があったことを伺わせる。地蔵尊の左奥の大きな自然石があり、正面に「一字一石 大乗妙典塔」、右面に「安政五年（一八五八）戊午十月建立／陽泉亭徳翁拝写」と刻む。やはり、廃仏毀釈の時散失したのを探し出したという。

高さ一一五㌢。写経の一種で、大乗妙典とは衆生を迷いから悟りの世界の導いてくれる経典で、一般的には法華経、すなわち妙法蓮華経をさすといわれている。経典を小石に一字ずつ書写し地中の埋めて供養する。江戸時代に盛行した。

日向地蔵尊(1)

日向地蔵尊(2)

綾戸国中神社石灯籠（南区久世上久世町）

西国街道が旧乙訓郡に入る地点、「久世の渡し」（現久世橋付近）西詰めに「西国街道」道標がある。久世橋の近く、旧西国街道の脇道が西行する地点には綾戸国中神社が鎮座。上久世の産土神である。

祇園祭は当社と八坂神社との祭礼である。祇園祭の久世駒形稚児はこの神社の氏子から選ばれる。元は綾戸神社・国中神社の二社であったが、後に国中神社が綾戸神社の境内に遷された。それ以降、二つの社殿が並んでいたが、昭和九年（一九三四）の台風により倒壊したため、昭和十一年に一つの社殿として再建した。昭和三十九年（一九六四）、境内地が東海道新幹線建設予定地にかかったため、現在地に遷座した。

本殿の向かって左脇に、簡素な作りの四角型石灯籠（高さ一六七センチ、花崗岩製）がある。傍を通る東海道新幹線が開通するのにともない、社殿を移築した時の調査で南北朝時代の作と判った。

四角型は鎌倉末期から現れるが、京都では古い例で貴重だ。石灯籠は古くは仏堂や神殿前に一基立てて、本尊または祭神に灯明を献じた。これを二基一対として供えたのは室町末期以降とされる。だから当社の石灯籠は、もとは本殿前に一基立てられていたと思われ

綾戸国中神社

西国街道

る。南北朝時代、上久世庄の公文（荘園の下級荘官）道法が領家東寺へ進上した「上久世庄図」（一三四〇年十一月）に「綾律（津の誤記）大明神」とみえ、この頃から石灯籠は存在したのだろう。

福田寺歌碑（南区久世殿城町）

久世橋から久世大藪町の古い町並みを通り、参道の長い厳島神社を過ぎると国道一七一号。これを渡ると福田寺が北にある。

浄土宗西山派の福田寺は釈迦・地蔵二尊を本尊とし、行基の作と伝える。江戸時代には『都名所図会』や『山州名跡志』にも安産や雨乞いの寺として紹介された名刹だった。

庭先に俊恵法師の歌碑があり、「ふるさとの板井の清水水草《みくさ》ゐて月さえすまずなりにけるかな」と刻まれている。

『千載集』巻十六の「故郷の月よめる」と題した歌で、法師が諸国修行から帰ってみると寺が荒れ、板井（板で井筒にした井戸）の清水に水草が浮いていたさまを詠んだといわれる。「すまず」は「澄まず」と「住まず」とかけている。『山州名跡志』に、板井の清水は「同寺　艮（東北）一町（一〇九㍍）ばかり田の間にあり。いにしえは寺の境内なり」とあるが、今ではまわりは工場地帯だ。

俊恵（一一一三〜？）は平安末期の歌僧で、没年不詳。東大寺の僧だっ

福田寺歌碑

綾戸国中社灯籠

たが、京都白河に歌林苑を営み、貴賤僧俗の歌人らと歌会を催し和歌政所といわれた。鴨長明は弟子。『百人一首』に「よもすがら物思ふころは明けやらぬ閨のひまさえつれなかりけり」（俊恵）がある。『新古今集』『林葉集』などに一一〇〇首詠んでいるという。福田寺では、歌林苑は当初当寺にあったとしている。

光明寺道標（向日市寺戸町久々相）

深田川橋南側の憩いの場「ポケットパーク」に、平成二十七年（二〇一五）四月移設された大きな光明寺道標（高さ二〇七センチ、花崗岩製）が立つ。もとは、ＪＲ向日町駅前のマンションの前に立っていた。

碑文は「浄土門根元地粟生光明寺道」「是より西三十町（三・三キロ）」刻み、明治三十三年（一九〇〇）五月建立、寄付主は豊前小倉（現北九州市）の山賀松治郎以下四人の名前を刻む。

明治時代の近代化で鉄道が新しい交通手段になった。明治九年（一八七六）大阪―向日町間に開業した国鉄東海道線（現ＪＲ）は、乙訓では西国街道の傍に設けられ、向日町駅は同年七月開業、大山崎駅同年八月開業、おくれて神足駅（現長岡京駅）昭和六年（一九三一）八月開業である。向日町駅は京都府下初の駅で、ちなみに京都駅は明治十年（一八七七）二月に開通した。

鉄道は往来する人や物資を飛躍的に増やした。遠方から参詣客も汽車を利用してはるばるやってきた。向日町駅は光明寺（長岡京市粟生西条内）はじめ西山の名刹への最寄り駅だった。当時、駅を降りれば、まわりは低い木造民家なので大きな光明寺道標はすぐ目に止まった。

光明寺道標

道標の「浄土門根元地」の称は十六世紀には使われ始めたが、「浄土門」とは、阿弥陀仏を信心し、念仏して極楽浄土の悟りを得ること、光明寺がその根元地として遠く九州まで知れわたり、駅は参詣客で賑わったことを大道標が示している。

築榊講常夜灯（向日市寺戸町初田）

阪急東向日駅南の踏切を西南方向に抜ける府道（旧西国街道）のすぐ右手に、石段付の大常夜灯石灯籠が立っている。今はビルの谷間で日立たないが高さ四六九㌢、花崗岩製。

寺戸町の伊勢講の一つ、築榊講が天保十三年（一八四二）四月に建て、竿の正面に「大神宮（天照皇太神宮の意）」の神号、左面に「常夜燈」「築榊講」と刻む。竿は三味線のばち型（神前型）をしており、江戸時代特有の様式である。かつてはまわりは水田だけだったので遠方からでも道中のよい目印だった。

伊勢講は伊勢神宮の信仰集団である。江戸時代にはいると伊勢参りが全国的に盛んになり、庶民は路銀用に講金を積み立てて代参した。伊勢講碑は伊勢講の議員が全員代参を完了したときなどを記念して造立した碑である。旧乙訓郡各地に伊勢講が存在したことが『乙訓郡誌』（一九四〇）にでており、「日は不定であるが、町内又は村全体で行い頭家を定めてその家で皇大神宮を祭り、酒食を共にする。代参したものは土産にお神符、うちわ、饅頭、笛など配る」とある。かつて常夜灯近くには、講員の一人で代々灯明の番をする通称「トウロウ」の家があった。

築榊講常夜灯

愛宕灯籠（向日市寺戸町梅ノ木）

築榊講常夜灯のある道の左側に南方向に通じる細い道が西国街道である。その分岐に「さんご（三鈷）寺」道標。五〇㍍程先の阪急梅ノ木踏切から通じる大原野道と交差する角に「宝菩提院（廃寺）」・「岩倉山金蔵寺」・「大原野神社」・「淳和天皇御陵」道標が立っている。

しばらくして街道沿いに愛宕灯籠（梅ノ木）。正面「愛宕山」、右面「文化十二年（一八一五）乙亥春　町内安全」と刻む。久世橋から向日市域の旧西国街道沿いに愛宕灯籠が点在する。かつては毎夜ロウソクの灯をともし、今でいう街灯の役割を果たした常夜灯だ。「むこうまち歴史サークル二班（石造物）」が悉皆調査をして、向日市内で二十四基確認。

「愛宕山」とか「愛宕大権現」「愛宕大神」などの刻銘が、灯籠型なら火袋の下の竿、笠塔婆型なら塔身の正面に刻まれている。寺戸町東ノ段の竿がばち状の灯籠型以外はみな笠塔婆型である。ほとんどの側面に「町（村）内安全」と彫り、建立年代は江戸～昭和時代にまたがる。

愛宕灯籠は愛宕講供養塔ともいう。右京区の愛宕山には愛宕権現が祀られており、江戸時代には防火の神として民間信仰が全国に広まった。各地に愛宕講が組織され愛宕詣りが行われた。近畿地方は講を代表して交替で参る代参講がある。それを記念して常夜灯を兼ねた供養塔を村ごとに建てた。

愛宕灯寵

乙訓各地に昭和時代まで愛宕講が盛んだったことが『乙訓郡誌』に載る。「愛宕講　愛宕大明神を祭り、頭家（代参者）が愛宕神社に参詣し、お符、樒を土産に配る。このお符は「火の要心」の呪いとして竃の間の柱に貼る」とある。第二次大戦中は灯火管制で灯明は禁止だったが、一九六〇年代までは町内で交替でロウソクをともした。

向日市内の二十四基は、物集女地区二基・寺戸地区十一基、森本地区二基・上植野地区七基。かつて村ごと日像（日蓮宗）に帰依した鶏冠井地区はゼロである。一番古い燈籠は上植野地区南小路・北小路の正徳三年（一七一三）二基である。

向日神社大常夜灯（向日市向日町北山）

西国街道を横切り上りきると物集女街道と合流する。向いに新しい「江戸期古道名」道標が立つ。すぐ向日神社。『延喜式』神名帳に記載された式内社であり、山城国乙訓郡向《むこう》神社と称され、後に火雷《ほのいかづち》神社《じんじゃ》を併祭した。

参道入口の石鳥居前に、左右一対の大常夜灯が立つ。いずれも高さ四〇四センチ、花崗岩製、神前型石灯籠で基礎の下に五段の基壇を積む。竿の正面に「常夜燈」と刻み、向かって右は「文化二（一八〇五）乙丑年十月吉祥日」、左が「文政九（一八二六）丙戌年九月吉祥日」の紀年銘。二基とも「向日町両町」の寄進である。両町とは「上之町」「下之町」のこと。向日町は天正二十年（一五九二）秀吉の家臣、京都所司代の前田玄以の定書によって、西国街道沿いに商人だけの新町として成立した。江戸期は向日神社参道は現消防署あたりまでを上之町、南は石塔寺あたりまでを下之町といい、宿屋、料理屋など数百軒の町屋があった。大常

向日神社大常夜灯

夜灯の寄進は、商売で繁栄していた両町の活気と財力を示し、神社を大きく支えていたことを語る。

元和二年（一六一六）の上之町の「渡世（生業の意）書帳」に、その名が載る老舗旅館だった「富永屋」は、参道すぐ北の街道の向かいに残る。現在カフェ店を営んでいる。十九世紀はじめ日本全図を完成させた伊能忠敬も文化十一年（一八一四）二月十八日、九州第二次測量の帰途、止宿した（伊能忠敬『甲戌測量日記』）。

日像説法石（向日市向日町北山）

向日神社参道入口に日像が腰掛けて説法したという人抱えの大きさの説法石がある。もとは参道のなかほどにあったという。日蓮の在世時代には東国の小教団に過ぎなかった日蓮宗が、京都や畿内に勢力を伸ばしたのは孫弟子の日像の布教によるものである。

鎌倉時代の永仁二年（一二九四）入洛した日像は商人達に教えを広めるが、比叡山を中心とする他宗から攻撃を受け、徳治二年（一三〇七）五月以降三度も追放を受ける。この時期、向日神社や鶏冠井村に足跡を残した。

伝説では、日像が西下の途中、同神社までくると向日明神の化身である翁が現れて教えを請うた。そこでこの地に留まり石に腰掛け辻説法を始める。上人の評判はやがて鶏冠井

日像説法石

説法石

村中に広まり、一村あげて改宗した（皆法華）。この時太鼓を打ち鳴らし法華題目を唱えて踊ったのが、後世に伝わる「鶏冠井題目踊」である。

大正十年（一九二一）春には、日蓮降誕七百年を記念して説法石を現在地に石垣で囲んで保全した。石垣に解説板がはめ込まれ説法石の由来を記す。右側の笠塔婆は高さ一六六×幅二六×奥行二四チセン。同年の造立で、日蓮の誓願「日蓮上人曰く　われ（我禮）日本の柱にならむ」などと刻む。左の題目塔（高一五四×幅二二×奥行二二チセン）は、昭和五十四年（一九七九）の建立である。正面に「南無妙法蓮華経」、右面に「説法石之由来　徳治二年五月日像上人／此石上に於て法華経を／読誦ー説法せしところ」と刻む。

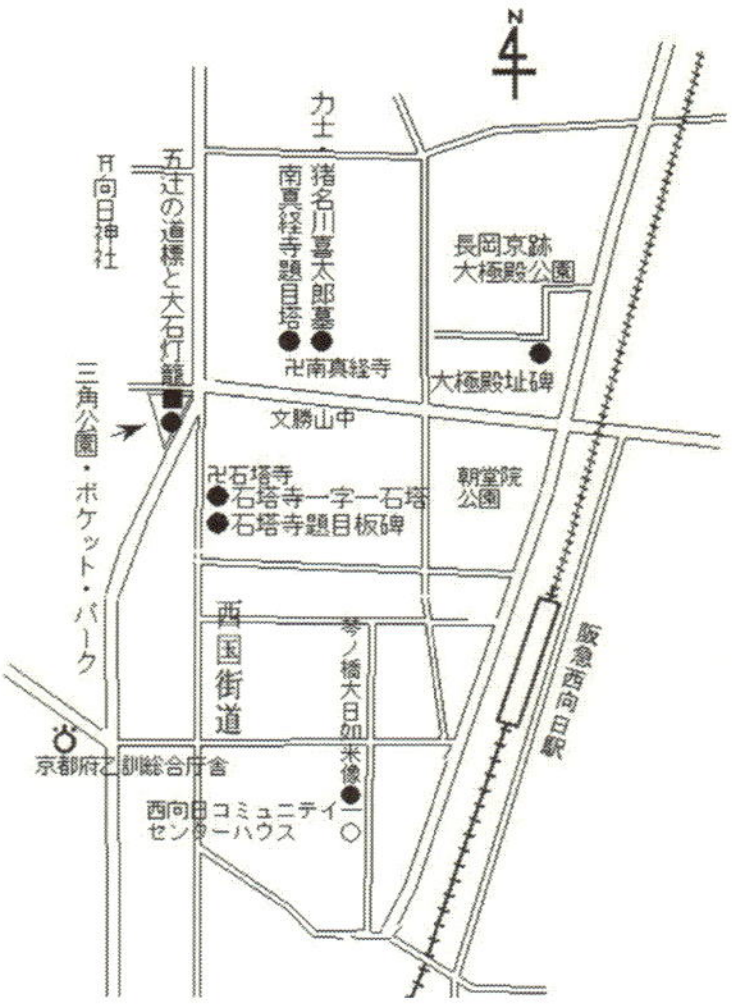

西国街道

五辻の大石灯籠・道標（向日市向日町南山）

西国街道はすぐ五辻に出合う。交差点の真新しく整備された三角公園・ポケット・パークに錐頭角柱の道標（高一〇五×幅一八×奥行一八チセン）が立ち、正面に「右　粟生　善峰　柳谷方面／左　長岡　山崎　大阪方面」、左面に「右　京都　嵐山方面」と刻む。背面に「京都市観光課」とある。京都市は昭和五年（一九三〇）に国内自治体初の観光部局であ

五辻の大石灯籠

る観光課を設置し、昭和十年代に数多くの観光地道標を設置している。

公園の中には、かつて二基あった大きな柳谷観音常夜灯石灯籠（総高四・五㍍）が一基復元された。笠部の花頭窓に「柳谷」、その下の基礎に「千眼講」と刻む。

解説板によると、慶応元年（一八六五）五月に、柳谷観音（楊谷寺）へ参拝する京都の千眼講によって建てられた。現在のこの辻から、西へ向かう一方通行の坂道は、江戸時代には「西山道」とか「梅ノ坂」と呼ばれ、善峰寺や光明寺、柳谷観音（楊谷寺）へ通じる参詣道だった。江戸末期から、眼病によく効く水があるとことで柳谷観音へ参詣者が増え、柳谷道の起点となるこの地に一対の大灯籠が寄進された。しかし、昭和初期に新道（現在の府道西京・高槻線）が古くからあった四辻に追加建設され、その際、二基の石灯籠は、長岡京梅ヶ丘に移設、もう一基も昭和四十四年（一九六九）頃の歩道工事の時に、楊谷寺裏参道の長岡京市・大阪府島本町の境界付近に移された。

五辻の道標

ポケット・パークの整備に伴って、向日市制四十周年記念事業で、平成二十四年（二〇一二）に「五辻の常夜灯復元と活き活き向日町協議会」が四十年以上柳谷観音近くの林に置いてあったのを復活させた。

石塔寺一字一石塔（向日市鶏冠井町山畑）

西国街道の五辻の旧西国街道を真っ直ぐ南下すると左手に日蓮宗単立寺院・石塔寺（本尊・十界曼荼羅）があ

る。

京都に初めて日蓮宗を伝えた日像は、京都の七口に通じる各街道に「南無妙法蓮華経」の七字（法華題目）を刻んだ題目塔を立てた。室町時代にはいると、これらの題目石への信仰が盛んになり、東寺口を起点とする西国街道に延慶三年（一三一〇）三月八日に立てたという題目塔を当地に移し本堂を建てたのが石塔寺の始まりである。

開山を日像とするが、実質には文明年中（一四六九～八七）に日成が開基。幕末に寺運が衰えたが、明治十年（一八七七）代の『乙訓郡寺院明細帳』によると、同年十月鶏冠井村内の興隆寺の建物を移して合併、再建中興した。寺は「お塔さん」の愛称で親しまれている。毎年五月三日の花まつりには鶏冠井《かいで》題目踊が奉納される。

山門の外に一字一石の大石塔がある。高さ三二〇センチ、花崗岩製。正面に法華経の「南無妙法蓮華経」を刻み、右側面に「奉書写一字一石供養塔」と刻む。

仏教の信仰形態のひとつに「写経」がある。経文を心込めて写すことによって、功徳を得ようとしたり、祈願または供養の目的を果たそうという信仰習俗である。本来の写経は紙または布に書写するが、その経文を長く記しとどめるためと経典を地に埋める埋経の思想から、小石を集めて一石に一字ずつ経文の全文を写して地に埋め石塔を建てる習俗があり、この塔を「一字一石塔」という。経文を紙に写すより、大量の小石に書く方が幾倍もの手数がかかり、この努力が一層の功徳や供養になるとされた。

石塔寺一字一石塔

一字一石塔の左側面に日蓮宗独特の陰刻文「一天四海皆帰妙法、後五百歳広宣流布」とある。世界中が皆妙法（七字法華題目の略）に帰依するよう、後五〇〇年後、つまり仏滅後五・五百年（二五〇〇年）の最後の五〇〇年、すなわち仏法の衰える時まで広宣流布を祈願するという意。背面に嘉永五年（一八五二）冬（十二月）造立、発起主は日光、日堅。寺の話では両人は大阪の住職で当寺で修行した僧だという。これだけの石塔を建てるには発起人以外に、費用を寄進する檀家たちが多数いたと思われる。また写経された埋石は一度もあらためられていない。

石塔寺題目板碑（向日市鶏冠井町山畑）

山門をくぐった右手の塔堂には、日像の題目石、すなわち「題目板碑」を本尊として祀っている。板碑は高さ一六五×幅三五センチ×奥行一七センチを測り、花崗岩製。頭部の三角山形の下に二条の切り込み横線、身部表面中央に大きく髭文字の「南無妙法蓮華経」、その下に蓮弁を彫る。よく見ると、板碑表面は金箔を剥がした痕跡がある。何時金箔を貼ったのか不詳だが信者が嫌い参拝客が減ったので、明治末に剥がしたという。

石塔寺の前を通り過ぎた付近は、地元の人たちは正式な地名である御塔道のほかに、「島坂」とも呼んでいる。長岡京造営長官・藤原種継が暗殺された地、そして紀貫之が『土佐日記』に「かくて京へいくに、しまさかにて、ひとあるじしたり」と、島坂でもてなしを受けたことが記されている。長岡京のころ、この地には「嶋院」という立派な庭園を配した建物があったと伝えられていることから、島坂の名称が生まれたという。

題目板碑

一文橋碑（向日市上植野町吉備寺・長岡京市一文橋二丁目）

西国街道が小畑川を渡る地点に架かる橋。欄干には大きな石造一文銭（直径七六㌢、高一二二㌢・含基礎）が飾られている。解説板には「大雨のたびに流され、その架け替え費用のため、通行人から一文を取り始めたのが橋名の由来といわれる」とある。この一文橋は、日本で最初の有料橋といわれる。

一文橋を通るこの街道は、「西国街道」として多くの人々が旅をしていた。小畑川を渡る人々のために橋が架けられたのは江戸時代である。この小畑川は、かつては大変な暴れ川で、雨が続けばたちまち濁流となり、その度に橋は押し流されてしまった。橋の修理費用がかかるので、橋の袂に橋守を置き、通行料を取った。

一文橋碑

神足・古市墓地石仏（長岡京市神足三丁目）

旧道西側の新西国街道沿いの神足小学校南に神足・古市共同墓地がある。ここに江戸時代の造立ではあるが、六地蔵・十王石像などの群像がみられる。

①五王像

墓地南側に、十王像のうちの閻魔王を中心に五体の冥土の王が長い基壇の上に北面して坐る。中央にひときわ大きな閻魔大王を置き、その左右に二体ずつ

神足五王像

を配している。右端は巻物を開き亡者の罪状を読む司録（刻銘では平等王）、左端は筆と木札を持ってそれを記す司命（初江王）、その右が人頭杖を持つ太山王（変成王）、閻魔王の右が筆と冊子を持つ五道転輪王（宋帝王）。いずれも総高八〇センチ前後の丸彫り像で、石質は花崗岩。笏を持つ閻魔像をはじめ、道服を着た忿怒形であらわしている。江戸時代末期の作（清水俊明『京都の石仏』）。

死後、冥土に行くと、これらの王の前で生前の善悪を問われ、その罪業を裁かれる。罪の定まらないものは次の王に送られて死後の賞罰を受けるという。

とくに「うそをつくと閻魔様に舌を抜かれる」と畏怖された閻魔王は五王の中心で、五十七日の忌日に地獄で人間の生前における善悪を審判する大王で、笏をもって道服を着た忿怒形である。像高は台座ともで九五センチ。乙訓地域では珍しい群像だが、宝積寺（大山崎町）の五王木像（重文、鎌倉時代）を模したといわれる。

②名号塔

また、龕前堂（葬場）の北側に六字名号塔が立っている。高さ一〇三×幅三八センチ。碑面は「南無阿弥陀仏」、側面と背面に刻銘がある。宝永

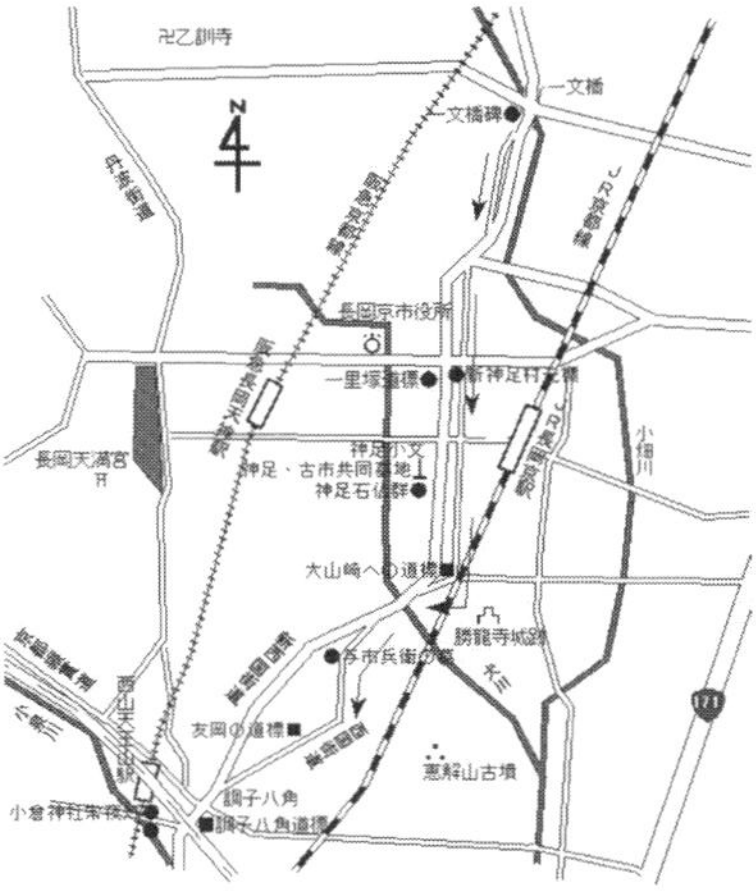
西国街道

神足名号塔

七年（一七一〇）施主・観音寺還誉が、貞樹尼と妙善女の菩提を弔うため造立したとみられる（『長岡京市史』建築・美術編）。

与市兵衛の墓（長岡京市友岡二丁目）

西国街道旧道を進むと三差路を右折し新西国街道に出る。犬川の橋を渡ると、左手の旧道入る。すぐ右手に「与市兵衛の墓」が右手に立つ。

歌舞伎『仮名手本忠臣蔵』（山崎街道の場）に登場するお軽・勘平にまつわる墓といわれてきた。元禄時代、浅野家中の早野勘平は駆け落ちした恋仲の腰元お軽の実家に身を寄せていたが、主人の仇討ち資金に苦労する。見かねたお軽の父、与市兵衛が勘平のためにお軽が祇園へ身を売った代金の半金の五十両を受け取り、大金を懐に山崎街道にさしかかるが、斧定九郎に殺され金を奪われる。勘平は定九郎を猪と間違えて撃ち殺し、金を家に持って帰る。やがて猟師たちが与市兵衛の死骸を戸板に乗せてやってきた。義父の死体を見て勘平は自分が殺したと思い切腹。同志の検死で疑いが晴れ、いまわの際に赤穂浪士の一人に加えられた。

ところが、この与市兵衛の墓碑は、碑の紀年銘と時代が合わず疑問視されてきた。碑は花崗岩製で、高さ一三四センチ×幅四一センチ×厚さ二三センチ、台石上に立つ。表面中央に「南無阿弥陀仏」と刻み、清譽浄佐が「高野聖千人寄宿成就」したので石標を造立し、父母の「到空清欣信士」（没万治元年〈一六五八〉九月十二日）、「清譽妙寿信女」（没寛文八年〈一六六八〉十一月二十八日）を供養する、と記す。高野聖を千人寄宿させた浄佐の善

与市兵衛の墓

行を示す六字名号塔である。

かつて善根宿といって、年忌追善のある俗家が高野聖に無料で宿泊を提供したが、室町末期になると厄介者扱いにされるようになり宿借聖ともいわれた（五来重『高野聖』）。このような時代に浄佐が父母の供養のため、一〇〇〇人も寄宿させたことは特筆すべき善行である。

かつては与市兵衛の墓というのは、昭和四〜三十一年（一九二九〜一九五六）まで友岡にあった長岡競馬場の近くの竹林に地蔵があり、それだといわれた。いつか失われ、浄佐の供養塔にすり替えられ誤伝されてきた（『長岡京市史』建築・美術遍）。

小倉神社常夜灯（長岡京市友岡四丁目、調子二丁目）

旧西国街道を進むと、調子八角の交差点である。交差点は、古くから淀—柳谷、京—山崎への西国街道の主要な四辻だった。現在、小泉川沿いに巨大な京都縦貫道が建設され、付近の様相は一変しかつての素朴な辻の面影はない。京都縦貫道をくぐる。阪急西山天王山駅南の円明寺団地へ向かう阪急電車調子踏切手前（東側）に、道を挟んで小倉神社常夜灯石灯籠二基（総高三六〇センチ）が立つ。もともと近くの調子八角交差点の西国街道すぐ近くの「式内郷社小倉神社」石柱（総高三六〇センチ）のところにあったが、昭和四十年代に現在地に移設された。

北側の基礎に「大蛇麟庄之助　當村酒屋作兵衛」、南側の基礎に「荷物舩中安全　泥川濱治左衛門」、二基とも竿に「嘉永元年戊申（一八四

小倉神社常夜灯(1)

八)」と刻む。酒屋作兵衛は小倉神社本殿前の狛犬二基、石鳥居も献納している。

大蛇麟は力士の四股名。来迎寺（向日市物集女）にあった相撲番付の板二枚が向日市文化資料館に寄贈されている。二枚とも嘉永二年（一八四九）八月二十八日付で、東方、西方をそれぞれ書いたものと思われる。場所は不明だが、物集女近辺の寺社境内で勧進相撲が行われたことを示す（向日市文化資料館「最新情報コーナー一九九二・三・一四」より）。

一枚に、大関、関脇、小結、前頭、前頭以下の力士名の上に出身地が記されている（近世、横綱は大関中の抜群の者に許される尊称で最高の地位でなかった）。東方前頭以下に「大蛇燐庄之助」の名がみえる。

泥川浜治左衛門は、小泉川河口の浜問屋である。小泉川は古くは狐川といった。昭和十一年（一九三六）まで八幡への渡船場「狐の渡し」があった。近世の淀上荷船は大山崎の山崎浜と円明寺村の狐川浜を拠点の一つとした。狐川の浜は狐浜とも呼ばれ、

小倉神社常夜灯(2)

小倉神社常夜灯(3)

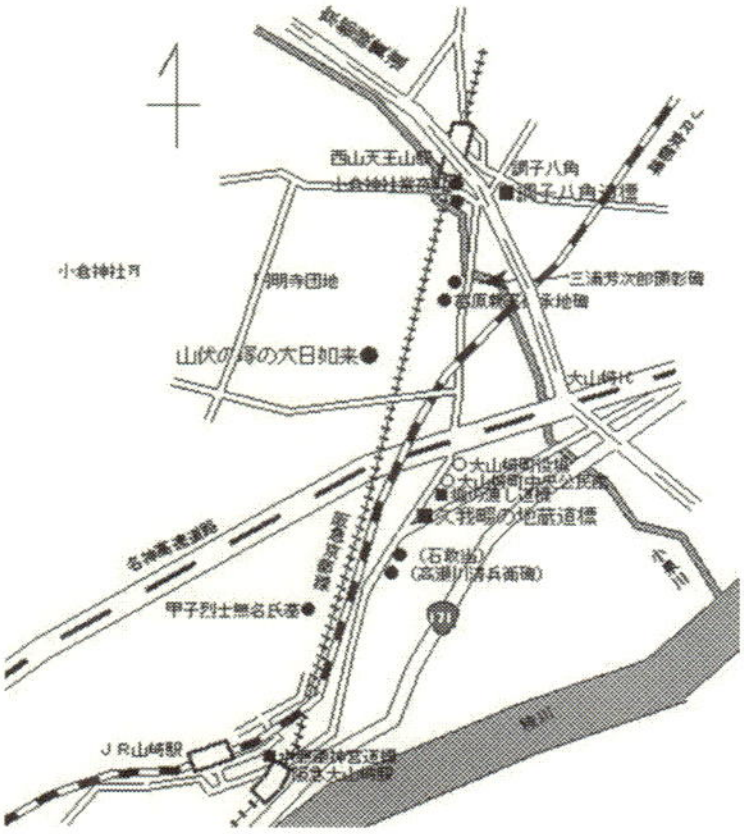

西国街道

氾濫常習地の河口あたりは泥川ともいわれた。河口付近を泥川浜ともいった。そこで当時、治左衛門は淀上荷船の荷継ぎ問屋を営んだ。近世、川筋一帯は離宮八幡宮の神領だった。『大山崎町史』には「幕末の（離宮八幡宮）神領改革に泥川問屋治左衛門が銀三貫匁を融通した」と載る。石灯籠の人物と同一であろう。

狐の渡し道標（大山崎町円明寺夏目）

淀川沿岸の名所古跡を著した『淀川両岸一覧』（一八五六）に、「狐渡口（男山）八幡宮御参向道の鳥居の傍より、このわたし場に出づる。山州乙訓郡円明寺村に渡る淀川の舟わたしなり」とある。帆船が行き交う挿図もある。小泉川が桂川に注ぐ河口がその場所で、大山崎町河川敷公園北隅に「狐渡し跡（江戸時代～明治初期）の説明板がある。

淀川の水運は古代から京阪間の重要なパイプ役をはたしてきた。江戸時代になっても、二十石舟・三十石舟が毎日上り下りした。大山崎の浜には回船問屋が軒を並べ京都、大阪、淀、八幡の物資運送や人の往来で賑わったが、明治時代、鉄道が開通し陸上交通に役割を取って替わられた、と記す。

男山八幡宮から、小倉神社や柳谷観音、大原野など西山の寺社へ参詣客たちも多かった。街道沿いに道標もつくられたが、そのひとつが、かつて阪急電車調子踏切を渡った円明寺団地入口付近の府道にあった。高さ八〇×幅二一×奥行二一センチの錐頭角柱三面に「すぐ（真っ直ぐ）きつ祢（ね）和多し」「左よと（ど）」「すぐやなぎ谷」と刻まれ、大阪の万人

狐の渡し道標

講（柳谷観音の信仰集団）の講員が立てたものだ。いまは大山崎町中央公民館中庭にある。

この川は古戦場として『太平記』などに登場する。川はしばしば洪水をおこし河道が変わったが、変幻自在の狐に例えて、藤原為家が「とにかくに人のこゝろのきつね川かけあらはれん時をこそまて」（『夫木抄』七社百首石清水、一二六〇）と詠んでおり、歌枕の一つである

狐川の由来について、吉田東伍『大日本地名辞書』（一九〇〇～〇七）は「中世狐川大渡と云ふは八幡山崎の間、河道の変に従ひ何処と推し難し、狐の称は変化に比喩したる者にや」といわれてきた。

しかし、狐川は『男山考古録』では「一説に木津根川也」という。狐（きつね）の古語は「きつ」で、『奥義抄』に「きつとは狐なり」とある。従って、木津根は「きつね」の当て字だろうが、もともとは狐川は、「きつかわ」と呼び、木津だったといえる。松尾俊郎は、「海岸や河岸におりおり木津《きつ》（キヅ）という地名がある。船着場をさす語」（『地名の探究』）と指摘している。『地図で見る日本地名索引』（CD―ROM、アボック社）によると、全国に木津地名は三十例ある。読みは「きず、きつ、こうず、こつ、こっつ」である。全てでないにせよ河津（こうづ、こづ）の転訛と考えられる。京都の木津川もかつては「こつ」といった。狐川も南北朝時代にはすでに河津の機能があったのだろう。

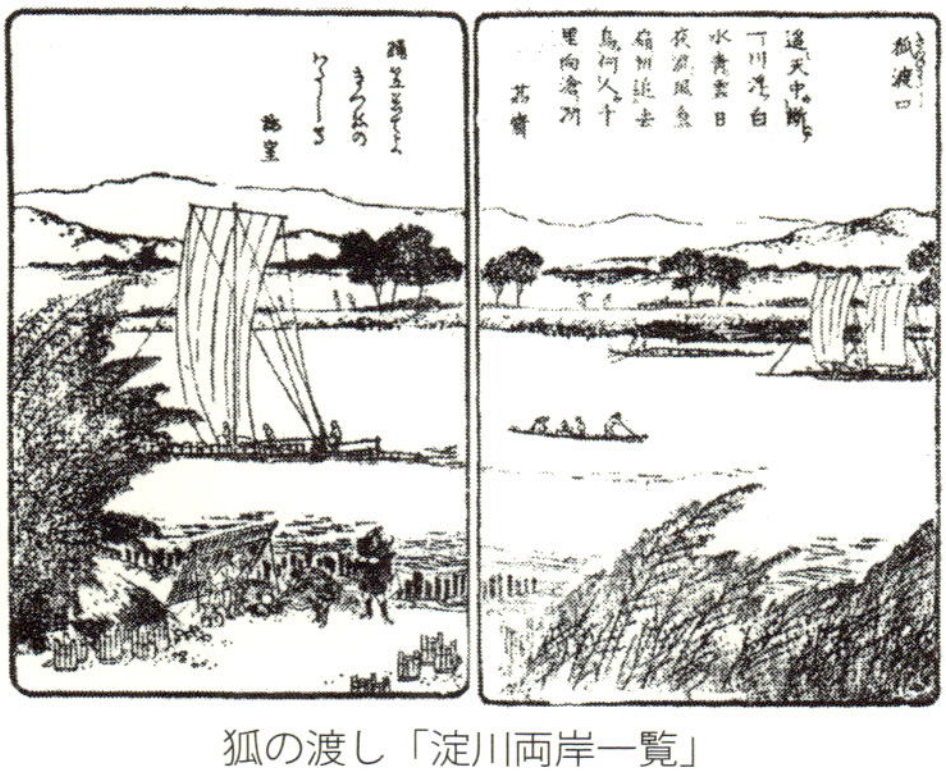

狐の渡し「淀川両岸一覧」

三浦芳次郎顕彰碑（大山碕町円明寺葛原）

西国街道と小泉川が交差する所は、かつては淀川へ出る船着き場だった。その小泉橋西詰めに、明治時代乙訓のタケノコを世に広めた三浦芳次郎顕彰碑が立っている。

高さ二五七センチ×幅七三センチ×奥行三〇センチの自然石に長い銘文が刻まれている。要約すると、乙訓郡は土質が孟宗竹のタケノコに適し、明治になり各村の農民が争って生産に力を入れたが、宣伝が足りず、生産過剰になって値崩れした。この時拡販の路を計ったのは大山崎村の三浦芳次郎で、家業は商人である。性格は飾り気がないが機を見るに敏で、大阪、神戸で販売を営み市場を自設し、村民の利益を計って独占せず、数年で販路が大いに広がり、世間の評判も倍になった。また、綴喜、久世二郡の梨も販売し利益をもたらす。その功をほめたたえ碑を建てる、明治二十六年（一八九三）六月十三日、発起人・松田孝秀以下七名、と記す。

三浦芳次郎顕彰碑

碑が立っているところは、三浦が帳場を置き船便に便利な場所だったという。「市場」は、仲間と音伍社という青物問屋を創設し委託販売したこ

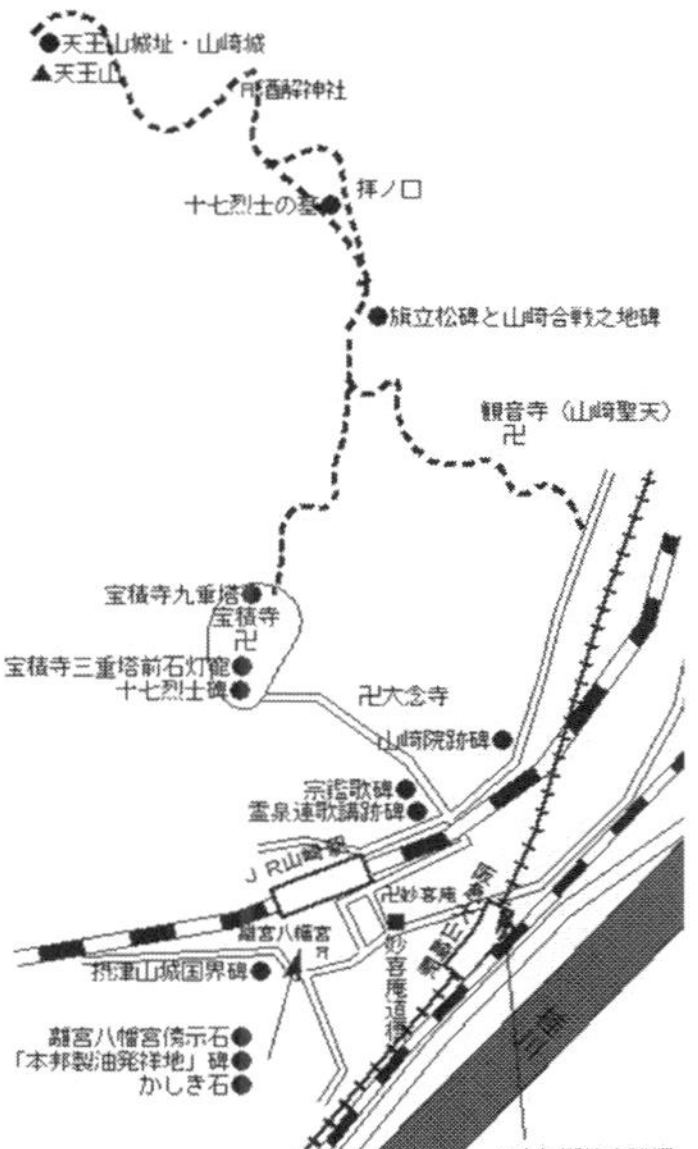

西国街道

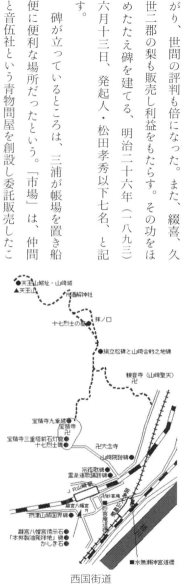

とをさす。

なお、中国原産の孟宗竹の日本伝来は二百数十年ほど前で新しく、西山の孟宗竹は、向日町の乾田文治郎が寛政の頃（一七八九〜一八〇一）八幡より移植したという（異説がある）。ちなみに、寂照院（長岡京市奥海印寺）境内の入り口には、孟宗竹を中国から日本にはじめて持ち帰ったと伝える、「日本孟宗竹発祥の地」の石碑が建っている。

妙喜庵道標（大山崎町竜光）

JR山崎駅のすぐ前にある妙喜庵は正式名を豊興山妙喜禅庵といい、臨済宗東福寺派寺院である。室町時代後期に東福寺の僧春嶽が開山。ここには国宝の茶室待庵があり、千利休が残した唯一の茶室がある。

西国街道沿いに妙喜庵を案内する道標（高一三四×幅一八×奥行一八センチ）があり、正面・南面に「妙喜庵　宗鑑隠棲地／豊太閤陣営／千利休名席」、背面「昭和三年初夏日　京都三宅安兵衛依遺志建之」とある。宗鑑は足利九代将軍義尚の祐筆であったが、義尚の死後山崎に隠棲し山崎を姓として、連歌にふけり油を京へ売り歩いた。

ただ、妙喜庵は、宗鑑隠棲地とあるが、大阪府側（島本町山崎）には宗鑑旧居

妙喜庵道標

妙喜庵

跡（宗鑑井戸）の伝えもあり、妙喜庵＝宗鑑旧居跡説は成立しがたい。

離宮八幡宮の石碑（大山崎町大山崎西谷）

①傍示石

離宮八幡宮の境内に大小二本の角柱型傍示石が並んで立っている。一基は高さ三〇〇センチ、幅・奥行とも三六センチ、正面に「従是西八幡宮御神領守護不入之所」右側面に「殺生禁断之所」、左側面に「大山崎総（惣）荘」と彫り、もと東門外にあった。もう一基は高さ二五〇センチ、幅・奥行とも二五センチ。正面に「従是北　八幡宮御神領　大山崎総荘」、右面「守護不入所」、左面「殺生禁断所」と刻み、もと南門外にあった。町指定文化財である。

鎌倉・室町時代の大山崎は、エゴマ油生産で潤い、自治都市として繁栄した。油を生産していたのは八幡宮に属する「神人」たちだった。足利幕府からは西日本のエゴマ購入の独占権を与えられ、神領として課役がかからなかった。また、領地として東は円明寺村境から、西は摂津国の水無瀬川まで認められ、守護であっても権力行使できなかった。室

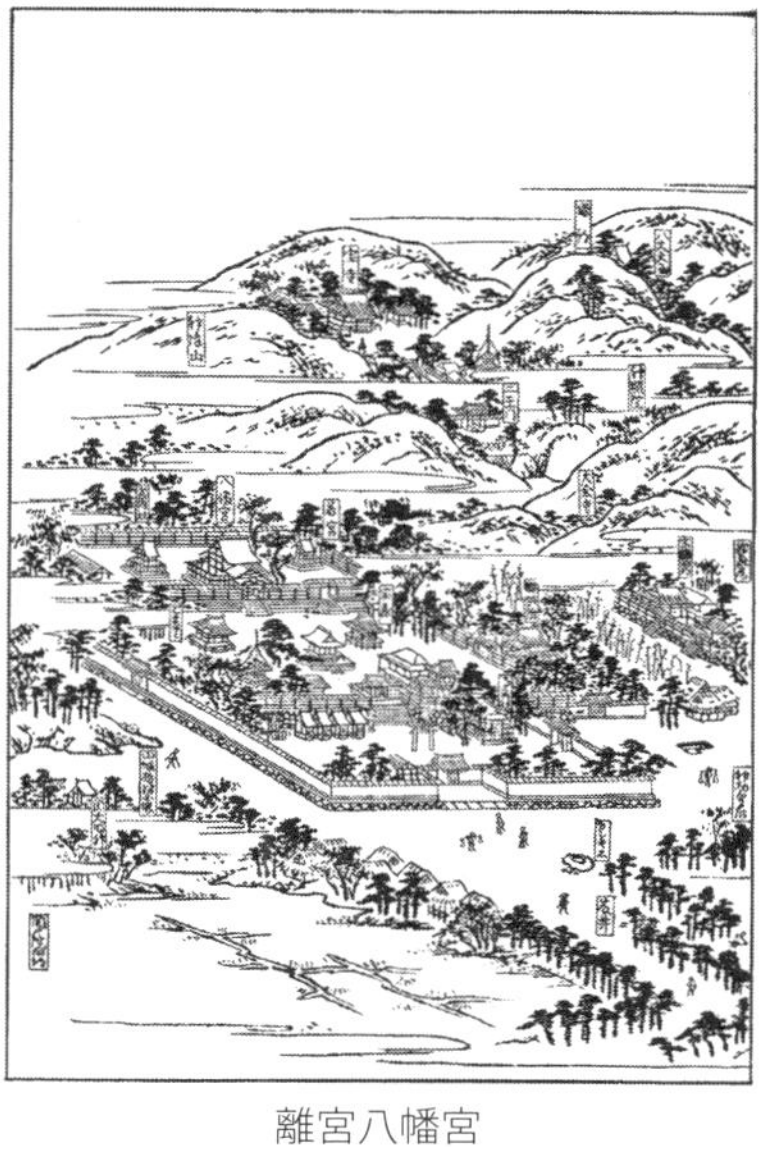

離宮八幡宮
（『都名所図会』）

離宮八幡宮傍示石

町・戦国時代に神人は行政・警察権限を持つ自治組織「大山崎惣中（惣荘）」を結成、その神領の自治権を示したのが領地の境界に立てた四本の傍示石である。そのうち二本が東門と南門に残り、近年境内に移された。また、神領内は鳥、獣、魚の狩猟は禁止だった。

離宮八幡宮は、貞観元年（八五九）僧行教が宇佐八幡宮からの帰途、山崎津で夜、霊光を見てここを掘ってみると、岩間から清水が湧き出したので国家鎮護のため「石清水」の八幡宮をここに創建した。その後対岸の男山にも分祀され、以後そちらが「石清水八幡宮」と称される。この地が嵯峨天皇の河陽離宮址であったため、現在は離宮八幡宮と号している。元治元年（一八六四）禁門の変（蛤御門の変）では長州藩屯所となり、幕府軍との戦いで焼失。かつては水無瀬川から円明寺川（現小泉川）に及ぶ広大な神領を有し「西の日光」といわれるほどだった。

②「本邦製油発祥地」碑

境内にある角柱の油発祥地碑は高さ二六二×幅三二×奥行二九センチ。離宮八幡宮と油の関係は、平安時代末ごろ八幡宮の神主が、「長木《ながき》」と呼ばれる道具（搾油器）を発明し、日本ではじめて荏胡麻《えごま》油の搾油が行われた。荏胡麻はシソ科の一年草。「え」「しろじそ」「じゅうねん」とも呼ばれる。高さは一メートルほどで八月から十月にかけて開花。葉はシソに似ている。

荏胡麻油は、最初は神社の燈明のための油の生産であったが、やが

「本邦製油発祥地」碑(1)

て油は一般の照明用としても利用されるようになった。時代ごとに朝廷や幕府から手厚い保護を受け、油の生産・販売の特権を与えられた。山崎には「油座」（組合）の制度が敷かれ、離宮八幡宮は油の販売権を独占して栄えた。江戸時代に菜種油が流通するまでは油について独占的な権利を持っていたという。

社殿の右には、油壺を持つ神人の像（油祖像）があり、「油の神様」であることを示している。また全国の油脂製造販売業者を中心に「油祖離宮八幡宮崇敬会」が設けられ、例年四月には日使頭祭《ひのとうさい》という油座ゆかりの祭が行われている。

「本邦製油発祥地」碑(2)

③かしき石

離宮八幡宮の境内に、高さ一〇〇センチ、長径二〇〇センチ強、真ん中を直径八〇センチ、深さ一五センチほど彫りこんだ平たい巨石がある。中心をさらに四五センチ扇型に彫り下げている。塔の中心の柱の礎石（心礎）で、大山崎町指定文化財である。

平安時代、離宮八幡宮東南に相応寺（廃寺）があり、その塔心礎とされる。一説には、奈良時代行基が修行した山崎院の心礎で、廃滅後相応寺に利用されたともいう。

相応寺の創建は『日本三代実録』貞観八年（八六六）十月二十日条に、「寺はもと漁商の家が立ち並んだ地で、僧壱演が地中から朽損した仏像を掘り寺を建

かしき石

立した」と載る。

紀貫之の『土佐日記』にも登場し、土佐から船で帰途、山崎に泊まるが、前日「山崎の橋みゆ、嬉しさこと限りなし、ここに相応寺のほとりにしばし船をとどめて、とかく定めることあり」と入京の諸準備を相談している。寺は江戸時代衰退し、跡形もない。

『都名所図会』（一七八〇）では、離宮八幡宮の門前に、心礎だけが描かれ、「カシキ石」と記す。カシキは能面の喝食といわれる童児のことで、前髪を扇形に垂らした額に似ているからこの名が付いたという。いつの頃か境内に置かれた。

霊泉連歌講跡碑（大山崎谷田）

JR山崎駅から天王山へ至る踏切りを渡ると、天王山登山口に霊泉連歌講跡碑（高九五㌢）と山崎宗鑑句碑（横八三×高七三㌢）が立っている。

霊泉連歌講跡碑の横にある山崎宗鑑句碑の句には、「うずききてねぶとに鳴や郭公」と句が彫ってある。これは、「卯月が来て声太く鳴いているのはホトトギス」という意味と、「根太（＝デキモノ）が疼いてきて泣いているホトトギス」という裏の意味をこめた俳諧で、交流のあった伊勢神宮祠官・連歌師の荒木田守武が根太にかかっていたのを揶揄したものといわれている。

山崎宗鑑は、室町幕府九代将軍足利義尚に仕える武士だったが、義尚の陣没（一四八九）後に出家して宗鑑と名乗り、この大山崎に隠棲した。大山崎油神人の

霊泉連歌講跡碑

繁栄や、惣中や待衆の支えによって連歌講の中心人物になり、宗鑑はこの付近にあったとされる霊泉庵で連歌の会を開いたり、俳句の指導をしていたとされている。また書にも優れ宗鑑流として多くの人々に愛された。晩年は『新撰犬筑波集』などを発表し、俳諧の創始者として知られている。

没後は、宗鑑を偲んで山崎を訪れる人が多く、松尾芭蕉も西遊の途中で立ち寄り、「ありがたき　すがたおがまむ　杜若《かきつばた》」と宗鑑の事を、俳句に詠んでいる。

宗鑑の自宅は大阪と京都の境目の関大明神の向かいにあったとされ、その場所の旧家森村家には「宗鑑井戸跡」「宗鑑旧居跡」が残されている。ここは古くから「宗鑑屋敷」と呼ばれ宗鑑の旧居跡である。

宝積寺《ほうしゃくじ》の石塔（乙訓郡大山崎町銭原）

天王山の中腹にある古刹・宝積寺（宝寺）は、山城国（京都府）と摂津国（大阪府）の境の古くから交通・軍事上要地であった天王山の山腹に建てられた。神亀元年（七二四）聖武天皇勅願により行基が開基したと伝わる。聖武天皇が夢で竜神から授けられたという「打出」と「小槌」（打出と小槌は別のもの）を祀ることから「宝寺」という別名があり、大黒天宝寺ともいわれる。

天正十年（一五八二）に羽柴秀吉と明智光秀が、山崎の合戦をおこなった際に、秀吉の本陣が置かれた場所でもある。秀吉が山崎の合戦の勝利を記念として一晩で建設したといわれる三重塔や、秀吉が腰かけたとされる「出世石」などが残されている。山門をくぐると、すぐ目に入るのが

秀吉出世石

「秀吉出世石」の立札と白い石がそれである。その石に座ると出世するという。

①三重塔前石灯籠

境内の三重塔前に桃山時代中頃の様式を伝える左右一対の六角型石灯籠が奉納されている。高さ一九一センチ、花崗岩製。石灯籠は近世以前までは堂塔の正面に、一基据えられた。この二基一対の形式は室町末期以降に登場するが、全国的に存銘最古の遺品である。

基礎側面は無地。上端の反花《かえりばな》は近世式の単弁、主弁が隅に刻まれ、間弁が正面に出る。竿は節のない円柱で、こういう竿も近世の傾向。中台側面も無地、火袋の火口が花頭窓風になっているのも近世の傾向である。桃山時代中頃の様式をよく表す。二基とも竿の正面・背面にわたり「奉寄進、宝積寺石灯籠、天正十二年（一五八四）申年九月二十二日、施主井尻六良左金吾　紀則定、法名徳叟《とくそう》宗陽居士」と刻む（川勝政太郎『日本石造美術辞典』）。

三重塔（重文、高さ一九・五メートル）は慶長九年（一六〇四）建立であるから、この石灯籠はもと本堂前にあったのだろう。石灯籠を二基一対として奉納したものでは、最も古い例である。井尻則定は離宮八幡宮宮司である社家・井尻家の代表者の一人といわれる。天正十二年頃は信長が廃止した大山崎油座の特権を秀吉に再認可され、その記念塔か。大山崎の惣中が活躍し、秀吉も城と城下町を経営しようとした時代が、宝積寺の絶頂期だったのか。ただ同年三月秀吉は山崎城を破却している。

宝積寺三重塔前石灯籠

②九重塔

宝積寺の本堂左脇に九重塔が立つ。聖武天皇の納髪塔と伝える。九層の塔は高さ四・六㍍、花崗岩製。基礎に落ちた相輪（五〇㌢）が寄りかかっている。大山崎町指定文化財で、四層目軸部に「仁治二年（一二四一）十月廿九日」と刻み、層塔としては府下で二番目に古い鎌倉中期の紀年銘を持つ。塔の形から本来は五重塔であった、と町教育委員会の説明板は記す。

石造美術家の川勝政太郎によると、初重軸部の四方仏は二重に彫り下げた輪郭内の二重光背形の中に半肉彫にされ、蓮座上の仏坐像である。顕教（密教以外のすべての仏教）系の四方仏を示し、東面「薬師」南面「釈迦」西面「阿弥陀」北面「弥勒」である。初重軸部は背が高く、各重尾根は勾配がゆるく、軒反りもおだやかで、造立年の明らかな古遺品として大切なものである。四方仏は、その下の基礎にそれぞれ脇侍梵字が刻まれ各面三尊形式としている。

藤原定家が建仁二年（一二〇二）九月十二日、建永九年（一二〇六）六月五日に当寺を訪れ、僧坊で沐浴している（『明月記』）が、塔のできる二ヶ月前に没したので定家供養塔とも推測されている。

宝積寺九重塔

旗立松碑と山崎合戦之地碑（大山崎町大山崎）

天王山八合目付近にある旗立松碑（高七五×幅一五×奥行九㌢）の隣に、自然石の山崎合戦之地碑（一八八八）がたつ。

近くの旗立松の由来を記した案内板によると、天正十年（一五八二）六月二日、洛中本能寺に宿泊していた織田信長は、家臣である明智光秀の手によって暗殺された。信長死去の知らせは備中高松城（現岡山県）を攻略していた羽柴秀吉の元にも届き、秀吉は急ぎ毛利氏（城主清水宗治）と和議を結び京都へと向かった。一方明智光秀は秀吉の帰洛に備え御坊塚（下植野）に本陣を敷き、六月十三日夕刻天下分け目の天王山の戦い（山崎合戦）の火ぶたは切っておとされた。

羽柴秀吉は天王山へ駆け登り、味方の士気を高めるために松の樹上高く軍旗を掲げた。これを見た羽柴軍は一気に敵陣内に攻め入り明智軍はその結果防戦一方になり総くずれになってしまった。これによって光秀は僅かな手勢を従えて近江へと落ちていくのである。

その初代と伝えられる松も明治中頃に朽ちてしまい、その後三回の植樹をへた昭和六十三年、再び枯れたため、国民体育大会を機に五代目の旗立松を植樹し今日に至っている。

山崎合戦之地石碑の背面には願文が彫られている。大略、「山崎合戦こそ中世から近世への幕開けを告げた歴史上重要な合戦であり、この合戦の記念碑を建立し、後世に受け継いでいくため秀吉ゆかりの地旗立松の地に建立するものである。昭和五十八年十一月吉日　大山崎町」。

山崎合戦の地碑

旗立て松

十七烈士の墓（大山崎町大山崎）

少し登ると、幕末期の史跡である「十七烈士の墓」がある。幕末、尊皇攘夷を進めていた長州藩が幕府により京都を追い出され、さらに池田屋事件で長州藩士が新選組に襲撃されると、長州藩は京都奪還を目指して大軍で上京。京都御所で激しい戦いとなった有名な「蛤御門の変」が起こる。この戦いで長州軍は大敗、山崎まで撤退。従軍していた真木保臣ら十七人の志士たちがここ天王山で殿《しんがり》を務め自刃、長州軍主力部隊は帰国。当時は朝敵だった長州藩および十七志士たちも、維新成立後は維新の志士として丁重にここに埋葬されたとのことだ。

摂津山城国界碑（大山崎町大山崎藤井畑）

離宮八幡宮から西国街道は境内に沿って大きくL字型に迂回し、府境の関戸川を経て高槻へ向かう。この小川をはさんで京都側に国界石が立つ。高さ二一〇×幅二五×奥行二六センチ。碑文の北面に「従是東山城国」とある。ただし、紀年銘はない。大阪側には関戸明神社がある。

中世の離宮八幡宮は水無瀬川まで神領としており、摂津・山城の国境は明治七年まで何世紀も無視されてきた。江戸期から明治初期までは、大山崎荘（村名）には摂津側の関戸町が所属しており、明治七年（一八七四）大阪、京都両府

十七烈士の墓

摂津山城国境碑

が関戸川を両府境と決めて境界問題を解決した。しかし、古代の山城国乙訓郡条里制は、ここの小溝を境界線としていた。秀吉の検地も山城国側はここから始めている。昔は関戸院という山崎の関が置かれ、廃止後は境で疫神の侵入を防ぐ疫神祭りの場となった。関址にできた関戸明神社の社殿には「鎮疫神」の扁額が掲げてある。

この地の関は東国への「逢坂の関」に対応する西国への「山崎の関」に当たる。しかし、山崎関は九世紀にすでに廃止されていたようである。ただし、有事の時には臨時に都の西玄関を固めるため軍を関に派遣した。天慶三年（九四〇）西国の「藤原純友の乱」に対して臨時関となった。

関戸院で別れを惜しむ歌が『拾遺集』などに収められている――源公貞が大隅へまかり下りけるに、関戸の院にて、月の明かりけるに別惜しみ侍りて、「はるかなる旅の空にも遅れねばうら山（やま）しきは秋の夜の月」（『拾遺集』巻六・別・三四七）。

また、『平家物語』巻七（一門の都落の事）には、平家七〇〇〇余騎が関戸院を通る際、平時忠が、安徳天皇の輿を据え、男山八幡に「願わくは今一度故郷へ帰し入れさせ給え」と祈っている。

摂津山城国境碑

5、善峯寺―穴太寺巡礼道

善峯寺（西京区大原野小塩町）は平安中期の長元二年（一〇二九）源算上人が開山した。源算上人は比叡山横川の恵心僧都（源信）に師事し当山へきた。長元七年（一〇三四）後一条天皇より鎮護国家の勅願所と定められ、「良峯寺」の寺号を下賜、建久三年（一一九二）後鳥羽天皇より現在の「善峯寺」の宸額が下賜され、皇室の崇敬をうけた。

都の西方の山は西方浄土の信仰から浄土の世界として見られ、『続日本後紀』承和七年（八四〇）五月十三日条に淳和天皇の「御骨砕粉、大原野西山嶺上に散し奉る」とみえる。この山は小塩山山頂の陵墓だとされる。鎌倉初期の史論書『愚管抄』（第五）に「西山吉峰の往生院（三鈷寺）にて最後十念成就して決定往生したりと世に云聖ありしが」とか、『華頂要略』に「入道道覚親王、承久三年（一二二一）七月大乱後籠居西山善峯寺」などとある。西山宮道覚法親王は後鳥羽天皇第六子、慈円の法弟で、『続後撰集』、『新千載集』などの作家である。

鎌倉時代には慈鎮和尚や証空上人が住職を勤め、また西山宮道覚入道親王を始め多くの親王が籠居し、室町時代には五十二坊に及ぶが、応仁の乱により坊の大半が焼失した。その後、江戸時代には徳川五代将軍綱

善峯道

吉の生母・桂昌院が復興した。境内にある遊龍の松（天然記念物）は、高さ二㍍余だが、横へ三七㍍以上も幹を伸ばし、龍の姿に似ている。

善峯寺は、西国三十三ヶ所第二十番札所で、西山の名刹。西国三十三所巡礼は、応保元年（一一六一）、大津の三井寺の僧・覚忠が修行のために廻ったのが始まりといわれる。その後、修行僧や山伏たちが信仰のために巡礼をしていたが、江戸時代、元禄年間には社会が安定し宿場も整備され、巡礼だけではなく庶民にも広がり観光ブームになったようである。第二十一番穴太寺（亀岡市）への巡礼は盛んだった。

新経尼宝篋印塔（長岡京市井ノ内的田）

善峯寺巡礼の順道は向日市内の西国街道を進み、向日神社を過ぎて五辻から始まる（「西国街道」〈五辻の石灯籠〉参照）。『天保新増・西国巡礼道中細見大全』には「向日明神より一り半よし峯。明神社あり、社内より行ぬけ道あり」と、向日明神から巡礼道への通り抜けの道があると記す。境内の西山腹に増井の井戸（火雷神《ほのいかづちのかみ》を祀る井戸が御神体）がある。石段を下りて長岡京市滝ノ町二丁目へ出る小道をいうのだろう。

滝ノ町二丁目の交差点から、小畑川に架かる井ノ内橋を渡ると、角宮《すみのみや》神社（長岡京市井ノ内南内畑）手前の長岡第十小学校北側（長岡京市井ノ内的田）に田園風景が広がる。小学校北東角から延びる小道の百㍍先にこんもりと木陰があり、新経尼の宝篋印塔（高さ一一二㌢、花崗岩）が安置されている。

銘文が読みとりにくいが、正面に「文化三（一八〇六）丙寅年、宝経《ママ》（篋）印塔、…建之」、左面に「…息災延命為」、背面に「奉書写納　三陀羅尼」、右面に「具一切功徳云々」の偈《げ》、つまり仏の功徳をほめたたえる言葉を刻む。息災延命のため三陀羅尼経を書写して奉納した供養塔である。

新経尼については次の伝説が伝わる。尼さんは江戸後期の物集女村崇恩寺（臨済宗天龍寺派、現・向日市物集女町中海道）の住職。一方、井ノ内村には室町時代から続く郷士の石田家があり、第十六代当主・石田瀬兵衛は新経尼を仏門の師と仰いで帰依していた。瀬兵衛が還暦を過ぎ重病になった。新経尼は庭の柏の大きな葉がはらりと落ちるのを見た。「もしや瀬兵衛さんの身に」と一目散に井ノ内村に向かって走り出した。「日ごろ恩義になっている瀬兵衛さんが死ぬ前に一言お礼を」と念じて走った。新経尼は急ぎ井ノ内まで駆けつけようとした。しかし、瀬兵衛の自宅から五〇〇㍍離れた的田川まで来て力つき、息絶えた。同時刻に瀬兵衛も亡くなった。石田家の遺族は両者の霊を弔うため宝篋印塔を二基造り、一基を的田川の脇に立てて供養した。的田川はいつしか「燈呂川」と呼ばれるようになった（京都新聞社『乙訓・山城の伝説』一九七七）。

新経尼宝篋印塔

六字名号塔の道標（長岡京市井ノ内南内畑・浄光寺）

善峯道に戻り西へ行くとすぐ角宮《すみのみや》神社。神社南側の井ノ内公民館玄関前に、丸頭角柱の「善峯道」道標が立つ。公民館から西に伸びる小道一〇〇㍍ほどに浄光寺がある。境内に、「南無阿弥陀仏」と刻んだ自然石の六字名号塔（高八八㌢×下幅六一㌢）があり、中央の六字名号の右側に「右よしミ祢」、左側に「左　具（く）わ（王）うめう寺（光明寺の意）」

六字名号塔の道標

とある。もと社乃神神社南西付近の分岐点にあったという（『長岡京市史』建築・美術編）。

順道を進むと南北に走る丹波街道が横切る分岐点（長岡京市今里向イ芝）に至る。『西国巡礼道中細見大全』（一八四〇）に、「井ノ内を通て山際に左右道あり。左ハ粟生光明寺、右によし見年（善峰）道分れあり。粟生へ参れハ出入一四・五丁（往復の距離約一・五キロ）」とある。横断して西へ善峯道を進む。

塩汲道古跡碑

塩汲道古跡碑（西京区大原野小塩町・十輪寺前）

京都縦貫道をくぐって行くと、十輪寺に着く。駐車場への坂道角に塩汲道古跡碑（高一一三×幅三四×奥行一六センチ）が立つ。碑文南面に「業平朝臣しほ汲道古跡　小塩山十輪寺」とある。業平が塩焼のため海水を運んだ道を示したもの。

十輪寺門前

業平卿旧跡墳墓地碑（西京区大原野小塩町・十輪寺前）

少し西へ行った十輪寺門前の石段下に「業平卿旧跡墳墓地」碑が立つ。高さ一一七×幅一六×奥行一四センチ。十輪寺に閑居した在原業平の旧跡と墓地を示す。

業平卿旧跡墳墓地碑

業平朝臣塩汲古跡碑（西京区大原野小塩町・十輪寺）

天台宗小塩山《おしおざん》十輪寺（業平寺）は、嘉祥三年（八五〇）文徳天皇が染殿皇后の安産祈願のため伝教大師作の延命地蔵を安置したのが起こり。本堂には、染殿皇后の安産祈願に霊験のあったといわれている本尊の地蔵菩薩（腹帯地蔵）および、花山天皇が西国巡礼に背負ったと伝える十一面観音（禅衣《おいずる》観音）を安置している。

在原業平（八二五～八八〇）は、平安初期の代表的な歌人。平城天皇の孫であるが、在原朝臣姓を称した。家集に『業平集』がある。晩年当寺に閑居し、境内に業平が塩を焼いたという塩竈跡がある。傍の解説板によると、塩竈は、難波から海水を運び、想い人・藤原高子（二条后）が大原野神社に参詣する時ここで紫の煙を立ち上らせて想いを託したという。中世以後は、業平信仰が生じて、謡曲「杜若《かきつばた》」には、業平が歌舞の菩薩とされていることから、塩竈を清めて煙を上げ、それに当たると良縁成就・芸事上達、ぼけ封じ中風除けなどを願うようになった。

塩竈は近年再現されたものだが、地形は原型のまま。毎年、十一月二十三日には業平を偲び「塩竈清めの祭」が行われる。

業平朝臣塩汲古跡碑

業平卿宝篋印塔（西京区大原野小塩町・十輪寺）

十輪寺の境内裏山には在原業平の墓と伝えられる宝篋印塔がある。ただし、隅飾り突起が垂直でなく外へ少し張り出しているので、室町中期以降の造立である。後世の供養塔である。命日の五月二十八日には業平忌三弦法要が営まれている。

『都名所図会』の十輪寺挿図に「業平塔」「塩竈旧跡」「塩汲溜池」が描かれ、「在原業平塔（当山西のかたにあり）。塩竈古跡（本堂のうしろ山上にあり。業平鹽屋の景《けい》色《しょく》を愛し、難波より潮を汲せ、此所にて焼しとなり）。潮溜池（当寺より一町許東にあり、潮を此池に汲溜しとぞ）」と記す。

*

なお、西京区大原野上羽町の西方寺と林家の背後の竹藪に、在原業平父母塔がある。三基の小五輪塔があり、中央の一番形の古く大きいのが母の伊都内親王（桓武天皇皇女）（高一〇六センチ）、右が父の阿保親王（高九二センチ）、やや離れて小さく崩れかかったのが業平の墓（四六センチ）という。業平親子の五輪塔はこの林家が代々供養してきたが、現在無住である。

『都名所図会』（一七八〇）に上羽の里の挿図左端に「業平母塔」として三基の五輪塔が描か

十輪寺

業平親子塔

在原業平父母塔

業平卿宝篋印塔

れており、「業平の母の住給ふ在所は長岡というふ所なり伊勢物語になん侍りける其所は小塩のかたはら（傍ら）上羽といふ里なりけり」とある。

『伊勢物語』第八十三段に「（業平の）母なん宮なりけり。その母、長岡という所に住み給ふける」と長岡の里に隠棲したと記されていることにちなんで後世、母・伊登内親王、父・阿保親王、業平の墓とされる小五輪供養塔が造られたものである。

三鈷寺の石碑（西京区大原野石作町）

①「西山善恵上人霊廟」碑

十輪寺を過ぎると、三鈷寺参詣道の登り口。「勅願所　西山本山　三鈷寺　すぐそこ」の真新しい道標（高一四五センチ）が立つ。きつい坂道を登り門前にたどり着く。山門を入った所に、「西山善恵（証空）上人霊廟（華台廟）」碑（高さ一六五センチ）がある。

三鈷寺は正式には本山三鈷寺といい、院号は往生院という。西山往生院とも呼ばれた。京都洛西観音霊場第五番札所。開山は源算《げんさん》上人で、承保元年（一〇七四）建立の往生院が前身。二祖観性法橋《かんしょうほうきょう》を経て、三祖慈鎮（慈円）から、法然の弟子、西山《せいざん》上人証空（善恵房、上人諱は証空）に譲った。承久三年（一二二一）、四祖・証空は往生院を不断如法念仏道場とし浄土宗西山派を創始した。寺号は、背後の髢嶽《かもじがだけ》の三峰が、密教の宝具三鈷（三鈷杵《さんこしょ》）に似ていることから三鈷寺としたという。

「西山善恵上人霊廟」塔

寛喜二年（一二三〇）証空に深く帰依した宇都宮頼綱が往生院に土地を寄進する。証空は宝治元年（一二四七）入滅。宇都宮頼綱が華台廟を建て証空が葬られた。宇都宮頼綱生（一一七八～一二五九）は、平安時代後期～鎌倉時代の武将。宇都宮五代城主、鎌倉幕府御家人。二十七歳で出家、宇都宮蓮生と称した。藤原定家より歌を学び、二尊院近くの小倉山麓に山荘を構える。正嘉元年（一二五七）三鈷寺で不断念仏を始めた。華台廟に西山上人と共に祀られている。

古くから不断念仏の道場であったが、昭和二十六年（一九五一）に西山宗の本山として一派を形成、天台・真言・律・浄土四宗兼学の道場となった。

②「国師火葬跡」碑

西山上人証空は、西山国師（鑑智国師）ともいう。宝治元年（一二四七）十一月二十六日に白河遺迎院（京都市東山区）で入滅、七十一歳。遺体は三鈷寺山内で火葬にされた。山門を入った右手に古い碑（高さ八二センチ）が立つ。

③結界石

境内にある卒塔婆形の結界石には平安時代の「承保元年（一〇七四）」の銘がある。高さ一三四×幅三六×奥行一八センチ。開山・源算上人が往生院を建立したのが承保元年で、創建の頃の名残という。結界石とは、ふつう

西山善恵上人霊廟

「国師火葬跡」の石標

女人結界（女人禁制）をいうが、ここでは寺域や修行場など、宗教上特別の意味をもつ地域を示すために建てられた石をいうのだろう。源算上人が寺内で受戒や布薩（懺悔儀式）などを行うために定めた一定区域、摂僧界《しょうそうかい》だろうか。

三鈷寺の西門を出ると左は善峰寺の北門、右は杉谷集落へ向かう。

善峰寺の石塔・石碑（西京区大原野小塩町）

①源算上人座禅石

三鈷寺登り口から善峯寺へ向う。橋を渡り石段を登ると、東門までの「阿知坂」の途中に座禅石と称する大石がある。高一二〇×横二八〇センチ。源算上人がこの石の上で座禅修法中、一老翁から仏寺の建立を頼まれ地形の険しさに困窮していると野猪の群れが現れ土地をならしたので伽藍を建立できたと伝わる。

天台宗善峯寺は寺伝によると平安中期の長元三年（一〇三〇）、源算上人によって開かれた（『元亨釈書』ほか）。源算上人は因幡の生まれで、『往生要集』を著した恵心僧都の高弟。横川（比叡山）の恵心僧都に従い顕密を極め四十七歳の時、当山に入り小堂を結び、十一面千手観音像を刻み本尊とし仏法を興隆した。長元七年（一〇三四）九月、後一条天皇より鎮護国家の勅願所に定められ「善峯寺」の寺号を下賜された。中世には「西山宮」と号する門跡寺院となっ

三鈷寺結界石

善峯寺・源算上人座禅石

たが、応仁の乱（一四六七〜七七）の兵火で焼失。現在の諸堂の多くは江戸時代に徳川五代将軍・綱吉の生母である桂昌院によって再建された。西国三十三所観音霊場の第二十番札所、洛西一番札所でもある。

＊

日本一の松とも称される樹齢約六〇〇年の五葉松は「遊龍の松」と呼ばれ、国の天然記念物に指定されている。西山の山腹にある善峯寺からの眺望は見事である。眼下に京都の街並みがひらけ、その向こうに北から南へ東山連峰が見渡せる。本堂の観音堂に本尊の十一面千手観世音菩薩と源算上人作といわれる十一面千手観音がある。

②経塚宝篋印塔

宝篋印塔は境内多宝塔（重文）の背後、経塚と呼ばれる上段の地に立っている。高さ約二・五㍍、花崗岩製。基礎の側面は無地、塔身四方に金剛界四仏の梵字を彫る。東・ウーン（阿閦）、南・タラーク（宝生）、西・キリーク（弥陀）、北・アク（不空成就）。笠の下端は二段、上は五段、笠の隅飾りは輪郭付の三弧で直角に近い。かなり大きい石塔なので、笠は上下二石、隅飾りも別石。全体として剛健さは見られないが典雅にあふれた鎌倉後期の様式。慈鎮が自筆の如法経を納めたという。

遊龍の松

善峰寺経塚宝篋印塔

もとは現地より少し右にあり、桂昌院の遺髪塔を作るに当たり、移動させた。この時発掘したら地下石室内から鋼製経筒はじめ陶製の筒や瓦製の筒、古鏡、経巻の残欠が発見平安末期より鎌倉初期に懸けて築造された経塚だと判明した。この石塔はその経塚を示すためにのちに造立されたものだろう（竹村俊則ら『京の石造美術めぐり』）。

③五輪塔三基（山上墓地）

境内最奥にある五輪塔三基は、川勝政太郎『京都の石造美術』によると、中央が証空善恵上人墓（高一五三センチ）、左は蓮生塔（一六二センチ）、右は観性上人塔（一五二センチ）。いずれも鎌倉時代作。蓮生は宇都宮頼綱の法名で北条時政の娘婿だが、元久二年（一二〇五）疑われて出家し法然の門下となり実信房蓮生と号した。和歌を嗜み藤原定家と親交があり定家の嫡子・為家の夫人は頼綱の娘である。正元元年（一二五七）十一月十二日に没し遺言により証空上人の墓の傍に葬られた。

右は三鈷寺の二祖観性法橋《かんしょうほうきょう》。三鈷寺は源算が開祖、二祖を経て、三祖慈鎮（慈円）から、法然御の弟子、四祖・西山《せいざん》上人証空（善恵房、上人諱は証空）が中興した。

④桂昌院廟

当山復興の大檀那の桂昌院（一六二七～一七〇五）の遺髪を納めた廟所

善峯寺五輪塔三基

桂昌院廟

で、宝永二年（一七〇五）建立された。桂昌院は、三代将軍徳川家光側室・五代将軍徳川綱吉生母である。

*

善峰寺より西京区大原野外畑へ順道で二十番善峯寺から二十一番穴太寺へと向う。善峯寺より外畑までは一里半（約六キロ）。『西国巡礼道中細見大全』（一八四〇）に「本堂の傍より後ろの山へ登る、三、四町ばかり行右之方ニ三鈷寺あり、また四、五町行峠に杉谷村宿一軒あり」とある。

杉谷の善峯寺丁石（西京区大原野小塩町）

杉村集落とポンポン山登山道との分岐点に、正面「（弥陀の梵字）従是（これより）八町」、背面「慶応元乙丑年七月日／宝光院光常建之」と刻む善峯寺への丁石が立つ。高さ一〇九×幅二四×奥行一五セン。

杉谷から先一キロほど進むと分岐点があり、左折して西京区大原野外畑《とのはた》へ向かう。右手に西京都変電所がある。集落を過ぎて高槻市中畑に出る。この道は「津国街道」（大阪・京都府道七三三号線）で大阪に通じている。中畑に入ってすぐ右の細道を登るとマンジュ峠で、亀岡市・高槻市の境界である。峠から寒谷（亀岡市篠町森寒谷）へ出る。ただし、現在、この道は車両通行禁止となっている。

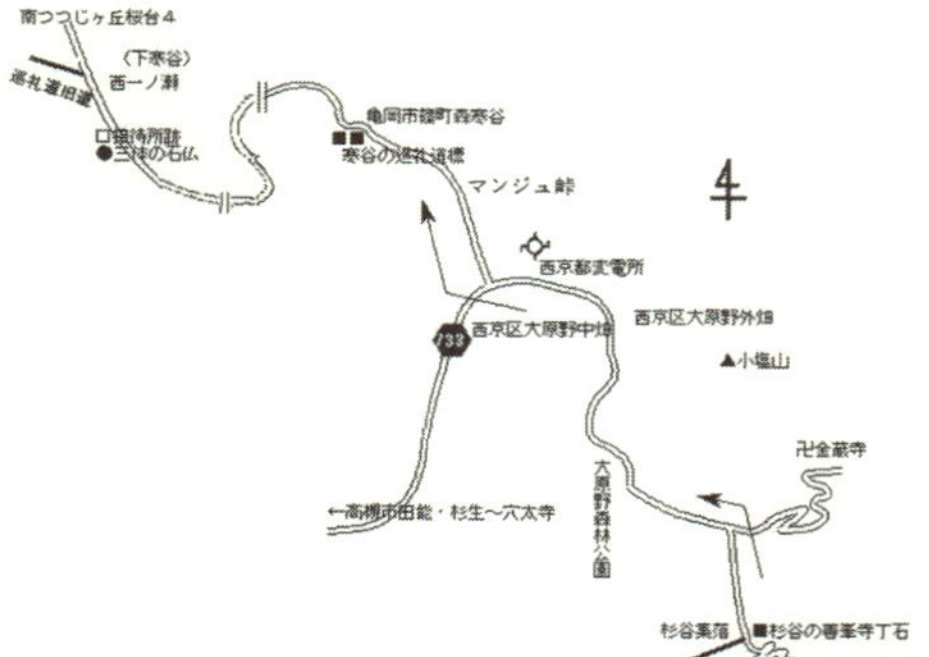

寒谷路

杉谷の善峯寺道標

なお、穴太寺へは、寒谷とは別ルートとして、高槻市中畑・田能・杉生を経て、亀岡へ向かう大阪府・京都府道六号線に合流し穴太寺に行く路もあった。

寒谷の巡礼道標（亀岡市篠町森寒谷）

さて中畑からマンジュ坂を下ったところが寒谷の数軒の集落。道が分岐していて、左に行くのが穴太寺への道である。この分岐点に二本の道標が立っている。穴太への順路を行く人と善峯寺への逆道を行く人の両方のためである。角柱（高七一×幅一六×奥行一五チセン）の方が「左ハあなうみち」とあり、角柱に寄りかかるように後ろ側に立っている小さい自然石（高四四チセン）には「右よしみね」と刻まれている。道標に従い左手へ進む。

『西国巡礼道中細見大全』（一八四〇）には、「さぶ谷より八丁計行ハ山間ニ庵一軒あり此庵ニ食物を商ふ、宿もかせども宜しからず、又十町バかり行て辻に一家有、食物を売宿もかす也是より廿丁餘人家なく山坂を越て矢田村宿なし、次ニ中山宿弐軒あれども不自由也」と載る。

寒谷の巡礼道標(1)

寒谷の巡礼道標(2)

寒谷の巡礼道標(3)

西一ノ瀬の三体石仏（亀岡市篠町柏原西一ノ瀬）

山道を南つつじヶ丘桜台四団地の手前の分岐点（篠町篠町柏原西一ノ瀬）に出る。団地に入る道と左手に鍬山神社へ向かう旧道に分かれる。分岐点一〇〇㍍ほど手前には湯茶を用意して巡礼者にふるまう摂待所があった。

摂待所跡とみられる所に三体の石仏がある。中央は地蔵坐像。高さ一四三㌢（三段の台座含む）。台座の正面に「安永七年（一七七八）戌歳／願譽必生直往大徳／正月初四日」とある。右面に「奉納大乗妙典日本回国／摂待開基」、左面に「一切精霊同生極楽／丹刕篠山坂本村俗名／河井休内」と刻む。

右面の「奉納大乗妙典日本回国」とは、「日本回国大乗妙典六十六部経聖《ひじり》」を奉納したという名称の略。日本全国の霊場六十六ヶ所で修行し、大乗妙典（法華経）を書写して埋納する行者は、「六十六部」または「六部」と呼ばれ、六十六ヶ所の回国を終えた行者が記念に建立した石塔が回国供養碑である。「摂待開基」は当地に安永七年正月四日、回国を終えた丹波篠山坂本村の河井休内が接待所を設けたことを示す。偈頌《げじゅ》（仏の徳をたたえる詩）の、「願譽必生直往《ひつせいちょくおう》大徳」は、一途に生きて必ず大徳（徳の高い僧）の栄誉を得ること願い、「一切精霊同生極楽」（通例は一切精霊生極楽）は、すべての精霊はみな極楽に往生することを追善供養している。石仏・石塔の造立を仏教では作善《さぜん》といい、河井が生前の罪障を滅ぼし、死後は極楽往生を願った供養塔である。

左側は文政十三年（一八三〇）正月二十九日建立の阿弥陀如来供養塔。坐高五八㌢、三段の台座（高八六㌢）の一番上の台座正面・左右面に願主と供養した信士・信女たちの戒名が刻まれているが判読できない。右側は胸に仏塔を描

下寒谷の三体石仏

いた弥勒菩薩（高六四㌢）だが銘はない。

ここから鍬山神社へいく旧道は、路傍の標識に「穴太・善峰巡礼道／寒谷↑南つつじヶ丘↓鍬山神社」とある。

鍬山神社への旧道は、現在分岐点のゲートが閉じられている。西つつじヶ丘桜台五の桜台アゼリア公園から旧道に下りる道があるが、やはり立入禁止である。そのため、いったん、西つつじヶ丘霧島台まで北へ大きく迂回し、年谷川を渡り、上矢田町東垣内から左折して鍬山神社へ向かう。

四軒家の地蔵（亀岡市上矢田町四軒家）

府道六号線との合流点西側に鳥居が立つ。ここから府道六号線を三五〇㍍ほど南下すると、南つつじヶ丘桜台四団地の手前の摂待所跡から下ってきた旧道（廃道）と合流する。東へ山道一〇〇㍍行った竹藪の中に地蔵堂がある。地蔵（高七八㌢）は、比較的新しい作である。地元の人の話では、いまは、ここから竹藪を抜けて寒谷へ行かれないとのこと。

ここから府道六号線を北へ九五㍍ほど戻ると、西へ畦道が伸びていて、巡礼道旧道（廃道）という。そのまま年谷川を渡れば、鍬山神社に着いた。

四軒家地蔵

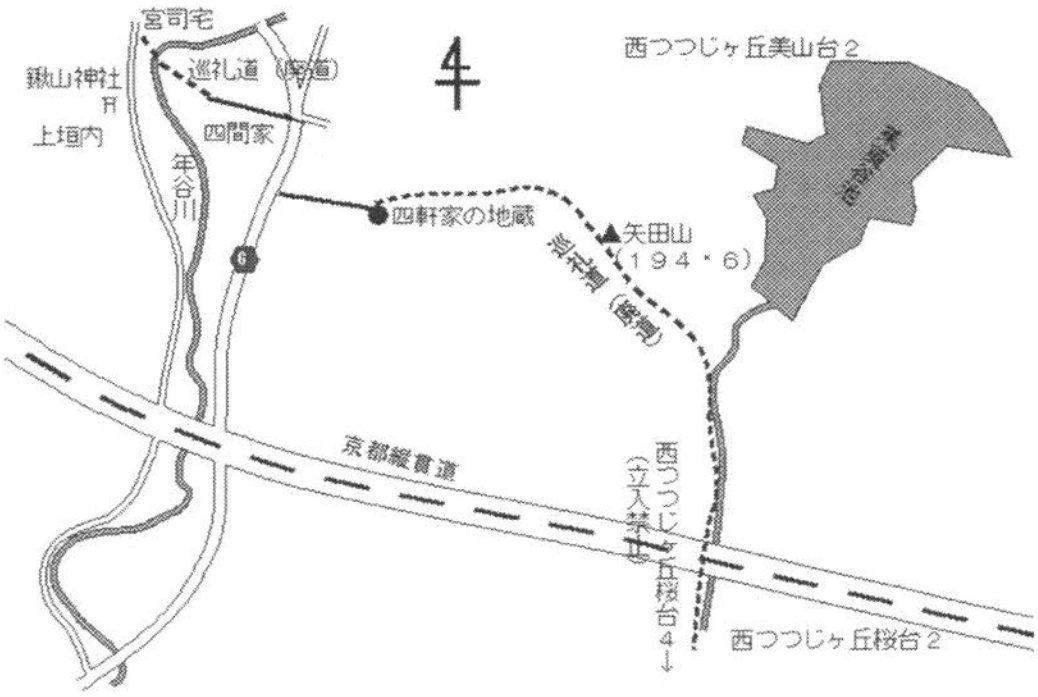

四軒家巡礼道旧道

百太夫社「善峯寺」道標（亀岡市上矢田町上垣内）

府道六号線を鳥居まで戻り、西側の道から南二〇〇㍍ほどで鍬山神社に着く。鍬山神社の東を流れる小川の手前に百太夫社の祠がある。その前に、「右よしみね」道標。高さ一二〇×幅一九×奥行一七㌢。百太夫社は祭神・豊磐間戸神、櫛磐間戸神。鍬山神社境内入り口に鎮座し、本社に先立ってまず詣でるべき社といわれた。

*

穴太寺への道は洛西大原野外畑から山を越え寒谷、鍬山神社、医王谷を抜けるのが近道とされた。鍬山神社は、面降山《めんこう》の東麓に位置し、紅葉の名所として知られている。社伝では和銅二年（七〇九）の創祀。式内社で『延喜式』（神名帳）に載る「丹波国桑田郡十九座」の一つ、「鍬山神社」に比定されている。鍬山大明神とも矢田社とも呼ばれた。祭神は大己《おおなむ》貴神《ちのかみ》。当初は面降山裏、医王谷

鍬山神社

善峯寺への道標・鍬山神社前

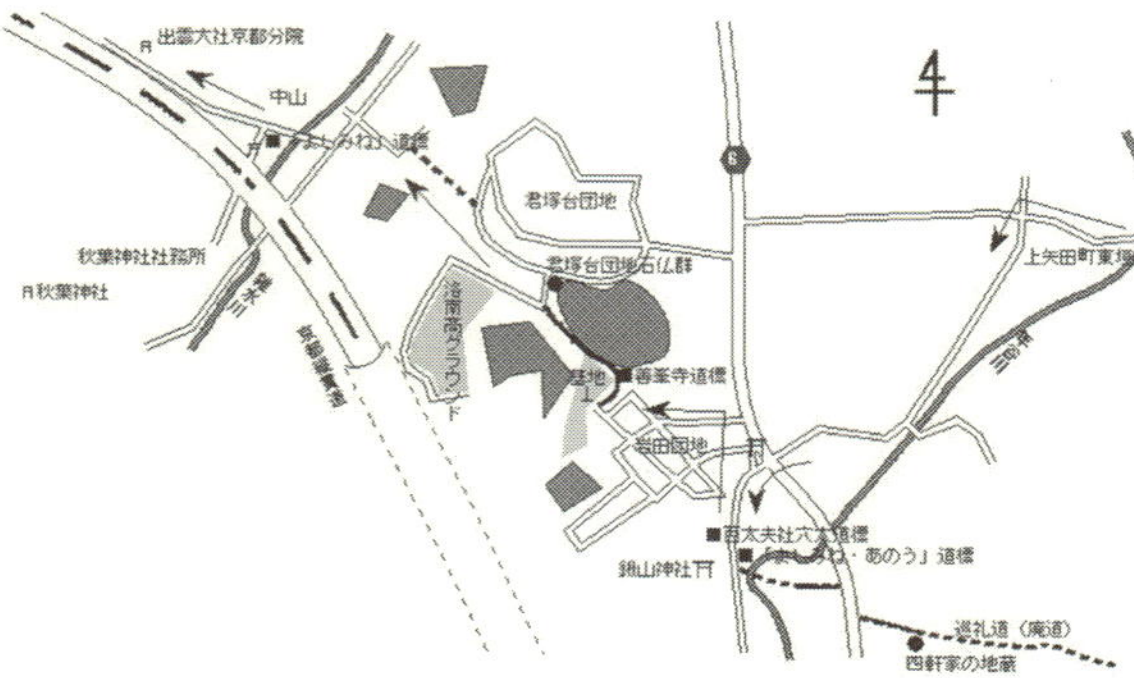

鍬山神社路

出身という医家・丹波康頼も当社を信仰したといわれ、「医王谷」の名も医学に精通した康頼に由来するという。もとは医王谷付近に鎮座していたが、遷座の時期は不詳。

社名は、太古は湖であったという亀岡盆地において、祭神の大己貴命（大国主命）が国作りの一つとして保津峡を開削して盆地を開拓、そして開削に使った鍬を当地に山積みしたという伝説にもとづく。

「よしみね・あのう」道標（亀岡市上矢田町上垣内）

鍬山神社の通りの向かいは宮司宅。門を入った庭先に。正面「左りよしみね」、背面「すぐあなう」と刻む道標がある。高さ一四二×幅二四×奥行二二センチ。もともと、宮司宅南側の竹藪に巡礼道旧道（廃道）があり、年谷川を渡って、東の畔道から、地蔵堂のある山道を経て摂待所跡まで行けた。

善峯寺道標（亀岡市上矢田町岩田）

鍬山神社からは、岩田団地を抜け、西北の二つの池の間を畦道を抜け君塚台団地へ向かう。池の手前に墓地があり、入口に道標が立つ。高さ七四×幅一六×奥行一六センチ。正面に「左よしみね道」、左面に「施主矢田源左衛門／越前大野城下　願主泉利□　嘉永三戌（一八五〇）八月十五日」とある。

鍬山神社社務所道標

岩田団地墓地道標

君塚台団地石仏・道標（亀岡市下矢田町西法楽寺）

君塚台団地に入り洛南高校グラウンド前の道端に、四基の道標がある。左端の自然石（高六四センチ）には「右　よしミ祢道／岩岬奇雲」。その右側の左手に蓮華を持った聖観音立像（高六三センチ）の台座には正面に「右よしミ祢」、右面に「左あなう」と刻む。その右側は薬師如来坐像（高四三センチ）で、光背に「四国八十八ヶ所」とある。右端の角柱（高八二センチ）は判読不能だが、正面は人差指で右方向の善峯寺を指している。右側面に「文久元酉年（一八六一）八月」の紀年銘がある。これらの道標は、丘陵各所にあったものが団地開発で、一ヶ所に集められたものである。

君塚団地石仏・道標

「よしみね」道標（亀岡市下矢田町医王谷）

団地南端から、畦道を通り雑水川を渡る。秋葉神社へ向かう中山の参詣道分岐点に至る。入口の民家の石段に小さい道標が立つ。高六〇×幅二二×奥行一四センチ。「右山みち／左　よしみね」とある。

中山は、『西国巡礼道中細見大

秋葉神社前度標(1)

秋葉神社前度標(2)

全』（一八四〇）には「中山宿弐軒あれども不自由也、中山より半り、穴太寺門前宿有り」と記す。

穴太寺道標（亀岡市曽我部町重利風ノ口）

中山池を過ぎ国道四二三号線（摂丹街道）の手前で、京都縦貫道を潜り抜けた西南側に、近くから移設されたという道標二基が道を挟んで立つ。西側の題目塔傍の道標（高一一二×幅一九×奥行一八センチ）は、「右よしみね道」「左あなう道」「艮並河」と三面に刻む。道を挟んだ東側の道標（高九八×幅二一×奥行一七センチ）は「右よしミ祢道」「艮並河」とある。京都縦貫道の北側の巡礼道にあった道案内であろう。

穴太寺道標・重利風ノ口(1)

穴太寺道標・重利風ノ口(2)

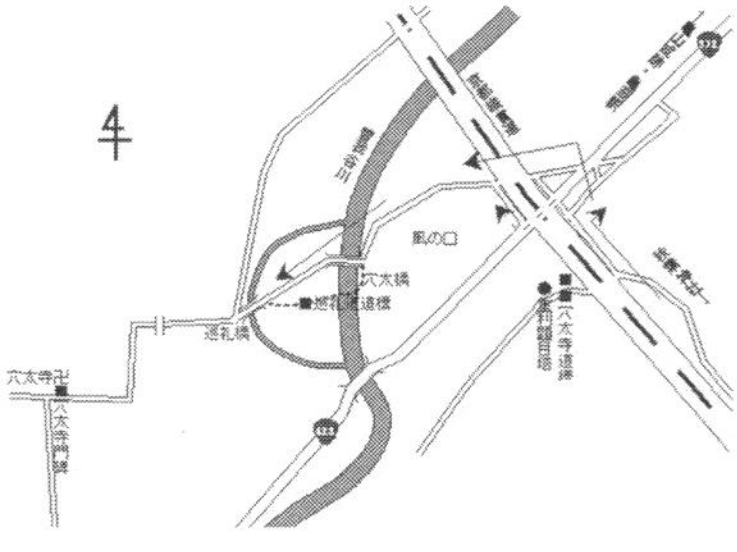

巡礼橋道

重利題目塔（亀岡市曽我部町重利風ノ口）

題目塔（高二一九センチ）は、正面に「一石一字　南無妙法蓮華経　勅許正嫡付法　大光山四十世　大僧都日妙」、右面に「廣令流布使不断絶」、左面に「萬延元庚申八月立焉」。「勅許…」は南北朝初期、光明《こうみょう》天皇の勅許により日蓮開基の寺の法統を継ぐこと。大光山は本圀寺（現山科区）の山号。三段基礎の上段正面「村内安全」、背面に「立田川　博多山　立川　錦島　若中　世話方華之峯　朝男山若中　世話方男石秀吉」とある。そして、下段に施主として重利村とみられる人たちの名が三名刻まれている。昭和二十八年に再建されている。立田川らは幕末の京都相撲の頭取、華ノ峯、男石らが音頭を取って相撲興行を催し、その上がりで塔を建てたとみられる（ウエブサイト「相撲の史跡・好角土俵」より）。

巡礼道道標（亀岡市曽我部町重利三丹田）

京都縦貫道の北側へ戻り、摂丹街道（府道四二三号線）手前の道に右折し、すぐ同街道を横切り左折して曽我谷川の穴太橋を渡る。川はかつて大きく西に湾曲していて走田神社南側に旧流路が残り、その巡礼橋を渡る。橋東詰から五〇㍍ほど東の水田の中の畦道に、大きな道標（高一五六×幅三七・五×奥行三七・五㌢）が立つ。正面に「左　かめ山（亀岡）／京道」、右側「右よしミ祢道」、左側「穴太村　施主　浜風平右ヱ門」とある。畦道はかつての巡礼道でカーブして穴太橋東詰めにつながっていた。巡礼橋からすぐの分岐点を左に進み、西へ七四〇㍍ほどで穴太寺へたどり着く。

重利風ノ口・一字一石塔

巡礼橋道標

穴太寺門碑（亀岡市曽我部町穴太東ノ辻）

穴太寺門前門碑は、正面に「西国二十一番穴太寺」、左面に「大正八年（一九一九）三月建立」、右面に「名古屋市西区塩町／伊東満蔵」とある。高さ二〇八×幅三三×奥行三三センチ。今も巡礼姿の一行で賑わっている。

穴太寺には、延宝四年（一六七六）狩野永納によって描かれた『穴太寺観音縁起絵巻』が伝えられている。それによると、奈良時代末期、慶雲二年（七〇五）の文武天皇の御世に大伴古磨によって創立された、と伝えられる丹波でも屈指の古刹である。天台宗の寺院。山号を菩提山と称し、本尊は薬師如来、札所本尊は聖観世音菩薩。西国三十三所第二十一番札所となっている。「あなおおじ」「あのうじ」と読まれることもあり、「穴穂寺」「穴生寺」とも表記された。

穴太寺の聖観音像は「身代わり観音」の伝説で知られ、『今昔物語集』（丹波国の郡司、観音像を造るの語）として出てくる。「今昔。丹波ノ国桑田ノ郡ニ住ケル郡司。年来宿願有ルニ依テ観音ノ像ヲ造奉ラムト思テ。京ニ上テ一人ノ仏師ヲ語ヒテ。其料物ヲ与ヘテ懃《ねんごろ》ニ語フ」と話が始まる。

昔、丹波国桑田郡の郡司をしていた男は、都の仏師に依頼して聖観音像を造り、仏師には褒美として自分の大切にしていた名馬を与えた。しかし、与えた名馬が惜しくなった男は、家来に命じて仏師を弓矢で射て殺してしまった。ところが、後で確認すると仏師は健在で、観音像の胸に矢が刺さっていた。改心した男は仏道を信じるようになったという。同様の説話は『扶桑略記』にもある。

穴太寺からは第二十二番補陀洛山総持寺（茨木市）へ向かう。

穴太寺門前碑

Ⅳ 補遺

1、東山・小関越

小関越は、京都三条と大津を結ぶ古道で、山科で東海道と分岐し古代の北陸道の一部だった。小関越の名称は、旧東海道の逢坂越の大関に対して脇道を小関と呼ばれたという。享保九年（一七三四）刊の寒川辰清『近江輿地志略』（志賀郡第八）に「小関越　皆山間也。相坂関に対して小関とは云ふなるべし」と記す。『山城名跡巡行志』は「小関越　四宮ノ辻より左折し、三井寺観音堂下に至る。山路也」とある。

しかし、奈良時代、山科からの幹線道路は逢坂山北の鞍部・小関越だった。古代の三関は、東海道は山背南部で木津川の谷を東へ遡り伊勢鈴鹿関を通っていた。東山道は宇治田原から近江国瀬田を経由し美濃不破関を通っていた。また山科北行の北陸道は越前愛発《あらち》関を通っていた。北陸道ルートは、壬申の乱（六七二）のころは都が大津にあったため、大津京と飛鳥京を結ぶ重要なルートで、小関越を抜けると、三井寺東の旧上北国《ほっこく》町《ちょう》（現長等一丁目）あたりに出て、ここを直角に北上すると最短距離で大津京の正中線・朱雀大路とつながった。

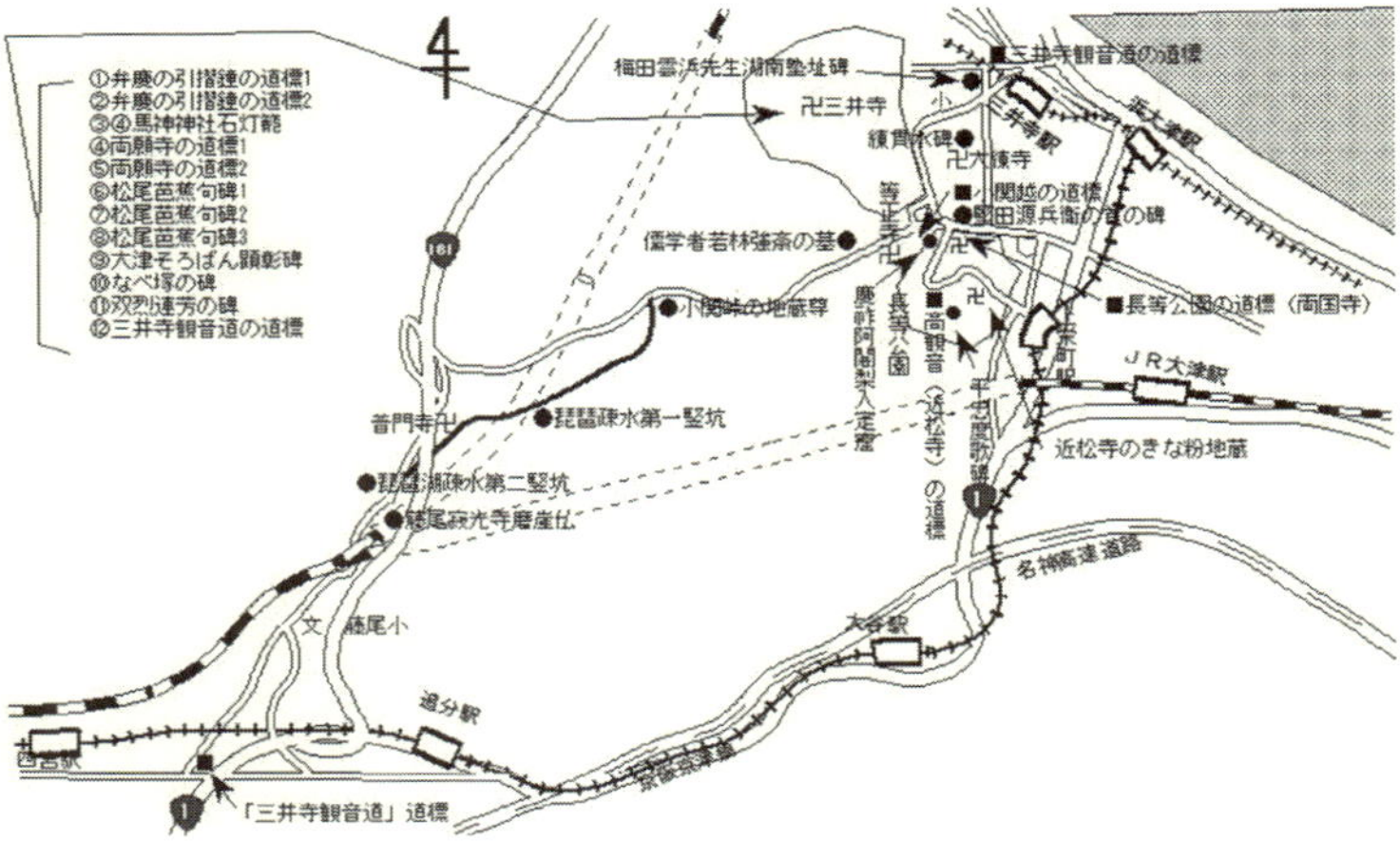

小関越

長岡京の時代にも、これらの三街道はすべて山科を通って近江盆地へ行くことになったため、都の防衛も関は小関越一ヶ所で十分だった。それが逢坂越えに官道が変わり新三関体制に変わるのは平安時代である（「古北陸道の復原」―足利健亮『日本古代地理研究』ほか）。したがって、小関越は、逢坂越（大関）に対して「故関」、「古関」ともいわれている。

江戸時代に西国三十三所観音霊場巡りが流行すると、第十四番霊場三井寺（園城寺）から十五番霊場今熊野観音堂への参詣道として利用され、巡礼者は小関越を歩き、山科から渋谷越を通って今熊野観音堂に参拝した。貞享三年（一六八六）、松尾芭蕉がはじめて近江入りしたときこの峠道を通り、「山路来て何やらゆかしすみれ草」の名句を詠んだという。

「三井寺観音道」道標（大津市横木一丁目）

旧東海道は徳林庵から四ノ宮駅前を過ぎると、大津市横木町に入る。スーパーマーケット横に道標が建っている。小関越は、ここから小関峠を越えて三井寺へ出る約四キロの道程である。

碑の高さは二一九×幅三三×奥行三三センチ。碑文西面に「小関越」、南面に「三井寺観音道」、東面に「願諸来者入玄門」、北面に「文政五季（一八二二）十一月建之　定飛脚問屋　京都／江戸／大坂三店　発起／心相禅門」と刻まれている。

心相禅門なる人が、小関越の往来者に対して仏門に入ることを願って発起

「三井寺観音道」道標（1）

し、京都・江戸・大阪の三都に店をもつ定飛脚問屋が建立したものである。小関越は定飛脚の往来する道でもあった。定飛脚というのは、江戸時代に江戸・上方間を日を決めて定期的に定まった二地間を往復した飛脚をいう。

藤尾寂光寺磨崖仏（大津市藤尾奥町）

京阪京津線踏切を渡り、藤尾小学校横を進みＪＲ琵琶湖・湖西線を越えて東にいくと寂光寺。寺は古くは「山田堂」「藤尾観音堂」と呼ばれた。日蓮宗立木山寂光寺は、元は園城寺の支坊で智証大師円珍が開基した。鎌倉中期の藤尾磨崖仏（大津市指定文化財）で知られる（拝観は予約。志納金三〇〇円）。

本堂奥壁の磨崖仏は山より突出した花崗岩を垂直に切って、その崖に浮き彫りにしてある。高さ三〇〇×幅六〇〇㌢の横長の花崗岩に、大小十五体の像と梵字が彫られている。中尊は像高一四八㌢の阿弥陀如来像で、向かって右側に観音・勢至の両菩薩像。左側には錫杖を取らぬ古様の地蔵菩薩像、その上下に小さな像が五体ずつ彫られて、大小合わせて十五体ある。

阿弥陀如来像の光背外側に「延応弐年（一二四〇）庚子二月廿二日供養」と刻銘があり、鎌倉時代の作。叡山系では唯一の磨崖仏。これに対し、他の諸尊は形も小さく、彫法も粗荒なものがあるところから、後に追刻したと考えられ

「三井寺観音道」道標（2）

藤尾寂光寺磨崖仏

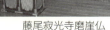

ている（清水俊明『近江の石仏』）。

「藤尾」の由来は、寂光寺磨崖仏が完成した夜、夢の中に藤の花を捧げた白衣の聖徳太子が現れたというめでたいことの前兆から、藤王または不死王と呼び藤尾の名の由来になったという。

琵琶湖疏水の第一・二竪坑（大津市藤尾奥町、稲葉台）

寂光院から緩やかな坂道を進むと、左の橋を渡った民家の間に煉瓦造りの琵琶湖疏水第二竪坑（大津市藤尾奥町）が見える。

田辺朔郎によって手がけられた大疏水事業・第一トンネル掘削のため、第二竪坑はトンネル内に空気・採光を送り込むための施設。ここに使われているレンガは御陵にあった専用のレンガ工場で作られた。深さ二二・五㍍、上口径二・六㍍、下口径一・四㍍、地上部高さ四・五㍍、塔上はガラスで覆われているという。第二竪坑で疏水は藤尾川と合流して流れていたが、ここから先は、琵琶湖疏水は三井寺まで潜ってしまう。

西大津バイパスの下を潜ると普門寺の前で道は分岐し、右側の細い山道を登る。すぐ右手奥に石造ドーム型の琵琶湖疏水第一竪坑（大津市稲葉台）が見える。藤尾側から約七四〇㍍の地点に深さ約五〇㍍の坑道を垂直に掘り下げた竪坑。大津の三井寺と藤尾を繋ぐ琵琶湖疏水第一トンネル（全長約二・四㌔）は当時としては日本一の長さになるので、工期を短

琵琶湖疏水の第一竪坑

琵琶湖疏水の第二竪坑

縮するために長等山に竪坑を掘り下げ、大津、藤の側両側と竪坑の四ヶ所から掘削する方法を採った。難工事だったが、明治二十三年（一八九〇）四月に竣工した。第二竪坑とともに国の史跡指定。

小関峠の延命地蔵尊（大津市藤尾奥町）

旧道は小関峠手前で車道に合流。峠にある地蔵堂は「喜一堂」と称する。地蔵は坐高三八センチ。数十年前の道路拡張工事の際、草むらに放置されていた地蔵を見つけここに安置したという。向かいに湧水があった。旅人の休憩所だったという。小関峠を大津へ向かって下り小関町へ入って行く。

小関峠の延命地蔵尊（1）

小関峠の延命地蔵尊（2）

儒学者若林強斎の墓（大津市小関《こせき》町）

やがて等正寺手前の左に墓地群がある。西端の山手には、江戸時代中期の儒学者・若林強斎《きょうさい》（一六七九～一七三二）の墓（高一三二センチ、含む二段台石）がある。

強斎は江戸時代中期の朱子学派の儒学者。京都の人。号は寛斎、守中翁。崎門三傑の一人・浅見絅斎《けいさい》に儒学を、玉木正英に神道を学び、山本復斎、西依成斎とともに浅見三傑と呼ばれた。崎門《きもん》学派を継ぎ実践躬行《きゅうこう》を重んじた。山崎闇斎（一六一九〜一六八二）の提唱した朱子学を、崎門学または闇斎学といい、君臣・師弟の関係を厳しく教え、大義名分をとくに重視した。園城寺五別所の一つ微妙寺に間借りし、勉学のために京都の塾まで隔日小関越を通い続けた話で知られる。彦根藩六代藩主直恒が藩校の師匠に再三招いたが断ったという。強斎の墓の右は、父・若林長軒《ながのき》の墓（高一二七㌢）である。

小関越の道標・堅田源兵衛の首の碑（大津市小関町）

等正寺を過ぎ三井寺観音堂へ通じる道の分岐点に道標が二基並んで建っている。右の道標は高さ八七×幅二一×奥行一九㌢。碑文正面は「右　小関越　三条　五条　いまく満（今熊野）京道」、左面に「左り　三井寺　是より半丁」、右面に「右　三井寺」と刻む。形体から江戸中期はくだらない。道標は大津市指定文化財。

ここが京都への小関越の起点であり三条通を経て五条から三十三所観音巡礼第十五番霊場、今熊野観音堂への参詣道であることを示す。三井寺はすぐ近く、左に曲がって半丁（約五四㍍）の距離である。

左側の碑は高さ一四四×幅一七×奥行一七㌢。碑文正面「蓮如上人御旧跡等正寺」、左右両面に「かたゝげんべえのくび」、背面に「大正元年（一九一二）九月三十日　建設許可」と刻んだ碑が建っている。堅田源兵衛の首を安置する

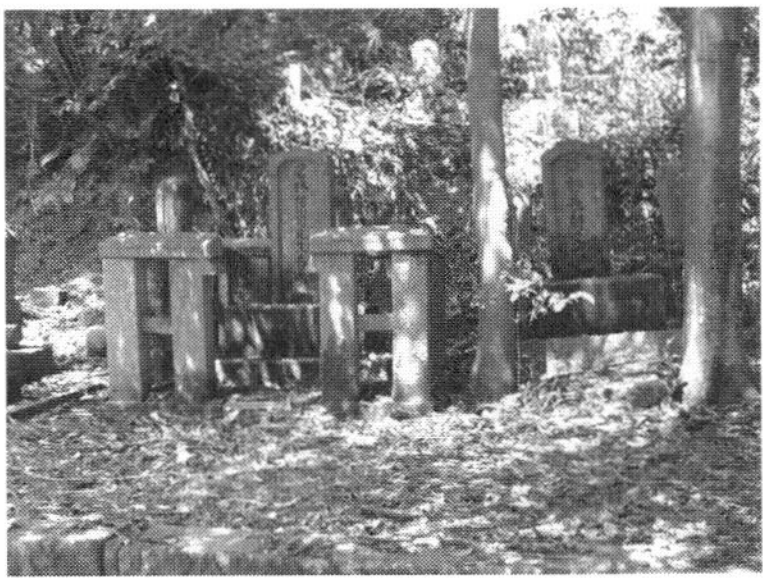

若林強斎の墓

小関越の道標と堅田源兵衛の首の碑

等正寺への道しるべである。

等正寺は三井寺別院の一つであったが、蓮如上人の旧跡で、殉教者・堅田源兵衛の首が安置されていることで知られる。堅田の漁師源兵衛は、浄土真宗中興の祖蓮如が法難を受けた際に、三井寺に宗祖親鸞の真影（木像）を預けられた。返却を請うと、三井寺は引き換えに生首を二つ持ってくれれば返すと言った。

熱心な浄土真宗門徒であった源兵衛は取り戻すため、自らの首を父親に刎ねさせ差し出したという。源兵衛の首は、小関町の等正寺、本堅田の光徳寺、三井寺町の両願寺に今も祀られている。光徳寺の境内には、親子の銅像まである。各寺とも首は当寺が本物という。

長等公園の石碑・石仏（大津市小関町・逢阪二丁目）

次の辻を右折すると長等公園を経て京阪上栄町駅に出て逢坂越の街道と合流する。長等公園付近の石造遺品を巡ってみる。長等公園は長等山（三五六㍍）の東南麓にある。明治四十一年（一九〇八）大津市最初の都市公園として開設。春には園内の約九〇〇本の桜が見事に花開き、桜の名所として有名。この地は古くから和歌などに詠まれた。また長等山からの琵琶湖の眺望もすばらしく、滝のあるせせらぎや野鳥観察のステージ

長等公園

堅田源兵衛

もある。

①両国寺前の道標

大津大神宮から長等公園散策路を登って行くと両国寺前に道標がある。高さ六四×幅一七×奥行一二チセン。高さ六六チセン。碑文は正面に「右　長等公園・三井寺、左　大津八丁・札ノ辻」とある。八丁というのは、大津市の入り口にあった八つの町で、東海道筋の旅籠町。

両国寺前の道標(1)

②慶祚《けいそ》阿闍《あじゃ》梨《り》入定窟

大津大神宮を右折すると、右手に慶祚阿闍梨の石窟がある。一般には阿闍梨さんといわれている。

慶祚（九四七～一〇一八）は平安時代の天台僧で龍雲坊先徳と号した。比叡山の山門派と対立していた三井寺（圓城寺）を立て直し、五別所の微妙寺や尾蔵寺（廃寺）を開いたことで知られる（『寺門伝記』）。

入定窟は慶祚の墓とされる無縫塔の前面下側にあって、石窟には石造の慶祚坐像

慶祚阿闍梨入定窟(1)

両国寺前の道標(2)

が安置されている。高一〇三センチ、自然石花崗岩。永正十一年（一五一四）十一月十三日の紀年銘がある。

石窟は、古墳の石室を利用したものと見られ、天井部分などは後世の造作と見られる。慶祚阿闍梨像は右手に念珠、左手には三鈷を持ち、三重の框の上の蓮台に結跏趺坐した坐像である。

③高《たか》観音（近松寺《ごんしょうじ》）の道標

長等公園散策路を登って行くと長等山不動明王堂に着く。入口左に道標があり、正面に「左　高くハんおん（観音）へ　二町」、左面に「是より／高くハんおんへ　二町」と刻む。高さ一一九×幅一八×奥行一八センチ。高観音は園城寺（三井寺）の五別所の一つ近松寺をいう。山道約二〇〇メートルを越えた東にある。

三井寺が管理する本堂の不動明王は石造立像。堂の上の方から二筋の水が滝になって流れ落ち、修験の行

高観音（近松寺）の道標（1）

高観音（近松寺）の道標（2）

高観音・不動明王石像

慶祚阿闍梨入定窟（2）

場である。境内には大峰登山三十三度供養碑が三基立っている。三井寺は「本山派修験」と呼ばれる天台系修験の根本道場として知られた。長等山は、かつては三井寺修験の霊場だった。

④近松寺の豆粉《きなこ》地蔵

不動明王堂から散策路を進めば近松寺である。

庫裡横の「豆粉地蔵尊」と書かれた祠に、高さ約一五〇センチの花崗岩に二重光背を彫り窪め、中に地蔵でなく半肉彫りの阿弥陀如来坐像が安置されている。摩耗が激しいが、肉感を豊かに表わした彫りで、仕上げも丁寧で、お顔の表情は柔和である。鎌倉時代後期の作。近松寺前の道を下って行けば京阪京津線上栄町停留所に出る。

近松寺は三井寺別所の一つ。山号は長等山。俗称・高観音。近江西国観音霊場第四番札所、びわ湖百八霊場第五番札所。三井寺の開祖、智証大師の教法を慕い、三井の幽寂を愛された五大院安然和尚が練行、入寂された地と伝えられ、和尚入寂後遺骨を当山の山上に納め、延喜四年（九〇四）に旧房をあらため「近松寺」としたのに始まる。慶長九年（一六〇四）再建。安燃上人は、「天台円家の枢機」と称えられる天台の高僧で、比叡山で顕蜜二宗の奥義を究め、天台密教を大成した。

江戸時代に戯曲作家として活躍した近松門左衛門が、ある時期当寺で遊学したと伝わる。近松はこの寺から名を取ったという説もある。

近松寺のきな粉地蔵(1)

近松寺のきな粉地蔵(2)

⑤平忠度歌碑

三井寺不動明王堂横の石段を上ると、桜ヶ丘休憩広場に出る。近松寺手前の石段からも上がれる。広場には平忠度歌碑（高二五三㌢）が立つ。大正三年（一九一四）六月の建立。

「さざ波や志賀の都は荒れにしを　昔ながらの山桜かな」（『千載集』六十六）の歌碑である。——さざ波寄せる琵琶湖畔の志賀の旧都跡はすっかり荒れ果ててしまったけれども、長等山の桜は、昔のままに美しく咲いているよ——昔ながら、と長等山の桜、をかけている。平清盛の弟・忠度は、天皇の命にそむいた賊将であることから、詠み人知らずとされていた。

平忠度歌碑

忠度は、治承四年（一一八〇）薩摩守。源頼朝討伐の富士川の戦い、源義仲討伐の倶利伽羅峠の戦いなどに出陣。一ノ谷の戦いで、源氏方の岡部忠澄と戦い四十一歳で討死。歌人としても優れ、藤原俊成に師事。平家が都落ちした後、都へ戻り俊成の屋敷を訪れ、自作が百余首おさめられた巻物を俊成に託したという。『千載集』の撰者・俊成は朝敵となった忠度の名を憚り「故郷の花」という題で詠まれた歌を詠み人知らずとして載せた。『平家物語』巻七「忠度都落」にもその間の事情が述べられている。『千載集』以降の勅撰和歌集に十一首が入集。なお、『新勅撰和歌集』以後は薩摩守忠度として掲載されている。

長等神社（三井寺町）でも鎮座千三百年記念として長等公園桜ヶ丘の碑を模刻して、「さゞ浪や…」の碑（高一三九㌢）が昭和五十七年（一九八二）四月に建立された。

小関越旧道は長等公園北側の道を進むと西近江路の京町一丁目交差点に出る。逢坂越の東海道と小関越、西近江路（北国海道）が合流した地点であり、多くの人馬が往来して賑わった大津宿の中心部である。

練貫水《ねりぬきのみず》碑（三井寺町）

長等公園北三〇〇㍍ほどに、練貫水にちなんで泉湧山大練寺と称している寺がある。貞観十八年（八七六）、開基円海。境内には、かつて練貫水と呼ばれていた名水が湧き出ていた井戸跡が残っている。その由来は、『京羽二重織留』巻六に「練貫水は、いにしへ天智天皇の御衣を此水にて練りしゆへにねりぬき水と号す」と載る。境内に由来碑が立つ。高一〇七×幅七〇×奥行一六㌢。平成六年（一九九四）当寺住職が建立。

碑文によると、練貫の井というのは、三井寺金堂脇の閼伽井、逢阪関の走り井とともに大津の三名水として知られた。近松門左衛門の人形浄瑠璃『傾城反魂香』には、「練貫水の大津酒」として登場する。しかし、明治二十年（一八八七）の疏水工事で水脈は切れ、水は湧かなくなった。

＊

「上原立斎墓　当寺内」の墓碑（高一二〇㌢）が山門に立つ。上原立斎は、安政の大獄で捕らえられ獄中死した梅田雲濱の師。寛政六年（一七九四）高島郡の生まれ、若くから大津に出て若林強斎の学統を学び、崎門学者（儒学者、山崎闇斎の門下）として京都にも名を知られた。在京中に

練貫水碑

上原立斎の墓

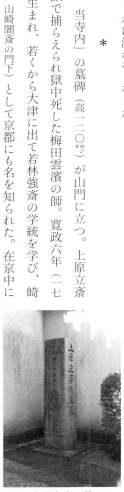

その名声を聞いた小浜藩士、梅田雲濱らと親交を深めた。梅田雲濱は坂本町にある米商、中村五兵衛の別宅を借りて私塾、湖南塾を開く。

梅田雲浜先生湖南塾址碑（大津市大門通）

長等小学校の校門前に「梅田雲濱先生湖南塾址　内田周平敬書」碑がある。裏面に「大正十二年（一九二三）秋日尾花川青年会建付記湖南塾ハ北保町庚申堂附近コノ西約壹町」と刻む。高さ二・〇三㍍。石は出身地の福井県から運ばれた。

梅田雲浜（一八一五～一八五九）は幕末の若狭小浜藩藩士、尊攘派志士。朱子学の一派である山崎闇斎の崎門学を学び、上原立斎を頼って大津へやってきた。初めは坂本で後に北保町で湖南塾を開いた。ペリー来航後は、尊皇攘夷運動に奔走し、安政の大獄で捕らえられ獄中死した。

碑は所在地と推定される北保町に建てる計画だったが、転々とし最終、現在の小学校へ移設された。

園城寺周辺の石碑（大津市園城寺町）

長等公園北側の小関越終点から左折して西近江路をとり三井寺へ向かう。天台寺門宗の総本山である三井寺は正式名称を長等山園城寺とい

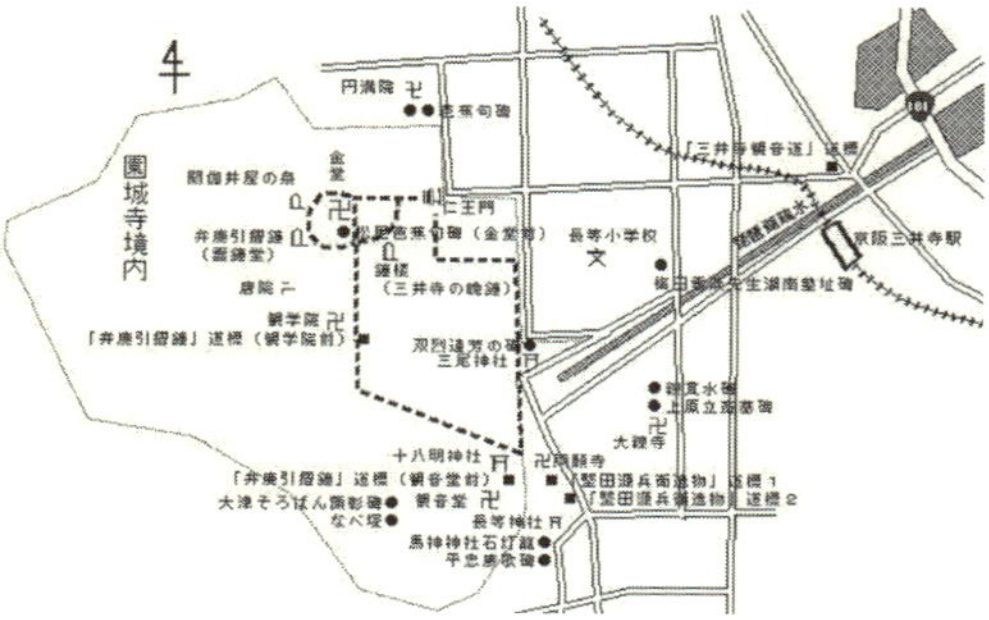

園城寺境内

梅田雲浜先生湖南塾址碑

う。天台寺門宗総本山、本尊・弥勒菩薩、開基・大友与多王《よたのおおきみ》。滋賀県大津市、琵琶湖南西の長等山西麓にある。

天智六年（六六七）、天智天皇により飛鳥京から近江に都が移され、近江大津京が開かれた。壬申の乱（六七二）で、大友皇子（天智天皇の子・弘文天皇）と大海人皇子（天智天皇の弟・天武天皇）が皇位継承を争い、敗れた大友皇子の皇子の大友与多王は父の菩提を弔うために寺を創建し、天武天皇から「園城」の勅額を下賜されたのが園城寺の始まりとされている。

俗に「三井寺」と呼ばれるのは、天智・天武・持統天皇の産湯に用いられた「御井の寺」と呼ばれた霊泉があり、これに由来するといわれている。現在、金堂西側にある「閼伽井屋」から湧き出ている清水が「御井」という。

当寺は兵火に再三あい焼失したが、豊臣・徳川氏の尽力で再興され、現在も国宝・重要文化財・名園など貴重な寺宝を数多く伝えている。境内の観音堂は西国三十三所観音霊場の第十四番札所である。また、近江八景の一つである「三井の晩鐘」でも知られる。園城寺周辺には寺の歴史を物語る多くの石仏・石碑・道標がある。

①両願寺の「堅田源兵衛遺物」道標1

南別所両願寺前に二基ある。同寺は「堅田源兵衛首」として有名。現在は無住である。

三井寺

両願寺の「堅田源兵衛遺物」道標（1）

一基は正面「三井寺南別所」、左面に「(矢印)かた、げんべゑくびのてら」と刻む。高さ一六九×幅二三×奥行三〇センチ。

②両願寺の「堅田源兵衛遺物」道標2

もう一基は正面に「三井寺南別所」、右面に「(矢印)かた田源兵衛遺物」と刻む。高さ一四六×幅二三×奥行一八センチ。

③馬神神社石灯籠(長等神社境内)

馬神《うまがみ》神社は、もとは札の辻の人馬会所敷地内にあったもので、明治四十三年(一九一〇)に現在地の長等神社境内北端に移された。

鳥居の前にある石灯籠(高一四〇センチ)は馬小屋の形になっている。江戸時代の寛永年間、諸国に馬の疫病が大流行し、馬を害する妖怪「馬魔《ぎば》」の仕業だと噂が立った。水木しげる『日本妖怪紀行』では、旋風に囲まれ、馬魔に組み付かれると、馬は悲鳴を上げてばたりと倒れる、とされる。多くの牛馬が死んだので、京都吉田社より神を勧請し、疫病退散の

両願寺の「堅田源兵衛遺物」道標(2)

馬神神社石灯籠(1)

馬神神社石灯籠(2)

祈祷をしたことに始まるといわれる。以来、大津宿の惣鎮守として馬持ち達の信仰を集めた。

「馬魔」とは、玉虫色の小さな馬にまたがり、風に乗って現れる緋の衣を着た魔女で、別名を頽馬（たいば）ともいわれる。大津の貧しい家の娘が馬魔と化し、馬を襲って父親の馬の皮商いを助けたという説もある。

④松尾芭蕉句碑1（円満院）

圓満院には庫裏の横と鐘楼のそばの二ヶ所に芭蕉句碑がある。鐘楼傍の句碑は高さ一四五チセン×幅六〇チセン×奥行三〇チセン。「三井寺の門た、かばやけふの月」と刻む。月見の宴を催した時のことを、中国の故事をもちいて詠んだもの。

碑の裏には「芭蕉翁二百七十年忌記念　昭和三十八年十月十二日時雨忌建立、円満院門跡　三浦道海」と記す。

松尾芭蕉句碑（円満院）(1)

芭蕉は、元禄二年（一六八九）より二年間を大津に暮らした。二年後の中秋の名月に、義仲寺無明庵で催された月見の句会に参加。琵琶湖に漕ぎ出した舟中よりこの句を詠んだという。唐の詩人・賈島《かとう》（七七九～八四三）が、「僧は推す月下の門」という自作の詩句について、「推す」を「敲（たた）く」と迷い、文人・韓愈に問い「敲」の字に改めたという。この故事により「推敲」の語源になった。

⑤松尾芭蕉句碑2（円満院）

庫裏の横の句碑は昭和四十六年（一九七一）五月に建立された。碑はみかげ石。高さ一六〇×幅八八×奥行二〇センチ。「大津絵の筆のはじめは何仏　はせを」と詠まれている。

碑の下部に大津絵の鬼の画を刻む。裏面には「昭和四十六年五月吉祥日建之、近江郷芸美術館開設記念」とあり「正道刻」とある。鬼の画は「松山《しょうざん》」とあった。松山とは現在大津市在住で活躍の大津絵画人の高橋松山氏のことである、と記されている。

⑥松尾芭蕉句碑3（金堂前）

金堂の前庭左側に変わった書体の句碑があるが、これは榊莫山揮毫による「芭蕉句碑」。「三井寺の　門たたかばや　けふの月　元禄三年芭蕉」と刻む。碑は御影石、高さ八四×横二〇六センチ。平成六（一九九四）建立。

⑦「弁慶引摺鐘」道標1（観学院前）

勧学院前にある道標は「(矢印) 奥院べんけいかね」と刻む。高一四四センチ。弁慶引き摺り鐘（重要文化財）は金堂裏の霊鐘堂にある。

その由来は、承平年間（十世紀前半）、田原藤太秀郷が三上山のムカデ退治のお礼に琵琶湖の龍神より頂いた鐘を三井寺に寄進したと伝える。

芭蕉句碑・金堂前

松尾芭蕉句碑（円満院）(2)

「弁慶引摺鐘」道標（観学院前）

その後、山門（比叡山）との争いで弁慶が奪って比叡山へ引き摺り上げて撞いてみると「イノー、イノー（関西弁で帰りたい）」と響いたので、弁慶は「そんなに三井寺に帰りたいか」と怒って鐘を谷底へ投げ捨てた。鐘にはその時できた傷痕や破目などが残っている。この鐘は寺に変事がある時は前兆現象が生じ、凶事がある時は鐘が汗をかき撞いても鳴らず、吉事がある時は自然に鳴ると伝える。

南北朝の争乱で、寺が略奪を恐れ鐘を地中に埋めると自ら鳴り響き、これによって足利尊氏軍が勝利を得たと伝える。戦国時代の記録『園城寺古記』には、文禄元年（一五九二）七月鐘が鳴らなくなり、恐れた僧侶達が祈祷を行ったところ八月に音が出たとある。

「さざ浪や三井の古寺鐘はあれどむかしにかへる音はきこへず」（三井寺法印定円）

霊鐘堂

弁慶引き摺り鐘

⑧弁慶の引摺鐘の道標２（観音堂前）

観音堂に上る石段下に前にある道標は、「(矢印) 奥院べんけいかね」（高一四八㌢）。

弁慶の引摺鐘の道標
（観音堂前）

⑨大津そろばん顕彰碑

観音堂裏山にある大津算盤碑は、日本式算盤の起源とされている。江戸時代、慶長十七年（一六一二）、大津一里塚前の片岡庄兵衛は長崎に行き、明人から算盤の見本と使い方を習い、帰郷後に日本人に合うよう改良を加えた。その後、江戸幕府より御本丸勘定方御用調達に任命され、算盤の家元となり、片岡家は代々「庄兵衛」の名を襲名した。だが、近代に入り廃れた。

⑩なべ塚の碑

観音堂西方の台地に、幕末・明治維新期の探検家松浦武四郎愛用の鍋を埋め、明治十六年（一八八三）七月建立した。高さ一八三㌢、上部に「なべ塚」と題額があり、その下に漢詩人小野湖山の碑文、書家日下部東作の字で由来が刻まれている。

松浦武四郎（一八一八～一八八八）は、弘化元年（一八四四）蝦夷地に入って全島を探険・調査、のち『三航蝦夷日記』『蝦夷大絵図』等を著した。明治二年（一八六九）開拓使判官となり、同地を北海道と改称し、また同地の国郡名や境界の制定に従事した。碑文によれば、武四郎には蝦夷地探険中に愛用していた炊事用の鍋があった。晩年、霊場大峰山の参道修復にたずさわったが、大峰山が園城寺の管下にあった縁で、園城寺に鍋を埋納したという。

算盤の碑

なべ塚の碑

⑪双烈連芳の碑

三尾神社参道のかたわらに、尊皇攘夷運動にたずさわった川瀬太宰夫妻の勤王の志をたたえた「双烈連芳」碑が立つ。高さ二・〇八㍍。明治二十年（一八八七）九月建立。題額は内大臣三条実美。碑文は、滋賀県知事中井弘の撰文。

川瀬太宰は文政二年（一八一九）に膳所藩家老戸田資能《すけよし》の五男として生まれ、儒学を学んだ。膳所藩や長州藩の志士と交わり、尊皇攘夷運動に奔走した。京都で幕吏に捕らえられ、慶応二年（一八六六）六月に処刑された。妻幸も、太宰逮捕後、太宰の手紙等機密の品を処分して白刃した。未遂だったが、傷がもとで没した。

双烈連芳の碑

⑫三井寺観音道の道標（大津市大門通一六）

この地点が札の辻を起点とした北国海道が大きく左に曲がる、いわゆる曲折点にあたる場所で、琵琶湖疏水べりにある。

道標は高さ一三七×一八×一八㌢。正面に「右・三井寺観音道」、左面に「右・山王唐崎道」、右面に「文政十（一八二七）丁亥年三月」と刻印されていて、いずれも北国海道筋の名所として知られた。付近に「大津絵の道」ができたが、その南側からの入り口にある。

札所三井寺と坂本の日吉社（日吉山王）ならびに景勝地唐崎を示して

三井寺観音道の道標

いる。いずれも北国海道筋の名所として知られたところであった。北国海道を上ってきた人々が、この道標をみてはじめて三井寺観音がすぐ近くと感じたことだろう。道を曲がり切ると正面に三井寺観音堂を望み、右に大門（仁王門）ならびに金堂の屋根をみることができる。

三井寺の観音堂は、西国観音霊場の札所のなかでも展望のすぐれた高台にあり巡礼をはじめ多くの人々が参詣した。また、琵琶湖に突き出した唐崎は、古くからすぐれた風光と唐崎の一つ松で知られ、とくに近江八景の一つ「唐崎の夜雨《やう》」で人々に親しまれた。

2、西山・柳谷巡礼道

古来、眼病平癒の「柳谷観音」の名で親しまれている楊谷寺《ようこくじ》（長岡京市浄土谷）は山号立願山《りゅうがんざん》、宗派西山浄土宗、本尊十一面千手千眼観世音菩薩。独鈷水《おこうずい》の寺として、また近年は紫陽花の寺としても知られている。京都・西山三山（ほかに善峯寺、光明寺）のひとつに数えられる。新西国三十三箇所第十七番札所。柳谷観音は、寺伝では清水寺の開祖延鎮が大同元年（八〇六）に開山したとされ、延鎮が夢告によりこの地で十一面千手千眼観世音菩薩像を感得し、堂を建て安置したのが始まりとされる。その後延鎮が清水寺に帰った後に空海が度々、ここで修行をした。その際に猿がつぶれた目をここの湧き水で洗っていたのを見た空海が眼病に効く独鈷水として広めたという。

柳谷道は、ひとつは向日神社東の西国街道の五辻（向日市南山）から、乙訓寺を経てほぼ西南へ向かう道と、淀から調子八角を経て小倉神社前を通り、前者と合流して山道を柳谷観音へ向かう主に二つの道がある。ただし、淀からの道はほぼ小泉川に沿ってたどるが、今日、京都縦貫道が小泉川に沿って敷設されたので昔の面影はなく、道標も複数の小学校に移設されており、ここでは取り扱わない。

柳谷道

柳谷道標二基（長岡京市今里樋ノ尻町）

五辻から西南へ向かい今里橋を渡ると、西へ光明寺に向かう道と西南に柳谷へ向かう道の分岐点に二基の道標が並んでいる。ひとつは、丸頭角柱、高さ八五×幅一九㌢。正面「本山　光明寺」、右面「左　よしミね／や奈きた尓《に》」、左面「宝暦六（一七五六）丙子中春　笹屋六兵衛／茗荷屋卯兵衛」、背面「息翁窓休禅定門／深相妙渓禅定尼」とある。中春は三月の真ん中の意（陰暦二月）をいう。商人の夫婦とみられる禅定門・尼は在家の男女で仏門に入り剃髪した夫と、髪を下している妻。

もうひとつは、錐頭角柱、高さ八七×幅二七㌢。正面「右　光明寺／左　や奈ぎ谷　近江屋□、鍵屋、玉屋、万屋、三条」、右面「春（す）ぐよしミね」、左面「京　千眼講」と刻む。千眼講は眼病平癒を願って柳谷観音へ参拝する講の一つである。講とは、寺社の参詣や奉加、寄進などをする目的でつくられた信者の団体。

柳谷道標二基・今里

天神池東の役行者像（長岡京市今里四丁目）

光明寺道へ向かうとすぐ赤根天神社がある。参詣入口前の道を東三〇㍍行くと、右手一段と下がった所に大峰山参拝の禊場があり、祠の中に石造役行者像がある。総高八九㌢。本体と基礎の二石からなる。両足を前にたれ、台座に腰掛けている倚像の右側に「大峰山上」、左側に「参拾八度供養」と刻む。基礎には、正面に「村中安全　先達海福院　大川

役行者像

講　世話方」、右面に「弘化三歳（一八四七）丙午穐」、左面に「俗名　惣七ヱ門」と記す。

「大峰参拝禊場跡」の解説版がある。大峰山上へ三十八回参詣した大川講の惣七ヱ門が建立したものだろう（『長岡京市史』建築・美術編）。かつて絶え間なく清水がわき出た当地では、大人に仲間入りする節目として、今里地区で大峰山に参る若衆が、道中安全と修行成就を願って身を清めた所である、と記す。

大川講は、一般に大峰講とか、行者講、山上講ともいう。奈良県吉野の金峰山《きんぷせん》にある蔵王権現に参拝する信者組織。大峰山に行って「のぞき」をしないと、一人前の男とは認められないといわれた。金峰山は、奈良県の大峰山脈のうち吉野山から山上ヶ岳までの連峰の総称である。「金の御岳《みたけ》」とも呼ばれる。吉野山の金峯山寺は修験道の中心地の一つであり、現在は金峯山修験本宗の総本山である。（参照：「役行者像」・向日市向日町北山）

今井九左衛門供養塔（長岡京市今里三丁目・大正寺）

柳谷道を進むと、乙訓寺の東に西山浄土宗大正寺が高台にあり、境内に義民といわれた今井九左衛門の供養塔がある。大きく風変わりな石塔で、高さ一六〇センチ。

五輪塔の水輪や、他の石塔の反花座《かえりばなざ》（下向きの蓮弁を上端に刻出した台座）など六個の石の寄せ集めである。水輪は裾がすぼまって鎌倉様式だろう。

今井九左衛門供養塔(1)

九左衛門は室町末期（江戸時代説もある）のこの土地の農民で、今里は水田用の水の確保に絶えず悩まされていた。彼は出身地の上里村（西京区）に豊かな水源があるので、今里まで水路を造った。今も残る約三キロの今井川である。今井用水路は上里から、井ノ内地域を通り、今里の更ノ町、樋ノ尻などを経て、柴の里から小畑川に注ぐ。樋ノ尻はその水路の樋門に位置するのに因む。

しかし、他領から水を引くことたが禁止された時代で、九左衛門は処刑される。村人の助命嘆願が開き入れられ早馬が処刑場に着いた時は磔にされた後だった。村人達は命がけで水路開発をした恩人として九左衛門の自宅に墓を建て弔った。水田が見渡せた大正寺はその自宅と伝える。

乙訓寺入口道標（長岡京市今里三丁目）

ボタンの寺、乙訓寺は車の往来が頻繁な柳谷道から少し登った場所にある。乙訓寺南参道入り口の西側に古い道標が立っている。丸頭角柱の道標の高さ七三×幅二一センチ。正面「右　乙訓寺／左　や奈き谷　月参講」、右面「病気平癒　大坂堂島／吹田屋勘蔵」、左面「右　京ミち」とある。

乙訓寺春日灯籠（長岡京市今里三丁目・乙訓寺）

乙訓寺の創建は奈良時代前期といわれるが、桓武天皇の弟、早良親王幽閉地でも知られる。一時、弘法大師空海が官命で別当をつとめ、以後真言宗となる。中世の兵火で荒廃したが、元禄年中（一六八八～一七〇四）、寺社の復興に力を入れた将軍綱吉の生母桂昌院が再興した。

今井九左衛門供養塔(2)

乙訓寺入口道標

本堂の大師堂前に大きな六角型石灯籠が立つ。春日灯籠といい、竿が円形、笠・火袋・中台・地輪が六角平面で、背の高い石灯籠。春日大社に多く用いられているところからいう。

高さ二五〇センチ、花崗岩製。笠の南面に「弘法大師　宝前（仏前）」、西面に「元禄八年（一六九五）乙亥十月廿一日」の紀年銘がある。北面に、判読しにくいが、『長岡京市史　建築・美術編』によると「願主　従五位松前伊豆守源嘉広」の名を刻む。松前嘉広（一六五二〜一七三二）は松前藩主の縁戚で、目付から元禄五年（一六九二）第三代京都東町奉行となり、京の市政・訴訟などを管掌した。同十年江戸町奉行に転任。乙訓寺再興の幕命にかかわって、自らも石灯籠を造立し、作善によって功徳を願ったのだろう。

ほかに境内には「日を限って祈願すると願いが叶えられる」といわれる日限《ひぎり》地蔵尊や、早良親王供養塔、南北朝頃造立の笠塔婆など石塔が多い。

千眼講道標（長岡京市今里二）

乙訓寺前の道を進み農協農産加工場左の道が柳谷道。長法寺集落へ通じる四辻に道標が立つ。丸頭角柱、高さ六七×幅二一×一九センチ。正面「左　柳谷千眼講」、左面「桐山屋　惣七／なを」とある。

乙訓寺春日灯籠

千眼講道標

長法寺小学校前道標（長岡京市長法寺川原谷）

辻を南に進んで長法寺に向かう。現在、道標が長法寺小学校内にあるが、もとは同校東北の四辻にあった。高さ六五×幅二三×奥行二一センチ。正面「右　光明寺／すぐや奈き谷」、右面「すぐそうじ寺　奈が岡山崎／や王多（八幡）よど」、左面「右　京ミち／左　や奈ぎ谷」、背面「先祖代々　大坂新やしき／筆伊」。今里方面からは柳谷・光明寺を、丹波方面からは総持、寺八幡、淀を示す。

長法寺小学校道標

明神前道標（長岡京市奥海印寺谷田）

長法寺小学校前から西へ寂照院に向かう。明神前バス停を過ぎすぐ四辻を北へ行けば、寂照院、走田神社に至る。角に角柱頭部にタケノコをのせた真新しい道標と走田神社一の鳥居跡碑が立つ。

前者（高一三〇×幅二五×奥行二五センチ）は、正面「（人差指）寂照院／走田神社　０・２㎞」、左面「（人差指）乗願寺／楊谷寺　４・６㎞」、右面「長岡天満宮　１・３㎞」、背面「長岡京市奥海印寺大見坊／（長岡京市）商工観光課」とあり、紀年銘はない。

明神前道標（1）

明神前道標（2）

後者（高一四七×幅二六×奥行一二

チセン）も新しいが、正面に「走田神社　一の鳥居跡／提燈《ちょうちん》台跡」とあり、紀年銘はない。

かつて、この角には古い道標が二基あった。ひとつは、丸頭角柱（高さ五九×幅一九チセン）で、正面「北　こうミやうじ／東　京　ふしミ／西や奈ぎだ尓　寂照院造立之」、右面「文政十一（一八二八）戊子年」、左面「九月吉祥日」。寂照院が建てた珍しい例である。もうひとつは錐頭角柱（高さ七一×幅一八チセン）で、正面「是ヨリ阿越（あを）光明寺道」、左面「綴喜郡有智郷村（現・八幡市内里）／長村甚兵衛」があった。

「日本孟宗竹発祥の地」碑（長岡京市奥海印寺明神前）

柳谷道から百メートルほど北に寂照院があり、境内の入り口には「日本孟宗竹発祥の地」の石碑が建っている。高さ九六×幅二九×一〇チセン。

文明七年（一四七〇）頃、曹洞宗の開祖・道元禅師が中国から孟宗竹の原種を持ち帰り、この地に植えたのが「孟宗竹発祥」の由来とされ、それ以来この付近は〝京都産タケノコ〟の一大産地となったという。寂照院は、弘仁十年（八一九）道雄僧都が創建した海印寺の塔頭十院のうちの一つ。境内入口の仁王門には南北朝時代、康永三年（一三四四）造立の結縁勧進が行われた仁王像がある。向かって右側にある阿形は像高

「日本孟宗竹発祥の地」碑

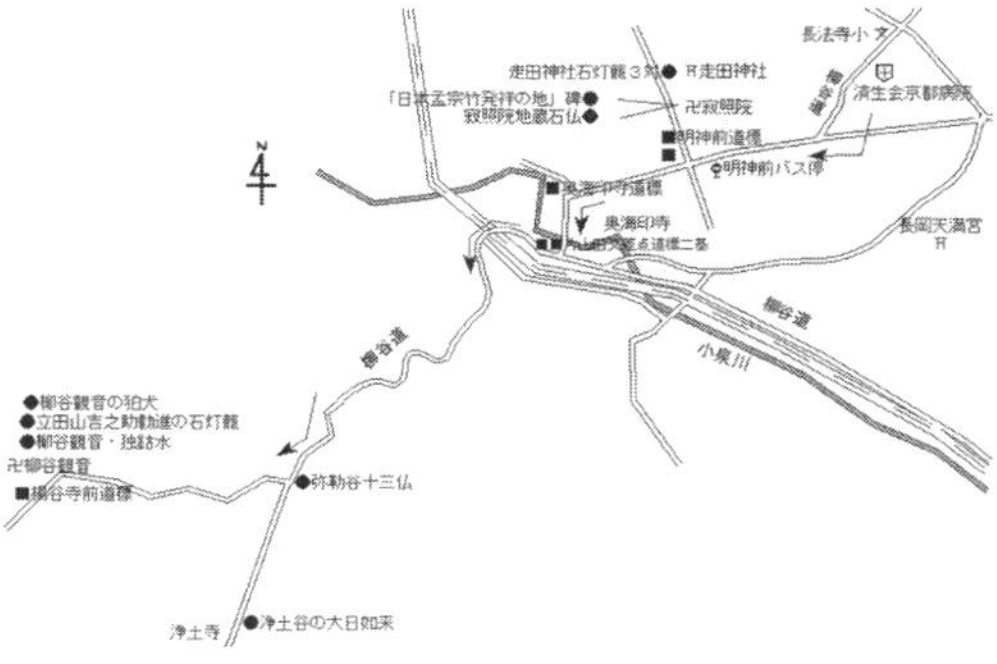

柳谷道

二・四一㍍、左側の叶形は二・三九㍍で桧の寄木造。

本堂には鎌倉時代の千手観音菩薩や平安時代の妙見菩薩、日本最古といわれる水子地蔵尊など多くの仏像が祀られている。寂照院の奥には、古墳時代の後期七世紀初めに造られたと考えられる走田九号墳がある（『長岡京市史』建築・美術編）。

寂照院地蔵石仏（長岡京市奥海印寺明神前）

本堂左側の小堂に、南北朝時代の作とみられる地蔵石仏が安置されている。清水俊明氏によると、花崗岩製、高さ七七㌢×幅四五×奥行二〇㌢、石材表面に隅切長方形を彫りくぼめ、右手に錫杖、左手に宝珠を捧持する像高五五㌢の地蔵立像を半肉彫りし、足下に蓮華座を設けている。また、地蔵の両側下面に、三茎蓮を生けた花瓶を浮彫りして配し、めずらしい。

ひきしまった顔の表情、簡略化しているが堅実な衣文の表現に、南北朝時代の造立を思わせるものがあり、質朴さのなかに、ほのぼのとした柔和を感じさせる石仏である。

鎌倉以前の石龕仏は、切石や加工した石材を組んで石龕（石の厨子）をつくり、内部に仏像を安置するが、南北朝時代ごろから、そ

寂照院

寂照院地蔵石仏（1）

寂照院地蔵石仏（2）

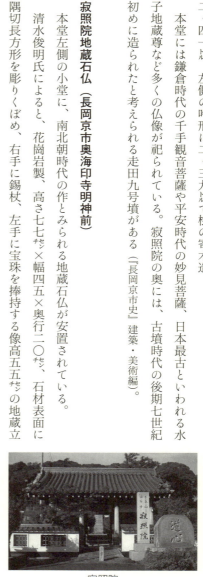

の形式が退化（簡略化）し、この石仏のように一石で石龕をあらわすようになってくる。大和方面に例が多い（清水俊明『京都の石仏』）。

走田神社石灯籠（長岡京市奥海印寺走田）

奥海印寺の北端、寂照院のすぐ北隣にある走田神社。長法寺との境の小高い段丘（走田山）の中腹に式内社走田神社がある。寂照院の背後から登る。天児屋根命《あめのこやねのみこと》など春日の四柱の神を祭る古社で、奥海印寺と長法寺の産土神となっている。

走田神社には石灯籠が三対ある。参道入口の石灯籠は、道路に面し石鳥居の前にたつ。花崗岩製で、高さ一㍍の三段の基礎の上にたつ神前型で、高さ一八二㌢。現在、火袋は木製になっている。

銘文は左右が少し違っている。向かって右側は、正面「式内走田神社」、側面「安永六丁酉歳（一七七七）三月立之」、背面「（妙見）大菩薩」。

向かって左側は、正面「式内走田神社」、右面「村内安全」、左面「従是二丁」、背面「（妙見大）菩薩）」。

「妙見」の二字はセメントで塗りつぶしているが、大体の輪郭で判明する。ここはもと妙見宮といわれていたが、明治初頭の神仏分離で塗りつぶしたものという。

一〇〇を越す石段の途中の石灯籠は、花崗岩製で、高

走田神社鳥居の石灯籠

走田神社石灯籠（1）

さ五〇㌢の二段の基礎の上にたつ神前型。高さ一五五㌢。銘文は左右同じである。正面「妙見宮」、右「天保十二辛丑（一八四一）十二月」、背面「上岩崎氏」。これも「妙見宮」の三字をセメントで塗りつぶしている。

本殿前の石灯籠は、本殿と拝殿の中間、狛犬の前方に立っている。花崗岩製で、高さは左右一六七㌢。四角形石灯籠で、この形は鎌倉時代中頃から神社用の石灯籠として作られたものである。基礎から竿・中台・火袋・笠まですべて四角形になっているのが基本であるが、この石灯籠は竿のみが円柱形である。基礎は上面が反花《かえりばな》になっている。銘文は左右とも同じである。正面「奉寄進石燈籠」、右面「于時元禄十三庚辰（一七〇〇）三月吉日」、左面「願主　長法寺村氏子中」。

本殿の石灯籠の後ろには一対の狛犬がある。ともに七二～七八㌢の乱石積の基壇上にあり、砂岩製で、向かって右が阿形、左が吽《うん》形である。高さは阿形が六三㌢、吽形が六七㌢である。基礎に「慶応二（一八六六）年九月吉日」の紀年銘がある。この狛犬は形は小さいが彫りは良く、風化も少ない（『長岡京市史』建築・美術編）。

*

走田の「走り」は季節に先駆けてでる野菜・穀物などの意。一般の田よりも早く米が取れる田といい、神社名となり、地名もこれによるというのが従来説。竹村俊則『新撰京都名所図会』は、「走田は神嘗祭用の走りの穂（初穂）を作る田（早稲田）といわれるから、当社走田神社はこの地の先住民が五穀豊穣を祈って、農耕守護神をまつったもの」という。ただし、『山州名跡志』は、「妙見社、同所（海印寺）後山林中に在り。土人産土神とす。社記未だ考えず」、『山城名跡巡行志』は「走田ノ神社、今妙見菩薩と称する」と式内社にあてる

走田神社石灯籠（2）

が、創建年代不詳の旧村社だった。明治維新後、妙見菩薩は寂照院に移され、正式に式内社とされた。

中塚良（向日市埋蔵文化財センター）によると、走田山南麓は湯谷川の土石流堆積物（扇状地）で、走田断層が東北東―西南西方向に走り、段丘及び扇状地を二㍍の断層変位（上下）させ低崖となっている（長岡京市文化財調査報告書」第二九冊、一九九二）。走田山は背後の山から舌状にのびた小丘で活断層の活動で形成されたとみられる。丘の東・西斜面は急傾斜地崩壊危険箇所で京都府指定の土砂災害警戒箇所である。南斜面一帯は地すべり地形である。

走田の地名は早く獲れる早稲田からきているというが、走田には田は一枚も無い。妙見菩薩は北極星を神格化したもので、災厄を除く菩薩。奈良・平安時代には盛行し、各地の災害地に多く祀られている。つまり、妙見の古語メウ・ケンは、動詞メ・ゲ（壊・損）を名詞化して宛てたもので崩壊地形を表したものである（『岩波古語辞典』）。土砂災害などの災難除けに、字音の通じる神仏になぞらえて祀り、おすがりしたことが各地にみられる。走田も、「ころころ転がる、はじける、割れる」意の「走」を宛てたか。田はタ（手）で処をいう。

奥海印寺道標（長岡京市奥海印寺竹ノ下）

西山キャンプ場への道と奥海印寺バス停の道の分岐に立っている。山道に紛れ込まないようにしたもの。高さ九七㌢×幅二二×奥行二〇㌢。正面「右　山道／左　や奈ぎ谷」、右面「京千眼講　近江屋与兵ヱ／糸屋吉兵ヱ／菱屋伊左ヱ門」、左面「右　京」は「右」が削られている。江戸末期の造立（『長岡京市史』建築・美術編）。

奥海印寺道標

片山田交差点道標（長岡京市奥海印寺片山田）

約二五〇㍍で、淀からの柳谷道との交流点片山田交差点にたどり着く。ここから、浄土谷柳谷の楊谷寺と西南の浄土谷宮ノ谷の大仏乗願寺に通ずる山道があり、曲がりくねって登る道筋には、柳谷観音まで丁石が立っている。

京都縦貫道建設で柳谷道が新道になった。交差点北西角に二基の道標がたつ。この付近の旧柳田道傍に立っていたものだ。左側は錐頭角柱で、正面に「十八丁（約二㌔）」、左面に「明治七年（一八七四）甲戌年五月建之」、高さ八〇×幅二〇×奥行一五㌢。ここから柳谷観音まで約二・六㌔あるので、もっと先の奥海印寺と金ヶ原分岐点手前あたりにあったものだろう。

右は町石地蔵（高七〇㌢）で、光背に地蔵の梵字「カ」を刻み、両手で宝珠をもつ江戸時代の地蔵立像である。左右に銘があるが風化していて判読不能。

片山田交差点道標

弥勒谷十三仏（長岡京市浄土谷ミロク谷）

竹林の山道をたどり九丁石のあたりの柳谷道と浄土谷道との分岐点に着く。南側に弥勒谷十三仏がある。岸壁に不動明王・地蔵菩薩・薬師如来・大日如来・虚空蔵菩薩など、十三仏が安置されている。十三仏信仰は不動より虚空蔵に至る忌日・年忌に相当する十三仏をあらわし、その諸尊を供養することによって現世安楽・極楽往生を願う民間信仰で、室町時代から江戸時代に盛んに十三仏の石仏が造立された。十三仏の横の谷には瀧が落ち、ここを弥勒谷と呼ぶのも、この谷あいが仏縁深いことを物語っている。

高さ七〇～一〇〇㌢の不揃いの自然石に仏像を彫りだしているものがほとんど。石材は花崗岩、砂岩、凝灰岩など。精密に彫ったものや大まかに彫ったもの、また、頭光の月輪も浮き彫り、線刻、月輪のないものなどさまざま。製作年代は室町後期―江戸中期。当初から十三仏一具として作られていない。

十三仏右手に道標（高一三〇×幅一七×一三㌢）が立ち、正面に「右　柳谷参拝道是ヨリ七丁／講元西原徳治郎」、右面「左　浄土谷大仏道　是ヨリ四丁／大阪御苑講」とある。

弥勒谷十三仏

浄土谷の大日如来（長岡京市浄土谷宮ノ谷）

十三仏分岐点を左に道をとると浄土谷集落にはいる。浄土谷は、浄土往生の理想を求め、恵必院流を開いた恵心僧都源信が閑居して修行した地であるとの伝説がある。山中に寺院跡と称す遺跡が多く残っており、西山浄土宗の寺院が栄えていたことがうかがえる。浄土谷には、恵心僧都を開基とする乗願寺（西山浄土宗）があり、藤原時代の丈六阿弥陀如來を安置する。乗願寺の本堂裏手には御谷神社がある。天児屋根命を祭神とする式内社である。その神社背後の東側の竹薮のなかを進むと、一見石龕風のなかに大日如来石仏が安置されている。『山州名跡志』、『拾遺都名所図会』に「石鐫《せん》（切る）大日如来像同所（乗願寺）ひがしの方岩洞に安ず」と記載。高さ五七×幅四六×奥行三五㌢、花崗岩製。下部分は土に埋もれているが蓮華座があるよう

浄土谷大日如来

で、座高は六三㌢。光背部分が欠損したのか、背面に少しその形跡が残り、像は丸彫りに近い厚肉彫りで、宝髻を高く結い宝冠をかぶる。面相は保存が良く、張りのある頬、やわらかな表情の形成が実によい。両肩に髪を垂らし、両手は胸前にて智拳印を結び、結跏趺座する金剛界大日如来である。写実的な表情、腹部・腕・脚部の充実した造形感覚はすぐれ、鎌倉後期をくだらぬ造立と考えられる。像の左右に積み石をして、頭上に八角宝塔の笠石を転用して置いており、この笠石も古そうである（佐野精一『京の石仏』）。現在、私有林につき立入禁止。

楊谷寺前道標（長岡京市浄土谷柳谷）

この道標は、参詣を終えた巡礼たちのため愛宕山・善峰寺、八幡・総持寺の方向を示している。正面に入り口の手前五十㍍ほど川沿いに立つ。錐頭角柱、高さ一四〇×幅二五㌢。正面「右　京　あ多ご山／よしミ年」、左面「（指差し）　八王多（わた）へ／そうじ寺へ」。

楊谷寺前道標

柳谷観音・独鈷水《おこうずい》（長岡京市浄土谷柳谷）

楊谷寺は、柳谷川の上流にあり、立願山と号し、西山浄土宗。本尊千手観音立像。通称柳谷観音。寺伝によれば、大同元年（八〇六）京都清水寺の開祖延鎮が、生身の十一面観音を拝むため夢想によってこの地に分け入り、観音を感得して堂舎を建立したといい、空海も参籠して修行したという。延鎮を一世、空海を二世としている。

本堂は江戸初期の建立で、庫裏及び書院、表門とともに府指定文化財。ほかに阿弥陀堂・護摩堂などがある。本尊の木造千手観音立像は平安時代の作で、府指定文化財。ほかに絹本著色不動明王図（鎌倉時代）、絹本著色阿弥陀三尊来迎図（南北朝時代）などの寺宝を蔵する。

境内に空海の伝説にちなむ独鈷水《おこうずい》とよばれる泉があり、とくに眼病に霊験ある霊水として本尊とならんで信仰されてきた。全国的な講社組織がある。毎月十七日の縁日には賑わう。

独鈷《とっこ》とは、仏教の修法に用いられる法具のこと。弘仁二年（八一一）弘法大師（空海）が参詣した時、堂の傍らにある巌窟の溜まり水で眼のつぶれた小猿を抱き、眼を洗っている親猿の姿を見た。親子は毎日ここを訪れ、溜まり水で眼を洗っていたところ、十七日目に、子猿の眼がぱっちりと開いた。この光景を見て心を打たれた空海は、この溜まり水を眼病で悩む人々のために霊験あらたかな霊水にしようと決心し、十七日間の加持祈祷をし、さらに独鈷を使って掘り広げ、眼病平癒の霊水「独鈷水」としたと伝わる。また、江戸時代に第百十二代霊元天皇（一六五四～一七三二）が眼病を治癒したことをきっかけに、楊谷寺が眼病にご利益があることが世間に広まり、明治に至る

独鈷水

独鈷水

柳谷観音

まで天皇家に独鈷水を献上していたという。

立田山吉之助勧進の石灯籠（長岡京市浄土谷柳谷）

脇門を入って独鈷水に行くが、その手前に「立田山吉之助」と刻む石灯籠（高一五一チセン）が立つ。この人物は西京区大枝出身の力士である。大枝中山町の中山墓地に墓がある。墓地入口の六地蔵右手に二つ墓があり、左側は「頭取　立田山吉之祐（助）天保八丁酉（一八三七）九月二九日」と刻む。右側は岩角九蔵墓で、立田山の弟子とされる。

立田山は「京都番付」では、文化十四年（一八一七）七月東幕下二十二枚目、文政六年（一八二三）七月西前頭二十七枚目、同十一年七月引退して世話人。天保六年（一八三五）頭取に昇格している。

立田山吉之助の名は、長岡第四小学校（友岡）校庭に保存されている力士供養の道標（高さ八四チセン）にも出てくる。銘文に「為立田山吉之助菩提」、「右柳谷」、「弘化四丁未（一八四八）五月建立　京千眼講　世話方中」と刻む。柳谷観音の信者組織・京千眼講が立田山の菩提を弔うため建てた。『長岡京市史』（建築・美術編）には「『立田山』は力士名であろう」としか記述がない。独鈷水の前の石灯籠も供養塔とみられる。

大山崎町円明寺の小倉神社は『延喜式』神名帳に載る古社で、割拝殿に相撲絵馬（一七〇×二〇〇チセン）が掲げられている。文政十年（一八二七

立田山吉之助勧進の石灯籠

立田山

正月、相撲興行の願主（勧進元）・鱗形音吉が奉納したもの。鱗形は小倉神社の氏子。絵馬は顔料の剥落が進み近年復元された。絵馬の右下に番付が載り、西方の小結に立田山吉之助がいる。

柳谷観音の狛犬（長岡京市浄土谷柳谷）

本堂前に砂岩製の狛犬が一対置かれている。高さ一二〇チセンの壇上積みの花崗岩製基壇の上に、高さ三〇チセンの砂岩製基礎を置き、基礎の四面は牡丹の文様を浮き彫りにしている。その上の唐獅子の形をした狛犬も砂岩製で、高さ一二五チセン。右が阿形、左が吽《うん》形である。尻を地につけ、毛は巻き毛である。刻銘がいずれも基壇にあり「奉納」、同じく正面の羽目石に「大坂月参講」とある。阿形の背面の羽目石のみに刻銘がある。「安政五年（一八五八）戊午三月□／京橋組講中」。

なお、柳谷観音境内には江戸時代に大坂万人講や千眼講中が建てた石灯籠群がある（『長岡京市史』建築・美術編）。

狛犬（右）

狛犬（左）

参考文献（五十音順）

『安祥院と木食養阿上人』柴田実、日限安祥院、一九五五
『伊勢参宮名所図会』（『日本名所図会全集十二』）、名著普及会、一九七五
『伊勢物語』（新日本古典文学大系）、岩波書店、一九九七
『一外交官の見た明治維新』アーネスト・サトウ、岩波文庫、一九六〇
『一遍上人伝絵』（『日本の絵』）、中央公論社、一九八八
『今鏡』（国史大系二一）吉川弘文館、二〇〇〇
『岩倉長谷町千年の足跡』松尾慶治、つむぎ出版、一九八八
『宇治郡名勝誌』矢部文載編、出版・福井源次郎、一八九八
『宇治拾遺物語』（新編日本古典文学全集五〇）、小学館、一九九六
『叡岳要記』（群書類従第二十四輯釈家部）、続群書類従完成会、一九六〇
『栄花物語』（日本古典文学大系七五、七六）、岩波書店、一九七九
『江戸参拝旅行日記』ケンペル、平凡社東洋文庫、一九七七
『延喜式』（新訂増補普及版国史大系）、吉川弘文館、一九七四
『園大暦』洞院公賢、江戸中期頃出版
『奥義抄』歌学書、臨川書店、二〇〇二
『近江国輿地志略』（大日本地誌大系三九・四〇）寒川辰清原著・蘆田伊人編、雄山閣、二〇〇二
『近江国滋賀郡誌』宇野健一、滋賀県編、弘文堂書店、一九七九
『淡海録』一〜一二、原田蔵六著、作成者不明、一六九四

『近江：歴史と文化』川勝政太郎、社会思想社、一九六八
「近江・川の宝塔など・附勝華寺の弘長二石湯船補記」(『民俗文化』一七二号)田岡香逸
『大鏡』日本古典文学全集二十、小学館、一九七七
「大津のかんきょう宝箱」(ブログ)大津市
『おおみや』大宮文化振興会郷土誌小委員会、大宮文化振興会、一九九〇
『大山崎町史』(本文編)、大山崎町史編纂委員会編、大山崎町役場、一九八三
『大山崎史叢考』吉川一郎、創元社、一九五三
『翁草』(日本随筆大成一九・二〇)、神沢杜口著、日本随筆大成編輯部編、吉川弘文館、一九七八
『奥の細道』松尾芭蕉、岩波文庫、一九七九
『小倉百人一首』(日本文学全集六古典詩歌集)、河出書房新社、一九六六
『愛宕郡村志』(洛北誌)旧愛宕郡役所、大学堂書店、一九一一
『乙訓郡誌』京都府郷土誌叢刊(第六冊)、臨川書店、一九八四
『御土居堀ものがたり』中村武夫、京都新聞出版センター、二〇〇五
『乙訓・山城の伝説』京都新聞社、一九七七
『男山考古録』石清水八幡宮史料叢書1、石清水八幡宮編、石清水八幡宮社務所、一九六〇
『思出草』津村淙庵、史料京都見聞記第二巻、法蔵館、一九九一
『下学集』元和三年板、新生社、一九六八
『蜻蛉日記』(日本古典全集三三)、正宗敦夫編纂校訂、日本古典全集刊行会、一九二七～一九二八
『勧修寺縁起』群書類従二四釈家部、続群書類従完成会、一九六〇
『樫原学区十周記念誌』樫原学区十周年記念誌編集委員会、一九八二

『華頂要略』天台宗全書、第一書房、一九七三～一九七四
『花鳥余情』（源氏物語古注集成一）、一条兼良、桜楓社、一九七八
『葛野郡神社調』愛宕神社蔵、一八八三
『花洛名勝図会』（日本名所風俗図会七）、角川書店、一九七九
『観音霊験記』（錦絵観音霊験記・西国巡礼拾二番近江岩間寺）二代目歌川広重・三代目歌川豊国、一八五八～
『看聞日記（一―六）』図書寮叢刊、宮内庁書陵部編、宮内庁書陵部、二〇〇二～二〇一二
『義演准后日記（一―四）』義演、続群書類従完成会、一九七六～二〇〇六
『北山の峠（上・中・下）』金久昌業、ナカニシヤ出版、一九七八～一九八〇
『吉記』（増補史料大成二九・三〇）、増補史料大成刊行会編、臨川書店、一九六五
『喫茶養生記』茶道古典全集、淡交新社、一九五八
『木の下蔭』三宅清治郎遍、私家版、一九三二
『黄船社秘書』貴船神社・社人舌氏の家伝家伝書、宝暦四年以降（一七五一～）
『旧京都府愛宕郡村志』旧京都府愛宕郡編、大学堂書店、一九七〇
『京都御役所向大概覚書』岡田信子ほか校訂、清文堂出版、一九八八
『京都民俗志』井上頼寿、平凡社、一九七七
「京の碑」（佐野精一、京都民報連載、一九七八・三・二六～一九七八・一二・一七）
『京の石仏』佐野精一、サンブライト出版、一九七八
『京の石造美術めぐり』竹村俊則ほか、京都新聞社、一九九〇
『京都の石仏』清水俊明、創元社、一九七七
『京から丹波へ　山陰古道』石田康男、文理閣、二〇〇八

『京都乙訓・山城の伝説』京都新聞社編、京都新聞社、一九七七
『京都古銘聚記』川勝政太郎、スズカケ出版部、一九四一
『京都・滋賀の相撲―まつりと力士の墓』竹森章著・出版、一九九六
『京都滋賀古代地名を歩く』吉田金彦、京都新聞社、一九八七
「京都図屏風（洛中洛外図）」（日本屏風絵集成十一、風俗画―洛中洛外）、講談社、一九七八
『京都石造美術の研究』川勝政太郎、河原書店、一九四八
『京都地名語源辞典』吉田金彦・糸井通浩・綱本逸雄編、東京堂出版、二〇一三
『京都と京街道』水本邦彦、吉川弘文館、二〇〇二
『京都の地名検証』勉誠出版、二〇〇五
『京都の地名検証２』勉誠出版、二〇〇七
『京都の地名検証３』勉誠出版、二〇一〇
『京都の地学図鑑』京都地学会編、一九九三
『京都のビール麦一〇〇の歩み』京都府農業協同組合中央会編、一九九一
「京都のいしぶみデータベース」京都歴史資料館Ｈ・Ｐ
『京都の道標』出雲路敬直監修、精華女子高等学校、一九六六
『京都の治水と昭和大水害』植村善博、文理閣、二〇一一
『京都の石造美術』川勝政太郎、河原書店、一九四八
『京都府宇治郡名蹟志』京都府宇治郡役所、一九一七
『京都府史蹟勝地調査会報告―「小野道風社」』京都府、一九一九
『京都府地誌』京都府、京都府立総合資料館蔵（稿本）、一八八一～八四

『京都府山科町誌』京都府山科町役場、臨川書店、一九七三
『京都坊目誌』（新修京都叢書十七～二一）臨川書店
『京都民俗志』井上頼寿、平凡社、一九八二
『京都名家墳墓録』寺田貞次、村田書店、一九七六
『京の石碑物語』伊東宗裕、京都新聞社、一九九七
『京のしるべ石』出雲路敬直、泰流社、一九七五
『京の石造美術めぐり』竹村俊則・加登藤信、京都新聞出版センター、一九九〇
『京の石仏』佐野精一、サンブライト出版、一九七八
『京の民間医療信仰』奥沢康正、思文閣出版、一九九一
『京童』（新修京都叢書一）臨川書店
『京羽二重』（新修京都叢書二）臨川書店
『京羽二重織留』（新修京都叢書二）臨川書店
『京町鑑』（新修京都叢書十）臨川書店
『近畿の山と谷』住友山岳会、朋文堂、一九三二
『九院仏閣抄』群書類従第二十四輯釈家部、続群書類従完成会、一九六〇
『愚管抄』国史大系第十四巻、経済雑誌社、一九〇一
『京師巡覧集』（新修京都叢書十一）臨川書店
『京城勝覧』（新修京都叢書十二）臨川書店
『京北町誌』京北町編・刊、一九七五
『兼好自撰家集（兼好法師集）』（群書類従第十五輯和歌部）、続群書類従完成会、一九六〇

『元亨釈書』（新訂増補版国史大系第三一）、吉川弘文館、一九六五
『幻住庵記』松尾芭蕉、文芸文庫（日本古典文学五）、勉誠社、一九八二
『源平盛衰記』（国民文庫）、古谷知新、国民文庫刊行会、一九一〇
『源氏物語』（新日本古典文学大系一九―二三）、岩波書店
「弘仁九年比叡山寺僧院等之記」―『日本国大徳僧院記』最澄、園城寺蔵、八一八
『好色一代男』（日本古典文学大系四七西鶴集）、岩波書店、一九七七
『江談抄』（群書類従二七雑部）塙保己一編纂、続群書類従完成会、一九八〇
『皇都名勝詩集』源世昭輯、菱屋孫兵衛、一七八七
『甲戌測量日記』（伊能忠敬の測量日記）藤田元春、日本放送出版協会、一九四一
『高野聖』（角川選書七九）五来重、角川書店、一九七五
『古今和歌集』日本古典文学大系八、岩波書店
『古今著聞集』日本古典文学大系八四、岩波書店
『古事記』日本古典文学大系一、岩波書店
『後拾遺往生伝』続群書類従第八輯上伝部、続群書類従完成会、一九五七
『後拾遺和歌集』新編国歌大観、角川書店
『後撰和歌集』新編国歌大観、角川書店
『古老茶話』柏崎永以、日本随筆大成第一期十一、日本随筆大成編輯部編、吉川弘文館、一九七五
『今昔物語集』新日本古典文学大系三三―三七、岩波書店、一九九九～一九九六
『西国順礼再見記』下河辺拾水子、一七九二、国立公文書館蔵
『西国巡礼道中細見大全』俣野通尚、一八二五

『西国順礼・道中細見新増補指南車』田辺屋新四郎、一八二九
『貞信公御記抄九条殿御記』藤原忠平著、八木書店、一九八〇
『更級日記』（日本古典文学大系二〇）、岩波書店、一九五七
『山家集』新編国歌大観、角川書店
『山州名跡志』（新修京都叢書一五、一六）、臨川書店
『日本三代実録』国史大系第四巻、吉川弘文館、二〇〇〇
『三宝住持集』（伝教大師全集五）最澄、比叡山専修院附属叡山学院編、世界聖典刊行協会・日本仏書刊行会、一九七五
『山門堂舎由緒記』天台宗全書二四、天台宗典刊行会、第一書房、一九七四
『事実文編』五弓久文編、国書刊行会明治四十三-四十四年刊の復刻、ゆまに書房、一九七八
『式内社調査報告』二十五、式内社研究会、皇學館大学出版部、一九七九～一九七八
『史跡探訪　京の北山』京都新聞社編、京都新聞社、一九八一
『十訓抄』国史大系第一八、国史大系編修会編、吉川弘文館、一九六五
『寺門高僧記』続群書類従第二十八輯上釈家部、続群書類従完成会、一九五八
『拾遺都名所図会』（新修京都叢書七）、臨川書店
『拾遺愚草』（冷泉家時雨亭叢書）藤原定家、冷泉家時雨亭文庫編、朝日新聞社、一九九三
『拾遺和歌集』新日本古典文学大系七、岩波書店、一九九〇
『拾芥抄』新訂増補版故実叢書二二、吉川弘文館
『諸社根元記』神祇全書五輯、佐伯有義等編著、皇典講究所、一九〇八
『袖中抄』（日本歌学大系別巻二）、久曽神昇編、風間書房、一九七七
『昭和京都名所図会（1―七）』竹村俊則、駸々堂出版、一九八〇～八九

『続日本紀』（国史大系三）、黒板勝美編、国史大系編修会編、吉川弘文館、一九七六

『続日本後紀』国史大系六、黒板勝美、国史大系編修会編、吉川弘文館、一九七六

『史料京都の歴史』（一〜十六）京都市編、平凡社、一九九一

『新古今集』（新日本古典文学大系一一）、岩波書店、一九九二

『新抄格勅符抄』新訂増補国史大系二七、吉川弘文館、二〇〇七

『神道史大辞典』薗田稔・橋本政宣著、吉川弘文館、二〇〇四

『辛卯日記』（上、下）、乙訓の文化遺産を守る会、二〇〇〇〜二〇〇一

『新京都五億の旅』地学団体研究会、法律文化社、一九九〇

「神護寺々領牓示絵図」寛喜二年（一二三〇）

『新撰京都名所図会（一―七）』竹村俊則著、白川書院、一九六六〜七四

『信長公記』改定史籍集覧第一九冊、臨川書店、一九九〇

『新勅撰和歌集』新編国歌大観第一、角川書店

『神道史大辞典』薗田稔・橋本政宣編、吉川弘文館、二〇〇四

『新訂増補言継卿記一―六』山科言継、続群書類従完成会、一九六六〜一九六七

『新版平安城東西南北町并洛外之図』承応三（一六五四）

『新版石造美術』川勝政太郎、誠文堂新光社、一九八一

『正式二万分一地形図集成　関西』柏書房、二〇〇一

『近江石の文化財』瀬川欣一、サンライズ出版、二〇〇一

『千載和歌集』（新日本古典文学大系一〇）、岩波書店、一九九三

『僧綱補任』伝記叢書、大日本仏教全書発行所、一九九二

『続古今和歌集二〇巻』（二十一代和歌集）、藤原為家・藤原光俊撰、書写者不明
『続後拾遺和歌集二〇巻』（二十一代和歌集）藤原為藤・藤原為定撰、書写者不明
『醍醐寺雑事記』（群書類従第二十五輯雑部）、続群書類従完成会、一九六〇
「醍醐寺の町石」斎藤忠『京都府史蹟名勝天然記念物調査報告書第十八冊』一九三八
『大日本国法華経験記』（日本思想大系七往生伝・法華験記）、岩波書店、一九七八
『大日本地名辞書』吉田東伍、冨山房、一九〇〇〜〇七
『太平記』（古典日本文学全集一九）、筑摩書房、一九六一
『内裏名所百首』（群書類従第一一輯和歌部）、続群書類従完成会一九七九
『田辺朔郎博士六十年史』西川正治郎、山田忠三、一九二四
『為家卿千首』（群書類従一六〇・和歌部十五）、八木書店
『多聞院日記（巻一―四六）』辻善之助編、角川書店、一九六七
『親長卿記』増補史料大成四〇―四四、臨川書店
『地名探究』第三号、京都地名研究会、二〇〇五
『地名伝承学論補訂』池田末則、クレス出版、二〇〇四
『地名の研究』（柳田国男全集二〇）、筑摩書房、一九九〇
『地名の探究』松尾俊郎、新人物往来社、一九八五
『中世考古美術と社会』難波田徹、思文閣、一九九一
『聞書集』（西行全歌集）岩波文庫、西行、久保田淳・吉野朋美校注、岩波書店、二〇一三
『鎮宅霊符縁起集説』僧澤了著、株式会社香草社、二〇〇八
『菟芸泥赴』京都叢書刊行會、臨川書店、一九九四

『出来斉京土産』（新修京都叢書一二）、臨川書店
『天保新増：西国順礼道中細見大全』保野通尚著編・池田東籬刪補、平野屋茂兵衛（翠松園）、一八四〇
『東海道名所図会（復刻版）』、秋里籬島（著）、羽衣出版一九九九
「峠の石仏」（佐野精一、京都民報連載、一九八一・五・一七～一九八二・六・二七）
「東北歴覧之記」（新修京都叢書一二『近畿歴覧記』）野間光辰編、臨川書店、一九七六
『言継卿記』山科言継、続群書類従完成会、一九六七
『豊鑑』竹中重門、一六三一
『長岡京市史資料編一―三』長岡京市史編さん委員会編、長岡京市役所、一九九一～九三
『長岡京市史　建築・美術編』長岡京市史編さん委員会編、長岡京市役所、一九九四
『南無阿弥陀仏作善集』（奈良国立文化財研究所研究史料第一冊）俊乗房重源、一九五五
『西京極小学校創立百二十五周記念誌』、西京極小学校、一九九七
『西京独案内』水野孫次郎、史料京都見聞記第三巻、法蔵館、一九九一
「西山善峯寺略縁起」（大日本佛教全書第一〇一巻日本高僧伝要文抄外四部―元亨釈書）仏書刊行会編纂大法輪閣、二〇〇七
『二十二社註式』（群書類従第二輯神祇部）塙保己一編纂、続群書類従完成会、一九七九
『日葡辞書』、岩波書店、一九六〇
『日本石仏事典』第二版、庚申懇話会、一九八五
『日本永代蔵』（日本古典文学大系四八西鶴集）、岩波書店、一九七七
『日本紀略』（国史大系五九）、国史大系編修会編、吉川弘文館、一九七九
『日本古代地理研究』足利健亮、大明堂、一九八五
『日本古代の墓誌』奈良国立文化財研究所飛鳥資料館、同朋出版、一九七九

『日本三代実録』新訂増補版国史大系四、吉川弘文館
『日本書紀』（国史大系一二）、黒板勝美・国史大系編修社、吉川弘文館、一九八一
『日本石造美術辞典』川勝政太郎著、東京堂出版、一九七八
『日本石仏事典』庚申懇話会編、雄山閣、一九七七
『日本の神々全一三巻』、谷川健一編、白水社、一九八四～一九八七
『日本文徳天皇実録』（国史大系七）、黒板勝美・国史大系編修会編、吉川弘文館、一九七四
「如意寺跡をたづねて」（『史跡と美術二二八』）竹村俊則、史跡・美術同攷会、一九五二
『年中行事抄』（続群書類従第一〇輯上官職部・律令部・公事部）続群書類従完成会、一九八〇
『宣胤卿記』（史料大成第四五巻）、臨川書店、一九七五
『梅松論』（群書類従第二〇輯合戦部）、続群書類従完成会、一九七九
『幕末維新全殉難者名鑑』明田鉄男、新人物往来社、一九八六
『芭蕉名碑』本山桂川、弥生書房、一九六一
『半陶文集』彦龍周興、五山文学新集第四巻、東京大学出版会、一九七〇
『日次記事』（新修京都叢書第四巻）、臨川書店
「氷室七景―京都西賀茂の栗栖野氷室」（『古代文化』四八三号）北田栄造、一九九六
『百錬抄』（国史大系六一）、国史大系編集会編、吉川弘文館、一九七九
『袋草紙』（日本歌学大系第二巻）佐佐木信綱編、風間書房、一九七七
『扶桑京華志』松野元敬撰、新修京都叢書第二十二巻、臨川書店、一九七六
『扶桑略記』（国史大系第一二巻）、黒板勝美編輯、吉川弘文館、一九九九
『蕪村句集』（蕪村全集第三巻句集・句稿・句会稿）、与謝蕪村、講談社、一九九二

『文華秀麗集』（日本古典文学大系六九）、岩波書店、一九八〇
『平家物語』（日本古典文学大系三二）、岩波書店、一九七七
『平治物語』（日本古典文学大系三一）、岩波書店、一九七八
『兵範記』（史料大成三七）笹川種郎編輯・矢野太郎校訂、内外書籍、一九三九
『宝篋印塔の起源・続五輪塔の起源』薮田嘉一郎、綜芸舎、一九六六
『保元物語』（日本古典文学大系三一）、岩波書店、一九七八
『本阿弥行状記』、中野孝次著、河出書房新社、一九九二
『本願寺聖人伝絵』、源豊宗解説・編輯、故京都帝国大学教授沢村専太郎君記念会、一九三一
『本朝文粋』（新日本古典文学大系二七）、佐竹昭広ほか編集委員、岩波書店、一九九二
『枕草子』（日本古典文学全集一一）、小学館、一九七八
『万葉集』（新編国歌大観第二巻）、角川書店、一九八四
『壬生家文書』宮内庁書陵部編（図書寮叢刊／宮内庁書陵部編）、明治書院、一九七九～一九八八
「三宅亡羊と『徒然草』の刊行」（久保尾俊郎、早稲田大学図書館紀要五四、二〇〇七・〇三）
『都名所図会』（新修京都叢書第6巻）、野間光辰編・新修京都叢書刊行会編著、臨川書店、一九六七
『民俗地名語彙事典上・下』（日本民俗文化資料集成一三・一四）谷川健一編、三一書房、一九九四
『向日市史（上・下巻）』向日市編さん委員会編、向日市、一九八三・一九八五
『向日市史（史料編付図）』向日市史編さん委員会編、向日市、一九八八
『向日市史（史料編）』向日市史編さん委員会編、向日市、一九八八
『無名抄』（日本古典文学大系六五）鴨長明著、岩波書店、一九七七
『明月記』（第一～三巻）藤原定家著、国書刊行会、一九七七

『名所都鳥』（新修京都叢書第五巻）、臨川書店
『文徳実録』（六国史八）佐伯有義校訂標注、名著普及会、一九八九
『康富記（一—四）』（増補史料大成）臨川書店
『山科家礼記（第一～六）』（史料纂集）大沢重康・久守・重胤著、大沢久守ほか著、続群書類従完成会、一九六七～二〇〇二
『山城名勝志』（新修京都叢書一三、一四）、臨川書店
『山城名跡巡行志』（新修京都叢書一二）、臨川書店
『謡曲集上・下』日本古典文学大系四一・四二、岩波書店、一九六〇・六三
『雍州府志』（新修京都叢書第一〇巻）、臨川書店
『嵯峨名所案内記』新撰京都叢書第一巻、新撰京都叢書刊行会編、臨川書店、一九八五
『淀川両岸一覧宇治川両岸一覧』暁晴翁著・松川半山画、柳原書店、一九七八
『洛中洛外図（上杉家本）』（日本屏風絵集成第一一巻風俗画—洛中洛外）、講談社、一九七八
『梁塵秘抄』（新日本古典文学大系五六）、岩波書店
『類聚国史』（新訂増補国史大系五・六）、岩波書店
『類聚名義抄』観智院本
『稚狭考』（福井県郷土叢書第一集・第一巻）、福井県立図書館・郷土誌懇談会、福井県立図書館、一九五四
『和漢朗詠集』（日本古典文学大系七三）、岩波書店、一九七八
『和訓栞（上・中・下・後編）』、谷川士清著、名著刊行会、一九九〇
『倭名類聚抄（諸本集成）』増訂版、源順（著）・京都大学文学部国語学国文学研究室編、臨川書店、一九六八

付録　石造美術用語（日本石仏協会「石仏手帳」参照）

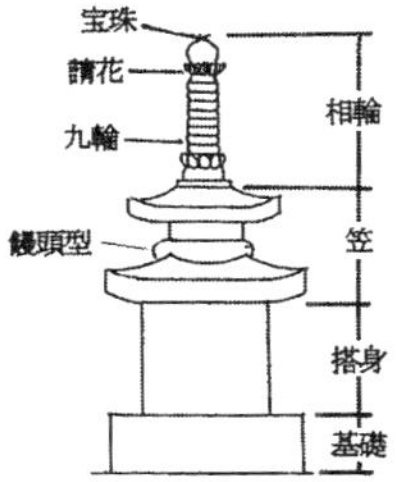

多宝塔（たほうとう）

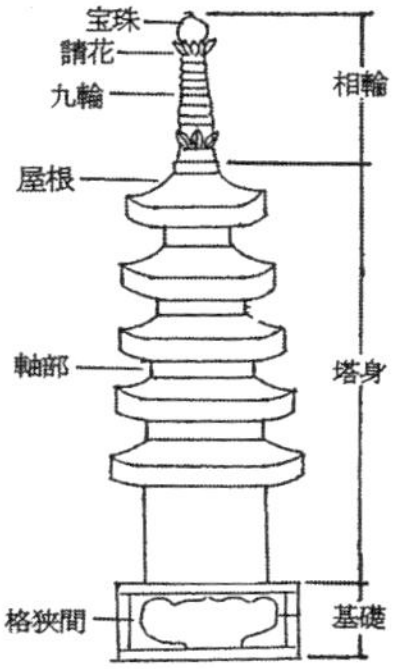

層塔（そうとう）

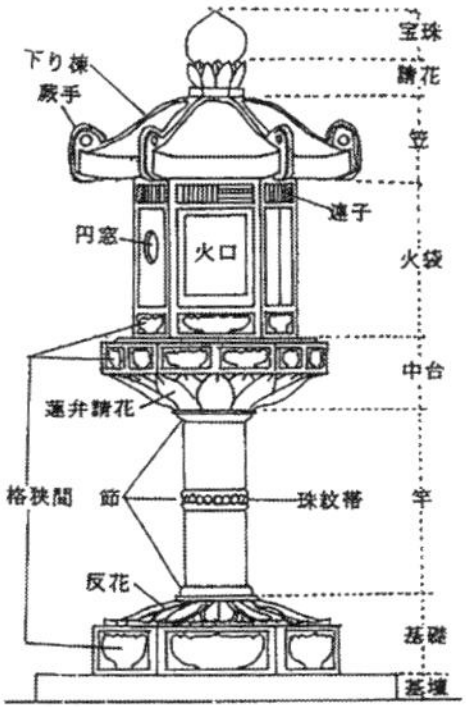

【石燈籠】いしどうろう

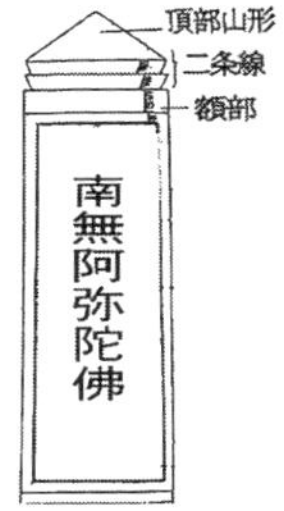

板碑（いたび）

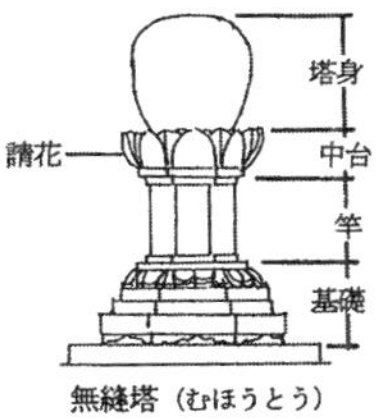

無縫塔（むほうとう）

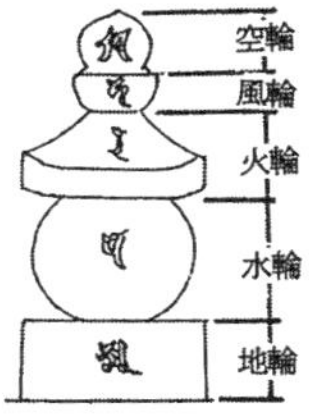

五輪塔（ごりんとう）

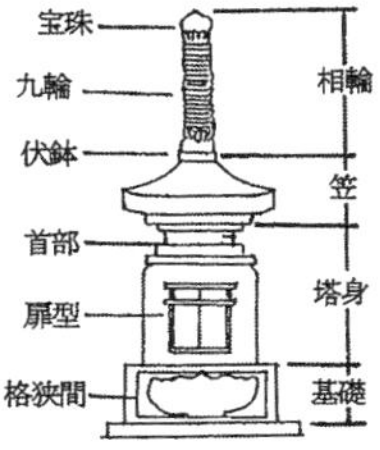

宝塔（ほうとう）

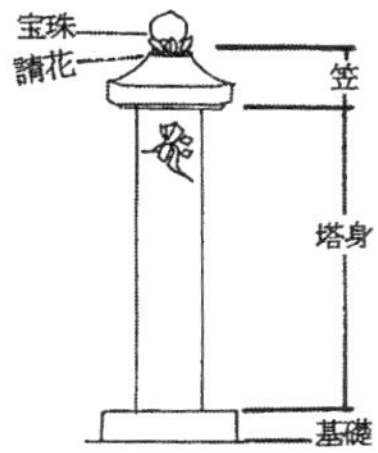

笠塔婆（かさとうば）

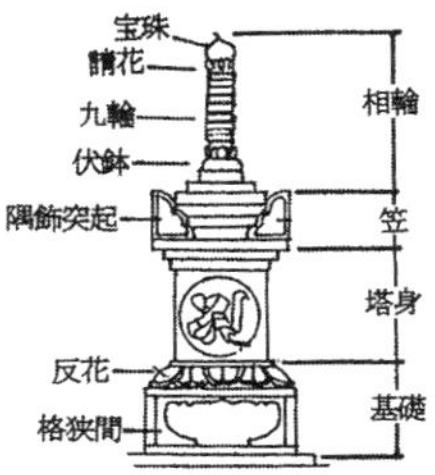

宝篋印塔（ほうきょういんとう）

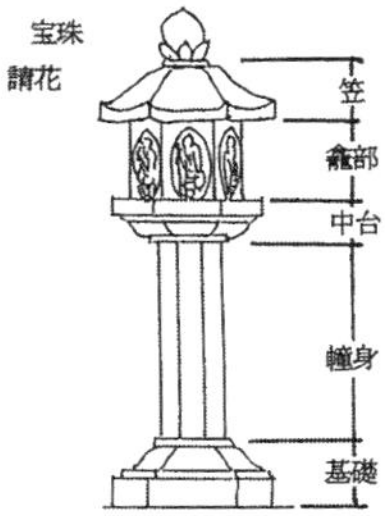

石幢（せきどう）重制

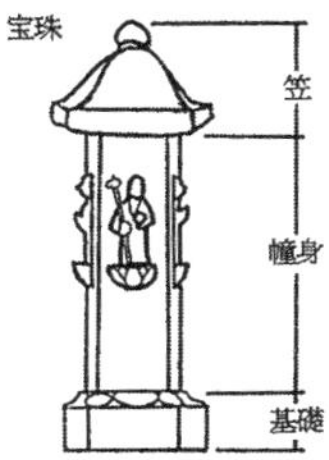

石幢・単制

【印　相】いんぞう

弥陀定印
（みだじょういん）

智拳印
（ちけんいん）

法界定印
（ほっかいじょういん）

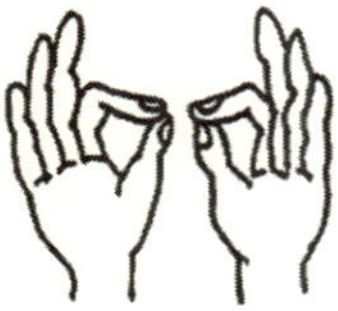

説法印
（せっぽういん）

合掌印
（がっしょういん）

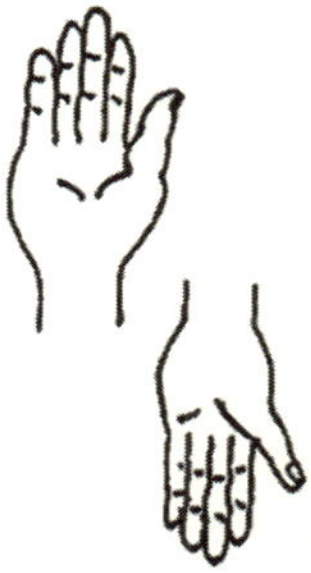

施無畏印・与願印
（せむいいん・よがんいん）

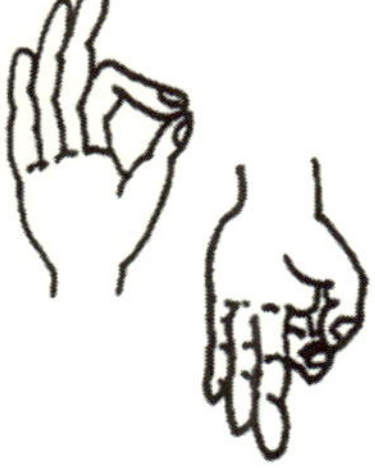

来迎印
（らいごういん）

馬口印
（まこういん）

触地印・降魔印
（そくちいん・ごうまいん）

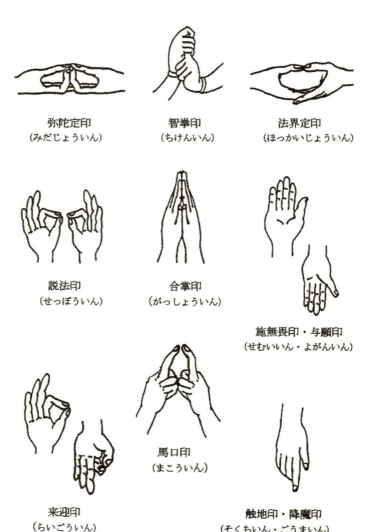

主な種字（梵字）
金剛界大日 バン 又は バーンク
胎蔵界大日 ア 又は アーンク
金界五仏 キリーク 弥陀 タラーク 宝生 バン 大日 アク 不空成就（北） ウーン
胎蔵五仏 ア 宝幢 アー 開敷華王（南） アーク 大日 アク 天鼓雷音 アン 弥陀
釈迦三尊 バク 釈迦 マン 文殊 アン 普賢
弥陀三尊 キリーク 弥陀 サ 観音 サク 勢至
薬師三尊 バイ 薬師 ア 日光 シャ 月光
塔四方佛 キリーク 弥陀 ユ 弥勒 バク 釈迦（南） バイ 薬師 ウーン 又は
十三佛 カーン 不動 アン 普賢 バイ 薬師 キリーク 弥陀 バク 釈迦 カ 地蔵 サ 観音 ウーン 阿閦 タラーク 虚空蔵 マン 文殊 ユ 弥勒 サク 勢至 バン 大日
十二天 イ 伊舎那天 イー 帝釈天 又は イー ア 火天 エン 炎魔天 ニリ 羅刹天 バ 水天 バー 風天 バイ 多聞天 ボラ 梵天 ヒリ 地天 ア 日天 又は アー シャ 月天
六観音 サ 聖 キリーク 千手 ウーン 馬頭 キャ 十一面 キリーク 如意輪 ボ 不空羂索
五大明王 カーンマーン 不動（中） ウーン 降三世（東） ウーン 軍荼利（南） キリーク 大威徳（西） ウーン 金剛夜叉（北）
四天王 ヂリ 持国天（東） ビ 又は ビー 広目天（西） ビ 増長天（南） バイ 多聞天（毘沙門天）（北）
ボローン 一字金輪 ソ 弁才天 ハラ 随求菩薩 マ 大黒天 ウーン 愛染明王 ギャクギャク 歓喜天（双身） シリー 吉祥天 シチリヤ 宝篋印陀羅尼經
五輪塔四門の梵字
（東）発心門 キャ カ ラ バ ア
（南）修行門 キャー カー ラー バー アー
（西）菩提門 キャン カン ラン バン アン
（北）涅槃門 キャク カク ラク バク アク
大日如来三身の真言
法身 ア バン ラン カン ケン
報身（胎蔵大日真言） ア ビ ラ ウーン ケン
応身 ア ラ ハ シャ ナウ
金剛界大日真言 オン バ ザラ ダ ト バン

あとがき

京都三山の歴史古道の石仏・石碑を調査して、石造美術専門書はじめ山行・観光ガイドブックに誤認が多いことが、出版のきっかけになった。また、石造美術書は、石造物は室町期以前のものしか美術品として扱わないので、江戸期・近代まで収録した。

というのも、江戸時代、庶民信仰の隆盛とともに、愛宕・伊勢・熊野参詣、西山のお寺詣りなどの庶民信仰が盛んになった。庶民は道中記と道標、石灯籠を頼りに目的地に向かって街道を歩いた。愛宕講、伊勢講などの石灯籠が古道に多く残っている。道中記には『西国順礼・道中細見新増補指南車』、『西国順礼細見記』、『西国順礼道中細見大全』、街道絵図では「大日本道中行程細見記」（一七九五）、「旅行必携　五街道中独案内記」（一八五二）、「西国三十三所順礼図」（一七七二～八二）、「方角改正　五畿内掌覧」（一八四二）、「山城州大絵図」（一七七八）なども盛んに発行された。それを手に不案内な土地を道標頼りに旅人は歩いたことが伝わる。

一つ一つの石造物をひろっていくと、街道沿いのその土地の庶民の歴史や生きざまが浮かび上がり、西国三十三所巡礼（清水寺、六波羅蜜寺、六角堂、革堂、善峯寺、穴太寺など）、愛宕詣りなどで街道筋が賑わった往時の光景が甦る。石灯籠は昭和三十～四十年代まで各町内会で交代で各家が点灯した。桂川では桂離宮傍の桂大橋に巨大な石灯籠が残っている。橋が建設されるまで夕方から渡しの目じるしになった。

四半世紀以上前の川勝政太郎『歴史と文化　近江』（一九六八）、『京都の石造美術』（一九七六）、『日本石造美術辞典』（一九七八）、佐野精一『京の石仏』（一九七八）、清水俊明『京都の石仏』（一九七七）、竹村俊則ら『京の

石造美術めぐり』（一九九〇）などは今では書店ではなかなか入手困難なので歴史古道関係の石仏に限って若干参考とした。また、これらの本の中には、石仏・石碑鑑定にミスがあり、佐野精一や私の調査で訂正した個所もある。

京都の観光客は、ガイドブックを手に有名寺社など見て回るが、石造遺品は記載されていないので、素通りしてしまう。ちょっと石造物にも目を向ければ、もっと土地の歴史がよくわかるといつも思っていた。拙著が少しで参考になればと思う。

最後に、刊行の機会をいただいた岡田林太郎勉誠出版社長のご厚情に深く感謝いたします。

【著者プロフィール】

綱本逸雄（つなもと・いつお）

1941年生まれ。京都地名研究会会長。近畿大学理工学部卒。著書に『京都盆地の災害地名』（勉誠出版、2013）。共著に『京都地名語源辞典』（東京堂出版堂、2013）、『京都の地名検証1～3』（勉誠出版、2005～2010）、『日本地名学を学ぶ人のために』（世界思想社、2004）、『大阪地名の謎と由来』（プラネットジアース、2008）、『奈良の地名由来辞典』（東京堂出版、2008）、『京の歴史・文学を歩く』（勉誠出版、2008）、『日本地名ルーツ辞典』（創拓社、1992）、『語源辞典植物編』（東京堂出版、2001）ほか。

京都《きょうと》三山石仏《さんざんせきぶつ》・石碑事典《せきひじてん》

2016年4月20日　初版発行

著　者　綱本逸雄
発行者　池嶋洋次
発行所　勉誠出版株式会社
〒101-0051　東京都千代田区神田神保町3-10-2
TEL：(03)5215-9021(代)　FAX：(03)5215-9025
〈出版詳細情報〉http://bensei.jp/

印刷・製本　平河工業社
装　　丁　黒田陽子（志岐デザイン事務所）

ISBN978-4-585-22136-4　C0021

京都盆地の災害地名

綱本逸雄　著

地震・津波・洪水・土砂災害…。東日本大震災で、あらためて日本人は災害の恐ろしさを知り、先祖の遺訓に目を向けるようになった。先人が地名に込めた知恵。文献を丹念に調査し、言葉の源流を辿りながら、京都盆地の地名から災害の記憶を読み解く。後世に知恵をつなぐ一書。

A5判上製・344頁
本体3800円+税

京都の地名　検証　2・3

京都地名研究会　編

蛸薬師通、西京極、老の坂、生州町、双ケ丘、帷子ノ辻……。京都の地名にまつわる文化、歴史を読み解く。京都旅行のお供に、日本文化理解に、新たな発見に満ちた地名探求の書。京都の地名に隠された魅力を探る。

［収録地名］
【2】穴太・佐伯・保津峡・篠村・土師（川）・小松谷・芋峠・入野・蜂岡・瓜生山・橋本・白川・瓦町・西京極・大宮土居町町通「新町通」・長岡・風呂町・ポンポン山など。
【3】安居院・閻魔前町・上御霊・荒神口・讃州寺町・円町・悪王子町・梅小路・永養寺町・釘隠町・水銀屋町・月見町・繁昌町・本塩竈町・一之橋・愛宕・落橋・六波羅など。

【2】四六判上製・400頁・本体3000円+税
【3】四六判上製・416頁・本体3000円+税

京都学を楽しむ

古都をめぐる33の講座

知恵の会　編／糸井通浩　代表

京野菜、祭り、仏像、観光学、京気質、酒、京菓子…。京都は伝統的な文化都市でありながら、たえず革新でありつづける。そこに、京都学の大きな魅力がある。とっておき、ほんまもんの京都を楽しく知的に案内。そうだ、この本持って、京都、行こう。

四六判上製・448頁
本体3400円+税